KB180300

디자인이 세상을 바꾼다

원다예 지음

포토샵 &
일러스트레이터
CC

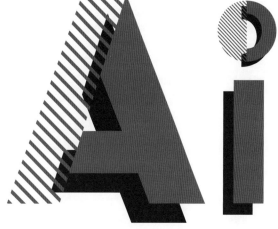

iCox

Education by Sympathy

디자인이 세상을 바꾼다
포토샵 & 일러스트레이터 CC

초판 1쇄 인쇄 2023년 2월 10일
초판 1쇄 발행 2023년 2월 24일

지은이 원다예
펴낸이 한준희
펴낸곳 (주)아이콕스

본문디자인 프롬디자인
표지디자인 김보라
영업 김남권, 조용훈, 문성빈
경영지원 김효선, 이정민

iCox
Education by Sympathy

주소 (14556) 경기도 부천시 조마루로 385번길 122 삼보테크노타워 2002호
홈페이지 www.icoxpublish.com
쇼핑몰 www.baek2.kr (백두도서쇼핑몰)
이메일 icoxpub@naver.com
전화 032-674-5685
팩스 032-676-5685
등록 2015년 7월 9일 제 386-251002015000034호
ISBN 979-11-6426-235-9 (13000)

머리말

어도비(Adobe)사에서 만든 포토샵과 일러스트레이터는 디자인을 하는 데 있어서 가장 기본이 되는 프로그램으로 2D 그래픽 저작도구의 양대 산맥이라 할 수 있습니다. 그래픽 전문 프로그램이지만 유튜브나 인스타그램 등 1인 콘텐츠 제작자들이 늘어가면서 사용자층도 넓어지고 이제는 디자이너뿐만 아니라 많은 이들에게 익숙하고 친근한 프로그램이 되었습니다.

포토샵은 이름처럼 이미지의 색상 보정과 합성 등 사진 편집에 최적화되어 있으며 그래픽 디자인에서부터 웹과 앱 디자인에 이르는 여러 분야에서 다양하게 활용되고 있습니다. 또한, 일러스트레이터는 벡터 기반의 디자인 프로그램으로 로고, 타이포그래피, 손글씨, 아이콘, 인포그래픽 등의 디자인 작업에 특화되어 있습니다. 이 책은 포토샵과 일러스트레이터를 처음 시작하는 이들을 위한 입문서입니다.

PART1 포토샵편에서는 디지털 디자인 작업을 하기 위해 알아야 할 기본 지식부터 디지털 편집, 이미지 보정과 리터칭, 합성 등 프로그램의 기본 기능과 더불어 최근 업데이트된 인공지능(AI)을 활용하여 복잡한 기능을 쉽고 빠르게 처리하고 작업 효율을 높이는 편리한 기능들에 대해서도 담고 있습니다.

PART2 일러스트레이터편에서는 벡터 드로잉에 대한 이해부터 도형 및 오브젝트, 선과 그래프, 채색과 편집 등의 기본 기능, 3D 아이콘와 아이소매트릭 방법까지 다루고 있으며 그에 따른 다양한 실습 예제들의 과정을 상세히 담아 쉽고 빠르게 학습할 수 있습니다.

이 책 한 권으로 기본기를 탄탄히 다지는 것은 물론 활용도 높은 실습을 통해 디자인에 대한 기초와 감각을 키울 수 있습니다. 아주 오래전 제가 포토샵과 일러스트레이터를 처음 접할 때 가졌던 궁금함과 설렘들이 지금 시작하는 여러분의 마음을 헤아렸기를 바래 봅니다. 수많은 책 중 이 책과 인연이 닿은 여러분께 감사의 인사를 전합니다.

이천이십삼년 봄날 원다예

이 책의 구성

이 책은 PART 1 포토샵편과 PART 2 일러스트레이터편으로 나눠 설명합니다. 각 PART에서는 기본 및 핵심 개념과 기능을 설명한 후 따라하기를 통해 실무 감각을 익힙니다. 따라하기 단계에서 부연 설명이나 주의해야 할 사항은 'TIP', 'NOTE', '더 알아보기' 등의 요소로 구성했습니다.

CHAPTER
총 8개의 장으로 구성되어 있으며 CHAPTER 시작 전에 배우게 될 내용을 소개합니다.

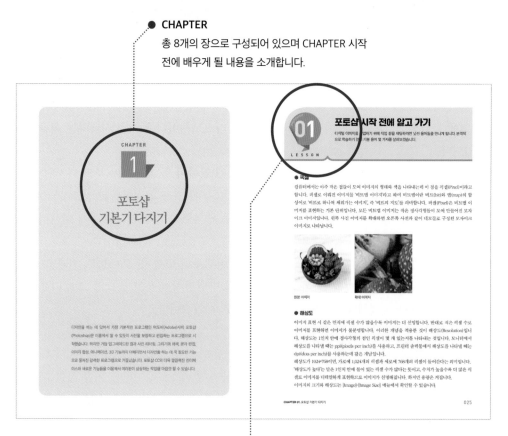

LESSON
배울 내용을 LESSON으로 구분해서 설명해, 미리 배울 내용을 알 수 있습니다.

● TIP

따라하기와 관련된 사항이나 알아두면 좋은 간단
한 참고 사항, 저자만의 작업 노하우를 소개합니다.

● 준비 파일

실습 예제에 필요한 파일의 경로대로
불러와 사용합니다.

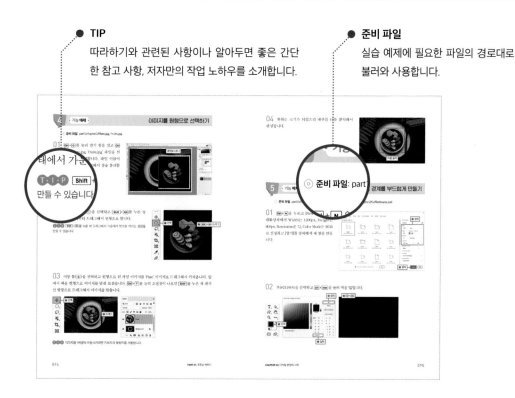

● NOTE

추가로 알아두면 좋을 내용이나 옵션을 살
펴보기 위해 상세한 설명을 제공합니다.

● 더 알아보기

따라하기 과정에서 설명하지 못한 기
능에 대해 별도의 설명을 제공합니다.

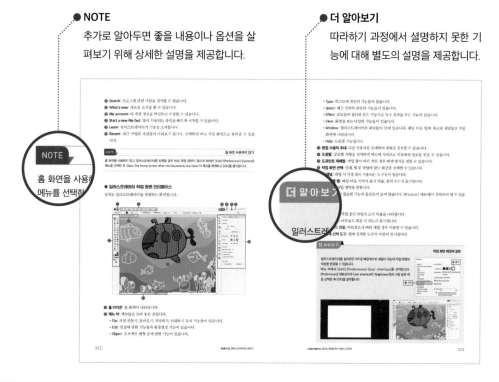

이 책에서 사용한 예제 소스 다운로드

이 책에서 사용된 실습 예제와 CC 2023 신기능은 아이콕스 홈페이지(http://icoxpublish.com)에서 다운로드할 수 있
습니다. [자료실]-[도서 부록소스]에서 『포토샵&일러스트레이터 CC』를 선택해 다운받아 사용합니다.

차례

CHAPTER 2

디지털 편집의 시작

CHAPTER

3

이미지 수정과 복원 및 리터칭

CHAPTER

4

이미지 보정

CHAPTER

5

드로잉과 페인팅

CHAPTER

6

늘이고 줄여도 깨지지 않는 벡터

CHAPTER 7

합성

CHAPTER 8

필터

PART 2

일러스트레이터 배우기

ILLUSTRATOR

CHAPTER 1

일러스트레이터 기본기 다지기

도형 및 오브젝트 다루기

CHAPTER

5

선과 그래프

CHAPTER

6

채색

CHAPTER

7

문자 입력과 편집

CHAPTER

8

특수 효과, 3D 효과

PART

1

포토샵 배우기

PHOTOSHOP

포토샵
기본기 다지기

디자인을 하는 데 있어서 가장 기본적인 프로그램인 어도비(Adobe)사의 포토샵(Photoshop)은 이름에서 알 수 있듯이 사진을 보정하고 편집하는 프로그램으로 시작했습니다. 하지만 거듭 업그레이드된 결과 사진 리터칭, 그리기와 채색, 문자 편집, 이미지 합성, 애니메이션, 3D 기능까지 더해지면서 디자인을 하는 데 꼭 필요한 기능으로 뭉쳐진 강력한 프로그램으로 거듭났습니다. 포토샵 CC의 더욱 깔끔해진 인터페이스와 새로운 기능들을 이용해서 여러분이 상상하는 작업을 마음껏 할 수 있습니다.

포토샵 시작 전에 알고 가기

디지털 이미지를 작업하기 위해 작업 창을 세팅하려면 낯선 용어들을 만나게 됩니다. 본격적으로 학습하기 전에 기본 용어 몇 가지를 살펴보겠습니다.

LESSON

● 픽셀

컴퓨터에서는 아주 작은 점들이 모여 이미지의 형태와 색을 나타내는데 이 점을 픽셀(Pixel)이라고 합니다. 픽셀로 이뤄진 이미지를 '비트맵 이미지'라고 하며 비트맵이란 비트(bit)와 맵(map)의 합성어로 '비트로 하나씩 채워가는 이미지', 즉 '비트의 지도'를 의미합니다. 픽셀(Pixel)은 비트맵 이미지를 표현하는 기본 단위입니다. 모든 비트맵 이미지는 작은 정사각형들이 모여 만들어진 모자이크 이미지입니다. 왼쪽 사진 이미지를 확대하면 오른쪽 사진과 같이 네모들로 구성된 모자이크 이미지로 나타납니다.

원본 이미지

확대 이미지

● 해상도

이미지 표현 시 같은 면적에 픽셀 수가 많을수록 이미지는 더 선명합니다. 반대로 적은 픽셀 수로 이미지를 표현하면 이미지가 불분명합니다. 이러한 개념을 적용한 것이 해상도(Resolution)입니다. 해상도는 1인치 안에 정사각형의 점인 픽셀이 몇 개 있는지를 나타내는 것입니다. 모니터에서 해상도를 나타낼 때는 ppi(pixels per inch)를 사용하고, 프린터 출력물에서 해상도를 나타낼 때는 dpi(dots per inch)를 사용하는데 같은 개념입니다.

해상도가 1024*768이면, 가로에 1,024개의 픽셀과 세로에 768개의 픽셀이 들어간다는 의미입니다. '해상도가 높다'는 말은 1인치 안에 들어 있는 픽셀 수가 많다는 뜻이고, 수치가 높을수록 더 많은 픽셀로 이미지를 디테일하게 표현하므로 이미지가 선명해집니다. 하지만 용량은 커집니다.

이미지의 크기와 해상도는 [Image]-[Image Size] 메뉴에서 확인할 수 있습니다.

해상도 낮음

해상도 높음

● 비트맵 VS 벡터

흔히 포토샵은 비트맵 이미지를 다루는 프로그램이고, 일러스트레이터는 벡터 이미지를 다루는 프로그램이라고 말합니다. 하지만 포토샵에서도 벡터 이미지를 다루고 일러스트레이터에서도 비트맵 이미지를 다룰 수 있기 때문에 그렇게 두 형식을 구분하기에는 무리가 있습니다. 디지털 이미지를 작업하려면 비트맵과 벡터의 개념을 알고 있어야 하므로 두 형식을 비교해 보겠습니다.

	비트맵(Bitmap)	벡터(Vector)
표현 방법 및 특성	픽셀들이 모여서 이미지를 나타냅니다. 사진을 찍었을 때 대표적 이미지 파일 포맷인 jpeg가 바로 비트맵 이미지입니다. 사실적 표현이 가능하지만 확대나 축소 시 이미지를 이루고 있는 점들, 즉 픽셀이 변형되기 때문에 이미지가 깨집니다.	벡터 방식은 원하는 모양, 위치, 크기, 색 등을 함수로 구성하면 함수 명령을 해석해서 이미지를 화면에 나타냅니다. 색 표현에 한계가 없는 비트맵 이미지에 비해 사실적인 표현은 떨어지지만 확대나 축소 시 이미지가 깨지지 않습니다. 단순화된 캐릭터나 일러스트, 확대해서 출력해야 하는 인쇄 작업에 주로 쓰입니다.
파일 포맷	jpeg, gif, png, psd ...	ai, eps ...
기본 단위	픽셀(Pixel)	mm 또는 cm 등
대표 프로그램	포토샵	일러스트레이터
구성 요소	픽셀(Pixel)로 불리는 작은 정사각형	점, 선, 면의 위치와 색상값과 같은 수치 정보
용량	픽셀마다 색상 정보를 모두 갖는 구조이므로 저장 용량이 큽니다. 색감이 풍부할수록 용량이 더 커집니다.	위치와 색상값을 수치화해서 기억했다가 표현하는 방식이므로 비트맵에 비해 저장 용량이 작습니다. 이미지를 확대해도 용량은 바뀌지 않습니다.

해상도	해상도가 높을수록 이미지를 선명하게 표현하지만 용량도 커집니다.	크기에 제약이 없을 뿐만 아니라 크기가 변해도 용량은 변하지 않으므로 해상도 개념이 필요하지 않습니다.

● Screen VS Print

새로운 작업을 위해 작업 창 세팅 시 화면용과 인쇄용의 차이를 간단히 살펴보겠습니다.

	Screen	Print
단위	픽셀(Pixel)	mm 또는 cm
컬러 모드	RGB	CMYK
해상도	72dpi 72dpi의 이미지이건 300dpi의 이미지이건 모니터로 보기에는 큰 차이가 없습니다. 여기서 '72'는 최소한의 용량으로 선명한 이미지를 볼 수 있는 일반적인 기준이라고 보면 됩니다. 	300dpi 인쇄용 이미지는 300dpi를 기본으로 합니다. 해상도가 낮을수록 출력할 때 선명도가 떨어집니다.

● RGB 모드와 CMYK 모드

이미지의 색을 표현하는 방식인 색상 모드에는 대표적으로 RGB 모드와 CMYK 모드가 있습니다.

RGB 모드 	RGB 모드는 빛의 3원색인 빨간색(Red), 녹색(Green), 파란색(Blue)의 빛을 섞어 색을 만듭니다. 빛은 섞을수록 밝아지기 때문에 3원색을 섞으면 가장 밝은 색인 흰색이 됩니다. 빛을 쏘아 색을 만드는 컴퓨터 모니터, TV 등은 RGB 모드이고 그에 따른 이미지 작업은 RGB 모드로 합니다.
CMYK 모드 	CMYK 모드는 색의 3원색인 청록색(Cyan), 자주색(Magenta), 노란색(Yellow)과 검은색(Black)의 잉크를 섞어서 색을 만듭니다. 색의 3원색을 섞어 검정을 만들 수 있지만 잉크가 너무 많이 들기 때문에 검은색 잉크는 따로 만들어 씁니다. 물감은 섞을수록 어두워지기 때문에 3원색을 섞으면 가장 어두운 색인 검정이 됩니다. 따라서 잉크를 이용해서 색을 만드는 인쇄용 이미지는 CMYK 모드로 합니다.

포토샵 인터페이스

홈 화면을 살펴보고 작업 화면을 밝게 하는 방법을 배운 후 작업 화면 인터페이스를 살펴보고 툴 패널에 대해 알아봅니다.

LESSON

● 홈 화면 살펴보기

포토샵을 실행하면 가장 먼저 나타나는 홈 화면을 살펴보겠습니다.

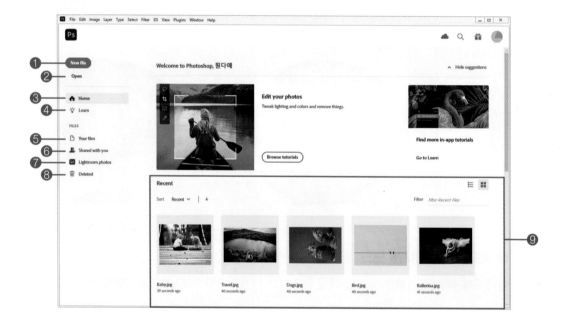

❶ **New file**: 새 작업 파일을 만듭니다.

❷ **Open**: 파일을 불러옵니다.

❸ **Home**: 포토샵 시작 화면으로 갑니다.

❹ **Learn**: 포토샵 튜토리얼을 학습할 수 있습니다.

❺ **Your files**: 어도비 클라우드에 저장된 내 파일 목록을 볼 수 있습니다.

❻ **Shared with you**: 어도비 클라우드 문서에 공유된 파일들을 볼 수 있습니다.

❼ **Lightroom photos**: 사진 보정 프로그램인 라이트룸의 라이브러리를 포토샵으로 불러옵니다.

❽ **Deleted**: 어도비 클라우드 문서에서 삭제한 파일들이 있습니다. 복원하거나 영구 삭제할 수 있습니다.

❾ **Recent**: 최근에 불러온 파일들입니다.

NOTE 홈 화면 건너뛰고 바로 작업 화면이 나타나게 하는 법

[Edit]-[Preferences]-[General] 메뉴를 선택하고 'Auto Show the Home Screen'을 체크 해제하면 포토샵 실행 시 작업 화면이 바로 나옵니다.

● 작업 화면 밝게 하기

포토샵을 처음 실행하면 기본으로 어두운 화면이 설정되어 있습니다. 원하는 색으로 설정해 보도록 하겠습니다.

[Edit]-[Preferences]-[Interface] 메뉴를 선택합니다.

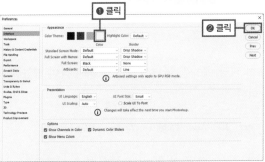

대화상자의 Color Theme 항목에서 4개의 컬러 칩 중 원하는 색을 선택하면 됩니다. 여기서는 제일 밝은 회색을 선택하고 [OK]를 클릭합니다.

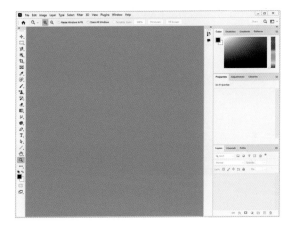

선택한 색으로 화면이 적용된 것을 볼 수 있습니다.

● 작업 화면 인터페이스 살펴보기

포토샵을 실행하고 [Open]을 클릭해서 'Travel.jpg' 파일을 불러오면 작업 화면이 나타납니다.
포토샵 CC 인터페이스에 빠르게 익숙해질 수 있도록 주요 요소와 명칭에 대해 알아보겠습니다.

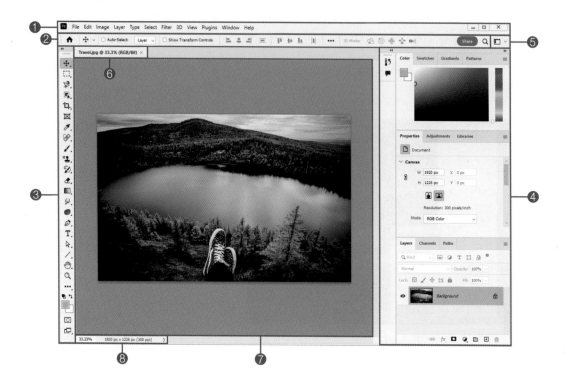

❶ **메뉴 바**: 기능이 메뉴별로 정리되어 있으며 해당 메뉴를 클릭하면 보다 세부적인 메뉴들이 나타
납니다. 메뉴 바를 간단하게 살펴보겠습니다.

한글 같은 OS 프로그램과 마찬가지로 [File] 메뉴에는 열기, 저장하기, 다른 이름으로 저장하기
등의 메뉴가 들어 있습니다. [Image] 메뉴는 이미지를 편집, 가공하는 메뉴입니다. [Image] 메뉴
에는 이미지 보정에 관한 주요 기능들이 들어 있습니다.

❷ **옵션 바**: 툴 패널에서 툴을 클릭하면 그에 따른 세부 옵션이 옵션 바에 뜹니다. 옵션 바에서 세부
설정을 조절해서 작업할 수 있습니다.

❸ **툴 패널**: 주요 기능을 도구화해서 아이콘 형태로 모아 놓은 패널입니다. 툴 패널 위쪽에 있는 버튼(▶▶)을 클릭하면 툴이 1행에서 2행으로 정렬됩니다.

툴 아이콘에 마우스 커서를 가져가면 관련 설명과 미리 보기가 나타납니다.

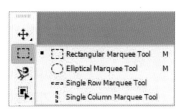

툴 아이콘 오른쪽 아래에 있는 작은 삼각형은 그 안에 다른 툴들이 있다는 표시입니다. 몇 초간 꾹 누르면 안쪽에 숨겨져 있는 툴들을 선택할 수 있습니다.

❹ **패널**: 작업 시 필요한 기능들의 세부 옵션을 조절할 수 있습니다. [Window] 메뉴에서 보일 패널과 숨길 패널을 선택할 수 있습니다. 작업하다 실수로 패널이 사라졌다면 [Window] 메뉴에서 다시 체크합니다.

❺ **작업 화면 선택**: 작업 목적에 따라 원하는 패널 구성의 화면을 선택할 수 있습니다.

❻ **파일 이름 탭**: 파일 이름, 화면 비율, 색상 모드가 표시됩니다. 작업 중인 이미지가 여러 개인 경우 탭 형식으로 나타납니다. 파일 이름 탭을 드래그해서 작업 창을 분리할 수 있습니다.

❼ **캔버스**: 작업 창으로 실제로 작업하는 공간입니다.

❽ **상태 표시줄**: 화면 비율을 설정할 수 있고 현재 작업 중인 이미지의 정보를 확인할 수 있습니다.

T·I·P 작업 중에 이미지만 보고 싶을 때 Tab 을 누르면 화면에서 패널들이 사라지고, 다시 Tab 을 누르면 원래대로 돌아옵니다.

● 툴 패널 펼쳐보기

❶ 이동/아트보드 툴

▪	✛ Move Tool	V
	⌐ Artboard Tool	V

❷ 사각 선택/원형 선택/
가로선 선택/세로선 선택 툴

▪	⬚ Rectangular Marquee Tool	M
	○ Elliptical Marquee Tool	M
	⫯⫯ Single Row Marquee Tool	
	⫶ Single Column Marquee Tool	

❸ 올가미/다각형 올가미/
자석 올가미 툴

▪	◯ Lasso Tool	L
	⟋ Polygonal Lasso Tool	L
	⟋ Magnetic Lasso Tool	L

❹ 개체 선택/빠른 선택/마술봉 툴

	▪ Object Selection Tool	W
	⟋ Quick Selection Tool	W
▪	⟋ Magic Wand Tool	W

❺ 크롭/원근 크롭/분할/분할 선택 툴

▪	⌐ Crop Tool	C
	⊞ Perspective Crop Tool	C
	⟋ Slice Tool	C
	⟋ Slice Select Tool	C

❻ 프레임 툴

❼ 스포이트/3D 재질 스포이트/
컬러 샘플러/눈금자/주석/계산 툴

▪	⟋ Eyedropper Tool	I
	⟋ 3D Material Eyedropper Tool	I
	⟋ Color Sampler Tool	I
	▦ Ruler Tool	I
	▤ Note Tool	I
	1₂³ Count Tool	I

❽ 스팟 힐링 브러시/힐링 브러시/패치/
콘텐츠 인식 이동/레드 아이 툴

	⟋ Spot Healing Brush Tool	J
▪	⟋ Healing Brush Tool	J
	⊞ Patch Tool	J
	⟋ Content-Aware Move Tool	J
	✛ Red Eye Tool	J

❾ 브러시/연필/색상 교체/
혼합 브러시 툴

▪	⟋ Brush Tool	B
	⟋ Pencil Tool	B
	⟋ Color Replacement Tool	B
	⟋ Mixer Brush Tool	B

❿ 복제 도장/패턴 도장 툴

▪	⟋ Clone Stamp Tool	S
	⟋ Pattern Stamp Tool	S

⓫ 히스토리 브러시/
아트 히스토리 브러시 툴

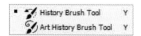

▪	⟋ History Brush Tool	Y
	⟋ Art History Brush Tool	Y

⓬ 지우개/배경 지우개/
마술 지우개 툴

▪	⟋ Eraser Tool	E
	⟋ Background Eraser Tool	E
	⟋ Magic Eraser Tool	E

⓭ 그레이디언트/페인트통/
3D 재질 드롭 툴

▪	▦ Gradient Tool	G
	⟋ Paint Bucket Tool	G
	⟋ 3D Material Drop Tool	G

⑭ 블러/샤픈/스머지 툴

⑮ 닷지/번/스펀지 툴

⑯ 펜/자유 변형 펜/곡률 펜/기준점 추가/
   기준점 삭제/기준점 변환 툴

⑰ 가로 텍스트/세로 텍스트/
   세로 텍스트 마스크/
   가로 텍스트 마스크 툴

⑱ 패스 선택/직접 선택 툴

⑲ 사각형/타원/삼각형/다각형/라인(선)/
   커스텀 셰이프 툴

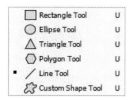

⑳ 손바닥/회전 보기 툴

㉑ 돋보기 툴
㉒ 더 보기: 추가 툴 설정
㉓ 기본색 설정/색상 교체/
   전경색/배경색
㉔ 마스크 모드
㉕ 기본 화면 모드/메뉴 바가 있는
   전체 화면 모드/전체 화면 모드

● 이동, 선택, 자르기

❶ 이동/아트보드 툴

ⓐ **이동 툴**: 선택 영역이나 이미지를 이동할 때 사용합니다.

ⓑ **아트보드 툴**: 스마트폰, 데스크톱 등 해상도에 맞는 작업 창을 만듭니다.

❷ 사각 선택/원형 선택/가로선 선택/세로선 선택 툴

ⓐ **사각 선택 툴**: 영역을 사각형으로 선택합니다.

ⓑ **원형 선택 툴**: 영역을 원형으로 선택합니다.

ⓒ **가로선 선택 툴**: 1픽셀의 가로선을 선택합니다.

ⓓ **세로선 선택 툴**: 1픽셀의 세로선을 선택합니다.

❸ 올가미/다각형 올가미/자석 올가미 툴

ⓐ **올가미 툴**: 자유롭게 원하는 영역을 선택합니다.

ⓑ **다각형 올가미 툴**: 다각형으로 원하는 영역을 선택합니다.

ⓒ **자석 올가미 툴**: 색상차가 분명한 이미지의 경계선을 따라 드래그해서 자동으로 선택합니다.

❹ 개체 선택/빠른 선택/마술봉 툴

ⓐ **개체 선택 툴**: 클릭 또는 드래그로 원하는 영역을 선택합니다.

ⓑ **빠른 선택 툴**: 클릭 또는 드래그로 선택합니다.

ⓒ **마술봉 툴**: 클릭한 지점과 비슷한 색상을 선택합니다.

❺ 크롭/원근 크롭/분할/분할 선택 툴

ⓐ **크롭 툴**: 이미지의 원하는 부분만 잘라냅니다.

ⓑ **원근 크롭 툴**: 원근감을 적용해서 자릅니다.

ⓒ **분할 툴**: 이미지를 분할해서 각각의 이미지로 저장합니다.

ⓓ **분할 선택 툴**: 분할한 이미지를 선택합니다.

❻ 프레임 툴

원형 또는 사각형의 프레임을 만들어 그 영역에만 이미지가 보이도록 합니다.

❼ 스포이트/3D 재질 스포이트/컬러 샘플러/눈금자/주석/계산 툴

ⓐ **스포이트 툴**: 색상을 추출합니다.

ⓑ **3D 재질 스포이트 툴**: 3D 오브젝트의 색상을 추출합니다.

ⓒ **컬러 샘플러 툴**: 선택한 색상 정보를 [Info] 패널에 표시합니다.

ⓓ **눈금자 툴**: 이미지의 길이와 각도를 측정합니다.

ⓔ **주석 툴**: 작업 화면에 영향을 주지 않고 이미지에 메모할 수 있습니다.

ⓕ **계산 툴**: 오브젝트의 개수를 셉니다.

● 드로잉, 페인팅, 리터칭

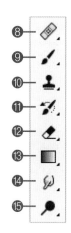

❽ 스팟 힐링 브러시/힐링 브러시/패치/콘텐츠 인식 이동/레드 아이 툴

ⓐ **스팟 힐링 브러시 툴**: 클릭 또는 드래그해서 주변과 자연스럽게 합성하면서 복제합니다.

ⓑ **힐링 브러시 툴**: `Alt`를 눌러 선택한 기준점 지점부터 드래그한 영역에 합성하면서 복제합니다.

ⓒ **패치 툴**: 선택 영역을 주변과 혼합하면서 복제합니다.

ⓓ **콘텐츠 인식 이동 툴**: 선택 영역을 원하는 위치로 옮겨 자연스럽게 합성합니다.

ⓔ **레드 아이(적목 현상) 툴**: 눈동자가 빨갛게 나온 사진을 보정합니다.

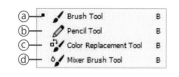

❾ 브러시/연필/색상 교체/혼합 브러시 툴

ⓐ **브러시 툴**: 원하는 모양의 브러시로 드래그해서 색을 칠합니다.

ⓑ **연필 툴**: 브러시와 비슷하지만 가장자리가 딱딱합니다.

ⓒ **색상 교체 툴**: 브러시로 칠해진 영역을 다른 색으로 대체합니다.

ⓓ **혼합 브러시 툴**: 색을 혼합해서 칠합니다.

❿ 복제 도장/패턴 도장 툴

ⓐ **복제 도장 툴**: 이미지를 다른 위치에 복제합니다.

ⓑ **패턴 도장 툴**: 등록한 패턴을 드래그해서 복제합니다.

⑪ 히스토리 브러시/아트 히스토리 브러시 툴

ⓐ **히스토리 브러시 툴**: 효과가 적용된 이미지를 원본으로 복구합니다.

ⓑ **아트 히스토리 브러시 툴**: 이미지를 회화적인 기법으로 만듭니다.

⑫ 지우개/배경 지우개/마술 지우개 툴

ⓐ **지우개 툴**: 이미지를 지웁니다.

ⓑ **배경 지우개 툴**: [Background] 레이어를 지울 때 사용합니다.

ⓒ **마술 지우개 툴**: 클릭한 부분과 비슷한 색상 영역을 지웁니다.

⑬ 그레이디언트/페인트통/3D 재질 드롭 툴

ⓐ **그레이디언트 툴**: 색이 점진적으로 변하는 그레이디언트를 만듭니다.

ⓑ **페인트통 툴**: 전경색이나 패턴으로 채웁니다.

ⓒ **3D 재질 드롭 툴**: 3D 오브젝트를 전경색이나 패턴으로 채웁니다.

⑭ 블러/샤픈/스머지 툴

ⓐ **블러 툴**: 이미지를 뿌옇게 만듭니다.

ⓑ **샤픈 툴**: 이미지를 선명하게 만듭니다.

ⓒ **스머지 툴**: 드래그하는 방향으로 픽셀을 늘립니다.

⑮ 닷지/번/스펀지 툴

ⓐ **닷지 툴**: 클릭하거나 드래그로 이미지를 밝게 합니다.

ⓑ **번 툴**: 클릭하거나 드래그로 이미지를 어둡게 합니다.

ⓒ **스펀지 툴**: 클릭하거나 드래그로 이미지의 채도를 높이거나 낮춥니다.

● 벡터 툴(펜/텍스트/셰이프 툴), 화면 확대, 화면 이동

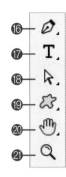

⑯ 펜/자유 변형 펜/곡률 펜/기준점 추가/기준점 삭제/기준점 변환 툴

ⓐ **펜 툴**: 패스를 그립니다.

ⓑ **자유 변형 펜 툴**: 브러시 툴처럼 드래그하면 형태대로 패스가 만들어집니다.

ⓒ **곡률 펜 툴**: 부드러운 곡선을 쉽게 만듭니다.

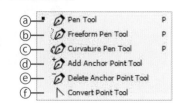

ⓓ **기준점 추가 툴**: 기존 패스에 기준점을 추가합니다.

ⓔ **기준점 삭제 툴**: 기존 패스에 기준점을 삭제합니다.

ⓕ **기준점 변환 툴**: 기준점의 속성을 바꿉니다.

⓱ **가로 텍스트/세로 텍스트/세로 텍스트 마스크/가로 텍스트 마스크 툴**

ⓐ **가로 텍스트 툴**: 가로 방향으로 문자를 입력합니다.

ⓑ **세로 텍스트 툴**: 세로 방향으로 문자를 입력합니다.

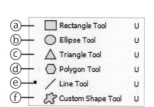

ⓒ **세로 텍스트 마스크 툴**: 세로 방향의 문자 형태대로 선택 영역을 만듭니다.

ⓓ **가로 텍스트 마스크 툴**: 가로 방향의 문자 형태대로 선택 영역을 만듭니다.

⓲ **패스 선택/직접 선택 툴**

ⓐ **패스 선택 툴**: 패스의 전체 기준점을 선택합니다.

ⓑ **직접 선택 툴**: 패스에서 원하는 기준점만 선택합니다.

⓳ **사각형/타원/삼각형/다각형/라인(선)/커스텀 셰이프 툴**

ⓐ **사각형 툴**: 사각형을 만듭니다.

ⓑ **타원 툴**: 원형을 만듭니다.

ⓒ **삼각형 툴**: 삼각형을 만듭니다.

ⓓ **다각형 툴**: 다각형을 만듭니다.

ⓔ **라인(선) 툴**: 다양한 선을 만듭니다.

ⓕ **커스텀 셰이프 툴**: 셰이프 라이브러리나 사용자가 등록한 셰이프를 사용합니다.

⓴ **손바닥/회전 보기 툴**

ⓐ **손바닥 툴**: 작업 화면보다 큰 이미지를 이동해서 볼 때 사용합니다.

ⓑ **회전 보기 툴**: 작업 화면을 회전시킵니다.

㉑ **돋보기 툴**

이미지를 확대, 축소합니다.

● 색상 선택, 보기 모드

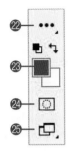

㉒ 더 보기: 추가 툴 설정

사용자가 자주 사용하는 툴들만 패널에 편집할 수 있습니다.

㉓ 기본색 설정/색상 교체/전경색/배경색

기본색 설정: 전경색은 검정, 배경색은 흰색이 기본색으로 설정됩니다.

색상 교체: 전경색과 배경색을 서로 바꿉니다.

전경색: 문자 입력이나 도형을 그릴 때의 색입니다.

배경색: 지우개 툴로 지웠을 때 나타나는 색입니다.

색을 클릭하면 나오는 [Color Picker] 대화상자에서 원하는 색을 선택할 수 있습니다.

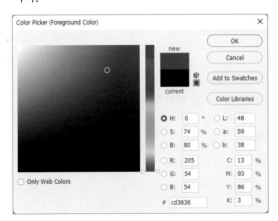

㉔ 마스크 모드

브러시나 선택 툴 등을 사용하여 원하는 영역만 선택할 수 있습니다.

㉕ **기본 화면 모드/메뉴 바가 있는 전체 화면 모드/전체 화면 모드**

보기 모드: 기본 모드와 마스크 모드로 전환할 수 있습니다.

스크린 전환 모드

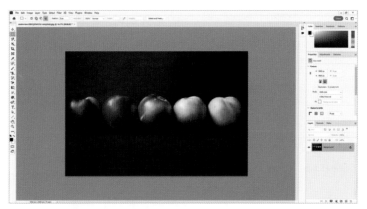

Standard Screen Mode(기본 화면 모드)

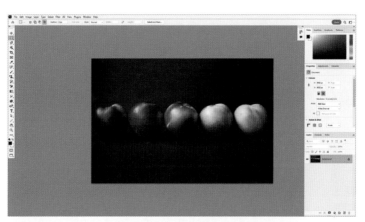

Full Screen Mode with Menu Bar(메뉴 바가 있는 전체 화면 모드)

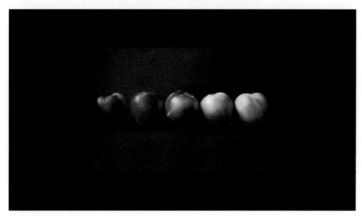

Full Screen Mode(전체 화면 모드)

● 패널 펼쳐보기

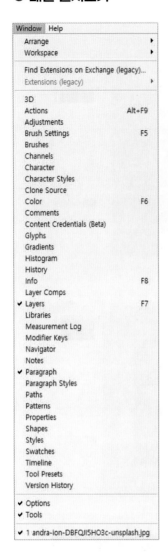

❶ Layers 패널

이미지 구성을 알 수 있는 패널로 모든 이미지는 한 개 이상의 레이어로 구성되어 있습니다. 레이어에 다양한 효과를 적용할 수 있습니다.

❷ Character 패널

텍스트 툴(T)로 작성한 문자의 글꼴, 크기, 색, 자간, 행간 등을 설정합니다.

❸ Adjustments 패널

보정 기능을 쉽고 빠르게 할 수 있는 패널입니다. [Layers] 패널에서 보정 레이어 추가하기 아이콘(⬤)을 클릭하는 것과 동일한 기능입니다.

❹ Info 패널

현재 마우스 포인터가 있는 곳의 색상, 좌표 등의 정보를 보여줍니다.

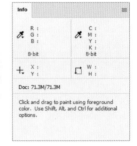

❺ Color 패널

전경색과 배경색을 원하는 색으로 선택합니다.

❻ Swatches 패널

견본으로 제공하는 색상을 선택해서 적용하
거나 자주 사용하는 색상을 등록합니다.

❼ Gradients 패널

기본으로 제공하는 그레이디언트를 적용하
거나 새로 등록합니다.

❽ Patterns 패널

기본으로 제공하는 패턴을 적용하거나 새로
등록합니다.

❾ Brushes 패널

브러시 툴(✏)의 옵션을 조절하며 새로운 브
러시를 등록해서 사용할 수 있습니다.

❿ Brush Settings 패널

다양한 스타일의 브러시를 만들 수 있습니다.

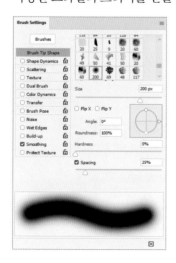

⓫ Paths 패널

펜 툴(✒)이나 커스텀 셰이프 툴(⬡)을 이용
해서 만든 패스를 저장하고 관리합니다.

⑫ Channels 패널

색상 정보나 선택 영역에 관한 정보를 담고
있습니다.

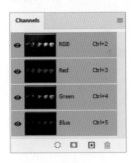

⑭ History 패널

작업 과정이 단계별로 기록됩니다. 이전 단
계로 쉽게 이동할 수 있습니다.

⑯ Paragraph 패널

단락의 정렬, 들여쓰기, 내어쓰기 등을 편집
합니다.

⑬ Properties 패널

이미지의 세부 속성을 지정할 수 있습니다.

⑮ Shapes 패널

기본으로 제공하는 셰이프를 적용하거나 새
로 등록하고 관리할 수 있습니다.

⑰ Character Styles 패널

자주 사용하는 문자 스타일을 등록하고 관
리합니다.

⑱ Paragraph Styles 패널

자주 사용하는 단락 스타일을 등록하고 관리합
니다.

⑲ Styles 패널

기본으로 제공하는 스타일을 적용하거나 새로운 스타일을 등록할 수 있습니다.

⑳ Clone Source 패널

복제할 때 이미지 정보를 담아 관리할 수 있습니다.

㉑ Actions 패널

반복되는 작업을 기록해서 다음 작업을 한번에 실행시킵니다.

㉒ Navigator 패널

이미지를 확대, 축소할 수 있고 원하는 부분으로 이동할 수 있습니다.

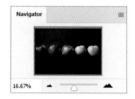

㉓ Layer Comps 패널

레이어 위치, 레이어 모드 등 레이어의 상태를 스냅샷으로 저장해서 필요할 때 불러옵니다.

㉔ Notes 패널

이미지나 효과에 설명을 다는 기능을 합니다.

㉕ Histogram 패널

이미지의 색상 분포를 그래프 형식으로 보여줍니다.

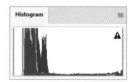

㉖ Glyphs 패널

선택한 폰트에서 이용할 수 있는 특수문자를 넣을 수 있습니다.

㉗ Tool Presets 패널

자주 사용하는 툴을 저장해서 다른 작업에
편리하게 사용합니다.

㉘ Comments 패널

클라우드 기반으로 공동 작업자가 작업 정
보를 코멘트로 남길 수 있습니다.

㉙ Libraries 패널

자주 사용하는 색상, 문자 스타일, 이미지 등
을 등록해서 항목을 관리하고 다른 사용자
와 공유할 수 있습니다.

㉚ Measurement Log 패널

측정 정보를 기록합니다.

㉛ Timeline 패널

타임라인을 이용해서 영상을 편집합니다.

툴, 패널, 메뉴 가볍게 맛보기

패널이 많이 열려 있으면 공간을 많이 차지하므로 불편할 수 있습니다. 필요한 패널만 열어놓고 사용하는 것이 효율적입니다. 간단하게 패널 조작법에 대해 살펴보겠습니다.

패널 축소 및 확장

패널 상단 왼쪽의 작은 삼각형을 클릭하면 패널을 확장하거나 축소할 수 있습니다.

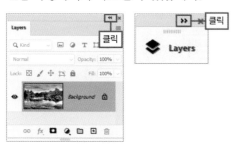

패널 접기, 펼치기

패널 이름 부분을 더블 클릭하면 패널이 접힙니다. 다시 이름 영역을 더블 클릭하면 펼쳐집니다.

패널 분리하기, 합치기

패널 이름 부분을 클릭한 채 드래그하면 패널이 분리됩니다. 다른 패널 옆으로 드래그해서 넣으면 패널을 묶을 수 있습니다.

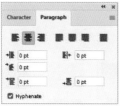

패널 닫기

패널에서 ▣ 아이콘을 클릭하거나 패널 이름에서 마우스 오른쪽 버튼을 클릭해서 나오는 메뉴에서 [Close]를 선택하면 패널을 닫을 수 있습니다.

패널 열기

원하는 패널을 열고 싶을 때에는 메뉴 바의 [Window]를 눌러 해당 패널을 선택하면 됩니다.

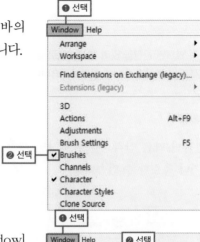

원하는 패널로 구성됐을 경우에는 [Window]-[Workspace]-[New Workspace] 메뉴를 선택해서 저장할 수 있습니다.

기본 설정 화면으로 되돌리고 싶을 경우에는 [Window]-[Workspace]-[Reset Essentials] 메뉴를 선택합니다.

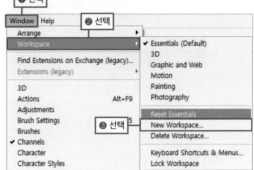

---

2 · 기능 예제 · 작업 화면 자유자재로 다루기

◎ **준비 파일**: part1/chapter1/Baby.jpg

[Open] 이미지 불러오기

포토샵을 실행한 후 [Open]을 클릭하면 대화상자가 열립니다. 예제 소스를 저장한 폴더에서 'Baby.jpg' 파일을 선택하고 [열기]를 클릭합니다. 단축키는 Ctrl + O 입니다.

이미지를 불러오는 다양한 방법

홈 화면에서 [Open]을 클릭합니다.
- 단축키 Ctrl + O

탐색기에서 파일을 선택하고 포토샵 화면으로 드래그합니다.

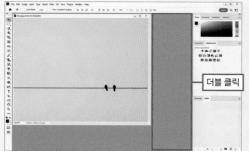

작업 화면의 빈 영역을 더블 클릭하면 이미지 창이 뜹니다.

탐색기에서 이미지를 선택하고 바로 탭으로 드래그해서 이미지를 열 수 있습니다.

이미지 크기에 맞게 창 조절하기

작업 창에 이미지가 나타나고 [Layers] 패널이 활성화됩니다. 열린 이미지의 상단 이름 탭에는 화면에 보이는 크기가 표시됩니다. 파일 이름 탭을 클릭한 후 드래그하면 이미지 크기에 창이 맞춰지고 원하는 위치에 배치할 수 있습니다.

이미지 확대, 축소 및 100%로 보기

툴 패널에서 돋보기 툴(🔍)을 선택하고 작업 창에서 확대할 부분을 클릭하면 클릭할 때마다 이미지가 확대됩니다. 반대로 Alt 를 누른 상태에서 이미지를 클릭하면 돋보기 툴 안쪽이 +에서 -로 바뀌면서 이미지가 축소됩니다. 옵션 패널에서 -를 누른 것과 같은 효과입니다.

이미지 축소

툴 패널에서 돋보기 툴을 더블 클릭하면 이미지가 100%로 보입니다.

더블 클릭

이미지 크기

이미지 창 크기 조절하기

이미지 창의 오른쪽 하단을 드래그하면 이미지 창 크기를 조절할 수 있습니다.

클릭&드래그

숨겨진 부분 밀어서 보기

창 크기가 이미지 크기보다 작아서 숨겨진 부분은 손바닥 툴(🖐)로 밀어서 볼 수 있습니다. 손바닥 툴(🖐)의 단축키는 Back Space 입니다.

NOTE　　　　　　　　　　　　　　　　　　　　　　　　　　이미지를 확대, 축소하는 여러 가지 방법

❶ 100%로 보기: 툴 패널에서 돋보기 툴을 더블 클릭하면 됩니다.
❷ Ctrl + 1 을 누르면 100%로 볼 수 있습니다.
❸ Ctrl + + 를 누르면 이미지가 확대되고, Ctrl + - 를 누르면 이미지가 축소됩니다.

3　• 기능 예제 •　　　　　　　　　　作업 창 분리하고 저장하기

◎ **준비 파일**: part1/chapter1/Dogs.jpg

이미지 창 분리하기

다른 파일을 추가로 열겠습니다. 이미지 옆의 빈 화면을 더블 클릭하거나 [File]-[Open] 메뉴를 선택하고 'Dogs.jpg' 파일을 선택합니다. 'Dogs.jpg' 이미지가 앞에서 불러온 'Baby.jpg' 이미지와 함께 나란히 배치되는 탭 방식으로 열립니다.

이미지 Dogs.jpg 파일 이름 탭에 마우스를 클릭한 채 아래로 드래그하면 이미지를 분리할 수 있습니다. Baby.jpg 이미지는 이미지 축소 아이콘을 클릭해서 강아지만 보이게 합니다.

이미지 회전하기

가로로 되어 있는 'Dogs.jpg' 이미지를 세로로 돌리기 위해 [Image]-[Image Rotation]-[90° Clockwise] 메뉴를 선택하면 이미지가 90도 시계 방향으로 회전됩니다.

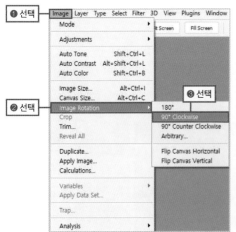

작업 화면에 맞게 이미지 크기 조절하기

툴 패널의 손바닥 툴(✋)을 더블 클릭하면 작업 화면에 딱 맞도록 이미지 크기가 바뀝니다.

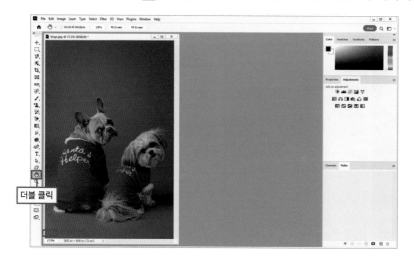

더블 클릭

NOTE 이미지를 화면에 꽉 차게 보기

❶ 이미지를 화면에 꽉 차게 보려면 툴 패널에서 손바닥 툴을 더블 클릭하면 됩니다.
❷ Ctrl + 0 를 눌러도 작업 창에 딱 맞게 확대 및 축소됩니다.

다른 이름으로 저장하기

변경된 이미지를 저장해 보겠습니다. [File]-[Save As] 메뉴를 선택한 후 저장할 위치를 선택하고
파일 이름을 입력하고 [Save a Copy]를 클릭합니다.

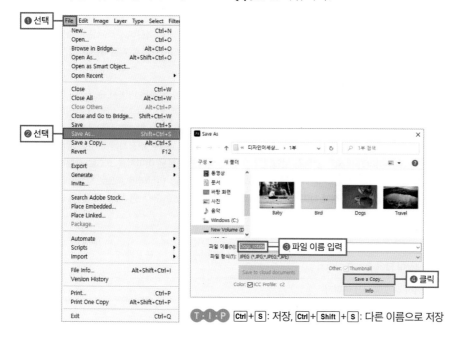

T·I·P Ctrl + S : 저장, Ctrl + Shift + S : 다른 이름으로 저장

포토샵 종료하기

포토샵 창 우측 상단에 있는 닫기 아이콘(☒)을 클릭하거나 Ctrl+Q를 누르면 포토샵이 종료됩니다.

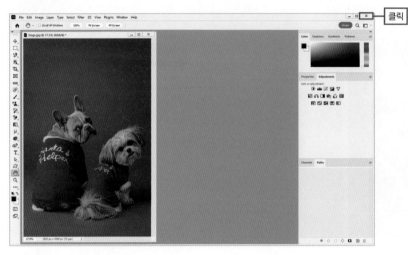

T·I·P 이미지를 닫는 단축키는 Ctrl+W입니다.

NOTE   포토샵 프로그램을 닫는 여러 가지 방법

❶ 화면 우측 상단의 ☒ 버튼을 클릭합니다.
❷ [File]-[Exit] 메뉴를 선택합니다.
❸ 단축키 Ctrl+Q를 누릅니다.

더 알·아·보·기

JPG, GIF, PNG

포토샵에서 작업한 후 레이어가 살아 있는 원본 파일을 저장하려면 PSD 파일로 저장합니다. 어도비 클라우드에 저장하려면 Save to cloud document에 저장하면 됩니다. 이미지를 저장할 때는 주로 JPG, GIF, PNG로 저장하는데 어떤 이미지를 JPG로 저장하고, 어떤 이미지를 GIF로 저장해야 하는 것일까요?

JPG는 16비트 컬러로 비교적 많은 색을 지원하는 장점이 있습니다. 하지만 압축률을 높일 경우 이미지 손상율이 커집니다. GIF는 이미지 손상율이 적은 반면, 256색 밖에 지원하지 않으므로 색 표현에 한계가 있습니다. 따라서 사진처럼 다양한 색으로 이뤄진 이미지라면 JPG 형식으로 압축하는 것이 좋고, 로고나 문자 디자인처럼 단순한 색으로 만들어진 이미지라면 GIF 형식으로 압축하는 것이 좋습니다. 색이 많은 사진을 GIF로 저장하면 JPG로 저장하는 것보다 용량이 커지고 색도 제대로 표현되지 않아 이미지가 깨진 것처럼 보입니다. 반대로 색이 단조로운 이미지를 JPG로 저장하면 GIF보다 용량은 커지고 이미지가 선명하지 못합니다. 색상 수가 256 이하이면 GIF, 256 이상이면 JPG로 저장합니다. PNG는 JPG에서 생기기 쉬운 뭉개짐을 비교적 적게 하여 JPG보다 압축을 더 잘할 수 있고 GIF처럼 투명 이미지를 만들 수도 있습니다.

	JPG	GIF	PNG
사진 등의 이미지와 색상이 많이 들어간 이미지	○		○
텍스트, 로고 등 색상이 적게 들어간 이미지		○	
투명 이미지 지원		○	○

포토샵에서 아무것도 없는 상태는 격자무늬 형태로 나타냅니다. 여러 오브젝트들을 겹쳐 놓기 위해 형태에 따라 이미지를 배경에서 분리한 후 JPG 파일로 저장하면 애써 분리한 배경에 흰색이 채워져서 저장됩니다. JPG는 투명을 지원하지 않기 때문입니다. 앞에서 말했듯이 이런 투명 상태 그대로 저장하는 이미지 파일 포맷은 PNG와 GIF 파일입니다.

아무것도 없는 투명 상태

JPG로 저장

GIF로 저장

PNG로 저장

새로운 작업 창 만들기

그림을 그리기 위해서는 종이가 필요한 것처럼 새로운 작업을 하려면 새로운 작업 창이 있어야 합니다. 앞에서 배운 기본 지식에 따라 작업 목적에 맞게 작업 창을 세팅합니다.

1. 홈 화면에서 [New file]을 클릭합니다.
2. 메뉴 바에서 [File]-[New]를 선택합니다.
3. 단축키 Ctrl + N 을 누릅니다.

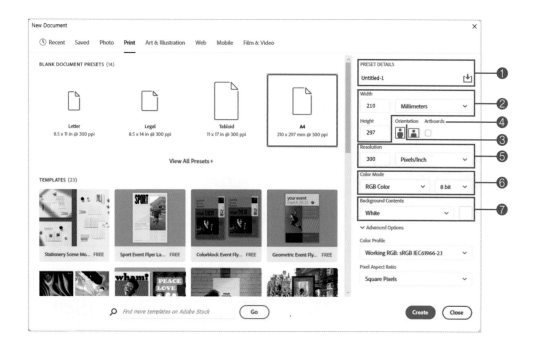

❶ 파일 이름을 입력합니다.

❷ **Width, Height**: 단위와 가로, 세로 길이를 설정합니다.

❸ **Orientation**: 캔버스 방향을 가로, 세로 중 선택합니다.

❹ **Artboards**: 아트보드를 만듭니다.

❺ **Resolution**: 해상도를 설정합니다. 화면용 이미지는 72Pixels/Inch, 인쇄용 이미지는 300Pixels/Inch로 설정합니다.

❻ **Color Mode**: 색상 모드를 지정합니다. 화면용 이미지는 RGB, 인쇄용 이미지는 CMYK로 설정합니다.

❼ **Background Contents**: 캔버스의 배경색을 지정합니다.

---

4 ・기능 예제・　　　　　　　　　　　　　　　**새로운 작업 창 만들기**

01　홈 화면의 [New file]을 클릭하거나 Ctrl+N을 눌러 Width는 900Pixels, Height는 900Pixels, Resolution은 72Pixels/Inch, Color Mode는 RGB로 설정하고 [Create]를 클릭해서 새 작업 창을 만듭니다.

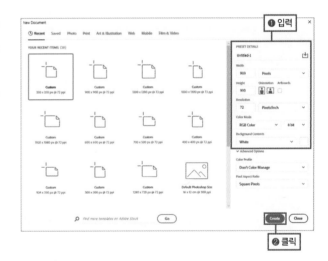

02　900*900 크기의 새로운 캔버스가 작업 화면을 꽉 채우면서 만들어집니다.

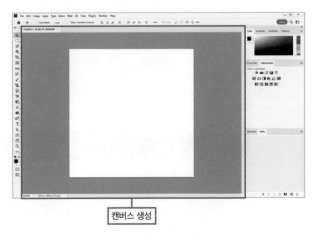

캔버스 생성

T·I·P 캔버스 상단의 회색 부분을 클릭&드래그하면 크기에 딱 맞는 캔버스가 됩니다.

이미지 크기와 캔버스 크기

이미지 크기를 조절하고 이미지를 깨지지 않게 늘이는 방법을 알아본 후 캔버스 크기로 프레임을 만드는 방법에 대해 알아봅니다.

LESSON

● Image Size

이미지의 크기와 해상도를 조절할 수 있습니다. 이미지의 크기와 해상도는 반비례하고 이미지를 늘이거나 줄이면 이미지가 손상되기 때문에 작업하기 전에 원하는 크기와 해상도를 미리 설정해야 합니다. 화면용은 72dpi, 인쇄용은 300dpi로 작업합니다.

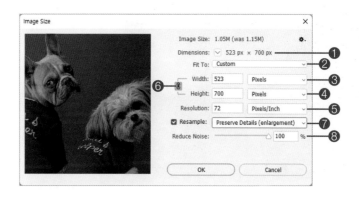

❶ **Dimensions**: 이미지의 가로, 세로 크기입니다. 크기를 변경하면 바뀔 용량도 같이 표시됩니다.

❷ **Fit To**: 자주 사용하는 이미지의 규격을 제공합니다.

❸ **Width**: 이미지의 가로 크기를 설정합니다.

❹ **Height**: 이미지의 세로 크기를 설정합니다.

❺ **Resolution**: 이미지의 해상도를 설정합니다.

❻ 링크 아이콘을 클릭하면 가로, 세로 같은 비율로 이미지의 크기를 변경할 수 있습니다.

❼ **Resample**: 이미지의 크기 변경 시 픽셀의 처리 방식을 설정합니다. 픽셀이 뭉개지는 현상을 줄일 수 있습니다.

    ⓐ 자동으로 픽셀을 채워 이미지를 표현합니다.

    ⓑ 이미지 확대 시 픽셀을 세밀하게 채웁니다.

    ⓒ 이미지 확대 시 픽셀을 부드럽게 채웁니다.

    ⓓ 이미지 축소 시 선명하게 처리합니다.

    ⓔ 이미지를 부드럽게 변하도록 처리합니다.

    ⓕ 주변 색상을 기준으로 픽셀을 채웁니다.

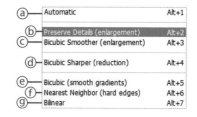

ⓞ 주변의 평균값으로 픽셀을 채웁니다.

❽ **Reduce Noise**: Resample 옵션을 Preserve Details (enlargement)로 설정하면 활성화되는 옵션으로 이미지 확대 시 생기는 노이즈의 제거 정도를 조절합니다.

<table>
<tr><td>1</td><td>· 기능 예제 ·</td><td>이미지 크기 줄이기</td></tr>
</table>

◎ **준비 파일**: part1/chapter1/Ballerina.jpg

01 Ctrl + O 를 눌러 'Ballerina.jpg' 파일을 불러옵니다.

02 [Image]-[Image Size] 메뉴를 선택합니다. 현재 이미지는 Width는 1920px, Height는 1280px입니다. 링크 아이콘(🔗)을 클릭하고 Width를 600px로 변경합니다. Height가 같은 비율로 400px로 바뀝니다. [OK]를 클릭합니다.

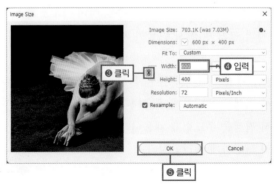

03 이미지의 크기가 변경된 것을 확인할 수 있습니다.

2 · 기능 **예제** ·   이미지 깨지지 않게 늘이기

이미지의 크기를 확대하면 원본 이미지에 비해 노이즈가 생깁니다. 따라서 이미지를 확대하는 것은 작업 퀄리티를 위해 좋은 방법은 아니지만 부득이하게 확대해야 하는 상황이라면 노이즈를 제거하면서 합니다.

◎ **준비 파일**: part1/chapter1/Cherry.jpg

01 Ctrl + O 를 눌러 'Cherry.jpg' 파일을 불러옵니다.

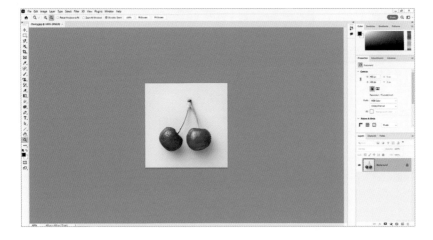

02   [Image]-[Image Size] 메뉴를 선택합니다. 원래 이미지의 Width, Height는 400px입니다. 링크 아이콘(🔗)을 클릭하고 Width를 800px로 변경합니다. Resample 항목을 체크하고 Preserve Details (enlargement)를 선택한 후 Reduce Noise를 100%로 하고 [OK]를 클릭합니다.

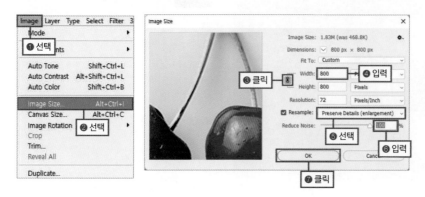

03   이미지가 깨지지 않고 크게 확대된 것을 확인할 수 있습니다.

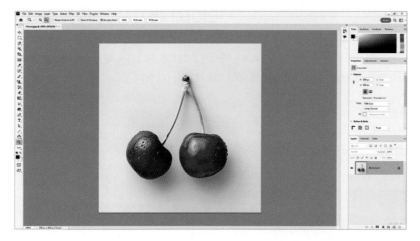

● 캔버스 크기

캔버스 크기는 작업 창의 크기를 변경할 때 사용합니다. 어느 지점을 기준으로 작업 창의 크기를 조절할 것인지 기준점을 설정할 수 있습니다. 작업 창의 크기를 현재보다 축소하면 이미지의 일부가 잘려 나가고, 확대하면 새로 생긴 공간에 배경색이 채워집니다.

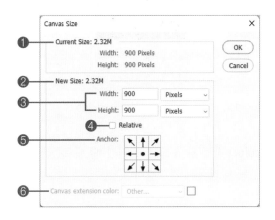

❶ **Current Size**: 현재 작업 창의 크기입니다.

❷ **New Size**: 변경할 작업 창의 크기입니다.

❸ **Width, Height**: 변경할 작업 창의 크기를 설정합니다.

❹ **Relative**: 체크하면 Width, Height가 0으로 바뀌는데 Width, Height에 입력한 크기만큼 더해진 캔버스 크기가 됩니다.

❺ **Anchor**: 캔버스의 크기를 확대하거나 축소할 때 어디를 기준으로 조절할 것인지를 설정합니다.

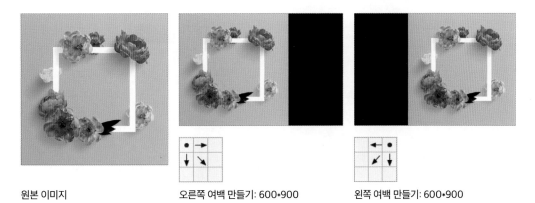

원본 이미지   오른쪽 여백 만들기: 600*900   왼쪽 여백 만들기: 600*900

오른쪽 하단 여백 만들기: 900*900

하단 여백 만들기: 900*600

상단 여백 만들기: 900*600

❻ Canvas extension color: 작업 창의 크기가 커질 때 새로 만들어진 영역에 어떤 색을 채울지를 설정합니다. 기본으로는 배경색이 채워집니다.

---

3 · 기능 예제 · 캔버스 크기로 프레임 만들기

◎ **준비 파일**: part1/chapter1/테이블.jpg

01 Ctrl + O 를 눌러 '테이블.jpg' 파일을 불러옵니다.

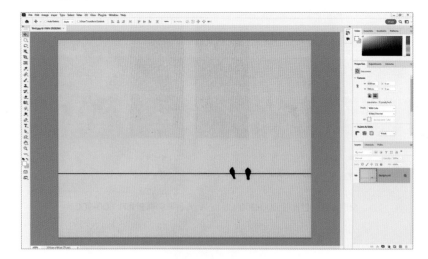

02 이미지 창의 상단 회색 바를 클릭&드래그해서 창의 크기를 이미지 크기에 맞춥니다. 파일 이름이 있는 상단에서 마우스 오른쪽 버튼을 클릭하면 나오는 메뉴에서 [Canvas Size]를 선택합니다.

T·I·P 메뉴 바의 [Image]-[Canvas Size]를 선택해도 됩니다.

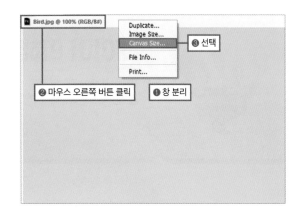

03 작업 창을 사방으로 30픽셀씩 넓히기 위해 가로, 세로에 60픽셀을 더한 1260, 960을 입력하고 [OK]를 클릭합니다. 넓어진 영역에는 기본적으로 배경색이 채워지는데 원하는 색을 선택할 수 있습니다. [OK]를 클릭하면 사방이 30픽셀씩 넓어지고 그 공간에 선택한 색이 채워진 것을 확인할 수 있습니다.

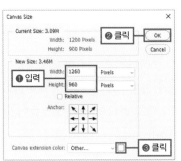

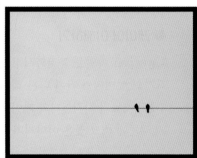

레이어 이해하기

LESSON

포토샵의 핵심 기능인 레이어를 이해하고 레이어 순서 바꾸기, 복사하기, 삭제하기, 숨기기 등을 간단하게 알아봅니다.

레이어는 '투명한 유리판'으로 이해하면 쉽습니다. 그림을 그릴 때 하나의 판에 모든 요소를 다 그리는 것이 아니라 요소들을 각각의 투명판에 하나씩 그려 넣은 후 겹쳐서 보는 원리입니다.

예를 들어 샌드위치 이미지에서 각각의 재료들을 한 레이어에 한 개씩 그리는 것입니다. 이렇게 나눠 그리면 쉽게 어떤 요소의 위치를 옮기거나 삭제할 수 있습니다.

이미지와 이미지, 이미지와 문자처럼 다양한 요소들을 편집하고 합성해야 하는 디자인 작업에서 레이어의 기능은 이미지를 편집하는 데 중요합니다.

● 레이어 이해하기

'Layer.psd' 파일을 불러와서 [Layers] 패널을 살펴보겠습니다. 하나의 이미지로 보이지만 실제로는 각각의 이미지가 각기 다른 레이어에 담겨 있습니다. 맨 아래 접시가 있는 [Background] 레이어와 5개의 재료가 각각 5개의 레이어에 하나씩 들어 있습니다. 이미지가 각각 하나의 레이어에 들어 있기 때문에 빼고 싶은 이미지가 있다면 해당 레이어만 삭제하면 됩니다.

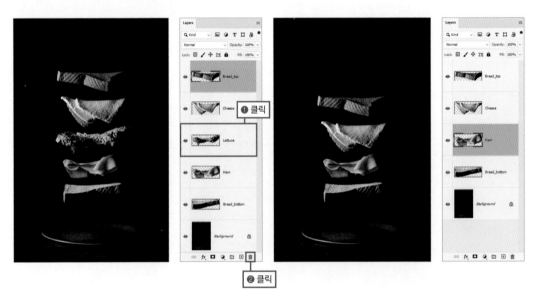

포토샵 작업을 하기 위해 새 창을 만들면 빈 캔버스가 만들어지고 [Layers] 패널에는 [Background] 레이어가 생깁니다. 이미지를 불러올 경우에도 [Layers] 패널에는 이미지가 [Background] 레이어에 들어 있습니다.

자물쇠 표시가 있는 [Background] 레이어는 추가하면 생기는 일반 레이어와 달리, 레이어 순서를 바꾸거나 편집할 수 없습니다.

[Background] 레이어는 [Layers] 패널 안에서 레이어의 순서를 바꾸거나 수정 작업을 할 수 없도록 잠겨 있습니다. 기본 설정은 흰색으로 채워져 있는데 [Background] 레이어에 효과를 적용하려면 일반 레이어로 바꿔야 합니다. [Background] 레이어의 오른쪽에 있는 자물쇠 아이콘을 클릭하면 일반 레이어로 바뀝니다.

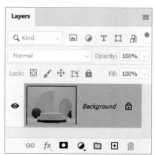

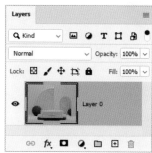

T·I·P 레이어에서 흰색과 회색으로 보이는 격자무늬는 투명을 의미합니다.

● 레이어 간단하게 살펴보기

Ctrl + O 를 눌러 'Layer1.psd' 파일을 불러온 후 [Layers] 패널을 살펴봅니다. 이미지는 한 장으로 보이지만 이미지를 구성하는 4개의 이미지가 각각의 일반 레이어에 담겨 있습니다.

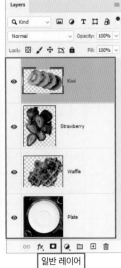

일반 레이어

Plate

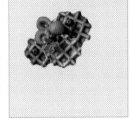

Waffle

Strawberry

Kiwi

1) 레이어 순서 바꾸기

레이어들의 순서를 바꾸면 이미지도 달라집니다. 레이어의 순서를 변경하고 싶을 때는 레이어를 클릭한 후 드래그해서 원하는 위치에 놓으면 됩니다. 레이어들의 순서를 바꾸면 이미지도 다르게 보입니다.

맨 아래에 있던 [Plate] 레이어를 클릭&드래그해서 맨 위에 놓아 보겠습니다. 이미지가 가장 큰 [Plate] 레이어가 맨 위에 놓이자 아래에 있던 모든 이미지들이 보이지 않습니다. 작업 시 이미지가 보이지 않는다면 지금처럼 위에 있는 레이어에 가려서 안보이는 것은 아닌지 확인합니다. Ctrl + Z 를 눌러 되돌립니다.

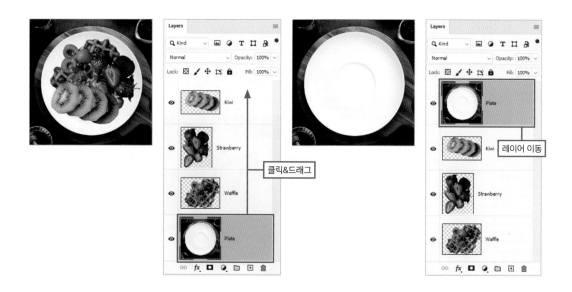

2) 레이어 복사하기

레이어를 복사하려면 해당 레이어를 선택하고 새로 만들기 아이콘으로 드래그합니다. 단축키는
Ctrl+J입니다. 새로 만들기 아이콘을 클릭하면 새로운 빈 레이어를 만들 수 있습니다. 같은 위치
에 복사되었기 때문에 이미지는 겹쳐 보이고 [Layers] 패널에는 복사된 레이어가 추가되었습니다.
이동 툴(⊕)을 선택하고 클릭&드래그해서 옮겨 놓습니다.

3) 레이어 삭제하기

필요 없는 레이어는 해당 레이어를 선택하고 휴지통 아이콘(🗑)으로 드래그하거나 키보드의 Delete를 누르면 삭제할 수 있습니다.

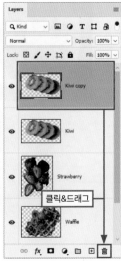

4) 레이어 숨기기

삭제가 아니라 안보이게 할 경우에는 [Layers] 패널에서 레이어 앞에 있는 눈 아이콘을 클릭하면 이미지를 숨길 수 있습니다.

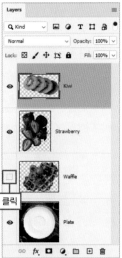

5) Layers 패널의 구성 요소

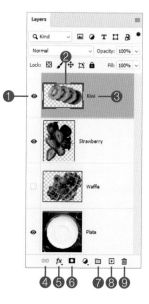

❶ **레이어 보이기 표시**: 눈 표시를 켜거나 꺼서 해당 레이어가
보이거나 보이지 않게 합니다.

❷ **섬네일**: 레이어에 있는 오브젝트를 작게 보여줍니다.

❸ **레이어 이름**: 더블 클릭해서 레이어 이름을 변경할 수 있습
니다.

❹ **링크 레이어**: 두 개 이상의 레이어를 연결합니다.

❺ **레이어 스타일**: 레이어 효과를 적용합니다.

❻ **레이어 마스크**: 레이어 마스크를 추가합니다.

❼ **새 그룹 만들기**: 레이어 그룹을 만듭니다.

❽ **새 레이어 만들기**: 새 레이어를 추가합니다.

❾ **휴지통**: 레이어를 삭제합니다.

더 알·아·보·기

작업 실수를 되돌리는 Ctrl + Z 와 History 패널

작업한 것을 취소하고 싶을 때는 Ctrl + Z 를 눌러 취소 바로 전 단계로 되돌아갈 수 있습니다. 한번에 몇 단계 전의 작업을 취소하고 싶을 때는 [History] 패널을 이용합니다. [History] 패널은 메뉴 바에서 [Window]-[History]를 선택하면 열립니다. [History] 패널에는 수행한 작업이 순서대로 기록되어 있는데 작업 목록에서 가고 싶은 단계를 선택하면 몇 단계 전의 상태로 돌아갈 수 있습니다.

❶ **원본 이미지**: 섬네일 이미지나 파일 이름을 클릭하면 원래 이미지 상태로 되돌아갑니다.

❷ **Create new document from current state**: 선택한 작업 단계를 새로운 이미지 창으로 만듭니다.

❸ **Create new snapshot**: 선택한 작업 상태를 스냅샷으로 남깁니다.

❹ **Delete current state**: 선택한 작업 상태를 지웁니다.

• **스냅샷(snapshot)**

작업을 하다 보면 이전에 한 작업이 나은지, 지금 한 작업이 나은지 비교가 필요한 경우가 있습니다. 중간의 상태를 스냅샷으로 저장해 놓고 다시 작업하면 이전 작업과 비교할 수 있습니다. 하지만 너무 많은 스냅샷을 저장하면 메모리가 부족해질 수 있으니 주의합니다.

디지털 편집의 시작

이미지를 편집하거나 수정하려면 먼저 무엇을 작업할지 정해야 합니다. '무엇'을 정하는 과정이 바로 '선택하기'입니다. 실제 작업에서 무엇을 얼마나 잘 선택하는가는 작업의 완성도에 영향을 끼칩니다. 디자인 작업에서 선택하기는 중요하기 때문에 포토샵에서도 다양한 선택 툴과 기능을 제공합니다.

이미지 또는 선택 영역을 옮기고 정렬하는 이동 툴

이동 툴로 이미지를 작업 창으로 옮기고 정렬하는 방법을 알아본 후 이미지를 복제하고 정렬, 분배하는 방법 등을 알아봅니다.

LESSON

● 이동 툴

이동 툴(✛)은 이미지를 옮길 때 사용합니다. 서로 다른 작업 창, 즉 한쪽 작업 창에서 다른 쪽 작업 창으로 옮기면 복제가 됩니다. 같은 작업 창에서 복제할 때는 Alt 를 누른 채 이미지나 선택 영역을 드래그합니다.

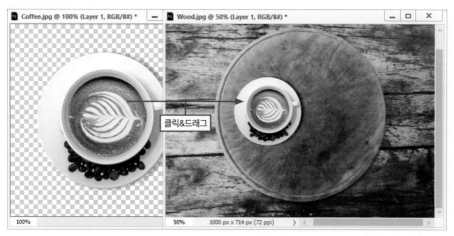

이동 툴(✛)을 선택하고 이미지를 클릭&드래그해서 다른 작업 창으로 옮깁니다.

Alt 를 누른 채 이미지를 드래그해서 복제합니다.

지정한 선택 영역으로 이동합니다.

이동 툴의 옵션 바

❶ **Auto-Select**: 체크하면 마우스로 클릭한 부분에 해당하는 레이어가 자동으로 선택됩니다. 원하는 범위를 드래그해서 해당 영역에 포함된 모든 레이어를 일괄 선택할 수도 있습니다.

❷ **Show Transform Controls**: 체크하면 선택된 레이어의 이미지를 조절할 수 있는 크기 조절점이 생깁니다. 이미지를 회전하거나 변형할 수 있습니다.

❸ **정렬 옵션**: 선택한 여러 레이어 또는 링크로 연결된 레이어들의 오브젝트 위치를 정렬합니다. 두 개 이상의 레이어가 선택되어야 활성화됩니다. 왼쪽부터 왼쪽 가장자리 정렬, 수직 중앙 정렬, 오른쪽 가장자리 정렬, 위쪽 가장자리 정렬, 수평 중앙 정렬, 아래쪽 가장자리 정렬 옵션입니다.

❹ **…(더 보기)**: 분배에 관한 옵션들을 볼 수 있습니다.

NOTE
이동 툴의 단축키

❶ Shift 를 누른 채 이동: 수직, 수평, 45도로 이동합니다.
❷ Alt 를 누른 채 이동: 이미지가 복제되면서 이동합니다.
❸ Alt + Shift 를 누른 채 이동: 수직, 수평, 45도로 이동하면서 복제합니다.

 **· 기능 예제 ·**

작업 창으로 이미지 옮기고 정렬하기

이미지 옮기기: 이동 툴(⊕)을 선택하고 옮길 이미지를 클릭한 채 마우스를 떼지 않고 다른 작업 창으로 드래그하면 이미지가 복제됩니다.

◎ **준비 파일**: part1/chapter2/Cake.png, Wood.jpg

01 `Ctrl`+`O`를 누르거나 [New file]을 클릭해서 'Cake.png', 'Wood.jpg' 파일을 선택한 후 [열기]를 클릭합니다. 이미지가 탭 형식으로 겹쳐 열립니다. 파일 이름이 있는 회색 바를 클릭&드래그해서 창을 분리합니다.

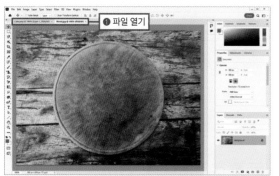 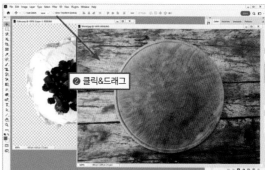

02 툴 패널에서 이동 툴(⊕)을 선택합니다. 케이크 이미지 위에서 마우스를 클릭한 후 떼지 않은 상태에서 작업 창으로 드래그합니다. 이미지가 복제되면서 옮겨지고 [Layers] 패널에는 레이어가 추가된 것을 볼 수 있습니다.

T·I·P 작업 창 내에서 방향키를 사용하면 1픽셀씩 화살표 방향으로 이미지가 이동합니다. `Shift`+방향키는 10픽셀씩 이동합니다.

03 [Shift]를 누른 채 [Background] 레이어와 [Layer 1] 레이어를 클릭합니다. 이동툴(⊹)의 옵션 바를 사용해서 옮긴 이미지를 가운데 정렬해 보겠습니다. 이동 툴의 옵션 바에서 수직 중앙 정렬과 수평 중앙 정렬 아이콘을 클릭하면 이미지가 작업 창의 중앙에 놓입니다.

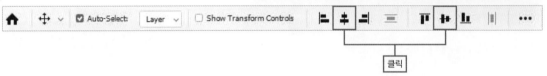

클릭

2 · 기능 예제 · 이동 툴로 이미지 복제하고 분배하기

이미지 복사하기: 작업 창 내에서는 [Alt]를 누른 채 드래그하면 복제할 수 있습니다. [Shift]를 누른 채 이동하면 수직, 수평 방향으로 옮길 수 있습니다.

◎ **준비 파일**: part1/chapter2/Bean.jpg, Coffee2.png

01 [Ctrl]+[O]를 눌러 대화상자가 열리면 'Bean.jpg, Coffee2.png' 파일을 선택하고 [열기]를 클릭하면 이미지가 탭 형식으로 겹쳐 열립니다. 파일 이름이 있는 회색 바를 클릭&드래그해서 창을 분리합니다.

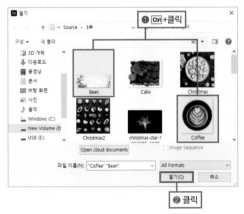

❶ Ctrl+클릭

❷ 클릭

❸ 창 분리

02 이동 툴(⊹)을 선택한 후 Coffee 이미지를 클릭&드래그해서 Bean 이미지 창으로 복제해 옮깁니다.

03 Alt 를 누른 채 Coffee 이미지를 클릭&드래그해서 옆으로 놓으면 이미지가 복제됩니다. [Layers] 패널을 보면 복제된 레이어가 만들어진 것을 확인할 수 있습니다.

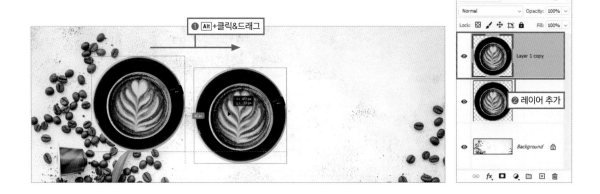

04 위의 작업을 한 번 더 반복합니다. Alt 를 누른 채 Coffee 이미지를 클릭&드래그해서 하나 더 복제합니다.

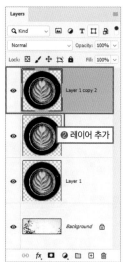

05 3개의 이미지의 간격을 맞춰 보겠습니다. [Layers] 패널에서 맨 위의 레이어가 선택되어 있습니다. Shift 를 누른 채 [Layer 1]을 클릭하면 복제한 이미지까지 포함해서 3개의 레이어가 모두 선택됩니다. 이동 툴(✛)의 옵션 바에서 수평 중앙 정렬 아이콘(▮▯)을 클릭합니다.

T·I·P Shift 를 누른 채 레이어들을 선택하면 모든 레이어들이 선택됩니다.

06 수평 분배 아이콘(▤)을 클릭하거나 더 보기 아이콘(⋯)을 클릭해서 Distribute가 나오면 수평 중앙 정렬을 클릭해 간격을 맞춥니다.

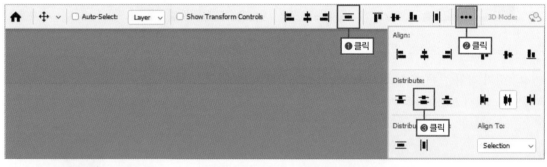

T·I·P Distribute: 레이어를 3개 이상 선택했을 때 활성화되며, 옵션에 따른 기준으로 레이어들의 간격을 균등하게 배치합니다.

레이어 자동 선택과 수동 선택

⊙ **준비 파일**: part1/chapter2/Piment.psd

레이어 자동 선택

❶ 'Piment.psd' 파일을 불러옵니다. [Layers] 패널을 보면 Background 이미지와 4개의 이미지가 들어 있습니다. 작업을 하려면 그 이미지가 속해 있는 해당 레이어를 먼저 선택해야 하므로 이동 툴(⊕)의 옵션 바에 있는 'Auto-Select'를 체크합니다.

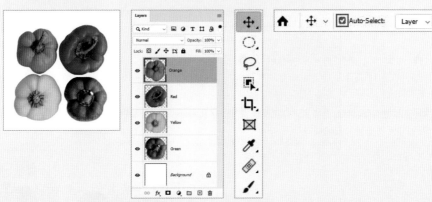

❷ 오른쪽 상단의 빨간 피망 이미지를 클릭합니다. [Layers] 패널을 보면 [Red] 레이어가 선택된 것을 볼 수 있습니다.

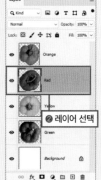

❸ 오른쪽 하단의 녹색 피망 이미지를 클릭합니다. [Layers] 패널을 보면 [Green] 레이어가 선택된 것을 볼 수 있습니다.

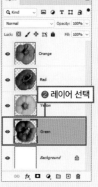

레이어 수동 선택

'Auto-Select' 옵션에 체크하지 않고 이미지가 속한 레이어를 찾으려면 Ctrl을 누른 채 해당 이미지를 클릭합니다. 'Auto-Select' 옵션에 체크하면 편리한 경우도 있지만 클릭만으로 레이어가 선택되기 때문에 의도하지 않은 경우에도 잘못 클릭한 레이어가 선택되는 불편함이 있을 수 있으므로 상황에 맞춰 사용합니다. 이때 Auto-Select 옆에 Layer와 Group이 있는데 Layer로 되어 있어야 Layer가 선택됩니다.

④ 이동 툴(✛) 옵션 바의 Auto-Select를 선택 해제합니다. Ctrl을 누르면 누르는 동안 Auto-Select에 체크되는 것을 볼 수 있습니다.

⑤ Ctrl을 누른 상태에서 노란색 피망 이미지를 클릭한 후 [Layers] 패널을 보면 해당 레이어 가 선택된 것을 볼 수 있습니다.

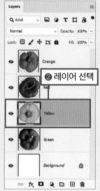

이동 툴로 이미지와 텍스트 배치하기

◎ **준비 파일**: part1/chapter2/Interior.psd

01 Ctrl + O 를 눌러 'Interior.psd' 파일을 불러옵니다. [Layers] 패널을 보면 [Background] 레이어 외에 3개의 이미지와 3개의 텍스트가 들어 있습니다. 6개의 위치를 수정하기 전에 작업의 편리를 위해 자와 가이드 선을 먼저 만들어 보겠습니다.

02 Ctrl + R 을 눌러 눈금자를 표시하고 눈금자의 단위를 픽셀로 변경하겠습니다. 눈금자 위에서 마우스 오른쪽 버튼을 클릭하면 나오는 메뉴에서 원하는 단위를 선택하면 됩니다.

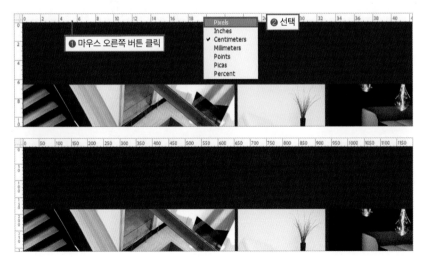

03 왼쪽 세로 눈금에 마우스를 놓고 클릭&드래그해서 100px의 위치에 세로 가이드 선을 만듭니다.
가로 가이드 선은 위의 눈금에서 클릭&드래그해서 100px의 위치에 놓습니다.

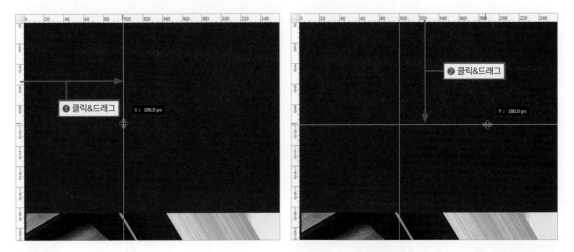

눈금자 단위 변경하기

Ctrl + R 을 눌러 눈금자를 표시하고 눈금자 위에서 마우스 오른쪽 버튼을 클릭해서 단위를 변경할 수 있습니다. 또는 [Edit]-
[Preferences]-[Units & Rulers] 메뉴에서 변경할 수 있습니다.

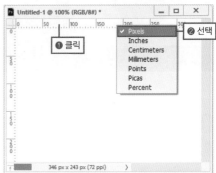

04 이번에는 다른 방법으로 가이드 선을 만들어 보겠습니다. 눈금자를 사용하지 않고 메뉴를 사용해서 정확한 위치를 지정하는 방법입니다. [View]-[Guides]-[New Guide] 메뉴를 선택하면 [New guide]

대화상자가 뜹니다. Vertical에 1100px을 입력하고 [OK]를 클릭하면 1100px 위치에 세로 가이드 선이 만들어집니다. 마찬가지로 Horizontal에도 1100px을 입력해서 가로 가이드 선을 만듭니다.

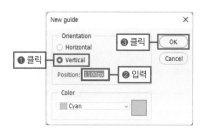

05 이동 툴(⊕)을 선택하고 옵션 바에서 Auto-Select를 체크한 후 [Image_1] 레이어를 클릭합니다. [Layers] 패널을 보면 해당 레이어가 선택된 것을 볼 수 있습니다.

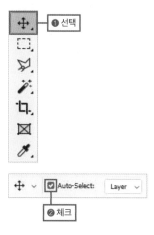

06 이동 툴(⊕)로 클릭&드래그해서 왼쪽 상단 가이드 선에 맞춰 놓습니다.

07 [Image_3] 레이어를 선택한 후 클릭&드래그해서 오른쪽 하단 가이드 선에 맞춰 놓습니다.

08 [Image_2] 레이어를 선택한 후 클릭&드래그해서 하단 가이드 선에 맞춰 놓습니다.

09 3개의 텍스트도 같은 방법으로 원하는 위치에 놓습니다.

10 [Ctrl]+[R]을 다시 누르면 눈금자가 사
라집니다.

11 [Ctrl]+[;]을 누르면 가이드 선도 안보
이게 할 수 있습니다.

정형 선택 툴-사각 선택/원형 선택/가로선 선택/세로선 선택 툴

LESSON 02

정형을 선택할 때 쓰는 사각 선택 툴, 원형 선택 툴, 가로선 선택 툴, 세로선 선택 툴을 알아보고 활용 방법을 배웁니다.

● 정형을 선택할 때 쓰는 사각 선택 툴/원형 선택 툴/가로선 선택 툴/세로선 선택 툴

사각형, 원형, 1열(가로선), 1행(세로선)처럼 정형을 선택할 때는 선택 툴을 이용합니다. 사각 선택 툴(⬚)과 원형 선택 툴(◯)은 원하는 영역을 드래그해서 선택할 수 있고, 가로선 선택 툴(⬓)과 세로선 선택 툴(▯)은 클릭하면 바로 선택됩니다.

선택 영역을 해제하는 단축키는 Ctrl + D 입니다.

■	[ ] Rectangular Marquee Tool	M
	◯ Elliptical Marquee Tool	M
	⬓ Single Row Marquee Tool	
	▯ Single Column Marquee Tool	

사각 선택 툴

원형 선택 툴

가로선 선택 툴

세로선 선택 툴

● 정사각형 또는 정원 선택

Shift + 드래그: 정사각형 또는 정원 만들기

Shift 를 누른 상태에서 사각 선택 툴이나 원형 선택 툴로 드래그하면 정사각형 또는 정원 형태로 선택됩니다.

Alt + 드래그: 클릭 지점을 중심으로 선택 영역 만들기

Alt 를 누른 상태에서 드래그하면 클릭한 지점을 중심으로 선택 영역이 만들어집니다. 따라서 원의 중심에서부터 클릭해서 커지는 원을 선택하고 싶을 때는 Shift 와 Alt 를 동시에 누른 채 드래그하면 됩니다.

선택 툴의 옵션 바

사각 선택 툴(▦), 원형 선택 툴(◯), 가로선 선택 툴(▭), 세로선 선택 툴(▯)과 뒤에서 배울 올가미 툴(◯), 다각형 올가미 툴(◿), 자석 올가미 툴(◿)은 옵션 바가 동일하게 나타납니다(단, 활성화되지 않는 경우는 있습니다). 해당 옵션의 기능을 살펴보겠습니다.

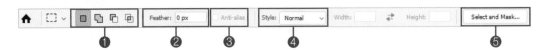

❶ 선택 영역 관련 옵션

ⓐ **선택하기**: 드래그해서 원하는 영역을 선택합니다.

ⓑ **선택 영역 더하기**: 기존 선택 영역에 새로운 선택 영역을 더합니다. Shift를 누른 채로 드래그하는 것과 같은 기능입니다.

ⓒ **선택 영역 빼기**: 기존 선택 영역에서 새로운 선택 영역을 뺍니다. Alt를 누른 채로 드래그하는 것과 같은 기능입니다.

ⓓ **공통 영역만 선택하기**: 기존 선택 영역과 새로운 선택 영역에서 공통된 부분만 선택합니다. Shift + Alt를 누른 채로 드래그하는 것과 같은 기능입니다.

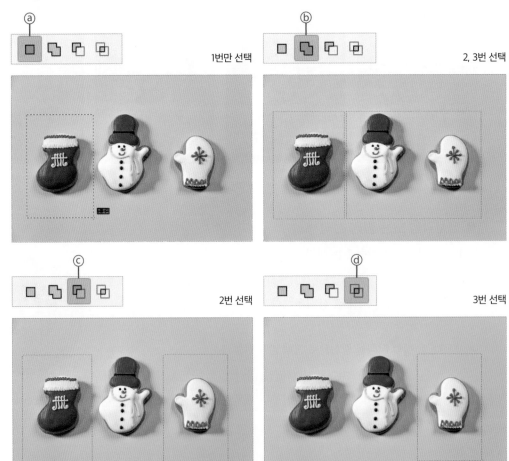

❷ **Feather**: 선택 영역과 주변 사이에 일정 영역을 지정해서 경계를 흐릿하게 합니다. 값이 높아질수록 경계면이 흐릿해지면서 색상이 퍼져 보입니다. 효과를 적용하려면 Feather값을 먼저 입력해야 합니다. 이미지를 움직이거나 잘라내서 복사해 넣을 때, 색을 넣을 때 이용할 수 있습니다.

Feather값: 10

Feather값: 50

❸ **Anti-alias**: 픽셀은 정사각형의 형태이므로 사선이나 곡선도 계단 형태로 나타납니다. 경계가 계단으로 날카롭게 표현되면 이미지가 거칠어 보이는데 경계가 거칠어 보이는 문제를 보완한 것이 안티 에일리어스(Anti-alias)입니다. 안티 에일리어스는 색 경계 부분에 중간색을 넣어 경계를 부드럽게 보이도록 만드는 것입니다. 원형 선택 툴(◎)과 올가미 툴(◯) 등을 사용할 때는 체크해 사용합니다.

안티 에일리어스 적용 전

경계면 확대

안티 에일리어스 적용 후

경계면 확대

❹ **Style: 선택 영역을 만들 때 선택 옵션을 정합니다.**
　　ⓐ Normal: 원하는 대로 드래그한 영역을 선택 영역으로 만듭니다.
　　ⓑ Fixed Ratio: 입력한 비율로 선택 영역을 만듭니다.
　　ⓒ Fixed Size: 입력한 수치대로 고정된 선택 영역을 만듭니다.
❺ **Select and Mask**: 선택 영역의 경계를 다듬습니다.

사각 선택 툴로 이미지 선택하고 크기 조절하기

◎ **준비 파일**: part1/chapter2/Poster.jpg, Puppy.jpg, Puppy2.jpg

01 [Ctrl]+[O]를 눌러 창을 열고 [Ctrl]을 누른 채 'Poster.jpg, Puppy.jpg, Puppy2.jpg' 파일을 선택하고 [열기]를 클릭합니다. 파일 이름이 있는 부분을 클릭&드래그해서 창을 분리합니다.

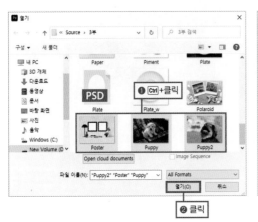 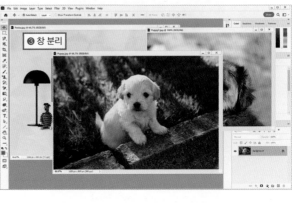

02 액자 안에 강아지를 넣어보겠습니다. 'Puppy' 이미지를 클릭한 후 사각 선택 툴([⬚])을 선택하고 [Shift]를 누른 채 클릭&드래그해서 정사각형으로 합니다.

03 이동 툴([✛])로 선택 영역을 클릭&드래그해서 'Poster' 이미지로 옮깁니다. [Ctrl]+[T]를 눌러 조절점이 나오면 [Shift]를 누른 채 대각선 방향으로 드래그해서 가로폭에 맞춰 강아지 크기를 줄이고 내부를 더블 클릭하거나 [Enter]를 누릅니다.

04 이동 툴(⊕)로 'Puppy2' 이미지를 클릭&드래그해서 'Poster' 이미지로 옮겨 오른쪽 끝에 맞춰 놓습니다. Ctrl+T를 눌러 조절점이 나오면 Shift를 누른 채 대각선 방향으로 클릭&드래그해서 액자 높이에 맞춰 강이지 크기를 줄이고 Enter를 누릅니다.

05 사각 선택 툴(▢)로 액자에서 벗어난 이미지의 왼쪽 부분을 클릭&드래그해서 선택한 후 Delete를 눌러 지웁니다. Ctrl+D를 누르거나 선택 영역 밖을 클릭해 선택 영역을 해제해서 완성합니다.

Transform

오브젝트 모양을 변형시키려면 [Edit]-[Transform] 메뉴를 이용합니다. 단축키인 Ctrl + T 는 자주 사용하는 기능이므로 외워 두는 것이 좋습니다. Ctrl + T 를 누르면 오브젝트에 8개의 조절점이 생깁니다.

각 모서리에 생기는 4개의 조절점을 코너 핸들이라고 부르는데 코너 핸들을 드래그하면 좌우 비율을 같게 유지하면서 크기를 늘리거나 줄일 수 있습니다. 조절점 주변 바깥으로 마우스 커서를 가져가면 방향 포인터가 생기며 이때 드래그하면 이미지를 회전시킬 수 있습니다.

Ctrl + T 를 누르면 각 모서리에 8개의 크기 조절점이 나타납니다.

코너 핸들을 드래그하면 좌우 비율이 같게 유지되면서 변형됩니다.

크기 조절점 주변 바깥으로 커서를 가져가면 방향 포인터가 생기는데 이미지를 회전시킬 수 있습니다. Shift 를 누른 상태에서 드래그하면 15도씩 돌릴 수 있습니다.

Scale(크기)

원본

Shift 를 누른 채 드래그하면 가로, 세로 같은 비율로 크기가 변경됩니다.

Alt 를 누른 채 드래그하면 이미지의 중심을 기준으로 크기가 변경됩니다.

Rotate(회전)

Rotate 180°

Shift + Alt 를 누른 채 오른쪽 조절점으로 드래그합니다.

Flip Horizontal

Alt 를 누른 채 하단 조절점으로 드래그합니다.

Flip Vertical

Alt 를 누른 채 상단 조절점으로 드래그합니다.

마우스 오른쪽 버튼을 클릭하면 나오는 메뉴에서 변경해도 됩니다.

이미지 다양하게 왜곡하기

Ctrl+T를 누르고 이미지 위에서 마우스 오른쪽 버튼을 클릭하면 나오는 메뉴에서 다음과 같이 조절할 수 있습니다.

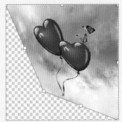

Skew
수직, 수평으로만 기울입니다.

Distort
드래그하는 대로 조절점이 움직입니다.

Perspective
조절점을 드래그하면 맞은편 조절점까지 움직이며 원근감을 적용합니다.

Warp
드래그하는 대로 이미지를 구부립니다.

---

2 · 기능 예제 · Transform 활용해서 배경 만들기

◎ **준비 파일**: part1/chapter2/Deco.jpg

01 Ctrl+N 을 눌러 Width, Height 모두 1200px, Resolution은 72Pixels/Inch, Color Mode는 RGB로 설정해서 새로운 창을 만듭니다. 그런 다음 Ctrl+O 를 눌러 'Deco.jpg' 파일을 불러옵니다.

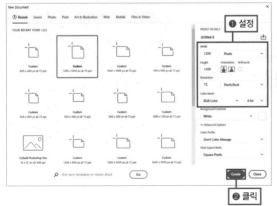

❶ 설정

❷ 클릭

02 　불러온 이미지를 새 작업 창으로 옮겨 보겠습니다. Deco.jpg 이름 영역을 클릭한 후 아래로 드래그해서 탭으로 묶인 작업 창을 별도로 분리합니다. 이동 툴(⊕)을 선택한 후 Deco.jpg 작업 창에서 새 작업 창으로 클릭&드래그해서 왼쪽 위에 놓습니다. 새 작업 창의 [Layers] 패널을 보면 레이어가 추가된 것을 확인할 수 있습니다. [Layers] 패널에서 해당 레이어 이름을 더블클릭해서 이름을 'Deco'로 변경합니다.

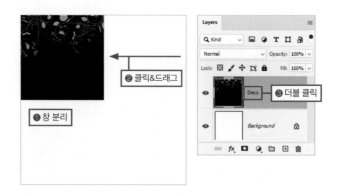

03 　이미지를 복사해 보겠습니다. 이동 툴(⊕)이 선택된 상태에서 Alt 를 누르면 커서 모양이 바뀌는 것을 볼 수 있습니다. Alt 를 누른 채 오른쪽으로 드래그하면 이미지가 복제됩니다. Ctrl + T 를 눌러 조절점이 나타나면 마우스 오른쪽 버튼을 클릭해서 나오는 메뉴에서 [Flip Horizontal]을 선택하고 Enter 를 누릅니다. [Layers] 패널을 보면 레이어가 복제된 것을 확인할 수 있습니다.

04 　두 개의 이미지를 복제해 보겠습니다. Shift 를 누른 채 꽃 레이어를 클릭해서 두 개의 레이어를 모두 선택합니다. 작업 창에서 Alt 를 누른 상태에서 아래로 드래그해서 복제합니다.

T·I·P 레이어를 복제하는 단축키인 Ctrl + J 로 복제한 후 위치를 옮겨도 됩니다.

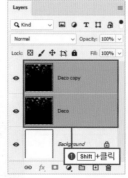 

05 이번에는 이미지를 세로로 뒤집어 보겠습니다. Ctrl+T를 눌러 조절점을 표시한 후 마우스 오른쪽 버튼을 클릭해서 [Flip Vertical]을 선택합니다. Enter를 눌러 편집을 마칩니다.

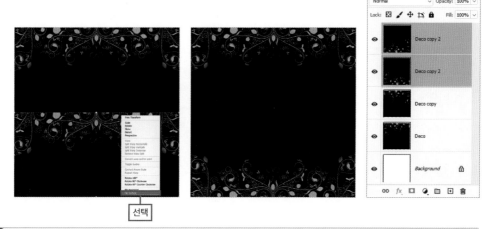

선택

NOTE ────────────────────────────────────── **추가적인 Transform 단축키**

❶ Ctrl+드래그: 자유롭게 이미지를 변경합니다.

❷ Shift+Ctrl+드래그: 자유롭게 이미지를 기울입니다.

❸ Shift+Ctrl+Alt+드래그: 이미지에 원근감을 줍니다.

---

3 • 기능 예제 •
 사각 영역 선택하고 색 적용하기

◎ **준비 파일**: part1/chapter2/Candy.jpg

01 Ctrl+N을 누르고 [New Document] 대화상자에서 Width, Height 모두 900px, Resolution은 72Pixels/Inch, Color Mode는 RGB로 설정하고 [Create]를 클릭해서 새 창을 만듭니다.

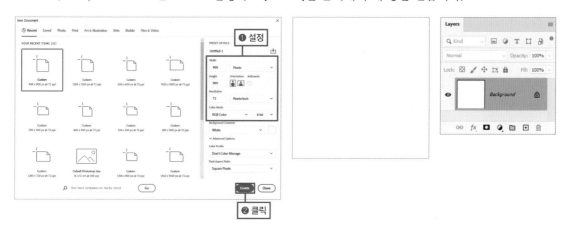

❶ 설정

❷ 클릭

02 Ctrl+O를 눌러 'Candy.jpg' 파일을 불러오고 이동 툴(✛)을 선택한 후 클릭&드래그해서 작업 창으로 옮깁니다.

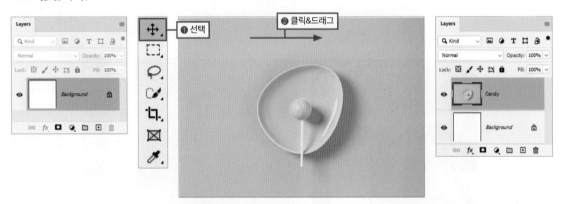

03 [Layers] 패널에서 새로운 레이어 만들기 아이콘(▣)을 클릭해서 레이어를 추가합니다. 선택을 쉽게 하기 위해 돋보기 툴(🔍)을 선택하고 Alt를 누른 채 이미지를 클릭해서 이미지를 축소하면 이미지 바깥 부분도 볼 수 있습니다. 사각 선택 툴(▢)을 선택하고 하단 부분을 클릭&드래그해서 선택 영역을 잡습니다.

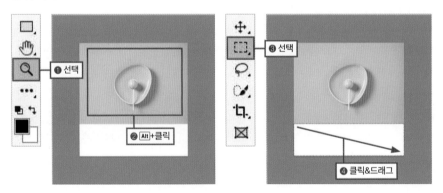

04 스포이트 툴(⚲)을 선택하고 접시 부분의 하늘색 지점을 클릭하면 전경색이 바뀌는 것을 볼 수 있습니다. Alt+Delete를 눌러 선택 영역에 색을 입히고 Ctrl+D를 누르거나 선택 영역 밖을 클릭해서 선택 영역을 해제합니다. 전경색을 눌러 원하는 색을 선택해도 됩니다.

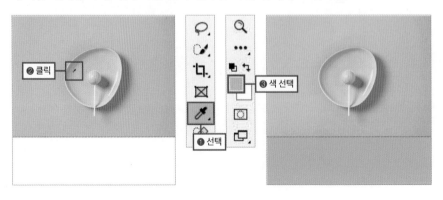

색 선택하기

❶ **전경색**: 이미지에 채워지는 색입니다. 단축키: Alt + Delete
❷ **배경색**: 이미지를 지웠을 때 채워지는 색입니다. 단축키: Ctrl + Delete

전경색이나 배경색을 클릭하면 [Color Picker] 대화상자가 열립니다. 색 미리보기 창을 보면서 원하는 색을 선택한 후 [OK]를 클릭하면 색이 변경됩니다.

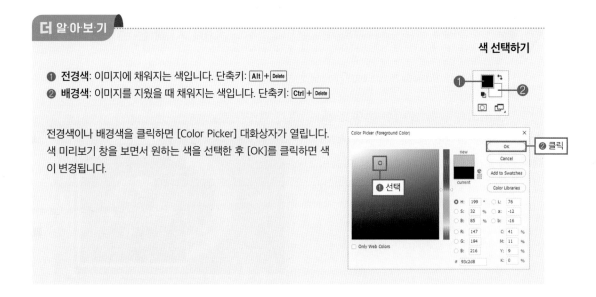

05 글씨를 넣어 마무리하겠습니다. 텍스트 툴(T)을 선택하고 옵션 바에서 글꼴, 크기, 색을 설정한 후 이미지 위에 클릭해서 'Candy'라고 입력합니다.

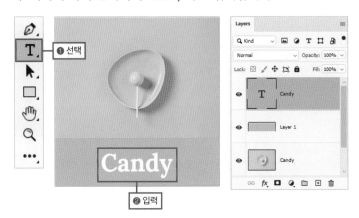

◎ **준비 파일**: part1/chapter2/Plate.jpg, Fruits.jpg

01 Ctrl+O를 눌러 열기 창을 열고 Ctrl 을 누른 채 'Plate.jpg, Fruits.jpg' 파일을 선택하고 [열기]를 클릭합니다. 파일 이름이 있는 부분을 클릭&드래그해서 창을 분리합니다.

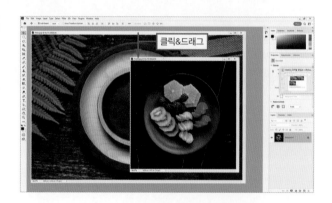

02 원형 선택 툴(○)을 선택하고 Shift+Alt를 누른 상태에서 가운데서부터 드래그해서 원형으로 합니다.

T·I·P Shift+Alt를 누른 채 드래그해서 가운데서 밖으로 커지는 정원을 만들 수 있습니다.

03 이동 툴(✛)을 선택하고 원형으로 된 과일 이미지를 'Plate' 이미지로 드래그해서 가져옵니다. 앞에서 배운 변형으로 이미지를 맞춰 보겠습니다. Ctrl+T를 눌러 조절점이 나오면 Shift를 누른 채 대각선 방향으로 드래그해서 이미지를 맞춥니다.

T·I·P 이미지를 1픽셀씩 이동시키려면 키보드의 방향키를 사용합니다

04 원하는 크기가 되었으면 내부를 더블 클릭해서 완성합니다.

더블 클릭

5 · 기능 예제 · Feather 옵션으로 이미지 경계를 부드럽게 만들기

◎ **준비 파일**: part1/chapter2/Coffeebeans.jpg   ◎ **완성 파일**: part1/chapter2/Coffeebeans.psd

01 Ctrl+N을 누르고 [New Document] 대화상자에서 Width는 1200px, Height는 800px, Resolution은 72, Color Mode는 RGB 로 설정하고 [열기]를 클릭해서 새 창을 만듭 니다.

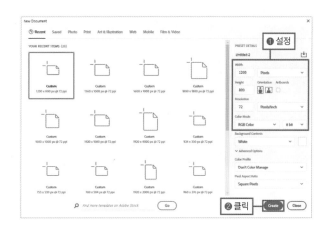

❶ 설정

❷ 클릭

02 색(#211915)을 선택하고 Alt+Delete를 눌러 색을 입힙니다.

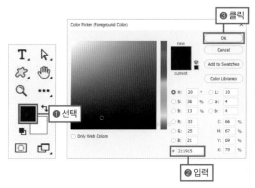

❶ 선택

❷ 입력

❸ 클릭

❹ Alt + Delete

03 Ctrl+O를 눌러 'Coffeebeans.jpg' 파
일을 불러옵니다. 사각 선택 툴(▭)을 선택
하고 상단 옵션 바에서 Feather값을 100px
로 입력합니다. 이미지의 가운데 부분을 드
래그해서 선택합니다.

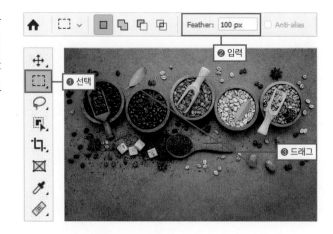

04 이동 툴(⊕)을 선택한 후 클릭&드래그해서 작업 창으로 가져옵니다.

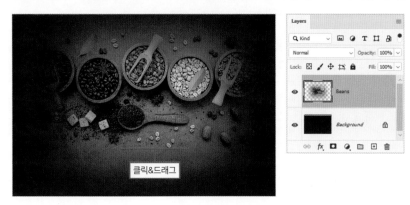

부정형 선택 툴-올가미/다각형 올가미/자석 올가미 툴

올가미 툴, 다각형 올가미 툴, 자석 올가미 툴에 대해 알아본 후 오브젝트를 선택하고 배경에서 분리하는 방법 등을 배웁니다.

● 올가미 툴(⊙)

올가미 툴(Lasso Tool(⊙))은 불규칙한 형태를 자유롭게 선택할 때 사용합니다. 올가미 툴은 클릭한 상태(마우스에서 손가락을 떼지 않은 상태)에서 드래그합니다. 처음 클릭한 지점과 마지막으로 마우스에서 손을 뗀 지점이 만나면서 선택 영역이 만들어집니다.

T·I·P 정교하지 않은 선택 영역을 지정하기 좋습니다. 정교한 선택은 펜 툴(⌀)을 사용하는 것이 좋습니다.

● 다각형 올가미 툴(▷)

다각형 올가미 툴(Polygonal Lasso Tool(▷))은 직선으로 이루어진 이미지를 선택할 때 사용합니다.

마우스로 원하는 지점을 순차적으로 클릭하면 클릭한 지점 사이가 직선으로 연결되어 선택 영역이 되는데 마지막에는 처음 시작점으로 다시 돌아와서 클릭해야 선택 영역이 만들어집니다. 처음 클릭한 지점까지 가지 않고 중간에 끝내고 싶은 경우 더블 클릭하면 클릭한 지점과 처음 지점이 연결되어 선택 영역이 만들어집니다.
Back Space 또는 Delete 를 누르면 클릭 이전 단계로 돌아갑니다.
Esc 는 선택 영역을 취소합니다.

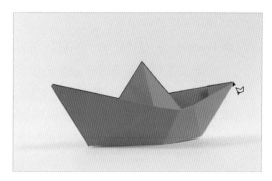

T·I·P 직선으로 이뤄진 이미지를 선택할 때 좋습니다. 클릭한 지점이 연결되면서 선택 영역이 만들어집니다.

● 자석 올가미 툴()

자석 올가미 툴(Magnetic Lasso Tool())은 주로 배경과 색상 차이가 뚜렷한 이미지를 선택할 때 사용합니다. 자석 올가미 툴은 이미지의 외곽선 부분을 클릭한 후(마우스에서 손가락을 뗀 상태) 경계선 부근을 드래그해 나가면 선택 영역이 자동으로 만들어집니다. 경계의 차이가 클 경우 선택 하기 쉽습니다.

이미지의 외곽선 부분을 클릭&드래그하면 자동으로 선택 영역이 만들어집니다.
중간에 더블 클릭하면 드래그한 영역까지만 선택 영역으로 만들어집니다.
자석 올가미 툴()을 사용하다 잘못 드래그된 경우 Back Space 를 누르면 한 단계씩 뒤로 갈 수 있습니다. 전체를 취소하고 싶으면 Esc 를 누릅니다.

T·I·P 배경과 색상 차이가 뚜렷한 이미지인 경우 좋습니다. 클릭&드래그하면 자동으로 선택 영역이 만들어집니다.

자석 올가미 툴의 옵션 바

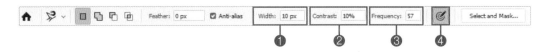

❶ **Width**: 어느 정도 색상 차이가 나는 부분을 선택할 것인지 설정합니다. 수치가 낮을수록 정교 하게 선택됩니다.

❷ **Contrast**: 선택할 부분의 경계 대비를 어느 정도 지정할 것인지 설정합니다. 수치가 높을수록 정교하게 선택됩니다.

❸ **Frequency**: 선택할 때 나타나는 포인트의 수를 설정합니다. 수치가 높을수록 포인트 가 많아지므로 정교하게 선택됩니다.

❹ **Pen Pressure**: 태블릿을 이용할 때 누르는 압력에 따라 선택 영역을 지정하는 옵션입 니다.

Width 10/Contrast 100/ Frequency 100

Width 100/Contrast 10/ Frequency 10

T·I·P 올가미 툴(🔾)을 선택했는데 마우스 포인터가 올가미 모양이 아닌 ⊞ 모양으로 나타난다면 키보드의 Caps Lock 이 켜져 있는지 확인합니다. 만약 꺼졌는데도 ⊞ 모양으로 표시된다면 메뉴 바에서 [Edit]-[Preferences]-[Cursors]를 선택 하고 'Other Cursors' 옵션을 'Standard'로 체크합니다.

올가미 툴로 자유롭게 선택하기

◎ **준비 파일**: part1/chapter2/Jelly.jpg

01 [Ctrl]+[O]를 눌러 'Jelly.jpg' 파일을 불러옵니다. 올가미 툴([로고])을 선택하고 마우스를 클릭한 상태 (마우스에서 손가락을 떼지 않은 상태)에서 드래그합니다. 처음 클릭한 지점과 마지막으로 마우스에서 손을 뗀 지점이 만나면서 선택 영역이 됩니다.

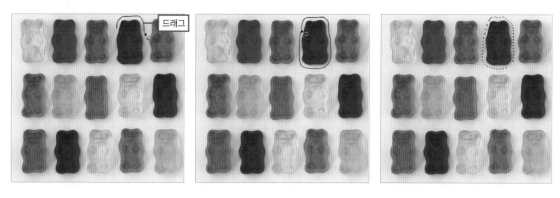

02 다른 선택 툴처럼 [Shift]를 누른 채 드래그하면 선택 영역을 더할 수 있고, [Alt]를 누른 채 드래그 하면 선택 영역을 뺄 수 있습니다. 빨간색 젤리들만 추가로 선택해 봅니다.

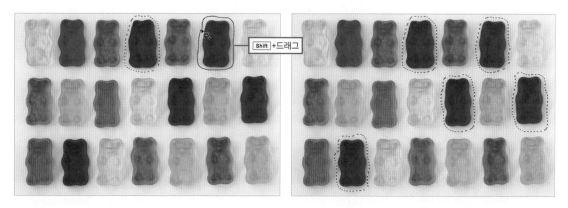

직선으로 된 오브젝트 선택하기 1

◎ **준비 파일**: part1/chapter2/Star.jpg

01 `Ctrl`+`O`를 눌러 'Star.jpg' 파일을 불러옵니다. 다각형 올가미 툴(☒)을 선택합니다.

선택

02 선택할 지점을 클릭하고 이미지의 외곽선을 따라 다음 지점을 순차적으로 클릭해 갑니다.

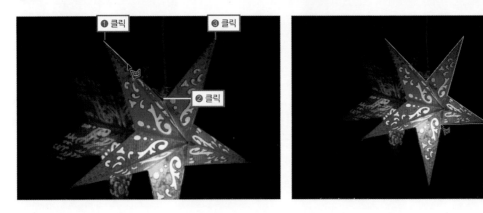

❶ 클릭　❸ 클릭　❷ 클릭

03 처음 시작점에 다시 마우스를 가져가면 커서 모양이 동그랗게 표시되는데 클릭하면 패스가 닫히면서 선택 영역이 만들어집니다.

클릭

🅣🅘🅟 다각형 올가미 툴(☒)을 사용할 때 연결 지점을 잘못 선택했다면 `Delete`를 눌러 한 단계 뒤로 돌아갑니다. 다각형 올가미 툴 (☒)을 사용하는 중간에 끝내고 싶다면 작업 화면을 더블 클릭하면 됩니다. 더블 클릭한 지점과 처음 시작점이 연결되면서 선택 영역이 만들어집니다.

직선으로 된 오브젝트 선택하기 2

◎ **준비 파일**: part1/chapter2/Beach.jpg, Polaroid.jpg, Woman.jpg

01 [Ctrl]+[O]를 눌러 'Beach.jpg, Polaroid.jpg, Woman.jpg' 파일을 불러
옵니다.

02 이동 툴(✥)을 선택하고 'Beach' 이미지를 클릭&드래그해서 'Polaroid' 이미지로 가져옵니다. 크
기를 맞추기 위해 [Ctrl]+[T]를 누릅니다. 대각선 방향으로 드래그해서 크기를 조절하고 조절점 밖으로 마
우스 커서를 놓아 회전 아이콘이 나타나면 폴라로이드에 맞게 회전시켜 놓고 [Enter]를 누릅니다.

03 오른쪽에 맞지 않는 부분을 정리하겠습니다. 다각형 올가미 툴(▷)을 선택하고 프레임에서 벗어
난 부분을 순차적으로 클릭해 갑니다. 처음 클릭한 지점을 다시 클릭해서 선택 영역으로 만들고 [Delete]를
눌러 지운 후 [Ctrl]+[D]를 누르거나 선택 영역 밖을 클릭해서 선택 영역을 해제합니다.

기능 예제   자석 올가미 툴로 오브젝트를 배경에서 분리하기

◎ **준비 파일**: part1/chapter2/Muffin.jpg

01 Ctrl+O를 눌러 'Muffin.jpg' 파일을 불러옵니다.

02 자석 올가미 툴(🧲)을 선택하고 이미지에서 시작할 부분을 클릭하고 경계를 따라 드래그합니다. 오브젝트의 외곽선을 따라 드래그하며 중간중간 지점을 클릭하면서 하는 것이 수월합니다. 처음 시작점을 클릭해서 닫아주면 선택 영역이 활성화됩니다.

빠르게 선택하는 툴-개체 선택/빠른 선택/마술봉 툴

LESSON

개체 선택 툴, 빠른 선택 툴, 마술봉 툴에 대해 알아본 후 Select and Mask 사용 방법을 알아봅니다.

● 개체 선택 툴(📑)

개체 선택 툴(Object Selection Tool(📑))은 마우스를 이미지 위에 놓기만 해도 개체가 인식되고 클릭으로 오브젝트를 선택할 수 있습니다. 사각형 영역 또는 올가미로 드래그해서 지정한 영역 안의 오브젝트를 인식해 선택 영역으로 만듭니다.

개체 선택 툴의 옵션 바

❶ **선택 영역 설정**: 선택 영역을 추가하거나 뺄 수 있습니다.

❷ **Object Finder**: 체크되어 있으면 이미지에 마우스를 놓기만 해도 오브젝트를 인식합니다.

❸ **Click to refresh object finder**: 오브젝트를 재검색합니다.

❹ **Show all objects**: 이미지에 있는 모든 오브젝트를 표시합니다.

❺ **Set additional options**: 개체 인식, 색상, 투명도 등을 설정할 수 있습니다.

❻ **Mode**: 사각 선택 툴(▦)이나 올가미 툴(◯)로 영역을 지정합니다.

❼ **Sample All Layers**: 여러 개의 레이어가 있는 경우 모든 레이어를 더해 선택 영역을 만듭니다.

❽ **Hard Edge**: 선택 영역의 가장자리를 깔끔하게 선택합니다.

❾ **Feedback**: 선택 영역에 대한 사항들을 공유할 수 있습니다.

❿ **Select Subject**: 누끼 작업 시 유용한 기능으로 배경과 오브젝트를 자동으로 구분합니다.

⓫ **Select and Mask**: 가장자리와 모서리 모양, 부드러운 정도 등을 설정할 수 있습니다.

● 빠른 선택 툴(✏)

빠른 선택 툴(Quick Selection Tool(✏))은 클릭 또는 드래그하면서 원하는 영역을 선택할 수 있습니다. 색상 경계 부분을 구별해서 선택한다는 점에서 마술봉 툴(✏)과 비슷하지만 브러시를 조절할 수 있어 원하는 영역을 좀 더 섬세하게 선택할 수 있습니다.

T·I·P 브러시 크기를 작업 창에서 직접 조절할 수 있습니다. ①를 누르면 브러시 크기가 작게 조절되고, ①를 누르면 브러시 크기가 크게 조절됩니다. 브러시 크기를 보여주는 동그란 원이 보이지 않는다면 Caps Lock 을 누르면 됩니다.

빠른 선택 툴의 옵션 바

❶ **선택 영역 설정**: 새로운 영역을 선택하거나 선택 영역을 추가하거나 뺄 수 있습니다.

❷ **브러시 설정**
- Size/Hardness/Spacing: 브러시의 크기/강도/간격을 설정합니다.
- Angle/Roundness: 브러시 모양의 방향/굴림 정도를 설정합니다.
- Size: 태블릿이나 펜 마우스용 옵션입니다.

❸ **Sample All Layers**: 체크하면 다른 레이어에 있는 이미지도 선택됩니다.

❹ **Enhance Edge**: 선택 영역의 경계가 선명하고 자연스러워집니다.

● 마술봉 툴(✏)

마술봉 툴(Magic Wand Tool(✏))은 이미지를 클릭하면 선택한 색과 유사한 색을 자동으로 찾아 선택 영역으로 만듭니다. 옵션 바에서 범위(Tolerance)를 조절하면서 선택 영역 범위를 넓히거나 좁힐 수 있습니다.

Tolerance 10

Tolerance 70

마술봉 툴의 옵션 바

❶ **Tolerance**: 선택 영역의 범위가 결정됩니다. 값이 높아지면 선택 범위도 넓어집니다.

❷ **Contiguous**: 체크 시 선택한 부분에서 인접 영역만 선택 범위가 됩니다.

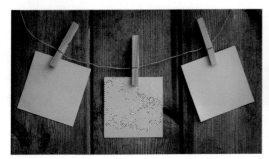 

체크 시   체크 해제 시

❸ **Sample All Layers**: 체크하면 레이어 전체에서 선택 영역을 만듭니다.

1 · 기능 예제 · 개체 선택 툴로 원하는 오브젝트만 선택하기

◉ **준비 파일**: part1/chapter2/Macaron.jpg

01 Ctrl+O를 눌러 'Macaron.jpg' 파일을 불러옵니다.

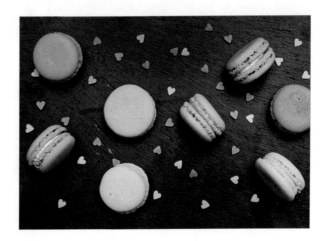

02 개체 선택 툴(▣)을 선택하고 연두색 마카롱에 마우스 커서를 놓으면 파란색으로 선택이 됩니다.

03 Show all objects(▦)를 클릭하면 다른 오브젝트들도 영역이 표시됩니다. 더하기 아이콘(▣)을 클릭하고 원하는 오브젝트를 클릭하면 추가해서 선택할 수 있습니다.

04 Show all objects(▦)를 클릭하면 선택 영역이 활성화됩니다.

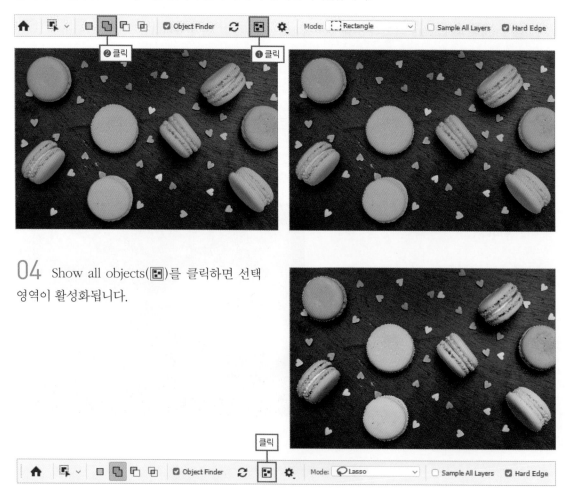

빠른 선택 툴로 원하는 오브젝트만 선택하기

◎ **준비 파일**: part1/chapter2/Icecream.jpg

01 **Ctrl**+**O**를 눌러 'Icecream.jpg' 파일을 불러옵니다. 빠른 선택 툴(📷)을 선택하고 이미지 위에서 클릭&드래그하면 같은 색상 영역을 선택하게 됩니다. 드래그하면서 선택 영역을 추가합니다.

T·I·P 브러시 크기를 작업 창에서 직접 조절할 수 있습니다. **[**를 누르면 브러시 크기가 작게 조절되고, **]**를 누르면 브러시 크기가 크게 조절됩니다.

❶ 선택

❷ 클릭&드래그

02 잘못 선택되어 빼고 싶은 부분은 **Alt**를 누르면 커서 모양이 **-**로 바뀌는데 **Alt**를 누른 채 드래그해서 뺄 수 있습니다.

Alt+드래그

03 영역이 좁은 부분은 브러시 크기를 조절해서 칠합니다. 키보드의 **[**를 사용하면 브러시 크기가 작아지고, **]**를 선택하면 브러시 크기가 커집니다. 나머지 부분도 드래그해서 완성합니다.

T·I·P 브러시 크기를 보여주는 동그란 원이 보이지 않는다면 **Caps Lock**을 누르면 됩니다.

마술봉 툴로 쉽게 선택하기

◎ **준비 파일**: part1/chapter2/Leaf2.jpg

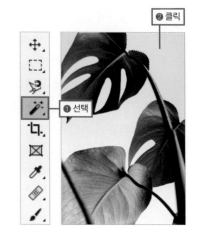

0 선택 **② 클릭**

01 Ctrl + O 를 눌러 'Leaf2.jpg' 파일을 불러옵니다. 'Leaf' 이미지 처럼 배경색이 동일한 경우에는 배경을 선택해서 선택 영역을 뒤집 는 것이 오브젝트를 선택하는 데 훨씬 수월합니다. 마술봉 툴(🪄)을 선택하고 배경을 클릭합니다.

02 선택 영역으로 추가하기 위해 Shift 를 누른 채 클릭해서 선택 영역을 더해줍니다.

T·I·P 옵션 바에서 선택 영역 더하기를 클릭해도 됩니다.

Shift +클릭

03 배경 선택 완료 후 Ctrl + Shift + I 를 눌러 선택 영역을 반전시키면 오 브젝트만 선택됩니다.

T·I·P Ctrl + Shift + I 는 선택 영역을 반전시키는 단축키입니다.

◎ **준비 파일**: part1/chapter2/Woman_Coffee.jpg, Coffeeshop.jpg

01 머리카락이나 강아지 털처럼 섬세하게 따내야 하는 부분은 Select and Mask를 사용합니다. `Ctrl`+`O`를 눌러 'Woman_Coffee.jpg' 파일을 불러옵니다. 개체 선택 툴(📷)의 옵션 바에서 'Select and Mask'를 클릭합니다. 포토샵의 선택 영역 툴들의 옵션 바에서는 모두 'Select and Mask'를 사용할 수 있습니다.

클릭

02 Select and Mask 모드로 들어와서 오른쪽 [Properties] 패널의 View를 'Overlay (V)'로 놓습니다. 툴 패널에서 개체 선택 툴(📷)을 선택하고 여성을 클릭해서 선택합니다.

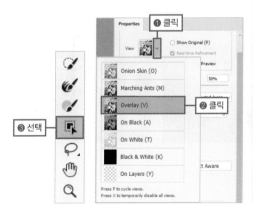

03 추가 선택을 하기 위해 빠른 선택 툴( )을 선택하고 드래그해서 선택 부분을 더합니다. 오른쪽 패널에서 Smooth는 16, Contrast는 23%, Shift Edge는 14%로 조절합니다. Output To를 'New Layer'로 선택하고 [OK]를 클릭합니다.

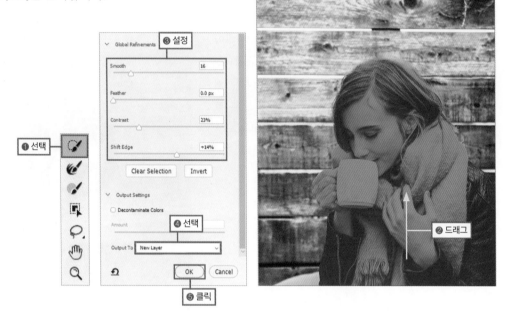

04 [Layers] 패널을 보면 선택 영역이 새로운 레이어로 추가된 것을 확인할 수 있습니다. Ctrl+O를 눌러 'Coffeeshop.jpg' 파일을 불러옵니다.

05 불러온 이미지를 이동 툴(✛)로 작업 창으로 옮깁니다. [Layers] 패널에서 레이어 순서를 변경해서 여성 밑에 놓습니다.

원하는 영역만 남기고 자르는 크롭 툴과 프레임 툴

크롭 툴로 원하는 영역만 잘라내는 방법과 원하는 영역을 원하는 크기로 자르기, 기울어진 사진 똑바로 자르기 등을 알아봅니다.

LESSON

● 크롭 툴(⊞)

크롭 툴(Crop Tool(⊞))은 특정 영역만 남기고 나머지 영역은 잘라내는 툴입니다. 특별한 경우가 아니라면 옵션 바를 빈 칸 상태로 두고 작업하면 됩니다.

크롭 툴(⊞)을 선택하면 이미지 전체에 크롭 툴이 적용됩니다.

조절점을 드래그해서 원하는 크기로 맞춥니다. 선택된 부분이 자동으로 중앙에 나타납니다.

T·I·P Esc를 누르면 조절한 것을 처음 상태로 되돌릴 수 있습니다.

크롭 툴의 옵션 바

❶ **W x H x Resolution**: 임의로 드래그하거나 설정된 크기로 자를 영역을 지정합니다. 특정 비율과 크기, 해상도를 설정할 수 있습니다.

❷ 가운데 양 방향 화살표를 누르면 가로와 세로를 서로 바꿔줍니다.

❸ **Clear**: 기입한 수치를 지웁니다.

❹ **Straighten**: 드래그한 선을 기준으로 수평을 맞춥니다.

❺ 삭제될 영역의 색이나 오버레이 등을 설정할 수 있습니다.

❻ **설정 아이콘**: 잘려진 부분의 불투명도, 색 등 옵션을 추가로 설정할 수 있습니다.

❼ **Delete Cropped Pixels**: 체크 시 잘라내는 영역(선택 영역 바깥 부분)을 완전히 제거합니다. 체

크하지 않으면 없어진 상태가 아닌 숨겨둔 상태가 됩니다.

❽ **Content_Aware**: 이미지보다 크게 영역을 설정하고 자르면 넓어진 부분을 콘텐츠로 인식해서 자연스럽게 채웁니다.

● 프레임 툴(▨)

프레임 툴(Frame Tool(▨))은 원형 또는 사각형의 프레임을 만들어 그 영역에만 이미지가 보이도록 합니다. 쉽고 빠르게 마스크를 만듭니다. Shift 를 누른 채 드래그하면 정사각형이나 정원의 프레임을 만들 수 있습니다.

ⓐ **Rectangle frame**: 사각형 모양의 프레임을 만듭니다.

ⓑ **Elliptical frame**: 원형 모양의 프레임을 만듭니다.

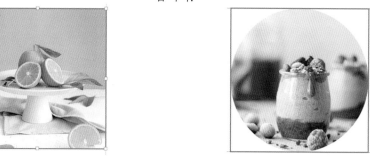

---

1 · 기능 예제 ·   크롭 툴로 원하는 영역만 잘라내기

◎ **준비 파일**: part1/chapter2/Dogs.jpg

01 Ctrl+O를 눌러 'Dogs.jpg' 파일을 불러옵니다. 크롭 툴(🔲)을 선택합니다.

T·I·P 크롭 툴은 특정 영역만 남기고 나머지 영역은 잘라내는 툴로 특별한 경우가 아니라면 옵션 바는 빈 칸 상태로 두고 작업합니다.

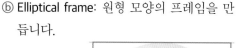

02 크롭 툴(□)을 선택하면 이미지 전체에 크롭 툴이 적용됩니다. 왼쪽 상단 모서리의 조절점을 드래그해서 원하는 부분의 이미지만 설정합니다. 마찬가지로 오른쪽 하단 모서리의 조절점을 드래그해서 원하는 부분만 이미지가 설정되도록 합니다. 선택된 부분이 자동으로 중앙에 나타납니다.

T·I·P Esc를 누르면 조절한 것을 초기화할 수 있습니다.

03 내부를 더블 클릭하거나 Enter를 눌러 마무리하면 선택한 부분의 이미지만 남게 됩니다.

원하는 영역을 원하는 크기로 자르기

◎ **준비 파일**: part1/chapter2/Berry.jpg

01 Ctrl+O를 눌러 'Berry.jpg' 파일을 불러옵니다. 크롭 툴(⊞)을 선택하고 옵션을 W×H×Resolution 으로 변경합니다. 원하는 수치를 입력하고 단위를 적습니다. 설정한 크기대로 트리밍 박스가 생깁니다.

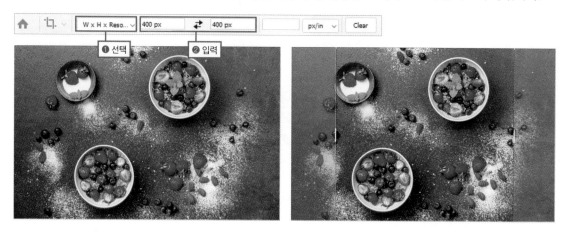

02 트리밍 박스를 드래그해서 원하는 부분만 박스 안에 들어오게 하고 Enter를 눌러 완료합니다.

03 [Image]-[Image Size] 메뉴를 선택하면 크기를 확인할 수 있습니다.

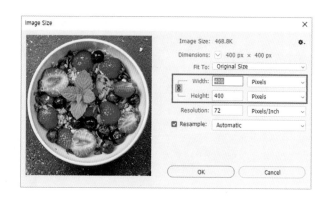

◎ **준비 파일**: part1/chapter2/Alley.jpg

01 `Ctrl`+`O`를 눌러 'Alley.jpg' 파일을 불러옵니다. 크롭 툴(🔲)을 선택하고 이미지 위를 클릭합니다.

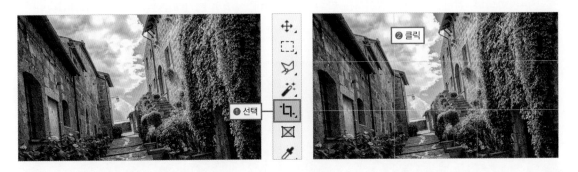

02 옵션 바에서 Straighten 아이콘(📷)을 클릭합니다. 이미지에서 맞추고 싶은 수직선 부분을 클릭&드래그해서 수직선을 만듭니다.

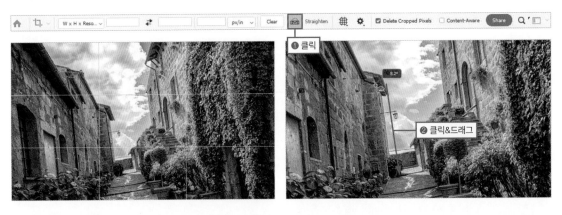

03 드래그한 선을 기준으로 이미지가 회전됩니다. 키보드의 `Enter`를 누르면 맞춰진 내부만 잘려서 정돈된 것을 볼 수 있습니다.

· 기능 예제 · **프레임 툴로 원하는 모양에만 이미지 나타내기**

◎ **준비 파일**: part1/chapter2/Coffee.jpg, Orange.jpg, Cake3.jpg

01 Ctrl+O를 눌러 'Coffee.jpg' 파일을 불러옵니다. 프레임 툴(◩)을 선택하고 옵션 바에서 '원형'을 클릭합니다.

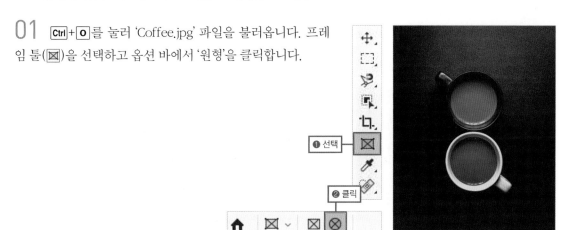

02 커피잔 위에 드래그해서 그리면 [Layers] 패널에 레이어가 추가되면서 마스크가 만들어집니다.

03 윈도우 탐색기에서 Cake3.jpg 이미지를 바로 드래그해서 원 안에 놓습니다.

04 필요하다면 Ctrl + T 를 누른 후 Shift + Alt 를 누른 채 크기를 조금 키우고 Enter 를 눌러 마무리합니다.

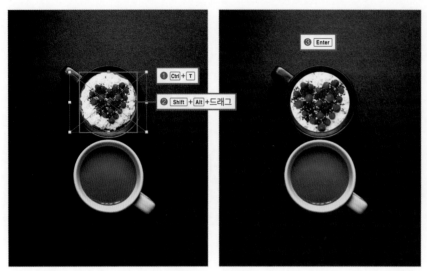

05 아래에 있는 커피잔에도 같은 방법으로 'Orange.jpg' 파일을 불러와 적용해서 마무리합니다.

T·I·P Shift 를 누른 채 드래그하면 정사각형이나 정원의 프레임을 만들 수 있습니다.

PART 01. 포토샵 배우기

선택을 도와주는 메뉴

선택 메뉴와 Modify 기능에 대해 알아본 후 퀵 마스크 사용 방법을 배웁니다.

LESSON

포토샵에는 원하는 영역을 선택할 수 있도록 돕는 다양한 메뉴가 있습니다. 선택과 관련해서 필요한 메뉴는 대부분 [Select] 메뉴에 담겨 있습니다.

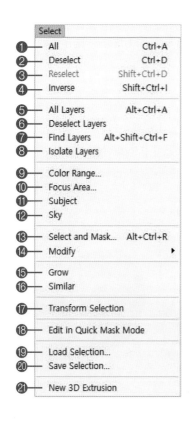

① **All**: 이미지 전체 영역을 선택합니다.

② **Deselect**: 선택 영역을 해제합니다.

③ **Reselect**: [Deselect] 메뉴로 해제한 선택 영역을 다시 선택합니다.

④ **Inverse**: 선택 영역을 선택되지 않는 영역으로 반전시킵니다.

⑤ **All Layers**: 모든 레이어를 선택합니다.

⑥ **Deselect Layers**: 선택 영역을 해제합니다.

⑦ **Find Layers**: 선택하면 레이어 패널 상단이 레이어 이름을 검색할 수 있는 창으로 바뀝니다.

⑧ **Isolate Layers**: 선택한 레이어들을 분리해서 새로운 [Layers] 패널을 만듭니다.

⑨ **Color Range**: 색상 범위를 조절하면서 선택 영역을 지정합니다.

⑩ **Focus Area**: 선택 시 포커싱 영역을 기반으로 선택을 용이하게 합니다.

⑪ **Subject**: 이미지에 있는 오브젝트를 선택 영역으로 만듭니다.

⑫ **Sky**: 자동으로 하늘만 감지해서 선택 영역을 만드는 기능입니다.

⑬ **Select and Mask**: 선택 영역을 다듬는 기능입니다.

⑭ **Modify**: 선택 영역을 조절합니다.

ⓐ Border: 선택 영역을 기준으로 테두리를 만듭니다.

ⓑ Smooth: 선택 영역의 경계를 부드럽게 합니다.

ⓒ Expand: 선택 영역을 확장합니다.

ⓓ **Contract**: 선택 영역을 축소합니다.

ⓔ **Feather**: 선택 영역의 경계를 흐릿하게 합니다.

⑮ **Grow**: 선택 영역의 색과 비슷한 색을 추가할 때 사용합니다.

⑯ **Similar**: 이미지에서 선택한 색상과 비슷한 색상 영역을 모두 선택합니다.

⑰ **Transform Selection**: 선택 영역을 변형합니다.

⑱ **Edit in Quick Mask Mode**: 퀵 마스크 모드로 바뀝니다.

⑲ **Load Selection**: 저장된 알파 채널을 선택 영역으로 불러옵니다.

⑳ **Save Selection**: 선택 영역을 알파 채널로 저장합니다.

㉑ **New 3D Extrusion**: 선택 영역을 3D로 만듭니다.

> **NOTE** 선택 영역 표시 숨기기와 해제하기
>
> 선택 영역을 지정하면 활성화되었다는 표시로 점선이 깜빡거립니다. 점선이 결과를 볼 때 방해가 될 경우 Ctrl+H를 눌러 선택 영역 표시를 숨길 수 있습니다. 선택 영역을 해제하려면 단축키인 Ctrl+D를 누르거나 선택 영역 바깥을 클릭하면 됩니다.

● **다양한 선택 영역을 만들어 주는 Modify**

Modify 기능을 이용하면 선택 영역에 테두리를 주거나 확장 및 축소할 수 있습니다. 메뉴 바에서 [Select]-[Modify]를 선택하면 세부 메뉴가 나옵니다. [Modify] 메뉴는 Border, Smooth, Expand, Contract, Feather로 구성되어 있습니다.

선택 영역을 만듭니다.

ⓐ **[Select]-[Modify]-[Border]**: 선택 영역을 기준으로 입력한 수치만큼 테두리를 만들어 줍니다.

ⓑ **[Select]-[Modify]-[Smooth]**: 선택 영역을 부드럽게 처리합니다.

ⓒ [Select]-[Modify]-[Expand]: 선택 영역을 입력한 수치만 큼 확장합니다.

ⓓ [Select]-[Modify]-[Contract]: 선택 영역을 입력한 수치만 큼 축소합니다.

ⓔ [Select]-[Modify]-[Feather]: 경계를 부드럽게 처리해 주 는 기능입니다.

1 ・기능 예제・ Modify 기능으로 선택 영역 넓히고 테두리 만들기

◎ **준비 파일**: part1/chapter2/Cup.jpg

01 Ctrl+O를 눌러 'Cup.jpg' 파일을 불러옵니다.

02 툴 패널에서 개체 선택 툴(📱)을 선택하고 '컵' 이미지를 클릭합니다. 선택 영역을 Ctrl+C를 눌 러 복제한 후 Ctrl+V를 눌러 붙여줍니다.

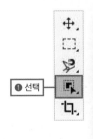
❶ 선택

❷ 클릭

03 [Ctrl]을 누른 채 레이어 섬네일을 클릭해서 선택 영역으로 활성화합니다.

04 [Select]-[Modify]-[Expand] 메뉴를 선택하고 [Expand Selection] 대화상자에서 16px을 입력하고 [OK]를 클릭해서 선택 영역을 넓혀 줍니다.

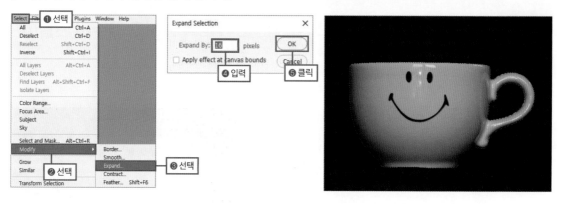

05 [Layers] 패널에서 레이어를 추가하고 추가된 [Layer 2] 레이어를 컵이 있는 [Layer 1] 아래로 내립니다. 전경색을 흰색으로 선택하고 [Alt]+[Delete]를 눌러 흰색을 입힌 후 [Ctrl]+[D]를 눌러 선택 영역을 해제합니다.

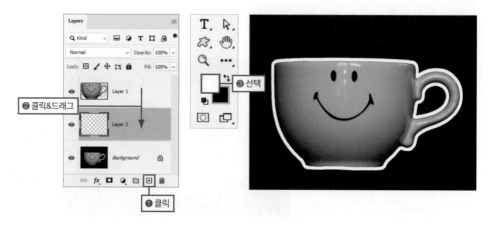

● 퀵 마스크

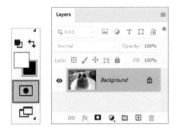

이미지의 경계가 불분명할 때 퀵 마스크 모드(◉)를 이용하면 좋습니다. 퀵 마스크는 스프레이로 칠 작업을 할 때 칠하지 않을 곳을 마스킹 테이프로 붙이고 스프레이 작업을 완성하는 마스킹을 연상하면 됩니다.

기본 모드에서는 선택 영역이 점선으로 나타나지만 퀵 마스크 모드는 브러시로 칠한 영역이 선택 영역이 됩니다. 일반 모드(◻)에서 퀵 마스크 모드로 바꾸려면 툴 패널의 퀵 마스크 모드 아이콘(◉)을 클릭하거나 Q를 누르면 됩니다. 브러시로 마스킹할 부분을 칠한 후 다시 퀵 마스크 모드 아이콘(◉)을 클릭하거나 Q를 누르면 일반 모드로 바뀌면서 선택 영역이 점선으로 바뀝니다.

일반 모드

퀵 마스크 모드

Quick Mask Options 대화상자

퀵 마스크 모드를 더블 클릭하면 [Quick Mask Options] 대화상자가 나타납니다.

❶ **Color Indicates**: 퀵 마스크 모드에서 색을 어느 부분에 칠할지 설정할 수 있습니다.

ⓐ **Masked Areas**: 마스킹할 영역을 설정한 색으로 표시합니다.

ⓑ **Selected Areas**: 선택할 영역을 설정한 색으로 표시합니다.

Masked Areas

Selected Areas

❷ **Color**: 퀵 마스크 모드에서 표시되는 색과 불투명도를 설정할 수 있습니다.

퀵 마스크로 선택하기

◎ **준비 파일**: part1/chapter2/Pancake.jpg

01 퀵 마스크 모드(◉)에서는 브러시 크기를 조절해 가며 원하는 영역을 섬세하게 선택할 수 있습니다. Ctrl+O를 눌러 'Pancake.jpg' 파일을 불러옵니다. 일반 모드에서 퀵 마스크 모드로 바꾸려면 툴 패널의 퀵 마스크 모드 아이콘(◉)을 클릭하거나 Q를 누릅니다. 레이어 패널을 보면 색이 바뀐 것을 확인할 수 있습니다.

02 퀵 마스크 모드(◉)에서 브러시로 칠하면 색이 나타납니다(기본으로 빨간색 50%로 설정되어 있습니다). 브러시 툴(✎)을 선택한 후 크기를 조절하면서 칠합니다. 잘못 칠한 부분은 지우개 툴(✐)로 지우면 됩니다.

03 다 칠한 후 퀵 마스크 모드 아이콘(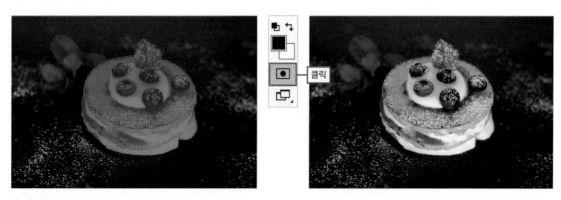)을 클릭하거나 Q를 눌러 일반 모드로 되돌아가면 선택 영역이 활성화됩니다.

클릭

T·I·P 설정된 모드에 따라 반대 영역이 선택되었다면 Ctrl+Shift+I를 눌러 선택 영역을 뒤집을 수 있습니다.

이미지 수정과 복원 및 리터칭

이미지에서 일부를 보정하거나 리터칭하는 툴에 대해 살펴보겠습니다. 기본 보정 툴로는 이미지를 흐릿하게 만드는 블러 툴(⬦), 선명하게 만드는 샤픈 툴(△), 뭉개 트리는 스머지 툴(⬗)이 있습니다. 색을 보정하는 툴로는 색을 밝게 만드는 닷지 툴(⬤), 어둡게 만드는 번 툴(⬛), 채도를 높이거나 낮추는 스펀지 툴(◉)이 있습니다.

단순한 리터칭을 넘어 복원하거나 수정할 수 있는 툴도 있습니다. 이미지의 일부를 복제하려면 복제 도장 툴(⬛)을 사용하고, 주변 이미지와 자연스럽게 합성하면서 복제하려면 힐링 브러시 툴(⬗)을 사용합니다.

선명도를 조절하는
블러/샤픈/스머지 툴

블러 툴로 아웃 포커싱 효과를 내는 방법과 스머지 툴로 흔들리는 촛불을 늘이는 방법을 배웁니다.

LESSON

포토샵에서 제공하는 필터를 이용하면 빠르고 쉽게 이미지에 효과를 줄 수 있지만 원하는 부분에만 효과를 적용하고 싶을 때는 리터칭 툴을 사용하는 것이 편리합니다. 효과를 내고 싶은 범위나 강도를 조절할 수 있어 세밀하게 효과를 주고 싶을 때 좋습니다.

❶ 블러 툴(Blur Tool(◌)): 이미지를 흐릿하게 하여 아웃 포커싱 효과를 줄 수 있습니다.

원본

블러 툴

❷ 샤픈 툴(Sharpen Tool(△)): 색상의 대비차를 높여 이미지를 선명하게 합니다. 과도하게 사용하면 픽셀이 훼손될 수 있으므로 주의합니다.

원본

샤픈 툴

❸ **스머지 툴(Smudge Tool())**: 클릭한 부분의 픽셀을 손가락으로 뭉개는 듯한 효과를 줍니다.

원본   스머지 툴

블러 툴/샤픈 툴/스머지 툴 옵션 바

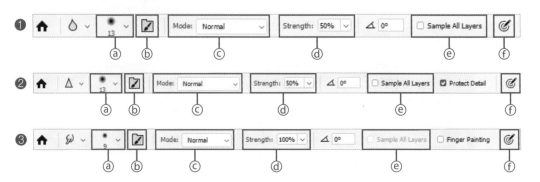

ⓐ Brush Preset: 브러시의 크기, 경도, 종류 등을 설정합니다.

ⓑ Brush Settings Panel: 브러시 설정 패널이 나타납니다.

ⓒ Mode: 효과를 적용할 때 기존 이미지와 어떻게 합성할지 정합니다.

ⓓ Strength: 브러시 강도를 조절합니다.

ⓔ Sample All Layers: 모든 레이어에 적용할 것인지를 정합니다.

ⓕ Finger Painting: 전경색과 섞여서 효과가 나타납니다.

◎ **준비 파일**: part1/chapter3/Cake.jpg

01 Ctrl+O를 눌러 'Cake.jpg' 파일을 불러옵니다. 배경을 흐릿하게 처리해서 오브젝트를 좀 더 강조할 것입니다. 블러 툴(△)을 선택하고 배경을 여러 차례 드래그합니다.

❷ 배경 드래그

❶ 선택

02 배경이 흐릿하게 되어 오브젝트가 더욱 또렷하게 보입니다.

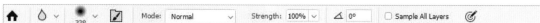

Mode: Normal　　Strength: 100%　　∠ 0°　　☐ Sample All Layers

스머지 툴(🖐)로 흔들리는 촛불 늘이기

스머지 툴(🖐)로 원하는 영역을 클릭 또는 드래그해서 픽셀을 뭉개는 듯한 효과를 줍니다. 마우스에서 손을 떼기 전까지는 여러 번 적용해도 한 번 적용한 것과 같습니다. 따라서 원하는 영역을 한번에 드래그하고 다시 드래그해야 얼룩이 지지 않게 적용됩니다.

◎ **준비 파일**: part1/chapter3/Happy.jpg

01 Ctrl+O를 눌러 'Happy.jpg' 파일을 불러옵니다. 툴 패널에서 스머지 툴(🖐)을 선택합니다.

선택

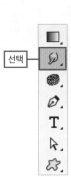

02 길이를 늘이고 싶은 부분을 클릭&드래그해서 잡아당깁니다. 원하는 형태가 아니면 Ctrl+Z를 눌러 취소하고 다시 실행해서 이리저리 변형해 봅니다.

클릭&드래그

밝기와 채도를 조절하는
닷지/번/스펀지 툴

L E S S O N

스펀지 툴로 원하는 부분의 채도를 조절하거나 닷지 및 번 툴로 이미지의 일부만 어둡거나 밝게 하는 방법을 알아봅니다.

닷지 툴(🔍), 번 툴(✋), 스펀지 툴(🔵)로 이미지를 클릭 또는 드래그하면 이미지가 밝게, 어둡게, 저채도로 바뀝니다.

❶ 닷지 툴(Dodge Tool(🔍)): 원하는 곳을 드래그하면 이미지가 밝아집니다.

원본

닷지 툴

❷ 번 툴(Burn Tool(✋)): 원하는 곳을 드래그하면 이미지가 어두워집니다.

원본

번 툴

❸ **스펀지 툴(Sponge Tool(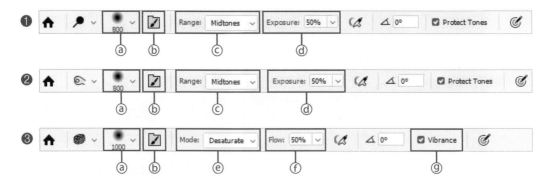)):** 채도를 떨어뜨리고 싶은 곳을 드래그해서 사용하면 됩니다.

원본

스펀지 툴

닷지 툴/번 툴/스펀지 툴 옵션 바

ⓐ **Brush Preset:** 브러시의 크기, 경도, 종류 등을 설정합니다.

ⓑ **Brush Settings Panel:** 브러시 설정 패널이 나타납니다.

ⓒ **Range:** 효과를 적용할 범위(밝은 톤에만, 중간 톤에만, 어두운 톤에만)를 설정합니다.

ⓓ **Exposure:** 브러시를 누르는 압력을 조절할 수 있습니다.

ⓔ **Mode:** 채도를 감소(Desaturate)시키거나 증가(Saturate)시키는 옵션이 있습니다.

ⓕ **Flow:** 브러시의 압력 강도를 조절합니다.

ⓖ **Vibrance:** 톤을 손상시키지 않는 범위에서 밝기를 조절합니다.

◎ **준비 파일**: part1/chapter3/Rain.jpg

01 Ctrl+O 를 눌러 'Rain.jpg' 파일을 불러옵니다.

02 스펀지 툴(Sponge Tool(🖌))을 선택하고 Mode는 'Desaturate'를 선택합니다. 우산 영역을 제외한 부분을 드래그해서 흑백 이미지로 만들어 인물과 우산을 강조합니다.

닷지(🔍)/번(✋) 툴로 이미지 일부 밝게 조절하기

◎ **준비 파일**: part1/chapter3/Wheat.jpg

01 Ctrl+O를 눌러 'Wheat.jpg' 파일을 불러옵니다.

02 번 툴(✋)을 선택하고 오른쪽 하단과 전체적인 테두리 부분을 드래그해서 어둡게 처리합니다.

03 이번에는 닷지 툴(🔍)을 선택합니다. 가운데 부분을 드래그해서 이미지를 밝게 합니다. 밋밋했던 이미지에 강약이 생겼습니다.

스팟 힐링 브러시/힐링 브러시/패치/ 콘텐츠 인식 이동/레드 아이 툴

스팟 힐링 브러시 툴로 필요 없는 부분을 없애거나 잡티를 제거하는 방법을 알아보고 콘텐츠 인식 이동 툴로 자연스럽게 수정하는 방법을 배웁니다.

LESSON

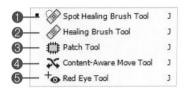

복원 툴(🩹)을 이용하면 얼굴의 잡티나 주름을 간단하게 제거하고, 손상된 이미지를 원래 상태로 복원할 수 있습니다. 복제 툴(🔲)을 이용하면 원하는 영역과 똑같이 복제할 수 있습니다.

❶ **스팟 힐링 브러시 툴(Spot Healing Brush Tool(🩹))**: 주변 이미지와 자연스럽게 덮이도록 복원하는 데 따로 기준점을 지정할 필요가 없어 빠르게 복원할 때 편리합니다.

원본   스팟 힐링 브러시 툴

❷ **힐링 브러시 툴(Healing Brush Tool(🩹))**: 이미지가 덮일 때 주변 색을 혼합해서 덮으므로 훨씬 자연스럽게 수정할 수 있습니다. 따라서 잡티나 스크래치 등을 수정할 때 자주 쓰입니다.

원본

힐링 브러시 툴

❸ 패치 툴(Patch Tool(▦)): 선택한 영역에 드래그한 영역이 덮이도록 합니다.

원본

패치 툴

❹ 콘텐츠 인식 이동 툴(Content-Aware Move Tool(✂)): 이미지를 이동시키면 원래 있던 자리와 옮겨진 이미지의 주변까지 자연스럽게 배경으로 채워줍니다.

원본

콘텐츠 인식 이동 툴

❺ 레드 아이 툴(Red Eye Tool(+⊙)): 빨갛게 나온 눈을 까맣게 보정합니다.

스팟 힐링 브러시 툴(⬙)의 옵션 바

ⓐ Brush Preset: 브러시의 크기, 경도, 종류 등을 설정합니다.

ⓑ Mode: 이미지를 복제할 때 아래 이미지와의 합성 모드를 선택합니다.

ⓒ Type: 이미지를 수정할 때 자동으로 맞출 부분을 선택합니다.

  - Content-Aware: 주변의 색상, 채도, 질감을 인식해서 채웁니다.

  - Create Texture: 드래그한 영역을 패턴으로 채우면서 수정합니다.

  - Proximity Match: 이미지에서 드래그한 인접 영역의 픽셀로 채웁니다.

ⓓ Sample All Layers: 모든 레이어의 이미지를 복제하면서 수정합니다.

힐링 브러시 툴(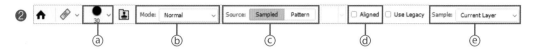)의 옵션 바

ⓐ Brush Preset: 브러시의 크기, 경도, 종류 등을 설정합니다.

ⓑ Mode: 이미지를 복제할 때 아래 이미지와의 합성 모드를 선택합니다.

ⓒ Source: 이미지를 수정할 때 사용할 내용을 설정합니다.

- Sampled: 체크하면 Alt 를 눌러 복제한 이미지를 붙여줍니다.

- Pattern: 체크하면 선택한 패턴을 붙여줍니다.

ⓓ Aligned: 체크하면 복사한 위치를 기억해서 마우스를 어느 곳으로 드래그하더라도 기준점은 그대로 유지됩니다.

ⓔ Sample: 복제할 이미지가 있는 레이어를 선택합니다.

- Current Layer: 현재 레이어를 선택합니다.

- Current&Below: 현재 레이어와 바로 아래 레이어에서만 복제합니다.

- All Layers: 모든 레이어에서 복제할 수 있습니다.

패치 툴()의 옵션 바

ⓐ Selection: 선택 영역을 더하거나 뺄 때 사용합니다.

ⓑ Patch: Normal 옵션에서 Source를 체크하고 선택 영역을 드래그하면 드래그한 위치의 이미지가 선택 영역에 합성되고, Destination 상태에서 선택 영역을 드래그하면 드래그한 위치에 합성됩니다.

ⓒ Transparent: 체크하면 투명하게 적용됩니다.

ⓓ Use Pattern: 패턴을 적용해서 패치를 사용합니다.

콘텐츠 인식 이동 툴(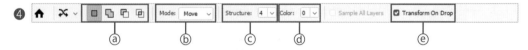)의 옵션 바

ⓐ Selection: 선택 옵션을 정합니다.

ⓑ Mode: 선택 영역을 이동할지, 복제할지를 선택합니다.

ⓒ Structure: 얼마나 비슷하게 모양을 복제할 것인지 설정하는 것으로 숫자가 커질수록 비슷하게 바뀝니다.

ⓓ Color: 색상을 얼마나 자연스럽게 바꿀 것인지 조절하는 것으로 숫자가 커질수록 자연스럽게 바뀝니다.

ⓔ Transform On Drop: 체크하면 모든 레이어의 이미지를 복제하면서 수정합니다.

스팟 힐링 브러시 툴[✐]로 필요 없는 부분 없애기

따로 샘플 지점을 지정하지 않아도 주변을 분석해서 자동으로 샘플을 만들어 주변 이미지에 자연스럽게 덮이도록 복원합니다. 수정하고자 하는 부분을 클릭하거나 드래그하면 됩니다.

◎ **준비 파일**: part1/chapter3/Post.jpg

01 Ctrl+O를 눌러 'Post.jpg' 파일을 불러온 후 스팟 힐링 브러시 툴(✐)을 선택합니다.

선택

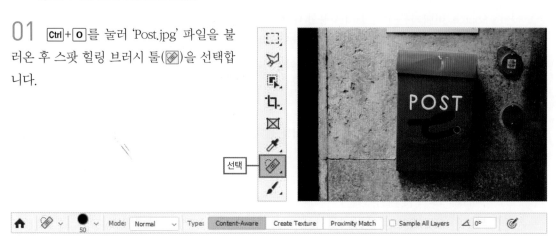

02 낙서 위를 드래그합니다. 아래는 말끔히 지워졌지만 위에는 아직 조금 남아 있습니다.

드래그

03 다시 스팟 힐링 브러시 툴(✐)로 드래그하여 마무리합니다.

드래그

· 기능 **예제** ·

스팟 힐링 브러시 툴로 잡티 제거하기

스팟 힐링 브러시 툴(Spot Healing Brush Tool())은 주변의 픽셀을 부드럽게 섞으면서 자연스럽게 보정하고 싶을 때 사용합니다.

◎ **준비 파일**: part1/chapter3/Man.jpg

01 Ctrl+O 를 눌러 'Man.jpg' 파일을 불러옵니다.

02 돋보기 툴(🔍)로 얼굴 부분을 클릭한 후 스팟 힐링 브러시 툴(🖌)을 선택합니다. 브러시 크기를 조절하고 수정하고 싶은 부분을 클릭합니다. 자연스럽게 잡티가 제거됩니다. 같은 방법으로 얼굴에서 정리하고 싶은 부분을 클릭해서 잡티를 제거합니다.

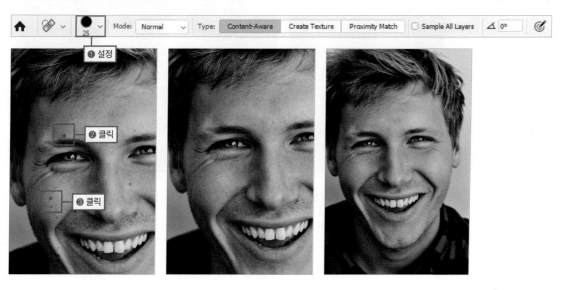

3 · 기능 예제 · 콘텐츠 인식 이동 툴로 자연스럽게 수정하기

콘텐츠 인식 이동 툴(Content-Aware Move Tool())은 원래 이미지의 자리와 옮겨진 자리 주변까지 자연스럽게 배경으로 만들고 싶을 때 사용합니다. 원하는 영역을 다른 곳으로 자연스럽게 옮기거나 복제하고 싶을 때 사용합니다.

◎ **준비 파일**: part1/chapter3/Birds.jpg

01 Ctrl+O를 눌러 'Birds.jpg' 파일을 불러옵니다. 콘텐츠 인식 이동 툴()을 선택하고 왼쪽 새의 윤곽선을 따라 클릭&드래그해서 선택합니다.

❶ 선택

❷ 클릭&드래그

02 올가미 툴()처럼 처음 시작한 부분으로 돌아와 클릭하면 닫힌 선택 영역으로 활성화됩니다.

140

03 드래그해서 영역을 선택한 후 원하는 위치에 가져다 놓습니다.

04 원하는 위치에 놓았다면 [Enter]를 눌러 완성합니다.

LESSON

복제 도장/패턴 도장 툴

복제 도장 툴로 오브젝트를 똑같이 복사하는 방법과 패턴 도장 툴로 배경 만드는 방법을 알아봅니다.

① — Clone Stamp Tool   S
② — Pattern Stamp Tool   S

복제 도장 툴(🔲)은 이미지에서 불필요한 부분을 지우거나 복제할 때 사용할 수 있습니다. 패턴 도장 툴(🔲)은 지정한 패턴으로 채울 때 사용합니다.

① 복제 도장 툴(Clone Stamp Tool(🔲)): 클릭 또는 드래그하면 복제해 둔 영역이 기존 이미지에 덮입니다.

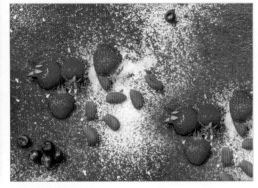

원본   복제 도장 툴로 복제

② 패턴 도장 툴(Pattern Stamp Tool(🔲)): 드래그하면 등록한 패턴으로 채워집니다.

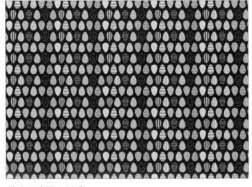

원본

패턴 도장 툴로 복제

복제 도장 툴/패턴 도장 툴의 옵션 바

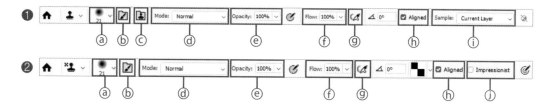

ⓐ Brush Preset: 브러시의 크기, 경도, 종류 등을 설정합니다.

ⓑ Brush Settings Panel: 브러시 설정 패널이 나타납니다.

ⓒ Clone Source Panel: 복제할 때 이미지 정보를 담아 관리할 수 있는 복제 소스 패널을 엽니다.

ⓓ Mode: 도장 툴을 적용할 때 배경 그림과 어떻게 합성할지 선택할 수 있습니다.

ⓔ Opacity: 도장 툴을 적용할 때 불투명도를 조절합니다.

ⓕ Flow: 뿌려지는 양과 압력을 조절할 수 있습니다.

ⓖ Airbrush: 에어브러시를 활성화시킵니다. 마우스를 누르고 있는 정도에 따라 채색 양이 결정됩니다.

ⓗ Aligned: Alt 를 눌러 설정한 기준점에서 일정 간격으로 복제합니다.

체크 시 마우스에서 손을 뗀 후 다시 드래그해도 드래그하던 부분이 그대로 연결되면서 복제됩니다.

체크 해제 시 Alt 를 누르고 클릭하면 소스로 등록한 부분부터 다시 복제됩니다.

ⓘ Sample: 현재 레이어 또는 모든 레이어에 적용할지 선택할 수 있습니다.

ⓙ Impressionist: 체크 시 패턴이 뭉개져 나타납니다

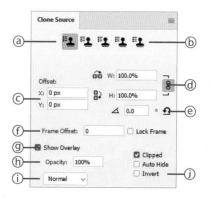

[Clone Source] 패널을 활용하면 복사한 이미지를 보면서 위치, 크기, 회전 등을 지정해서 변형해 합성할 수 있으며 5개까지 복사가 가능합니다.

ⓐ Clone Source: 복제 도장 툴이나 힐링 브러시 툴(🖊) 이용 시 아이콘을 클릭해서 각각의 이미지를 복사할 수 있습니다.

ⓑ Source: 선택한 Clone Source의 위치 및 모양을 조절합니다.

ⓒ X/Y: 선택한 Clone Source의 위치를 나타냅니다.

ⓓ W/H: 선택한 Clone Source의 크기를 조절합니다.

ⓔ Rotate the Clone Source: 선택한 Clone Source의 회전각을 입력해서 회전시킵니다.

ⓕ Frame Offset: 선택한 Clone Source로 애니메이션을 만들 때 입력한 수치만큼 프레임을 옮깁니다. Lock Frame을 체크하면 복사한 이미지가 있는 프레임이 잠깁니다.

ⓖ **Show Overlay:** 체크하면 선택한 Clone Source가 나타나 마우스를 따라다닙니다.

ⓗ **Opacity:** 선택한 Clone Source의 불투명도를 조절합니다.

ⓘ **Mode:** 다른 모드로 설정해서 이미지를 구별시킵니다.

ⓙ **Invert:** 체크하면 Clone Source가 반전됩니다.

1 • 기능 **예제** • # 복제 도장 툴로 오브젝트 똑같이 복제하기

복제 도장 툴(Clone Stamp Tool(🔲))을 클릭 또는 드래그하면 복제한 영역의 이미지 가장자리까지 선명하게 복제됩니다.

◎ **준비 파일:** part1/chapter3/Strawberry.jpg

01 Ctrl+O를 눌러 'Strawberry.jpg' 파일을 불러옵니다. 복제 도장 툴(🔲)을 선택하고 Alt를 누른 상태에서 복사할 지점을 클릭합니다.

❶ 선택

② Alt+클릭

02 겹쳐 보이는 이미지를 보면서 복제할 지점을 클릭하고 드래그합니다.

T·I·P 복제 도장 툴(🔲)은 이미지의 가장자리까지 선명하게 복제하고, 힐링 브러시 툴(🖌)은 경계를 부드럽게 합성하면서 복제합니다.

클릭&드래그

03 이미지가 복제되면 오른쪽 부분을 드래그해서 이미지를 복제해 완성합니다.

2 • 기능 **예제** •

패턴 도장 툴로 배경 만들기

패턴 도장 툴(Pattern Stamp Tool(🖼️))은 패턴으로 등록할 이미지를 메뉴 바의 [Edit]-[Define Pattern]을 선택해서 등록한 후 옵션 바에서 등록한 패턴을 선택합니다. 패턴을 지정한 후 패턴 도장 툴(🖼️)로 드래그하면 패턴으로 채워집 니다.

◎ **준비 파일**: part1/chapter3/Pattern.jpg

01 Ctrl+O를 눌러 'Pattern.jpg' 파일을 불러옵니다.

02 [Edit]-[Define Pattern] 메뉴를 선택한 후 패턴 이름을 입력하고 [OK]를 클릭해서 패턴으로 등록합니다.

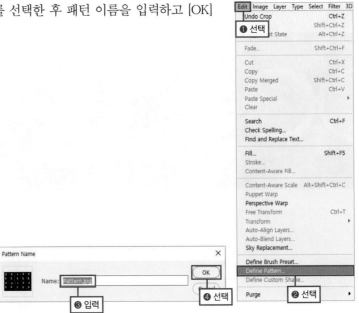

03 Ctrl + N 을 눌러 1920*1080, 72dpi의 새 창을 만듭니다.

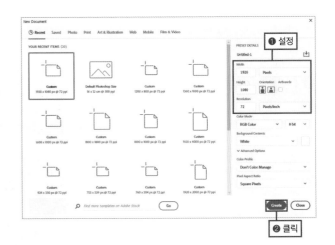

04 패턴 도장 툴(🖌)을 선택하고 상단의 옵션 바에서 등록한 패턴을 선택합니다.

패턴 도장 툴(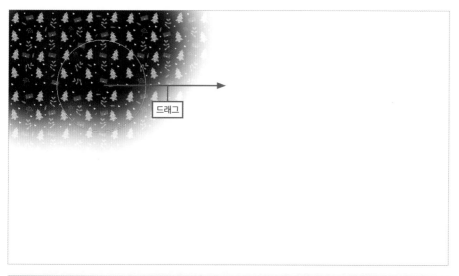)로 드래그해서 전체를 채웁니다.

드래그

4

이미지 보정

이미지의 색 톤을 어떻게 보정하는가에 따라 디자인의 퀄리티가 달라집니다. 이미지에서 색은 단순히 색상, 채도, 명도만 말하는 것이 아니라 조명이나 대비 같은 빛의 개념도 포함합니다. 이미지의 사용 목적에 따라 보정도 달라지는데 상품 사진처럼 가능하면 실물에 가깝게 보정할 수도 있고 전혀 다른 느낌으로 바꿀 수도 있습니다.

보정 기능 한눈에 보기

자동 보정, 밝기 대비 보정, 색감 및 색상 보정, 특수 보정 등 여러 보정 기능에 대해 간단하게 알아봅니다.

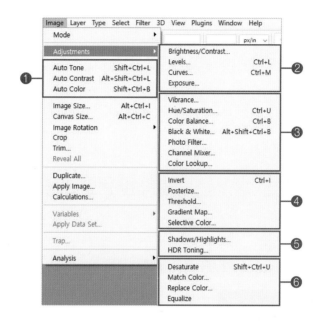

❶ **자동 보정**: 클릭 한 번만으로 간단하게 보정할 수 있는 3가지 메뉴가 있습니다.

❷ **밝기 대비 보정**: 색을 보정할 때 가장 먼저 하는 작업은 밝기와 대비, 노출을 바로잡는 것입니다.

❸ **색감 보정**: 흑백 이미지를 만들거나 색상, 채도, 명도를 세부적으로 조절하거나 부분적으로 색을 교체하거나 필터를 끼운 것처럼 전체적인 색감을 바꾸는 세밀한 보정 기능은 두 번째 영역에 모여 있습니다.

❹ **색상 보정**: 색을 반전시키거나 명도차를 평균화하거나 검은색과 흰색으로만 이미지를 표현해 대비를 극대화한 이미지를 만들거나 포스터화시키는 등 극적인 보정 효과를 내는 기능이 모여 있습니다.

❺ **특수 보정**: 자주 쓰는 기능은 아니지만 알면 유용한 색 보정 기능이 모여 있습니다. 보정 패널에는 나타나지 않는 기능입니다.

❻ **기타 보정**: 이미지를 흑백 이미지로 만들거나 서로 다른 이미지의 색을 맞추거나 이미지의 특정 색만 바꾸는 등의 기능들이 있습니다.

자동 보정으로 빠르게 보정하기

보정 기능을 이용해서 클릭 한 번으로 톤, 대비, 컬러를 보정하는 방법을 알아봅니다.

LESSON

Auto Tone	Shift+Ctrl+L
Auto Contrast	Alt+Shift+Ctrl+L
Auto Color	Shift+Ctrl+B

본격적인 보정 메뉴들을 학습하기 전에 쉽고 간단하게 할 수 있는 자동 보정을 살펴보겠습니다. 자동 보정에는 [Auto Tone], [Auto Contrast], [Auto Color] 메뉴 3가지가 있는데 이 메뉴를 이용하면 빠르게 보정할 수 있습니다. 간단한 실습을 통해 살펴보겠습니다.

1 • 기능 예제 • ## 클릭 한 번으로 톤, 대비, 컬러 보정하기

 준비 파일: part1/chapter4/Flower.jpg

'Flower.jpg' 파일을 불러온 후 각 메뉴를 실행해서 각각 어떻게 보정되는지 확인합니다.

PART 01. 포토샵 배우기

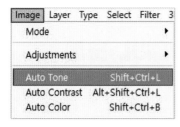 

기본 보정으로 밝기, 대비, 노출 바로잡기

LESSON

보정 기능을 이용해서 어두운 사진의 밝기와 대비를 조절하는 방법과 노출을 바로잡는 방법에 대해 알아봅니다.

색을 보정할 때 가장 먼저 하는 작업은 밝기와 대비, 노출을 바로잡는 것입니다. 이러한 기본 보정은 [Image]-[Adjustments] 메뉴 또는 [Adjustments] 패널의 첫 번째 영역에 모여 있습니다.

---

1 · 기능 예제 · Brightness/Contrast를 이용해서 밝기와 대비 조절하기

Brightness/Contrast는 어두운 사진을 쉽게 보정하는 데 많이 사용하는 기능입니다.

◎ **준비 파일**: part1/chapter4/Desert.jpg

01 이미지의 밝기와 대비만 간단히 보정해 보겠습니다. Ctrl+O를 눌러 'Desert.jpg' 파일을 불러오고 메뉴 바에서 [Image]-[Adjustments]-[Brightness/Contrast]를 선택합니다. [Brightness/Contrast] 대화상자에서 Brightness는 52, Contrast는 58로 올리고 [OK]를 클릭합니다.

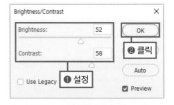

❶ **Brightness**: 밝기를 조절합니다. 값을 직접 입력해도 되고, 슬라이더 바를 이용해도 됩니다. 슬라이더를 왼쪽으로 움직이면 어두워지고, 오른쪽으로 움직이면 밝아집니다. 명도는 -150부터 150까지 조절할 수 있습니다.

❷ **Contrast**: 대비를 조절합니다. 슬라이더를 오른쪽으로 움직이면 색상 대비가 높아집니다. 대비는 -50부터 100까지 조절할 수 있습니다.

❸ **Use Legacy**: CS 버전 이전의 효과를 얻고 싶을 때 체크하는데 이미지가 손상될 수 있으므로 미리보기로 확인하면서 조절합니다.

---

2 • 기능 **예제** •   # Levels를 이용해서 밝기와 대비 조절하기

Levels는 이미지의 색 분포를 조절하는 기능입니다. 히스토그램을 보면서 이미지에서 가장 밝은 영역(하이라이트 톤)과 가장 어두운 영역(섀도 톤)과 중간 영역(미드 톤)을 조절할 수 있습니다. 레벨로 이미지를 밝고 어둡게 조절할 수도 있지만 양 끝단을 당겨 계조 분포를 넓히거나 좁혀 대비를 조절할 수도 있습니다.

◎ **준비 파일**: part1/chapter4/Fjord.jpg

01 Ctrl+O를 눌러 'Fjord.jpg' 파일을 불러오고 메뉴 바에서 [Image]-[Adjustments]-[Levels]를 선택합니다. [Levels] 대화상자의 Input Levels에서 오른쪽 슬라이더를 드래그해서 대비를 조절합니다.

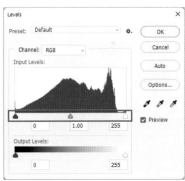

❶ **Channel**: 채널별로 보정할 수 있으며 보정할 채널을 선택합니다.

❷ **Input Levels**: 이미지의 밝기 분포를 히스토그램으로 나타냅니다. 아래의 삼각형은 왼쪽부터 차례로 밝은 영역, 중간 영역, 어두운 영역을 의미하며, 이 삼각형을 드래그하거나 수치를 직접 입력해서 밝기와 대비를 조절합니다.

❸ **Output Levels**: 삼각형을 드래그하거나 수치를 직접 입력해서 이미지의 밝기를 조절합니다. 아래의 검은색 삼각형 아이콘(🔺)을 오른쪽으로 드래그하면 이미지가 밝아지고, 흰색 삼각형 아이콘(🔺)을 왼쪽으로 드래그하면 이미지가 어두워집니다. 검은색 삼각형과 흰색 삼각형의 좌우 위치가 바뀌면 이미지가 반전됩니다.

❹ **스포이트**
- **Set Black Point**: 이미지에서 클릭한 지점보다 어두운 지점은 더 어두워집니다.
- **Set Gray Point**: 이미지에서 클릭한 지점을 전체 이미지의 중간 명도로 설정해서 중간 톤을 만듭니다.
- **Set White Point**: 이미지에서 클릭한 지점보다 밝은 지점은 더 밝아집니다.

02 Input Levels의 왼쪽 삼각형을 오른쪽으로 드래그해서 대비를 높입니다.

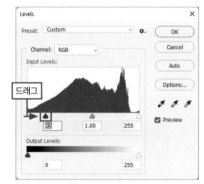

03 Input Levels의 오른쪽 삼각형을 왼쪽으로 드래그합니다. 이미지가 밝아진 것을 볼 수 있습니다.

히스토그램의 양쪽 끝을 보면 그래프 값이 낮은 것을 볼 수 있습니다. 슬라이더를 안쪽으로 드래그만 해도 밝기와 대비를 보정할 수 있습니다. [OK]를 클릭해서 마무리합니다.

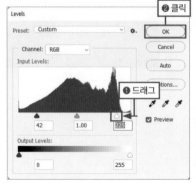

• 기능 예제 •

Curves를 이용해서 밝기와 대비 조절하기

전체적인 색과 농도를 보정할 때는 Levels를 사용하고, 부분적으로 정밀하게 보정할 때는 Curves를 사용하는 것이 좋습니다. Curves는 그래프 선 위에서 마우스를 클릭하면 포인트 점이 만들어집니다. 원래 있던 그래프보다 위로 올리면 이미지는 밝아지고, 밑으로 내리면 어두워집니다. Curves는 노출에 대한 농도를 그래프로 나타낸 것으로 대비를 조절하는 데 유용합니다. 기울기가 급격해지면 대비가 강해지고, 기울기가 약해지면 대비도 약해집니다.

◎ **준비 파일**: part1/chapter4/Fjord2.jpg

01 Ctrl+O를 눌러 'Fjord2.jpg' 파일을 불러오고 메뉴 바에서 [Image]-[Adjustments]-[Curves]를 선택합니다. Curves는 Levels와 비슷하게 빛과 색의 농도를 조절하는데 그중에서도 대비와 하이라이트를 조절합니다.

 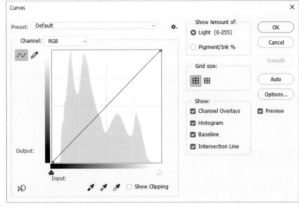

NOTE   **Curves 대화상자 알아보기**

❶ **Preset**: 자주 사용하는 기본 설정값을 제공합니다.

❷ **Channel**: 채널별로 보정할 수 있습니다. 기본값은 RGB입니다.

❸ **곡선, 직선 아이콘**: 곡선이나 직선을 사용해서 보정합니다.

　그래프 선을 드래그하면서 색을 보정할 수 있습니다.

　Output: 선을 올릴수록 이미지가 밝아집니다(레벨 출력과 같은 기능).

　Input: 선을 오른쪽으로 움직일수록 대비가 줄어듭니다(레벨 입력과 같은 기능)

❹ **Show Amount of**: 출력(Output)과 입력(Input)에 나타나는 수치를 어떻게 표현할지 선택할 수 있습니다.

　Grid size: 4×4 그리드와 10×10 그리드입니다.

　Show: 그래프에서 나타낼 항목을 선택할 수 있습니다.

❺ **Auto**: 자동으로 명도와 대비를 보정합니다.

02 Curves는 그래프 선 위에서 마우스를 클릭하면 포인트 점이 만들어지는데 위로 올리면 이미지는 밝아지고, 밑으로 내리면 어두워집니다.

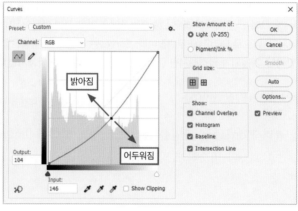

03 [Curves] 대화상자에서 첫 번째 지점을 클릭하고 위로 드래그해서 밝기를 높입니다. 아래 두 번째 지점을 클릭하고 아래로 드래그해서 대비를 높입니다. 선을 화면과 같이 S자 형태로 조절하고 [OK]를 클릭합니다.

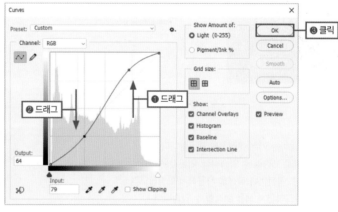

Exposure를 이용해서 노출 바로잡기

Exposure는 필름에 빛을 줘 노출을 보정합니다. 빠르고 간편하게 노출을 바로잡을 수 있습니다.

◎ **준비 파일**: part1/chapter4/Happybirthday.jpg

01 Ctrl + O 를 눌러 'Happybirthday.jpg' 파일을 불러오고 메뉴 바에서 [Image]-[Adjustments]-[Exposure]를 선택합니다.

02 [Exposure] 대화상자에서 노출의 수치를 높이고 [OK] 를 클릭합니다.

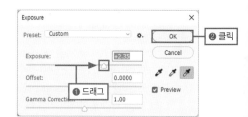

03 이미지가 보정되었습니다.

NOTE ▶ Exposure 대화상자 알아보기

❶ **Exposure**: 노출을 보정합니다.

❷ **Offset**: 이미지의 중간 톤과 어두운 톤을 조절합니다. 슬라이더를 왼쪽으로 움직일수록(수치가 낮아질수록) 이미지는 어둡고 진해지며, 슬라이더를 오른쪽으로 움직일수록(수치가 높아질수록) 이미지는 밝고 흐려집니다.

❸ **Gamma Correction**: 명도와 대비 값을 조절합니다.

고급 보정으로 색감 보정하기

보정 기능을 이용해서 채도를 조절하고 원하는 색으로 바꾸기, 색조 바꾸기, 흑백 이미지 만들기 등을 배웁니다.

LESSON

흑백 이미지를 만들거나 색상, 채도, 명도를 세부적으로 조절하거나 부분적으로 색을 교체하거나 필터를 끼운 것처럼 전체적인 색감을 바꾸는 세밀한 보정 기능은 [Image]-[Adjustments] 메뉴 또는 [Adjustments] 패널의 두 번째 영역에 모여 있습니다.

Vibrance...	
Hue/Saturation...	Ctrl+U
Color Balance...	Ctrl+B
Black & White...	Alt+Shift+Ctrl+B
Photo Filter...	
Channel Mixer...	
Color Lookup...	

---

1 · 기능 **예제** · ## Vibrance를 이용해서 채도 조정하기

Vibrance는 이미지에 있는 색 톤의 자연스런 흐름을 유지하면서 채도를 조절합니다. 이미지 전체가 아닌 미드 톤의 채도만 조절하기 때문에 Vibrance를 0으로 조절해도 미드 톤 외의 색 톤은 그대로 유지되고 색 번짐 현상이 생기지 않습니다. 보통 사진에 원색이 있을 때 줄여서 사용하고, 인물 사진 같은 경우 피부색을 유지하면서 채도를 높일 때 수치를 높여서 사용합니다.

◎ **준비 파일**: part1/chapter4/Princes Pier.jpg

01 Ctrl+O를 눌러 'Princes Pier.jpg' 파일을 불러오고 메뉴 바에서 [Image]-[Adjustments]-[Vibrance]를 선택합니다.

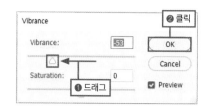

02 Vibrance는 계조 손실을 최소화하면서 채도를 조절합니다. [Vibrance] 대화상자에서 Vibrance를 -53으로 낮추고 [OK]를 클릭합니다.

T·I·P 대화상자에서 'Vibrance'와 'Saturation'을 함께 조절할 수 있습니다. 보통 Vibrance를 먼저 조절하고 부족한 부분을 Saturation으로 조절합니다.

03 채도가 낮아지면서 좀 더 분위기 있는 이미지가 되었습니다.

---

2 · 기능 예제 · **Hue/Saturation을 이용해서 원하는 색으로 바꾸기**

Hue/Saturation은 색의 3속성에 해당하는 색상(Hue), 채도(Saturation), 명도(Lightness)를 조절하면서 색을 보정합니다. 마스터 옵션의 빨강계열, 노랑계열 등을 선택하면 해당 색만 조정이 가능합니다. 스포이트를 이용해서 적용 범위를 넓히거나 좁힐 수도 있고, Colorize를 체크하면 모노톤 이미지를 만들 수도 있습니다. 포토샵에서 제공하는 색상 보정 기능 중 가장 많이 쓰는 기능이므로 특성과 효과를 확실히 익히도록 합니다.

◎ **준비 파일**: part1/chapter4/Windows.jpg, Heart.jpg

01 Ctrl+O를 눌러 'Windows.jpg' 파일을 불러오고 메뉴 바에서 [Image]-[Adjustments]-[Hue/Saturation]을 선택합니다. [Hue/Saturation] 대화상자가 나타납니다.

02 [Hue/Saturation] 대화상자에서 Hue를 각각 조절하고 [OK]를 클릭합니다.

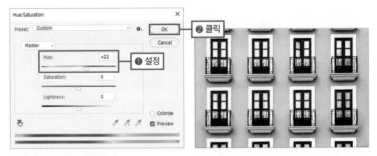

Hue: +22

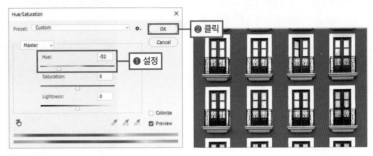

Hue: -52

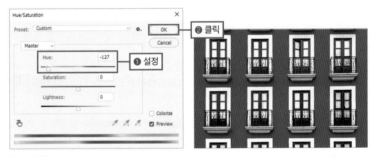

Hue: -127

03 'Colorize' 옵션을 이용해서 모노톤 이미지를 만들 수도 있습니다. Ctrl + O 를 눌러 'Heart.jpg' 파일을 불러옵니다. Colorize에 체크하고 Hue를 0으로 조절한 후 [OK]를 클릭합니다.

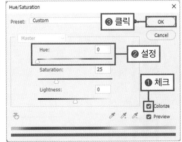

Color Balance를 이용해서 색조 바꾸기

Color Balance는 말 그대로 색의 균형을 맞춰주는 것입니다. 색의 재조합이라고 생각하면 이해하기 쉽습니다. 스마트 오브젝트, 벡터 이미지나 문자 등에는 적용되지 않습니다. 마우스 오른쪽 버튼을 클릭해서 나오는 메뉴에서 레이어 래스터화를 적용해 일반 이미지로 바꿔야 적용할 수 있습니다.

◎ **준비 파일**: part1/chapter4/Flower2.jpg

01 Ctrl+O를 눌러 'Flower2.jpg' 파일을 불러오고 메뉴 바에서 [Image]-[Adjustments]-[Color Balance]를 선택합니다. [Color Balance] 대화상자에서 Blue쪽으로 삼각형을 움직여 빨간색을 추가하고 다시 Yellow쪽으로 움직인 후 [OK]를 클릭합니다.

슬라이더를 드래그해서 색을 더하거나 뺍니다. Tone Balance는 효과가 적용될 영역을 지정하는 것이고, Preserve Luminosity는 명도를 유지한 채 색상을 조절합니다.

Black&White를 이용해서 흑백 이미지 만들기

Black&White는 컬러 이미지를 흑백 이미지로 만들거나 모노톤 이미지로 만들 때 사용합니다. 슬라이더를 왼쪽으로 움직이면 해당 색이 밝아지고, 오른쪽으로 움직이면 해당 색이 어두워집니다. 색상별로 흑백 명암을 세밀하게 조절할 수 있어 고품질의 흑백 이미지를 만들 수 있습니다.

◎ **준비 파일**: part1/chapter4/Flower3.jpg

01 Ctrl+O를 눌러 'Flower3.jpg' 파일을 불러오고 메뉴 바에서 [Image]-[Adjustments]-[Black and White]를 선택합니다. 컬러 이미지를 흑백 이미지로 만들어 보겠습니다.

02 각 슬라이더를 조절해서 흑백 톤을 조절합니다. Red의 수치를 19%로 줄였습니다.

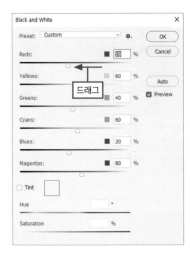

NOTE

[Black and White] 대화상자에서 Tint (색조)를 체크하면 모노톤의 이미지로 만들 수 있습니다.

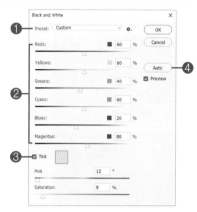

❶ **Preset(사전 설정)**: 설정된 흑백 톤을 선택합니다. 아래 슬라이더를 조절하면 자동으로 사용자 정의로 바뀝니다.

❷ **색상 바**: 색상별로 흑백 명암을 조절합니다.

❸ **Tint(색조)**: 체크하면 모노톤 이미지를 만들 수 있습니다.
  - Hue: 모노톤 색상을 조절합니다.
  - Saturation: 모노톤 색상의 채도를 조절합니다.

❹ **Auto(자동)**: 자동으로 정해진 흑백 이미지로 바뀝니다.

---

5 · 기능 예제 · Photo Filter로 사진 색상 바꾸기

Photo Filter는 기본 필터와 반짝이는 효과 등을 주는 특수 필터로 나눌 수 있습니다. 기본 필터 기능은 Photo Filter 기능에 포함되었고, 특수 필터 기능은 필터 메뉴에 있습니다. Photo Filter는 전체적인 색감을 보정하거나 색 온도를 보정할 때 사용합니다.

◉ **준비 파일**: part1/chapter4/Lake.jpg

01 Ctrl+O를 눌러 'Lake.jpg' 파일을 불러오고 메뉴 바에서 [Image]-[Adjustments]-[Photo Filter]를 선택합니다. 필터나 색상을 바꿔 색 톤을 만들 수 있습니다. [Photo Filter] 대화상자에서 Filter, Color, Density를 조절하며 색이 어떻게 바뀌는지 살펴봅니다.

NOTE **Photo Filter 대화상자 알아보기**

❶ **Filter**: 필터 종류를 선택합니다.
❷ **Color**: 필터에 적용할 색을 선택합니다.
❸ **Density**: 색 농도를 조절합니다.

02 포토샵에서 제공하는 Filter에서 선택해서 사용해도 되고 Color를 선택하고 색 아이콘(■)을 클릭해서 원하는 색을 선택할 수 있습니다. 하단의 Density로 색 적용의 강도를 조절합니다.

6 • **기능 예제** • # Channel Mixer를 이용해서 색상 채널별로 보정하기

Channel Mixer는 이미지의 색상 채널에 따라 색상을 보정합니다. RGB 모드와 CMYK 모드에서만 사용할 수 있고 옵션 창에서 각 채널을 조절할 수 있습니다.

◎ **준비 파일**: part1/chapter4/Lemon.jpg

01 Ctrl+O를 눌러 'Lemon.jpg' 파일을 불러오고 [Channels] 패널을 엽니다. 채널 패널이 열려 있지 않다면 [Window]-[Channels] 메뉴를 선택해서 엽니다.

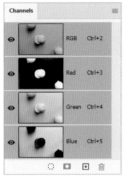

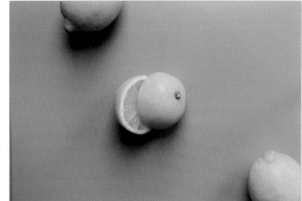

02 메뉴 바에서 [Image]-[Adjustments]-[Channel Mixer]를 선택합니다. Channel Mixer는 이미지의 색상 채널에 따라 색상을 보정합니다. [Channel Mixer] 대화상자에서 Output Channel을 'Blue'로 변경합니다. Source Channels에서 Blue 값을 -200%로 변경하고 [OK]를 클릭합니다.

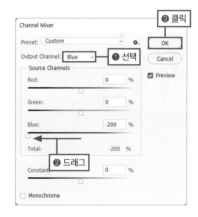

NOTE   **Channel Mixer 대화상자 알아보기**

❶ **Preset**: 채널 믹서에서 자주 쓰이는 값이 설정되어 있습니다. 주로 흑백 이미지를 만들 때 사용합니다.
❷ **Output Channel**: 조절할 채널을 선택합니다.
❸ **Source Channels**: 각 채널의 색상을 더하거나 빼서 조절하는데 총합에 그 합이 표시됩니다.
❹ **Contrast**: 대비를 조절합니다.
❺ **Monochrome**: 체크하면 흑백 톤으로 명암을 조절합니다.

---

03 파란색이 줄어들고 파란색의 보색인 노란색이 늘어나 배경색이 녹색으로 변합니다. [Channels] 패널에서도 파랑 채널의 파란색이 줄어든 것을 확인할 수 있습니다.

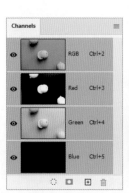

7 · 기능 **예제** ·

Color Lookup으로 이미지의 색 보정하기

Color Lookup은 주로 사진 전문가들이 사용하며 옵션 창의 3DLUT File은 서로 다른 소프트웨어에서 같은 색상을 적용하기 위한 옵션입니다. Abstract와 Device Link는 서로 다른 시스템에서 일관되게 색 보정을 할 수 있도록 표준규격을 선택하는 옵션입니다.

◎ **준비 파일:** part1/chapter4/Flower4.jpg

01 Ctrl+O를 눌러 'Flower4.jpg' 파일을 불러오고 메뉴 바에서 [Image]-[Adjustments]-[Color Lookup]을 선택합니다.

[Color Lookup] 대화상자에서 '3DLUT File'의 설정을 바꿔주면 각 옵션에 따라 이미지가 다음과 같이 보정됩니다.

2Strip.look

Candlelight.CUBE

filmstock_50.3dl

FoggyNight.3DL

LateSunset.3DL

색상 보정으로 극적인 효과 내기

보정 효과를 이용해서 보색으로 반전하거나 색상을 단순화시키고 고대비 이미지를 만드는 등의 방법을 배웁니다.

LESSON

[Image]-[Adjustments] 메뉴 또는 [Adjustments] 패널의 세 번째 영역에는 색을 반전시키거나 명도차를 평균으로 하거나 검은색과 흰색으로만 이미지를 표현해서 대비를 극대화한 이미지를 만들거나 포스터화시키는 등 극적인 보정 효과를 내는 기능들이 모여 있습니다.

Invert	Ctrl+I
Posterize...	
Threshold...	
Gradient Map...	
Selective Color...	

1 · 기능 예제 · Invert를 이용해서 보색으로 반전하기

Invert는 이미지를 보색으로 반전합니다. 명암과 색상이 반대로 적용되므로 흑백 이미지에도 자주 사용되고 엑스레이 같은 독특한 느낌을 얻으려고 할 때 사용하기도 합니다.

◎ **준비 파일**: part1/chapter4/Christmas.jpg

01 Ctrl+O를 눌러 'Christmas.jpg' 파일을 불러오고 메뉴 바에서 [Image]-[Adjustments]-[Invert]를 선택합니다. 반전 기능은 이미지를 보색으로 반전시킵니다. 검은색과 흰색을 반전시키는 데 많이 활용됩니다.

 Invert의 단축키는 Ctrl+I 입니다.

Posterize로 색상 단순화하기

Posterize는 최소 색으로 강렬한 이미지를 전달하고자 할 때 사용합니다. 포스터화는 옵션 창에서 레벨 수치를 조절하면 이미지의 색상 수를 조절해서 단순화시킵니다.

◎ **준비 파일**: part1/chapter4/Food.jpg

01 Ctrl+O를 눌러 'Food.jpg' 파일을 불러오고 메뉴 바에서 [Image]-[Adjustments]-[Posterize]를 선택합니다.

02 [Posterize] 대화상자에서 Levels를 6으로 설정한 후 [OK]를 클릭합니다. 아래 Levels를 2로 설정한 것과 비교해 봅니다.

T·I·P 기본 설정은 4로 되어 있으며 2~255까지 설정할 수 있습니다.

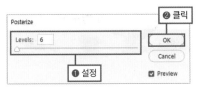

Threshold로 고대비 이미지 만들기

Threshold는 흰색과 검은색만으로 이뤄진 고대비 이미지를 만듭니다.

◎ **준비 파일**: part1/chapter4/Puppy.jpg, Man.jpg

01 `Ctrl`+`O`를 눌러 'Puppy.jpg, Man.jpg' 파일을 불러오고 메뉴 바에서 [Image]-[Adjustments]-[Threshold]를 선택합니다.

02 [Threshold] 대화상자에서 Threshold Level 의 삼각형을 드래그하며 이미지의 변화를 살피고 원하는 이미지가 되면 [OK]를 클릭합니다.

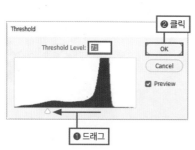

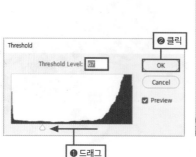

Threshold를 이용하면 흰색과 검은색만으로 이뤄진 고대비 이미지를 만들 수 있습니다. Threshold값이 138이면 256 단계를 갖는 명도 차트에서 0~137과 138~255값으로 나눠집니다. 이렇게 일정량의 데이터를 두 개의 그룹으로 나눠 먼저 그룹은 0으로 표현하고, 나중 그룹은 256으로 나타냅니다.

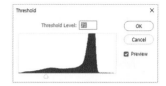

4 · 기능 예제 · Gradient Map을 이용해서 그레이디언트로 표현하기

컬러 이미지를 흑백 이미지로 만드는 원리는 가장 어두운 영역을 검은색, 가장 밝은 영역을 흰색, 나머지 영역을 밝기에 따라 연회색에서 진회색으로 표현하는 것입니다. Gradient Map 기능도 흑백 이미지를 만드는 원리가 그대로 적용됩니다. 이미지에서 가장 어두운 영역을 그레이디언트의 첫 단계 색, 가장 밝은 영역을 그레이디언트의 마지막 단계 색, 나머지 영역은 밝기에 따라 그레이디언트를 단계별로 표현하는 것입니다.

◎ **준비 파일**: part1/chapter4/Vase.jpg

01 Ctrl+O를 눌러 'Vase.jpg' 파일을 불러오고 메뉴 바에서 [Image]-[Adjustments]-[Gradient Map]을 선택합니다. [Gradient Map] 대화상자에서 색 바를 클릭해서 편집 창으로 들어갑니다. 그레이디언트를 설정한 후 [OK]를 클릭합니다.

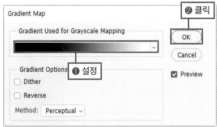

NOTE Gradient Map 대화상자 알아보기

❶ **매핑에 사용되는 그레이디언트**: 이미지에 적용할 그레이디언트를 원하는 색으로 선택할 수 있습니다. 왼쪽 색이 이미지의 어두운 부분에 적용되는 색이고, 오른쪽 색이 이미지의 밝은 부분에 적용되는 색입니다.
❷ **색 바를 클릭하는 그레이디언트 편집기**: 창에서 편집할 수 있습니다.
❸ **Dither**: 체크하면 색상의 경계를 부드럽게 표현해 줍니다.
❹ **Reverse**: 체크하면 그레이디언트의 왼쪽, 오른쪽 색을 반대로 적용합니다.

02 Presets의 Reds에 있는 그레이디언트를 선택하고 [OK]를 클릭합니다.

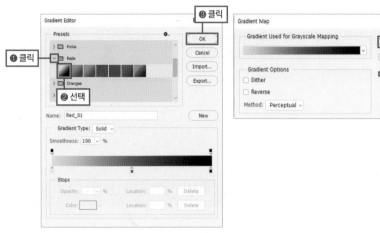

· 기능 예제 · **Selective Color를 이용해서 특정 색만 보정하기**

Replace Color 기능을 이용해서 특정 색을 다른 색으로 바꿀 수 있지만 특정 색의 전체적인 색감을 보정할 때는 Selective Color 기능을 이용하는 것이 좋습니다. Selective Color는 CMYK 색상으로 보정합니다.

◎ **준비 파일**: part1/chapter4/Cookies.jpg

01 Ctrl+O를 눌러 'Cookies.jpg' 파일을 불러옵니다. 메뉴 바에서 [Image]-[Adjustments]-[Selective Color]를 선택합니다.

02 [Selective Color] 대화상자의 Colors에서 색을 설정하고 [OK]를 클릭합니다. 흰색의 Black을 줄여서 흰부분만 더 밝은 흰색으로 보정되었습니다.

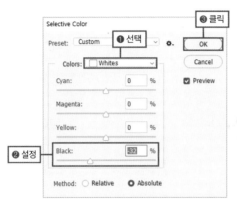

특수 및 기타 보정

보정 기능을 이용해서 어두운 이미지를 보정하거나 이미지의 밝고 어두운 부분의 농도 차이를 조절하고 흑백 이미지를 만드는 방법 등을 배웁니다.

LESSON

Shadows/Highlights...
HDR Toning...

Desaturate   Shift+Ctrl+U
Match Color...
Replace Color...
Equalize

[Image]-[Adjustments] 메뉴 또는 [Adjustments] 패널의 마지막 두 영역은 자주 쓰는 기능은 아니지만 알면 유용한 색 보정 기능이 모여 있습니다.

1 · 기능 예제 · Shadows/Highlights를 이용해서 어두운 이미지 보정하기

Shadows/Highlights는 이미지 전체가 아니라 어두운 부분과 밝은 부분을 따로 보정합니다. 따라서 이미지가 너무 어둡거나 너무 밝아서 보정이 필요할 때 사용합니다. 포토샵에서 이미지를 보정할 때 초보자라면 슬라이더를 이리저리 움직여 보면서 눈으로 이미지의 변화를 확인하고 마음에 들 때 적용하면 좋습니다.

◎ **준비 파일**: part1/chapter4/Leaves.jpg

01 `Ctrl`+`O`를 눌러 'Leaves.jpg' 파일을 불러오고 메뉴 바에서 [Image]-[Adjustments]-[Shadows/Highlights]를 선택합니다. [Shadows/Highlights] 대화상자에서 Shadow의 수치를 조절하며 이미지의 변화를 살피고 원하는 이미지가 되면 [OK]를 클릭합니다.

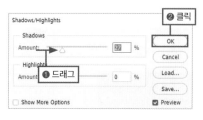

❶ **Shadows**: 어두운 영역을 나타냅니다. 수치를 높일수록 어두운 영역이 밝아집니다.

❷ **Highlights**: 밝은 영역을 나타냅니다. 수치를 높일수록 밝은 영역이 어두워집니다.

---

2 · 기능 예제 · HDR Toning으로 이미지의 농도 차이 조절하기

HDR Toning은 이미지의 가장 밝고 어두운 부분의 농도 차이를 조절할 수 있습니다.

◎ **준비 파일**: part1/chapter4/Photo.jpg

01 Ctrl+O를 눌러 'Photo.jpg' 파일을 불러옵니다.

02 메뉴 바에서 [Image]-[Adjustments]-[HDR Toning]을 선택합니다. [HDR Toning] 대화상자에서 슬라이더를 움직여 이미지를 조절하고 [OK]를 클릭합니다.

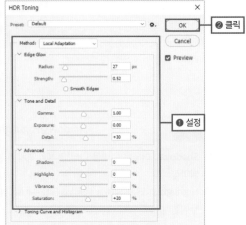

3 · 기능 예제 · Desaturate를 이용해서 흑백 이미지 만들기

Desaturate는 채도를 한 번에 낮춰 흑백 이미지를 만들 수 있습니다. 세부적으로 조절하지 않고 빠르게 흑백 이미지를 만드는 장점이 있습니다.

◎ **준비 파일**: part1/chapter4/Pier.jpg

01 Ctrl+O를 눌러 'Pier.jpg' 파일을 불러오고 메뉴 바에서 [Image]-[Adjustments]-[Desaturate]를 선택합니다. 이미지의 채도를 한 번에 낮춰 흑백 이미지로 보정합니다.

원본

Desaturate 적용

4 ◦ 기능 **예제** ◦ **Match Color를 이용해서 서로 다른 이미지 색조 맞추기**

서로 다른 장소나 공간에서 찍은 이미지는 조명이나 빛의 강도가 다르다 보니 이미지를 나란히 놓았을 때 어색해 보입니다. 이럴 때는 Match Color를 이용해서 톤을 맞춰주는 것이 좋습니다. 낮과 밤, 여름과 겨울 등 달라 보이는 사진의 색상을 맞출 때 유용합니다.

◎ **준비 파일**: part1/chapter4/Vegetable.jpg, Forest3.jpg

01 Ctrl + O 를 눌러 'Vegetable.jpg, Forest3.jpg' 파일을 불러옵니다. 야채 이미지의 색상에 맞춰 숲 이미지의 색상을 바꿔보겠습니다. Forest3.jpg 창이 선택된 상태에서 [Image]-[Adjustments]-[Match Color] 메뉴를 선택합니다. Source를 Vegetable.jpg로 선택하고 [OK]를 클릭합니다.

원본

색상을 바꿀 이미지

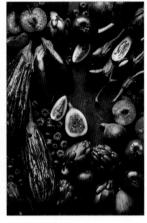
색상을 맞추는 기준이 되는 이미지

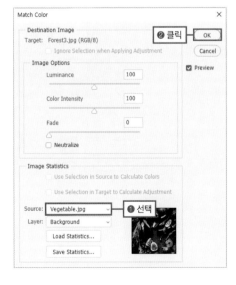

NOTE **Math Color 대화상자 알아보기**

❶ **Destination Image**: 바뀌야 할 이미지의 밝기, 채도 등을 조절합니다. 대상은 바뀌야 할 이미지 이름입니다.
❷ **Image Options**: 광도, 색상 강도, 페이드를 설정합니다. Neutralize를 체크하면 채도가 떨어집니다.
❸ **Image Statistics**: 기준이 될 이미지의 이름과 레이어를 선택합니다.
 - 기본 이미지의 선택 영역의 색상을 분석해서 적용합니다.
 - 바뀌야 할 이미지의 선택 영역의 색상을 분석해서 조절합니다.
 - Source에서 기준 이미지를 선택하고, Layer에서 기준 이미지의 레이어를 선택합니다.
 - Load Statistics 버튼을 클릭하면 통계 저장에서 설정한 값을 불러와 적용시킵니다.
 - Save Statistics 버튼을 클릭하면 설정값을 저장할 수 있습니다.

Replace Color를 이용해서 특정 색만 바꾸기

5 • 기능 **예제** •

Replace Color는 이름 그대로 원하는 부분의 색상을 빠르고 쉽게 바꿔주는 기능입니다. 원하는 부분의 색상, 채도, 명도를 모두 조절해서 자연스럽게 바꿔보겠습니다. 색상 대체는 선택한 색을 기준으로 바꾸는 것이므로 무채색의 경우 명암은 바뀌지만 색이나 채도는 바뀌지 않습니다.

◎ **준비 파일**: part1/chapter4/Leaf.jpg

01 Ctrl+O를 눌러 'Leaf.jpg' 파일을 불러오고 메뉴 바에서 [Image]-[Adjustments]-[Replace Color]를 선택합니다.

02 [Replace Color] 대화상자에서 스포이트로 바꾸고자 하는 영역을 클릭하고 플러스 스포이트(🖊)를 선택해서 영역을 추가합니다. 허용량을 조절해서 영역을 설정하고 색조에서 수치를 변경한 후 [OK]를 클릭합니다.

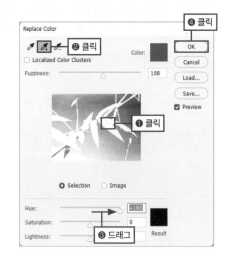

NOTE ▶ **Replace Color 대화상자 알아보기**

❶ **Selection**: 스포이트를 사용해서 색을 바꾸고 싶은 부분을 선택합니다.
- 첫 번째 스포이트: 이미지에서 바꿀 색상을 선택합니다.
- 두 번째 스포이트: 바꿀 색상을 추가로 선택합니다.
- 세 번째 스포이트: 바꾸기 위해 선택된 색상에서 선택한 색상을 빼줍니다.
- Color: 스포이트로 선택한 색상이 표시됩니다.
- Fuzziness: 스포이트로 선택한 색상의 범위를 설정하는데 수치가 높을수록 색상의 범위가 넓어집니다.

❷ **보기 화면**
- Selection: 스포이트로 선택된 영역을 흰색으로, 나머지 부분은 검은색으로 나타냅니다.
- Image: 원본 이미지를 보여줍니다.

❸ **Replacement**: 선택 영역으로 된 곳의 Hue, Saturation, Lightness를 조절할 수 있고, Result를 조절하면 바뀐 색을 보여줍니다.

작업 시 Ctrl+H를 누르면 선택 영역을 보이지 않게 할 수 있습니다. 색상 변화를 경계까지 정확하게 볼 수 있어 편리합니다.

 · 기능 예제 · **Equalize를 이용해서 밝기를 균등하게 조절하기**

Equalize(균일화)는 이미지 밝기를 균등하게 조절하는 기능으로 어두운 이미지를 밝게 만들 때 주로 이용합니다.

◎ **준비 파일**: part1/chapter4/Basketball.jpg

01 Ctrl+O를 눌러 'Basketball.jpg' 파일을 불러오고 메뉴 바에서 [Image]-[Adjustments]-[Equalize]를 선택합니다. 이미지의 밝기가 균등하게 보정됩니다.

원본

Equalize 적용

드로잉과 페인팅

이미지를 편집하다 보면 이미지에 뭔가를 그리거나 색을 칠해야 하는 경우가 생깁니다. 연필 툴(✐)이나 브러시 툴(✐)을 이용해서 간단한 그림을 그릴 수도 있고, 그레이디언트 툴(▦)이나 페인트통 툴(⬟)을 이용해서 원하는 영역에 적당한 색이나 패턴을 칠할 수도 있습니다. 또한 지우개 툴(◢)을 이용해서 원하는 영역을 더 쉽게 지울 수 있고, 히스토리 브러시 툴(✐)을 이용해서 칠한 작업을 되돌릴 수도 있습니다.

색을 선택하는 여러 가지 방법

툴 패널에서 색을 선택하는 방법을 알아본 후 여러 패널과 스포이트 툴로 색을 선택하는 방법을 알아봅니다.

LESSON

● 툴 패널에서 색 선택하기

색을 선택하고 바꿀 수 있는 가장 기본적인 방법은 툴 패널에 있는 전경색/배경색을 이용하는 것입니다. 전경색/배경색 영역은 아이콘마다 다음과 같은 기능을 갖고 있습니다.

❶ **전경색**: 이미지에 칠해지는 색입니다.

❷ **배경색**: 이미지를 지웠을 때 채워지는 색입니다.

❸ **기본색으로 설정**: 전경색과 배경색을 기본색에 해당하는 검은색과 흰색으로 설정합니다.

❹ **전환 버튼**: 전경색과 배경색을 맞바꿉니다.

전경색이나 배경색을 클릭하면 [Color Picker] 대화상자가 나타납니다. 색 미리보기 창을 보면서 원하는 색을 선택한 후 [OK]를 클릭합니다.

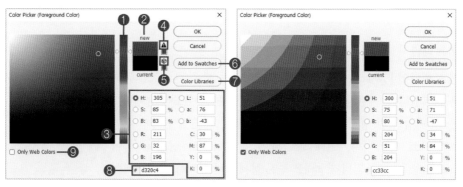

Only Web Colors 체크

❶ **스펙트럼**: 드래그해서 색상을 선택합니다.

❷ **new, current**: 밑에는 기존에 선택되어 있던 색, 위에는 지금 새로 선택한 색을 보여줍니다.

❸ **색상 모드**: 현재 선택한 색상이 각 색상 모드에서 수치로 나타납니다.

❹ **삼각형**: 현재 선택한 컬러가 인쇄 가능한 범위를 벗어났다는 것을 표시합니다.

❺ **큐브**: 웹 환경에 사용하기에 안전하지 않은 컬러를 의미합니다.

⑥ **Add to Swatches**: 선택한 색을 [Swatches] 패널에 추가합니다.

⑦ **Color Libraries**: 색상 차트별로 원하는 색을 선택할 수 있습니다.

⑧ **#**: 웹에서 색상을 표현하는 색상값입니다. 직접 입력할 수도 있습니다.

⑨ **Only Web Colors**: 체크하면 웹상에서 제대로 표현되는 웹 안전색만 표시합니다.

> **NOTE** Web Color(Web Safe Color)
>
> 컴퓨터 운영체제나 브라우저 종류와 관계없이 공통으로 사용되는 색을 웹 안전색(Web Color, Web Safe Color)이라고 합니다. 색이 안전하다는 것은 색이 왜곡되지 않는다는 의미입니다. 최소 사양인 8비트 시스템에서도 표현할 수 있는 컬러 시스템이 바로 웹 안전색 시스템입니다. 웹 안전색은 Red, Green, Blue의 각 단계를 6단계로 나눠 6x6x6=216색으로 유채색 210가지, 무채색 6가지 해서 모두 216색으로 구성되어 있는 컬러 시스템입니다. 따라서 256 컬러를 표현할 수 있는 8비트 시스템에서도 색이 왜곡되지 않습니다. 하지만 색이 부족하기 때문에 웹디자인의 컬러 표현이 제한될 수밖에 없습니다.

● Color 패널 또는 Swatches 패널에서 색 선택하기

[Color] 패널과 [Swatches] 패널을 이용하면 색을 좀 더 쉽게 선택할 수 있습니다. [Color] 패널에서 슬라이더를 움직이면서 색을 선택할 수도 있고, 수치를 입력해서 선택할 수도 있습니다. [Swatches] 패널은 자주 선택하는 색을 견본으로 등록해 놓은 패널로 사용자가 직접 원하는 색을 등록할 수도 있습니다.

Color 패널

전경색, 배경색을 클릭해서 [Color] 패널의 'Color Picker'에서 직접 색을 선택할 수 있습니다.

컬러 스펙트럼 바에서 마우스로 클릭해도 색이 선택됩니다.

Swatches 패널

색상 견본 패널인 [Swatches] 패널은 자주 선택하는 색을 견본으로 등록해 놓은 패널입니다. 사용자가 직접 원하는 색을 등록할 수도 있습니다. [Swatches] 패널의 빈 영역에 마우스 포인터를 갖다 대면 포인터가 페인트통 모양으로 바뀝니다. 이때 클릭하면 전경색으로 설정된 색이 [Swatches] 패널에 등록됩니다. Ctrl 을 누른 상태에서 클릭하면 배경색이 등록됩니다. 등록된 색상 견본을 휴지통 아이콘(🗑)으로 드래그하면 삭제할 수 있습니다.

Gradients 패널

기본으로 제공하는 그레이디언트를 적용하거나 사용자가 새로 등록, 삭
제할 수 있습니다.

● 스포이트 툴로 색 선택하기

스포이트 툴(🖋)을 선택하고 원하는 색이 있는 이미지 영역을 클릭하면 클릭한 위치의 색이 전경
색으로 등록됩니다. 눈으로 직접 보면서 색을 선택할 수 있어 편리합니다.

그리고 지우는 드로잉/지우개 툴

브러시 툴, 연필 툴, 색상 교체 툴, 지우개 툴 등을 알아본 후 그림을 그리고 여러 효과를 주는
방법을 배웁니다.

LESSON

❶ **브러시 툴(Brush Tool(✐))**: 붓으로 그린 것처럼 그려집니다.

❷ **연필 툴(Pencil Tool(✐))**: 딱딱한 연필로 그린 것처럼 그려
지고 모양이 제한적입니다.

❸ **색상 교체 툴(Color Replacement Tool(✐))**: 특정 부분의 색을 바꿀 때 사용하는 툴로 이미지의
질감은 살리면서 색상만 바꿉니다.

❹ **혼합 브러시 툴(Mixer Brush Tool(✐))**: 브러시의 색과 이미지의 배경색을 혼합해서 이미지를
회화처럼 만들어 줍니다.

● 브러시 툴

붓 모양이 다양한 것처럼 브러시의 모양도 다양합니다.

브러시 툴의 옵션 바

❶ **Brush**: 자주 사용하는 브러시를 등록해서 사용할 수 있습니다.

❷ **Brush Preset**: 클릭해서 나오는 화면에서 브러시의 모양, 크기, 경도
를 설정합니다.

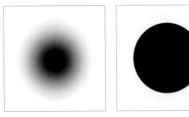

Size 100/Hardness 0   Size 100/Hardness 100

◀ 브러시 크기는 같고 경도(딱딱하
기)만 틀린 경우

184

③ **Brush Settings Panel**: 브러시의 설정 패널을 불러옵니다.

④ **Mode**: 브러시의 모드를 선택할 수 있습니다.

⑤ **Opacity**: 브러시의 불투명도를 조절할 수 있습니다.

⑥ **Flow**: 브러시의 압력을 조절할 수 있습니다.

⑦ 에어브러시를 사용하는 것과 같은 효과를 줄 수 있습니다.

⑧ **Smoothing**: 브러시의 부드러운 정도를 설정합니다.

⑨ **Brush Angle**: 브러시의 각도를 설정합니다.

⑩ **Pressure for size**: 태블릿 펜 압력으로 브러시 크기를 조절합니다.

⑪ **Symmetry Options**: 대칭 축을 기준으로 브러시로 칠하는 다양한 대칭 옵션들이 있습니다.

Brush Settings 패널

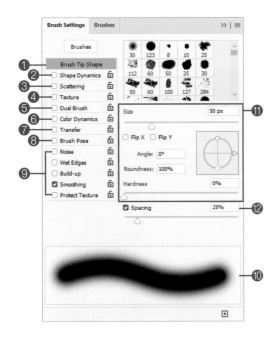

❶ **Brush Tip Shape**: 브러시 모양을 선택하고 크기, 형태, 강도, 간격 등을 조절합니다.

❷ **Shape Dynamics**: 브러시에 동적 요소를 추가해서 모양을 다양하게 바꿀 수 있습니다.

❸ **Scattering**: 브러시가 뿌려지는 정도를 조절합니다.

❹ **Texture**: 브러시에 패턴 등을 이용해서 텍스처를 더합니다.

❺ **Dual Brush**: 두 개의 브러시 팁을 한번에 사용해서 브러시 모양을 중복해 설정합니다.

❻ **Color Dynamics**: 브러시 스트로크에서 색을 얼마나 변화시킬 것인지 설정합니다.

❼ **Transfer**: 브러시 스트로크의 흐름을 조절합니다.

❽ **Brush Pose**: 브러시의 각도 및 위치를 조절합니다.

❾ **Noise, Wet Edges, Build-up, Smoothing, Protect Texture**: 브러시에 체크한 속성 질감, 가장자리가 물에 젖은 듯한 효과, 에어브러시처럼 톤을 더하는 효과, 부드럽게 칠하는 효과, 텍스처를 사용하는 브러시들에 동일 패턴과 크기의 텍스처를 주는 효과를 더해서 칠합니다.

❿ **미리보기 창**: 현재 설정한 것을 미리 볼 수 있습니다.

⓫ **Size**: 브러시 크기, **Angle**: 브러시 각도, **Roundness**: 브러시 모양으로 100%는 원형이고 0%는 선형, **Hardness**: 브러시 경도

⓬ **Spacing**: 브러시가 그리는 간격으로 수치가 클수록 점선이 넓습니다.

브러시 툴로는 모양, 크기, 불투명도를 조절할 수 있으며 [Shift]를 누른 채 드래그하면 수직, 수평, 45도 각도의 선을 그릴 수 있습니다. 포토샵에서 제공한 기본 브러시 외에도 인터넷에서 다운받은 외부 브러시들을 등록해서 사용할 수도 있습니다.

● 연필 툴

브러시 옵션과 비슷하지만 Hardness 조절이 안됩니다. Auto Erase를 체크하고 연필 툴(✏️)로 그린 부분으로 클릭&드래그하면 전경색이 칠해지고, 다시 클릭&드래그하면 배경색이 칠해집니다. 즉, 연필 툴(✏️)로 그린 부분을 다시 칠하면 배경색이 칠해집니다.

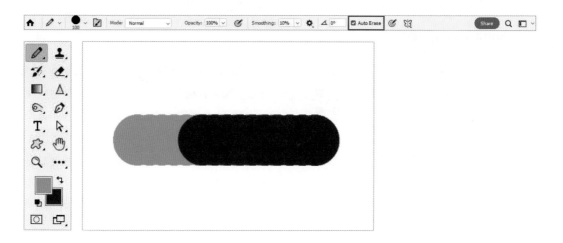

● 색상 교체 툴

색상을 바꾸고 싶은 부분을 브러시로 칠해서 쉽게 바꿀 수 있고 이미지 전체나 일부를 바꾸는 것이 모두 가능합니다.

원본

색을 선택하고 색상 교체 툴 적용

색상 교체 툴(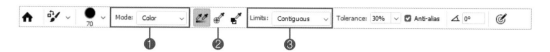)의 옵션 바

❶ **Mode**: 변경할 색상 모드를 선택합니다.
 - Hue: 색상만 교체됩니다.
 - Saturation: 채도만 교체됩니다.
 - Color: 색조와 채도가 교체됩니다.
 - Luminosity: 원래 색의 밝기를 전경색 밝기로 바꿉니다.
❷ **Sampling**: 이미지의 어느 부분에 적용할지 선택합니다.
 - Continuous: 드래그 시작점부터 끝나는 지점까지 색을 칠합니다.
 - Once: 처음 클릭한 부분과 비슷한 색상에만 칠합니다.
 - Background Swatch: 배경색과 비슷한 색상에만 칠합니다.
❸ **Limits**: 이미지에 적용될 색상의 범위를 정합니다.
 - Discontiguous: 색상 경계를 포함한 다른 부분까지 포함합니다.
 - Contiguous: 경계에 가까운 부분을 부드럽게 포함합니다.
 - Find Edges: 가장자리 경계를 인식해서 뚜렷하게 합니다.

● 혼합 브러시 툴

색상을 바꾸고 싶은 부분을 브러시로 칠해서 쉽게 바꿀 수 있고, 이미지 전체나 일부를 바꾸는 것도 가능합니다.

혼합 브러시 툴()의 옵션 바

❶ 페인팅 소스를 보여줍니다. 보통 전경색을 페인팅 소스로 사용하지만 Alt 를 누르고 클릭한 지점의 이미지를 페인팅 소스로 사용할 수 있습니다.

❷ 선택하면 브러시 색과 이미지 색이 섞여 사용됩니다. 선택하지 않으면 이미지 색만 사용합니다.

❸ 선택하면 브러시를 사용할 때마다 지정된 색으로 초기화됩니다. 선택하지 않으면 브러시를 사용할 때마다 색이 섞여 점점 탁해집니다.

❹ **Custom 옵션**: Wet, Load, Mix, Flow 옵션을 조절해서 페인팅 소스와 이미지가 섞이는 정도를 자주 사용하는 조합으로 세팅해 둔 옵션입니다. Dry할수록 소스 색상이 진하고, Wet할수록 소스 색상이 흐리며 배경과 많이 섞이고 옅습니다.

❺ **Wet**: 페인팅 소스의 양을 조절하는 옵션입니다. 수치가 낮을수록 페인팅 소스의 색이 많이 나타납니다.

❻ **Load**: 불러오는 페인팅 소스의 양을 조절합니다.

❼ **Mix**: 페인팅 소스와 이미지의 혼합 비율을 조절합니다. 수치가 낮을수록 페인팅 소스의 양이 늘어납니다.

❽ **Flow**: 브러시의 강약을 나타내는 옵션으로 수치가 낮을수록 투명합니다.

❾ 에어브러시 효과를 나타내며 마우스를 누르고 있는 동안 브러시가 점점 퍼져 나갑니다.

❿ **Set Smoothing for stroke**: 브러시 획의 흔들림을 줄입니다.

---

1 ・ 기능 **예제** ・ 브러시 툴로 그림 그리기

전문 일러스트레이터가 아닌 일반인이 그림을 그리기란 쉬운 일이 아닙니다. 이럴 때는 습자지 아래 밑그림을 깔고 그렸던 경험을 살려 보기 바랍니다. 그리고 싶은 그림에 가장 가까운 사진을 불러온 후 사진 속 오브젝트 모양대로 색을 칠하는 것입니다. 빠르고 쉽게 원하는 그림을 그릴 수 있습니다.

◎ **준비 파일**: part1/chapter5/Chick.jpg

01 Ctrl+O를 눌러 'Chick.jpg' 파일을 불러옵니다. 새 레이어를 만든 후 레이어 이름을 'Body'로 바꿉니다.

02 브러시 툴(✏️)을 선택하고 전경색을 #ffcc00으로 설정합니다. 옵션 바에서 브러시 모양을 Hard Round 40Pixels로 설정한 후 오리 모양대로 칠합니다. 좁은 영역을 칠할 때는 ㉠를 눌러 브러시 크기를 줄여서 칠합니다.

T·I·P 브러시 크기를 줄이려면 ㉠, 키우려면 ㉡를 이용합니다.

03 [Body] 레이어 아래에 새 레이어를 만들고 레이어 이름을 'Legs'로 바꿉니다. 전경색을 # ff6600으로 설정합니다. 브러시 크기를 줄인 후 다리와 부리를 칠합니다.

04 [Body] 레이어 위에 새 레이어를 만들고 레이어 이름을 'Eye'로 바꿉니다. 전경색을 검은색(#000000)으로 설정한 후 눈을 칠합니다.

05 Shift 를 누른 상태에서 [Legs] 레이어를 클릭하면 색칠 작업한 레이어 전체가 선택됩니다. 이동 툴(⊕)을 선택한 후 왼쪽으로 옮겨 비교해 봅니다.

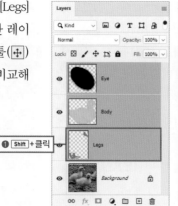

❶ Shift +클릭

❷ 드래그

2 · 기능 **예제** ·

브러시 툴로 크로키 그리기

◎ **준비 파일**: part1/chapter5/Skater.jpg

01 Ctrl + O 를 눌러 'Skater.jpg' 파일을 불러옵니다. 새 레이어를 만든 후 레이어 이름을 'Line'으로 바꿉니다.

❷ 더블 클릭, 입력

❶ 클릭

02 브러시 툴(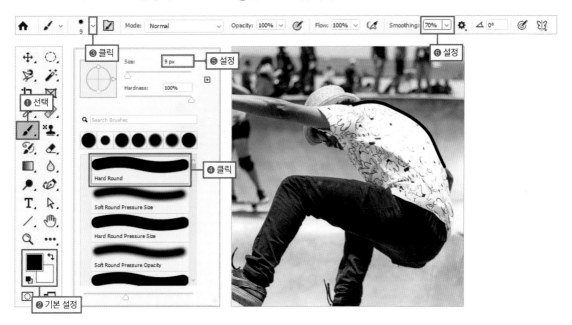)을 선택하고 전경색과 배경색을 기본으로 설정합니다. 옵션 바에서 브러시 모양을
Hard Round 9Pixels로 설정하고 Smoothing을 70%로 합니다.

03 인물의 외곽선을 따라 전체를 다 그
립니다. 밑에 스케이트 보드도 같은 브러시
로 그립니다.

04 인물의 바지 주름선을 그려보겠습니다. 브러시 크기를 5px로 줄이고 Smoothing을 50%로 합니다. 바지의 주름 부분을 몇 개만 드래그해서 그립니다.

05 [Background] 레이어 위에 새 레이어를 추가하고 이름을 'White'로 바꿉니다. 앞에서 색상을 기본으로 설정했기 때문에 배경색이 흰색으로 되어 있습니다. Ctrl + Delete 를 눌러 흰색을 채웁니다.

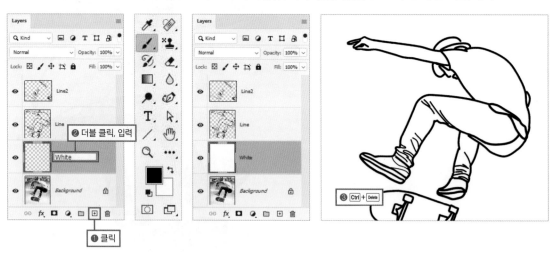

3

기능 예제

Brush Scatter 기능으로 눈 내리는 효과 만들기

◎ **준비 파일**: part1/chapter5/Tree.jpg

01 Ctrl+O를 눌러 'Tree.jpg' 파일을 불러옵니다. 새 레이어
를 추가하고 이름을 'Brush'로 합니다.

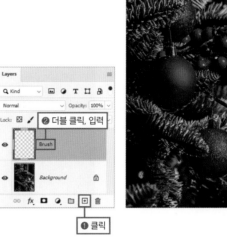

02 브러시 툴(✐)을 선택하고 옵션 바에서 Opacity와 Flow를 모두 100%로 합니다. [Brush Settings]
패널을 엽니다. 브러시의 Size는 30px, Hardness는 0%, Spacing은 935%로 합니다.

03 왼쪽 항목에서 Scattering을 체크하고 맨 위의 Scatter를 1000%로 합니다. 전경색을 흰색으로 하고 이미지 위에서 드래그해서 뿌립니다.

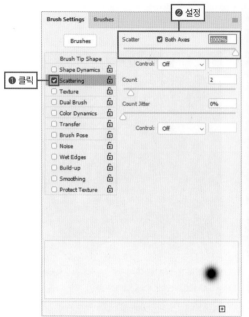

04 새 레이어를 추가하고 이름을 'Brush2'로 합니다. 키보드의 [와]를 눌러 크기를 조절해 가며 군데군데 칠해 줍니다.

브러시 프리셋 적용하기

◎ **준비 파일**: part1/chapter5/Tangerine.jpg

01 Ctrl+O를 눌러 'Tangerine.jpg' 파일을 불러옵니다. 개체 선택 툴(⬚)을 선택하고 오렌지의 가운데 부분을 선택합니다.

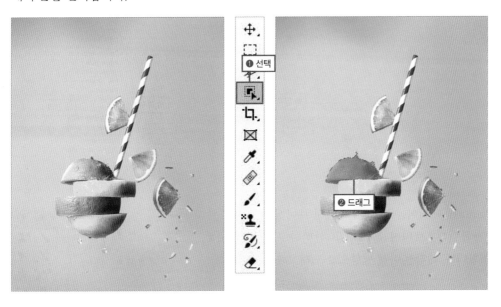

02 Ctrl+C를 눌러 복사하고 Ctrl+V를 눌러 새로운 레이어에 복제합니다. [Background] 레이어의 눈 아이콘(◉)을 꺼서 안보이게 하고 Ctrl+[Tangerine] 레이어의 섬네일을 클릭해서 복제한 레이어를 선택 영역으로 활성화합니다.

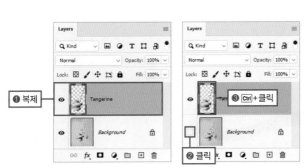

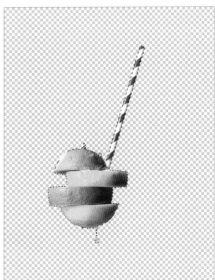

03 [Edit]-[Define Brush Preset] 메뉴를 선택한 후 [Brush Name] 대화상자에서 Tangerine을 입력한 후 [OK]를 클릭합니다.

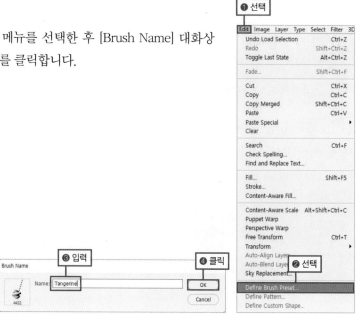

04 [Background] 레이어는 눈을 켜서 다시 보이게 하고 새로운 레이어를 추가합니다. 브러시 툴(✏️)을 선택하고 전경색은 #ba5e1f로 설정합니다. 대각선 아래 방향으로 드래그해서 그립니다.

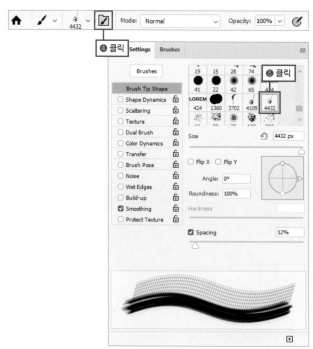

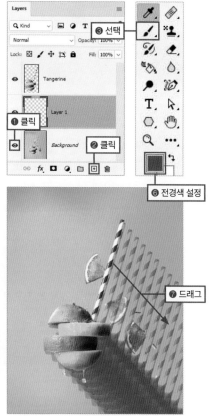

● 히스토리 브러시/아트 히스토리 브러시 툴

① 히스토리 브러시 툴: 히스토리 브러시 툴은 브러시가 칠한 부분을 되돌리는 복원 기능이 있어서 효과가 적용되기 이전으로 되돌립니다.

② 아트 히스토리 브러시 툴: 브러시로 칠한 부분에 뭉개는 듯한 효과를 줘 회화적인 느낌을 만듭니다. 10가지 종류의 브러시를 사용할 수 있습니다.

아트 히스토리 브러시 툴(📎)의 옵션 바

① Mode: 페인팅 모드를 설정합니다. Normal 모드에서 붓 터치가 제일 잘 드러납니다.
② Opacity: 불투명도를 조절합니다.
③ Style: 칠하는 스타일을 정합니다. 다양한 붓 터치 옵션이 있습니다.
④ Area: 브러시 터치를 적용하는 범위를 설정합니다.
⑤ Tolerance: 브러시를 적용할 수 있는 영역을 제한하는데 낮은 수치는 제한 없이 칠해지고, 높은 수치는 색차가 많은 부분에만 적용됩니다.

---

5 · 기능 예제 ·   히스토리 브러시 툴 적용하기

◎ **준비 파일**: part1/chapter5/Fig.jpg

01 Ctrl+O를 눌러 'Fig.jpg' 파일을 불러옵니다.

02 효과를 넣어보겠습니다. 여기서는 앞에서 배운 [Image]-[Adjustments]-[Desaturate] 메뉴를 선택해서 이미지를 흑백 이미지로 만듭니다.

03 히스토리 브러시 툴(🖌)을 선택하고 무화과 위를 드래그하면 흑백 효과를 적용하기 전의 이미지가 나타납니다.

04 브러시 크기를 조절하며 무화과 전체를 드래그해서 마무리합니다.

◎ **준비 파일**: part1/chapter5/Food.jpg

01 Ctrl + O 를 눌러 'Food.jpg' 파일을 불러옵니다.

02 아트 히스토리 브러시 툴( )을 선택하고 옵션 바에서 Style을 Tight Short, 브러시는 소프트 브러시 15px로 설정합니다. 이미지의 일부를 드래그해서 칠합니다.

❷ 설정

| | | | Mode: Normal | Opacity: 10% | | Style: Tight Short | Area: 10 px | Tolerance: 0% | | △ 0° | |

❶ 설정

03 음식 부분에만 골고루 다 칠했습니다. 드래그할 때 원래 이미지의 형태를 따라서 칠하면 좋습니다.

● 지우개/배경 지우개/마술 지우개 툴

① **지우개 툴(Eraser Tool(🖊)):** 이미지의 일부를 지울 때 사용합니다.

② **배경 지우개 툴(Background Eraser Tool(🖊)):** 배경을 투명하게 하려면 배경 지우개 툴을 사용합니다.

③ **마술 지우개 툴(Magic Eraser Tool(🖊)):** 같은 색상으로 된 영역을 한번에 지우려면 마술 지우개 툴을 사용합니다. 지우개 툴과 배경 지우개 툴은 드래그하면서 지우지만, 마술 지우개 툴은 클릭 한 번으로 넓은 영역을 지울 수 있습니다.

지우개/배경 지우개/마술 지우개 툴의 옵션 바

① **Mode:** 브러시 방식을 설정합니다.
- **Brush:** 페인트 브러시와 같이 불투명도와 흐름이 활성화됩니다.
- **Pencil:** 브러시 모드가 부드럽게 지워진다면 연필 모드는 딱 떨어지게 지워집니다. 따라서 안티 에일리어스가 적용되지 않습니다.
- **Block:** 정사각형 모양 같은 일정 크기로만 지워집니다. 그렇기 때문에 불투명도와 흐름이 활성화되지 않습니다.

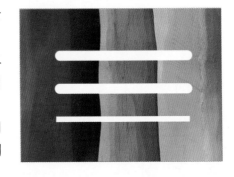

② **Opacity:** 브러시의 불투명도를 조절합니다.
③ **Flow:** 브러시를 누르는 압력에 따라 지우개 툴(🖊)이 적용됩니다.
④ **Erase to History:** 체크할 경우 히스토리 브러시와 같은 기능입니다.

◎ **준비 파일**: part1/chapter5/Tulip.jpg

01 Ctrl+O를 눌러 'Tulip.jpg' 파일을 불러옵니다. 지우개 툴(◢)을 선택합니다.

02 일반 레이어에 있는 이미지를 지울 경우에는 이미지의 일부가 지워지지만 [Background] 레이어의 경우에는 지우개 툴(◢)로 이미지 위를 드래그하면 이미지가 지워지면서 배경색이 채워집니다.

03 배경 지우개 툴(◢)을 선택합니다. 배경의 일부를 클릭하면 클릭하자마자 [Background] 레이어가 일반 레이어로 바뀌는 것을 확인할 수 있습니다. 배경을 드래그하면서 지웁니다.

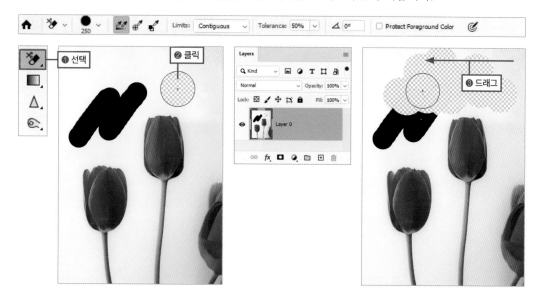

04 이번에는 마술 지우개 툴(⬚)을 선택합니다. 마술 지우개 툴(⬚)은 비슷한 색을 한번에 지웁니다. 배경을 클릭해서 이미지의 일부를 지웁니다.

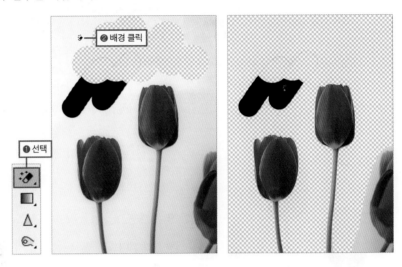

05 추가로 검은색 부분과 남은 지점을 클릭해서 모두 지웁니다.

손쉽게 색을 채워주는
그레이디언트/페인트통 툴

그레이디언트 툴과 페인트통 툴의 기능을 알아본 후 단색으로 채우거나 패턴으로 채우는 방법을 배웁니다.

LESSON

● 그레이디언트/페인트통 툴

점차적으로 색이 바뀌도록 색을 채우려면 그레이디언트 툴(▣), 한 가지 색이나 패턴으로 채우려면 페인트통 툴(🖌)을 사용합니다.

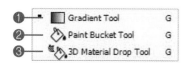

❶ **그레이디언트 툴(Gradient Tool(▣))**: 그레이디언트 툴은 부드러운 색의 변화를 주고 싶을 때 사용합니다.

전경색과 배경색을 지정한 후 드래그하면 전경색에서 배경색으로 부드럽게 변하면서 채워집니다. 드래그한 길이와 방향에 따라 나타나는 색이 다르게 적용되는데 드래그를 시작한 지점의 이전 영역은 전경색으로, 마우스에서 손을 뗀 이후는 배경색으로 채워집니다.

❷ **페인트통 툴(Paint Bucket Tool(🖌))**: 페인트통 툴은 클릭 한 번으로 넓은 면적도 채울 수 있고 기본으로 전경색이 채워집니다. 허용치 옵션에 따라 채색 영역이 달라지는데 수치가 클수록 넓은 영역이 채워집니다.

❸ **3D 재질 드롭 툴(3D Material Drop Tool(🖌))**: 현재 선택된 3D 오브젝트의 재질을 페인트통으로 저장합니다.

배경을 그레이디언트 툴로 채운 경우

배경을 페인트통 툴로 채운 경우

그레이디언트 툴의 옵션 바

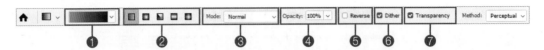

❶ **그레이디언트 편집 박스**: 그레이디언트 편집 박스를 클릭
하면 [Gradient Editor] 대화상자가 열리며 여기서 사용자
가 직접 원하는 그레이디언트 색을 만들 수 있습니다.

❷ **그레이디언트 종류**: 그레이디언트 편집 박스 옆에는 그레
이디언트 종류를 선택할 수 있는 아이콘이 있는데 여기
서 선형, 원형, 원뿔형, 방사형, 다이아몬드형을 선택할 수
있습니다.

| 선형 | 원형 | 원뿔형 | 방사형 | 다이아몬드형 |

❸ **Mode**: 그레이디언트가 칠해질 때 합성 모드를 선택합니다.
❹ **Opacity**: 그레이디언트가 칠해질 때 불투명도를 조절합니다.
❺ **Reverse**: 체크하면 그레이디언트 색이 반대로 칠해집니다.
❻ **Dither**: 체크하면 그레이디언트 경계가 부드러워집니다.
❼ **Transparency**: 체크하면 편집 창에서 설정한 불투명도가 적용됩니다.

● 그레이디언트 편집하기

1) 그레이디언트 바 아래에 새 물감통 추가로 색상 조절하기

그레이디언트 바 아래의 물감통은 색상을 선택하는 것이고,
그레이디언트 바 위의 물감통은 불투명도를 조절하는 것입
니다. 선택된 물감통은 삼각형이 검은색으로 채워집니다.

그레이디언트 바 아래를 클릭하면 새 물감통이 만들어집니다. 그레이디언트 바 아래의 물감통을 선택하면 색상과 위치가 활성화되어 조절할 수 있습니다. 물감통의 색을 바꾸고 싶다면 물감통을 더블 클릭해서 나오는 [Color Picker] 대화상자에서 원하는 색을 선택하거나 아래의 색상 샘플을 클릭해서 색을 선택해도 됩니다. 물감통을 삭제하고 싶으면 클릭해서 바깥 영역으로 드래그하면 없어집니다.

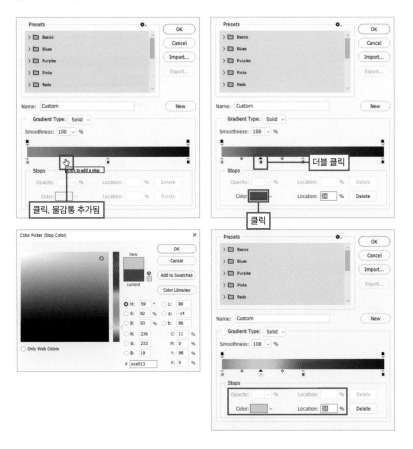

2) 그레이디언트 바 위의 물감통으로 불투명도 조절하기

그레이디언트 바 위의 물감통을 선택하면 불투명도와 위치가 활성화되어 조절할 수 있습니다. 오른쪽 위의 물감통을 선택하고 불투명도를 0으로 바꾸면 색이 투명해집니다. 아래의 색상 물감통처럼 불투명도를 조절하는 위의 물감통도 추가, 삭제가 가능합니다.

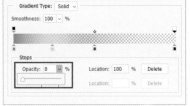

3) 그레이디언트 타입 변경하기

그레이디언트 타입을 바꿔보겠습니다. 'Gradient Type'에서 'Noise'를 선택하면 그레이디언트 바의 색 배치가 바뀌게 됩니다. Roughness를 통해 경계의 부드러움 정도를 조절할 수 있으며 'Randomize'를 클릭하면서 바뀌는 그레이디언트 바를 확인하고 원하는 스타일이 나오면 [OK]를 클릭합니다.

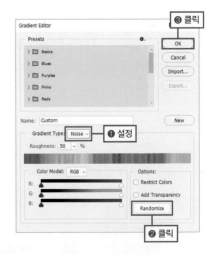

---

1 · 기능 예제 ·   그레이디언트로 채우기

◎ **준비 파일:** part1/chapter5/Fresh.jpg

01 Ctrl + N 을 눌러 900*900px의 새 창을 만듭니다.

02 그레이디언트 툴()을 선택하고 옵션 바에서 편집 박스를 클릭해서 [Gradient Editor] 대화상자를 엽니다.

03 왼쪽 아래의 색상 정지점(물감통)을 클릭한 후 색상 섬네일을 클릭해서 원하는 색(#1c330c)을 선택하고 [OK]를 클릭합니다. 오른쪽 아래의 색상 정지점을 클릭한 후 색상 섬네일을 클릭해서 원하는 색(#83ad3c)을 선택하고 [OK]를 클릭합니다. 그런 다음 [Gradient Editor] 대화상자에서 [OK]를 클릭해서 창을 닫습니다.

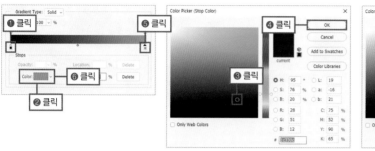
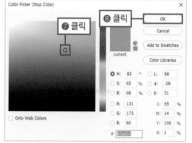

04 배경을 대각선으로 드래그해서 그레이디언트를 적용합니다.

05 Ctrl+O 를 눌러 'Fresh.jpg' 파일을 불러옵니다. 원형 선택 툴(◯)로 가운데 부분을 선택한 후 이동 툴(✛)을 선택해서 작업 창으로 옮깁니다. Ctrl+T 를 눌러 크기를 줄이고 Enter 를 누릅니다.

06 새 레이어를 추가하고 이름을 'Gradient'로 합니다. 원형 선택 툴(◯)을 선택하고 이미지보다 조금 더 크게 원을 그립니다.

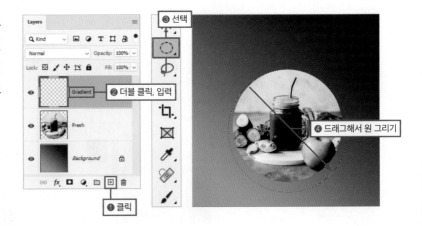

07 그레이디언트 툴(▨)을 선택하고 옵션 바에서 그레이디언트 편집 박스를 클릭합니다. 왼쪽 물감통 색(#4c7201)과 오른쪽 물감통 색(#addc3e)을 설정하고 [OK]를 클릭합니다.

08 왼쪽에서 오른쪽으로 그레이디언트를 적용하고 Ctrl+D를 눌러 선택 영역을 해제합니다. 레이어 순서를 변경해서 [Gradient] 레이어를 [Fresh] 레이어 밑에 놓습니다.

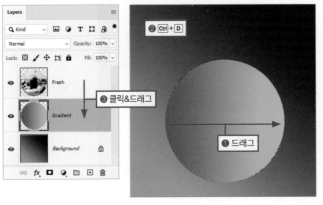

09 마지막으로 텍스트를 입력해서 마무리합니다.

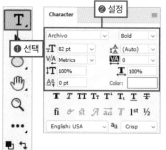

---

2 · 기능 예제 · **단색으로 채우기**

◎ **준비 파일**: part1/chapter5/Dog.jpg

01 페인트통 툴()을 사용하면 옵션에 따라 단색이나 패턴을 채울 수 있습니다. Ctrl + O 를 눌러 'Dog.jpg' 파일을 불러옵니다. 새로운 레이어를 추가합니다.

클릭

02 원형 선택 툴(◯)을 선택하고 Shift + Alt 를 누른 채 가운데서 밖으로 드래그해서 선택 영역을 잡습니다. Ctrl + Shift + I 를 눌러 선택 영역을 뒤집습니다.

03 스포이트 툴()로 이미지의 원하는 색을 클릭해서 추출한 후 페인트통 툴(🪣)을 선택하고 선택 영역 위를 클릭하면 색이 적용됩니다. Ctrl+D를 눌러 선택 영역을 해제해서 마무리합니다.

T·I·P 앞서 배운 Alt+Delete를 눌러 색을 입혀도 됩니다.

---

3 ● 기능 예제 ●   패턴으로 채우기

◎ **준비 파일**: part1/chapter5/Pattern.jpg

01 Ctrl+O를 눌러 'Pattern.jpg' 파일을 불러옵니다. 메뉴 바에서 [Edit]-[Define Pattern]을 선택하면 [Pattern Name] 대화상자가 열립니다. [OK]를 클릭합니다.

02 Ctrl+N 을 눌러 1920*1080px의 새 창을 만들고 페인트통 툴(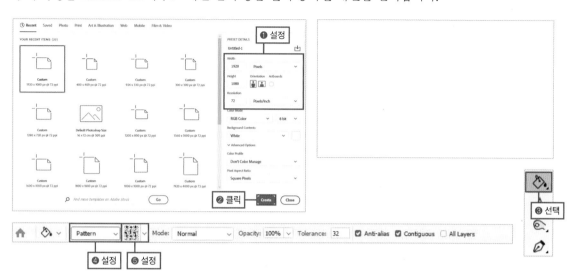)을 선택합니다. 옵션 바에서 채우기 속성을 Pattern으로 바꾸고 패턴 선택 창을 열어 등록한 패턴을 선택합니다.

03 화면을 클릭해서 페인트통 툴()을 적용하면 패턴이 채워집니다.

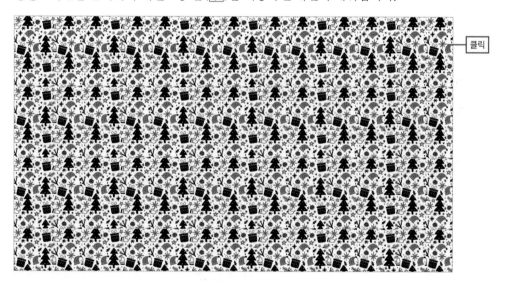

● 등록한 패턴을 Fill 옵션으로 채우기

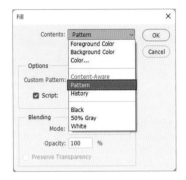

메뉴 바에서 [Edit]-[Define Pattern]으로 등록한 패턴을 [Edit]-[Fill]로 채울 수 있습니다. [Edit]-[Fill] 메뉴를 선택합니다. Contents에서 [Pattern]을 선택합니다.

Options의 Custom Pattern에서 등록한 패턴을 선택합니다.

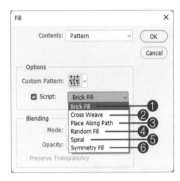

Script는 다양한 방법으로 패턴을 변형해서 채울 수 있는 옵션을 제공합니다.

❶ **Brick Fill**: 벽돌을 쌓는 것처럼 이미지 패턴을 만듭니다.
❷ **Cross Weave**: 직물을 짜듯 패턴을 만듭니다.
❸ **Place Along Path**: 패스 선을 따라 패턴을 만듭니다.
❹ **Random Fill**: 임의로 패턴을 만듭니다.
❺ **Spiral**: 나선형으로 패턴을 만듭니다.
❻ **Symmetry Fill**: 대칭 형태로 패턴을 만듭니다.

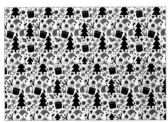
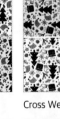

Brick Fill

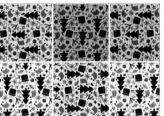

Cross Weave

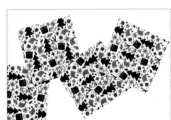

Place Along Path

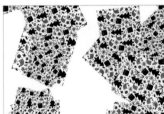

Random Fill

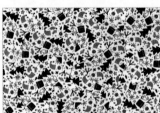

Spiral

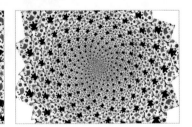

Symmetry Fill

·기능 예제·

패턴 미리보기

패턴 미리보기는 패턴을 만들 경우 결과를 미리 보면서 수정할 수 있는 편리한 기능입니다.

◎ **준비 파일**: part1/chapter5/Pattern.psd

01 Ctrl+O 를 눌러 'Pattern.psd' 파일을 불러옵니다.

02 [View]-[Pattern Preview] 메뉴를 선택합니다. 스마트 오브젝트일 때 결과물이 좋다는 팝업 창이 뜨면 [OK]를 클릭합니다. 이미지의 확장 아이콘(⬜)을 클릭합니다.

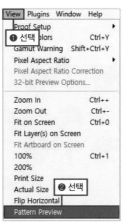

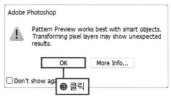

03 이미지의 확장 아이콘(□)을 클릭하면 영역 외에 패턴이 어떻게 적용되는지 전체를 볼 수 있습니다.

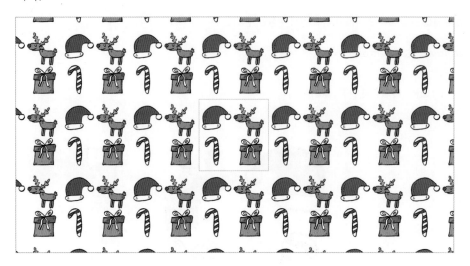

04 이동 툴(✛)을 선택하고 오브젝트의 위치를 변경하면 전체 패턴에 다 같이 적용됩니다. 루돌프를 선택하고 클릭&드래그해서 위치를 조절해 봅니다.

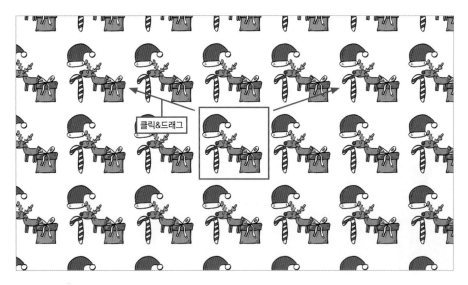

클릭&드래그

05 이동 툴(⊕)을 선택하고 옵션 바에서 Show Transform Controls를 체크해서 스케일을 조절하고 회전시킬 수도 있습니다. 자유롭게 변형해 봅니다. [View]-[Pattern Preview] 메뉴를 선택하면 다시 원래 상태로 돌아옵니다.

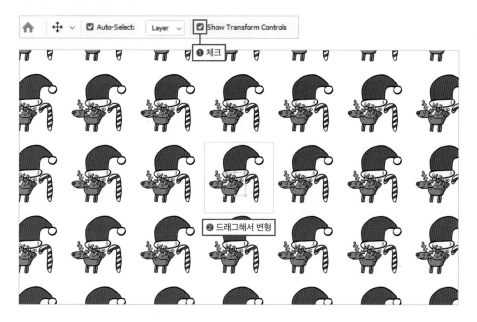

늘이고 줄여도
깨지지 않는 벡터

먼저 벡터 방식과 벡터 툴에 대해 알아본 후 펜 툴로 직선과 곡선 그리기를 익힙니다.
모양을 그릴 수 있는 셰이프 툴을 알아보고 사각형 툴로 테두리를 그려본 후 셰이프
툴로 카드 뉴스 표지와 스티커를 만들어 봅니다.

벡터 방식과 벡터 툴

벡터 원리를 가져온 벡터 툴을 툴 패널에서 간단하게 알아봅니다.

LESSON

● 벡터 툴 알아보기

비트맵 방식은 점, 선, 면, 이미지를 작은 점인 픽셀(Pixel)을 찍어서 나타냅니다. 따라서 픽셀이 많으면 많을수록 이미지 용량이 커지고 처리 속도가 느려집니다. 이에 비해 벡터 방식은 점, 선, 면, 이미지 등을 표현할 때 좌표와 수식으로 표현합니다. 벡터 방식은 수식을 기억하는 방식이라 이미지를 확대, 축소, 회전해도 이미지 선명도가 떨어지지 않습니다. 또한 용량에도 큰 변화가 없어 큰 이미지를 작업할 때 유용합니다.

이러한 벡터 원리를 포토샵에 가져온 것이 바로 벡터 관련 툴입니다. 벡터 관련 툴로 작업한 오브젝트는 크기를 늘이거나 줄이거나 회전시켜도 깨지지 않습니다. 펜 툴(⌀), 셰이프 툴(⌀), 텍스트 툴(T) 등이 바로 이러한 벡터 툴입니다.

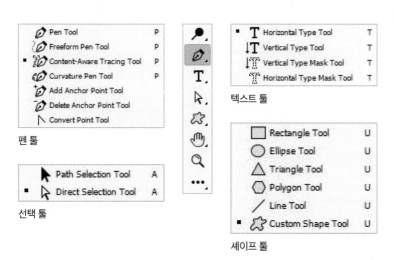

펜 툴

선택 툴

텍스트 툴

셰이프 툴

패스와 펜 툴

펜 툴을 알아보고 패스 개념을 익힌 후 펜 툴을 다루고 이미지를 따거나 콘텐츠 인식 추적 툴로 패스 만드는 방법을 알아봅니다.

LESSON

● 펜 툴 알아보기

펜 툴(✏)은 다른 툴에 비해 익숙해지는 데 시간이 걸리는 툴입니다. 하지만 일단 익숙해지면 여러모로 쓸모 있습니다. 특히 이미지에서 오브젝트만 오려내고 싶을 때, 오려낸 오브젝트를 합성하고 싶을 때와 같이 정교한 결과물을 만들어야 할 때는 반드시 필요한 툴입니다. 그러므로 손에 익숙해질 때까지 연습합니다. 패스에 기준점을 더할 수 있는 기준점 추가 툴(✏), 패스에 기준점을 뺄 수 있는 기준점 삭제 툴(✏), 곡선 패스를 직선으로 바꿀 수 있는 기준점 변환 툴(☐) 등이 있습니다.

① 펜 툴(✏): 클릭해서 기준점과 패스를 만들어 원하는 형태를 그립니다.

② 자유 변형 펜 툴(✏): 연필을 사용하듯 자유롭게 드래그한 형태로 패스가 만들어집니다.

③ 곡률 펜 툴(✏): 부드러운 곡선과 직선 패스를 쉽게 그릴 수 있습니다.

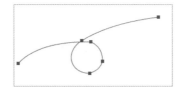
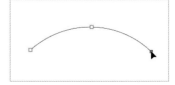

④ 콘텐츠 인식 추적 툴(✏): 마우스를 가져가면 형태를 인식해서 패스 선으로 만들 수 있습니다. [Edit]-[Preferences]-[Technology Previews] 메뉴를 선택해야 사용할 수 있습니다.

⑤ 기준점(Anchor Point) 추가 툴(✏): 패스에 기준점을 추가합니다.
기준점 추가 툴로 기준점을 추가하면 곡선형 기준점이 생깁니다. 직선을 만들고 싶다면 기준점 변환 툴로 기준점을 클릭해서 직선형 기준점으로 바꿔줘야 합니다.

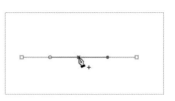

⑥ **기준점 삭제 툴( )**: 패스에 기준점을 삭제합니다.

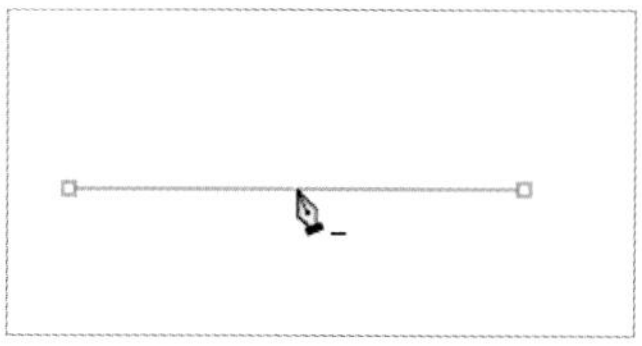

⑦ **기준점 변환 툴( )**: 곡선 패스의 기준점을 클릭하면 직선 패스로, 직선 패스의 기준점을 클릭한 상태로 드래그하면 곡선 패스로 전환됩니다.

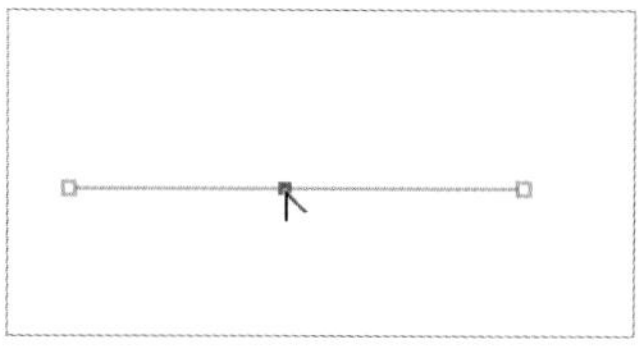

● 패스 개념 익히기

펜 툴을 사용하려면 먼저 패스 개념을 이해해야 합니다. 패스는 펜 툴로 그은 선을 말합니다. 하지만 브러시 툴이나 연필로 그은 선은 실제로 그은 선인데 반해, 패스는 눈에는 보이지만 실제로 그어진 것이 아닌 '가상 선'을 말합니다. 패스를 이루는 요소를 살펴보면 다음과 같습니다. 우선은 이름 정도만 익혀 두기 바랍니다.

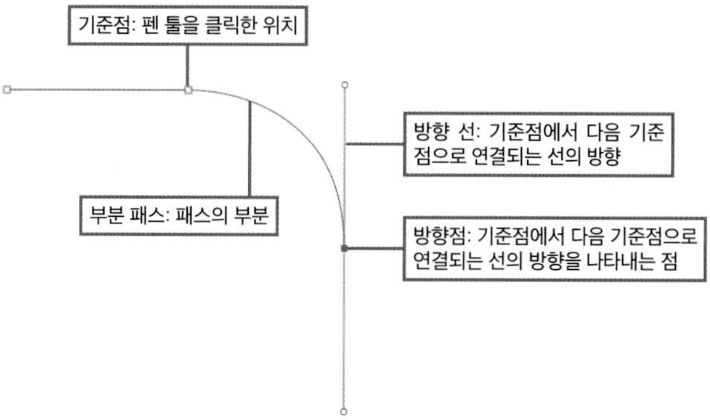

펜 툴이나 셰이프 툴은 옵션을 잘 확인하고 사용해야 합니다.

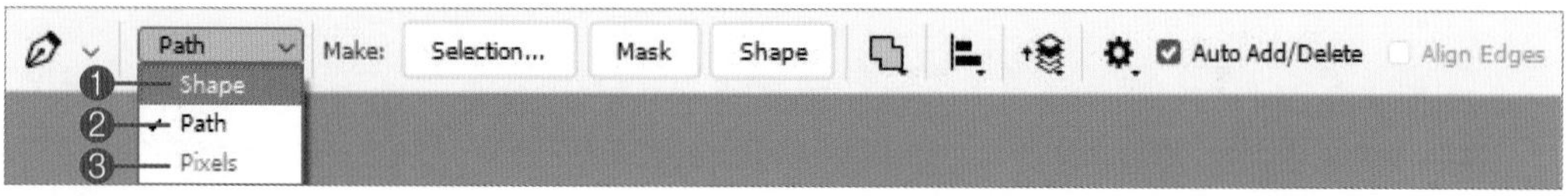

❶ **Shape**: 새로운 셰이프 레이어에 그린 모양대로 셰이프가 만들어지고, 셰이프 내부는 전경색이 채워집니다.

❷ **Path**: 패스가 만들어집니다.

❸ **Pixels**: 현재 레이어에 그린 모양대로 셰이프가 만들어지고, 셰이프 내부는 전경색이 채워집니다. 패스는 만들어지지 않습니다.

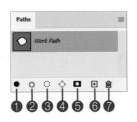

펜 툴로 패스를 만들면 [Paths] 패널에 작업한 패스(Work Path)가 기록됩니다. 해당 패스는 사라지는 것이 아니므로 두고 사용할 수 있습니다. [Paths] 패널에서 사용할 수 있는 옵션은 다음과 같습니다.

① **채우기**: 패스에 전경색을 채워줍니다.

② **외곽선 만들기**: 패스 외곽에 전경색으로 선을 만듭니다.

③ **선택 영역으로 만들기**: 패스를 선택 영역으로 만듭니다.

④ **패스로 만들기**: 선택 영역을 패스로 바꿔줍니다.

⑤ **벡터 마스크 만들기**: [Layers] 패널에 벡터 마스크를 만듭니다.

⑥ **새 패스 레이어 만들기**: 새로운 패스 레이어를 추가합니다.

⑦ **휴지통**: 선택된 패스를 제거합니다.

● **펜 툴 다루기**

펜 툴을 이용해서 간단한 패스를 만들어 보겠습니다. 펜 툴로 클릭한 지점이 연결되어 하나의 셰이프를 만들 수 있습니다. 곡선은 핸들을 조절해서 만들 수 있습니다.

1) 직선 만들기

펜 툴은 클릭할 때마다 직선이 만들어지고, 처음 클릭한 지점을 마우스 포인터로 클릭하면 패스가 닫히면서 도형이 만들어집니다. 삼각형을 만들어 보겠습니다.

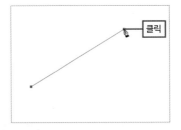

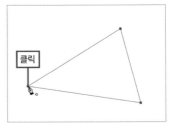

펜 툴(◿)을 선택하고 작업 창에 마우스 포인터를 가져가면 커서가 펜 모양으로 바뀌며 이 지점을 클릭하면 점이 생깁니다.

마우스 포인터를 옆으로 이동한 후 클릭하면 직선이 그려집니다.

첫 클릭한 지점으로 마우스 포인터를 가져가면 펜 모양의 포인터 옆에 동그라미 모양이 나타나고, 이때 클릭하면 패스가 닫히면서 도형이 만들어집니다.

NOTE   **수직, 수평, 대각선 패스 만들기**

Shift 를 누른 상태에서 클릭하면 45도 배수 각도(수직, 수평, 대각선)로 패스가 만들어집니다.

◎ **준비 파일**: part1/chapter6/Squidgame.jpg

01 `Ctrl`+`O`를 눌러 'Squidgame.jpg' 파일을 불러옵니다. 펜 툴(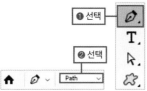)을 선택하고 옵션은 Path로 합니다. 가운데 삼각형에서 위쪽 꼭짓점을 클릭한 후 왼쪽 하단 지점을 클릭하면 패스 선이 만들어지는 것을 볼 수 있습니다.

02 같은 방법으로 외곽선을 따라 순차적으로 클릭하면서 패스를 만들어 나갑니다. 외부 삼각형을 완성합니다.

03 `Enter`를 누르면 패스 선이 사라지게 되고 [Paths] 패널을 보면 패스가 저장된 것을 확인할 수 있습니다.

04 이제 내부 삼각형을 선택해서 빼보겠습니다. 옵션 바에서 선택을 하고 마찬가지로 내부 삼각형을 클릭해 갑니다. 마지막은 처음 시작점을 클릭해서 패스를 닫아줍니다.

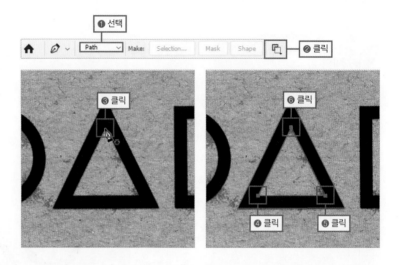

05 패스를 만든 후 [Paths] 패널을 확인해 보면 작업한 패스가 작업 패스 안에 저장된 것을 확인할 수 있습니다. 패스로 만든 영역을 선택 영역으로 활성화하려면 Ctrl + Enter 를 누릅니다.

2) 곡선 만들기

(1) 곡선 그리기 기초

펜 툴을 클릭한 후 마우스를 떼지 않고 드래그하면 곡선을 만들 수 있습니다. 방향 선은 한 점에서 양 방향으로 두 개가 생기는데 이것은 점을 기준으로 앞쪽 패스와 뒤쪽 패스의 방향을 정해준다고 보면 됩니다. 직선과 곡선의 차이는 방향 선이 있느냐 없느냐입니다.

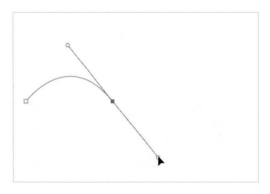

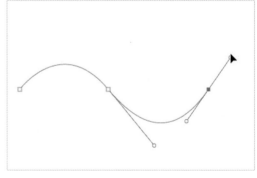

두 번째 지점을 클릭할 때 마우스에서 손을 떼지 않고 드래그하면 방향 선이 생기면서 곡선을 만들 수 있습니다.

세 번째 지점에 다시 점을 찍으면 곡선이 만들어진 상태에서 연결된 패스가 만들어집니다.

(2) 곡선 그리는 방법

곡선을 그린 상태에서 다음 선분을 그리게 되면 처음 그린 방향이 계속 이어져 나오게 됩니다. 펜 툴을 사용할 때 곡선과 직선이 같이 있는 경우에는 직선을 곡선과 함께 사용해야 합니다. 이럴 때는 다음과 같이 작업합니다.

· 곡선에서 곡선을 그리는 방법 1-한쪽 방향 선 없애기

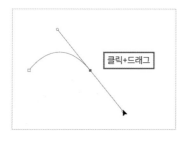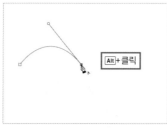

Alt 를 누른 상태에서 앵커 포인트(기준점)를 클릭하면 한쪽 방향 선이 없어집니다. 한쪽 방향 선이 없어졌기 때문에 다음 지점을 클릭해도 방향 선은 영향을 받지 않아 패스를 원하는 방향으로 그릴 수 있습니다. 세 번째 점을 클릭&드래그해서 곡선을 그립니다.

· 곡선에서 곡선을 그리는 방법 2-방향 선 방향 바꾸기

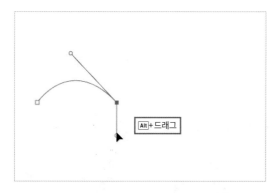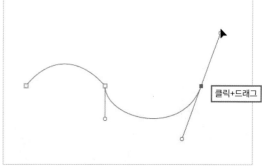

Alt 를 누른 상태에서 방향 선 끝을 클릭&드래그한 후 세 번째 점을 클릭&드래그해서 곡선을 그립니다. 원하는 쪽으로 방향을 조절합니다.

NOTE   **펜 툴로 곡선 그리기**

펜 툴의 단축키는 P 입니다. Shift + P 를 누르면 안쪽에 그룹으로 묶인 툴들이 하나씩 선택됩니다.
시작점을 클릭합니다. 다음 점을 찍고 드래그해야 방향 조절점이 나옵니다. 그런 다음 조절점의 방향을 조절하고 싶다면 Alt 를 누른 채 조절하면 됩니다. 처음 찍은 점으로 돌아와 마지막 점을 찍으려고 하면 동그라미 표시가 나타납니다. 조절한 점은 직접 선택 툴(↖)을 선택하고 방향점을 드래그해서 조절합니다.
패스와 점은 직접 선택 툴로 옮기거나 조절할 수 있습니다. 만들어진 패스는 일시적으로 [Paths] 패널에 저장됩니다. 패스를 여러 개 만들어야 한다면 저장하는 것이 좋습니다. 패스를 감추고 싶다면 [Paths] 패널에서 빈 영역을 클릭하면 됩니다.

◎ **준비 파일**: part1/chapter6/Squidgame.jpg

01 12시 지점을 클릭합니다.

02 3시 지점을 클릭한 후 드래그해서 이미지의 경계선에 패스를 맞춥니다.

03 Alt를 누른 채 3시 지점을 클릭하면 한쪽 방향 선이 없어집니다.

04 6시 지점을 클릭한 후 드래그해서 이미지의 경계선에 패스를 맞춥니다.

05 Alt를 누른 채 6시 지점을 클릭하면 한쪽 방향 선이 없어집니다.

06 9시 지점을 클릭한 후 드래그해서 이미지의 경계선에 패스를 맞춥니다.

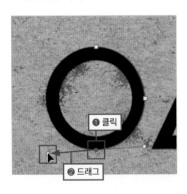

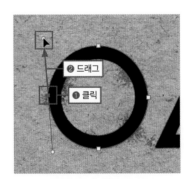

07 Alt 를 누른 채 9시 지점
을 클릭하면 한쪽 방향 선이 없
어집니다.

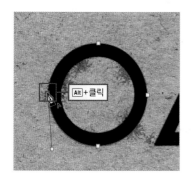

08 마지막에는 처음 시작점
을 클릭해서 패스를 닫아줘야 합
니다. 시작점으로 마우스를 가져
가면 커서 모양이 화살촉과 동그
라미로 된 것을 볼 수 있습니다.

09 처음 시작점을 클릭&드
래그해서 패스를 닫아줍니다.

10 [Paths] 패널에 작업 패스
가 생성됩니다.

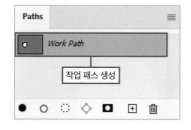

11 Ctrl + Enter 를 누르면 선
택 영역으로 활성화됩니다.

가운데 원을 빼고 싶다면 앞서
배운 대로 옵션 바에서 옵션을
바꾸고 선택해서 빼냅니다.

◎ **준비 파일**: part1/chapter6/Easter.jpg

01 Ctrl+O 를 눌러 'Easter.jpg' 파일을
불러옵니다.

02 콘텐츠 인식 추적 툴(🖉)을 선택하고 옵션 바에서 Detail을 1%로 설정합니다. 마우스를 경계선
에 가져가면 외곽선이 점선으로 나타납니다. 그때 클릭하면 패스 선이 만들어집니다.

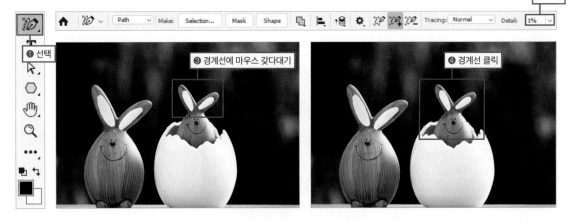

NOTE 콘텐츠 인식 추적 툴 사용하기

마우스를 가져가면 형태를 인식해서 패스 선으로 만들 수 있습니다. [Edit]-[Preferences]-[Technology Previews] 메뉴를 선택합니
다. 대화상자에서 Enable Content-Aware Tracing Tool을 체크 표시하고 [OK]를 클릭합니다. 포토샵을 닫고 다시 실행해야 콘텐츠
인식 추적 툴(🖉)을 사용할 수 있습니다.

03 다음 지점을 클릭해서 경계를 따라 패스 선을 더 만듭니다. 색차가 크지 않은 부분은 디테일 수치를 높여 선택합니다. 오른쪽 하단을 선택하기 전에 Detail을 74%로 조절하고 클릭합니다.

❶ 설정

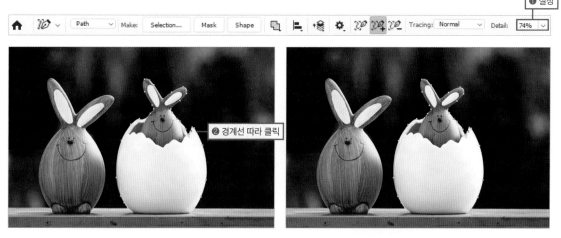

❷ 경계선 따라 클릭

04 Detail을 다시 15%로 조절하고 나머지 부분을 마저 선택해서 패스로 만듭니다.

❶ 설정

❷ 경계선 따라 클릭

05 Ctrl+Enter를 눌러 선택 영역으로 활성화할 수 있고, [Paths] 패널에서 선택 영역을 패스로 만들기 아이콘을 클릭해서 저장할 수 있습니다.

❶ Ctrl + Enter

❷ 클릭

3) 패스 선택 툴 알아보기

만들어진 패스를 조절할 때는 패스 선택 툴(▶)과 직접 선택 툴 (▷)을 사용합니다. 전체를 선택할 때는 패스 선택 툴, 부분을 선택할 때는 직접 선택 툴을 사용합니다.

패스 선택 툴(▶)은 전체 패스의 선과 면을 선택합니다.

직접 선택 툴(▷)은 개별 기준점이나 패스 선택 시 한 개의 기준점을 선택해서 위치를 옮길 때 주로 사용하고, 방향 선을 조절해서 곡선의 각도를 조절합니다.

펜 툴로 작업하다가 형태를 수정해야 할 때가 있습니다. Ctrl 을 누르면 패스 선택 툴로 전환되어 패스를 원하는 곳으로 옮길 수 있고, Alt 를 누르면 직접 선택 툴로 전환되어 패스를 편집할 수 있습니다.

03 모양을 그리는 셰이프 툴

셰이프 툴과 커스텀 셰이프 툴을 알아본 후 사각형 툴로 안쪽 테두리를 만들거나 셰이프 툴로
카드 뉴스 표지 등을 만드는 방법을 알아봅니다.

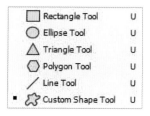

벡터 형식의 도형을 만들 때 셰이프 툴을 사용합니다. 셰이프 모양에
따라서 사각형 툴(□), 타원 툴(○), 삼각형 툴(△), 다각형 툴(○),
라인(선) 툴(╱)을 선택해서 사용합니다. 좀 더 다양한 모양으로 셰
이프를 만들려면 커스텀 셰이프 툴(✿)을 사용합니다. 물론, 펜 툴을
이용해서 원하는 모양을 직접 만들 수도 있습니다.

● 셰이프 툴

셰이프 툴로는 사각형, 타원, 선, 다각형 등 다양한 오브젝트를 만들 수 있으며, 직접 만든 오브젝트
를 패스로 만들어 사용자 셰이프에 등록해서 사용할 수도 있습니다.

셰이프(모양)/패스/픽셀 모드

셰이프(Shape) - 레이어 O, 패스 O: 새로운 패
스와 레이어를 만들고 패스 내부는 전경색이
채워집니다. 색은 언제든지 레이어의 섬네일
을 클릭해서 바꿀 수 있습니다.

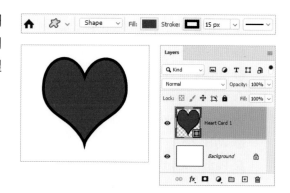

패스(Path) - 레이어 X, 패스 O: 패스만 만들어
줄 뿐, 색을 채우지도 않고 레이어를 만들지
도 않습니다. 패스는 [Paths] 패널에서 [패스
를 선택 영역으로 불러오기]를 클릭하거나
Ctrl + Enter 를 눌러 선택 영역으로 활성화할
수 있습니다.

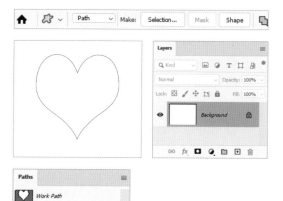

픽셀(Pixels) - 레이어 X, 패스 X: 패스와 레이어를 만들지 않고 전경색을 채웁니다. 셰이프 레이어처럼 적용된 색을 바꿀 수는 없습니다.

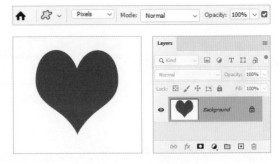

T·I·P 셰이프 레이어를 일반 레이어로 만들고 싶으면 메뉴의 해당 레이어에서 마우스 오른쪽 버튼을 클릭해서 나오는 [Rasterize Layer]를 선택하면 됩니다.

셰이프 툴의 옵션 바

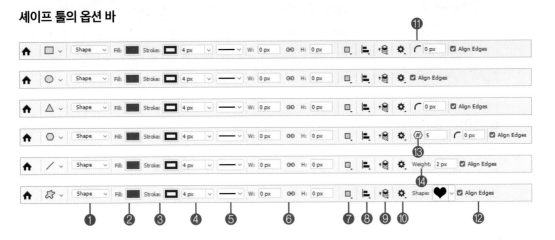

❶ **선택 툴 모드**: Shape, Path, Pixels를 선택합니다.

❷ **Fill**: 모양에 칠할 방식(채우지 않기, 색, 그레이디언트, 패턴)을 선택합니다.

❸ **Stroke**: 외곽선에 칠할 방식(채우지 않기, 색, 그레이디언트, 패턴)을 선택합니다.

❹ **Stroke Width**: 테두리 선의 두께를 설정합니다.

❺ **Shape Stroke Type**: 테두리 선의 형태를 설정합니다.

❻ **W/H**: 가로, 세로 길이를 정합니다.

❼ **Path Operation**: 패스 영역을 더하거나 빼는 등의 설정 옵션입니다.

❽ **Path Alignment**: 위치를 정렬합니다.

❾ **Path Arrangement**: 순서를 정합니다.

❿ **Path Options**: 추가 모양 및 패스 옵션을 설정합니다.

⓫ 둥근 사각형 모서리의 둥근 정도를 설정합니다.

⓬ **Align Edges**: 가장자리 맞춤 기능입니다.

⓭ 면의 개수를 설정합니다.

⓮ 선의 두께를 설정합니다.

● 커스텀 셰이프 툴

커스텀 셰이프 툴(🖼)은 미리 정의되어 있는 다양한 형태들을 사용해서 쉽게 그림을 그릴 수 있도록 해주는 편리한 툴입니다. 브러시나 패턴은 쉽게 구해 쓸 수 있지만 크기를 축소, 확대할 경우 깨지기도 합니다. 하지만 커스텀 셰이프 툴은 벡터 기반의 이미지이기 때문에 크기를 조절해도 깨지지 않아서 훨씬 폭넓게 쓸 수 있습니다.

커스텀 셰이프 피커 대화상자

툴 패널에서 커스텀 셰이프 툴(🖼)을 선택하고 옵션 바의 목록 단추를 클릭하면 [커스텀 셰이프 피커] 대화상자가 나타납니다. 여기에는 포토샵에서 기본으로 제공하는 다양한 모양들이 들어 있어 원하는 모양을 선택해서 자유롭게 사용할 수 있습니다. 또한 직접 패스로 그린 것을 등록할 수도 있습니다. [커스텀 셰이프 피커] 대화상자의 오른쪽 상단에 있는 설정 버튼을 클릭하면 다운받은 셰이프들도 불러와서 쓸 수 있습니다.

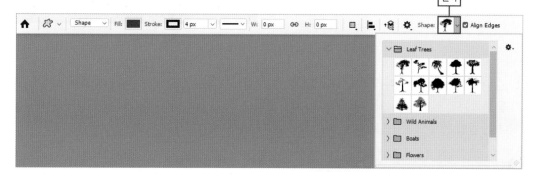

커스텀 셰이프 툴(🖼) 선택 시 옵션 바에서 셰이프를 선택해도 되지만 [Shapes] 패널이 따로 있습니다. 다른 패널들과 마찬가지로 열려 있지 않다면 [Window]-[Shapes] 메뉴를 선택하면 됩니다. [Shapes] 패널에서 셰이프를 선택해서 사용합니다. [Shapes] 패널 목록에 이전 버전에 있던 셰이프가 없다면 [Shapes] 패널 오른쪽 상단의 목록 아이콘을 클릭해서 나오는 메뉴에서 [Legacy Shapes and More]를 선택해 추가할 수 있습니다.

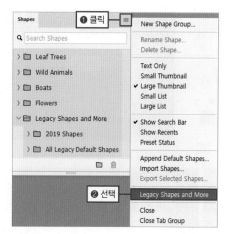

◎ **준비 파일**: part1/chapter6/Sandwiches.jpg

01 Ctrl+O를 눌러 'Sandwiches.jpg' 파일
을 불러옵니다.

 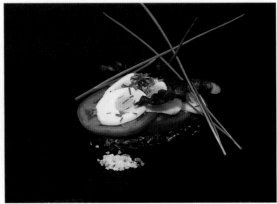

02 이미지 왼쪽 하단의 크기를 보면 1200*850px입니다. 100씩 작은 프레임을 만들어 보겠습니다. 사
각형 툴(□)을 선택하고 옵션 바에서 Stroke는 흰색, 16px을 설정하고 이미지 위를 클릭해서 팝업 창을
엽니다. 팝업 창에 크기를 1100*750px로 입력하고 [OK]를 클릭합니다.

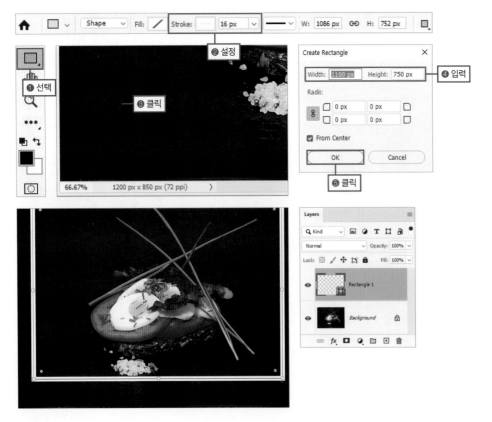

03 정렬을 위해 [Shift]를 누른 채 [Background] 레이어를 클릭하고 이동 툴(⊕)을 선택한 후 옵션 바에서 수직 중앙 정렬, 수평 중앙 정렬을 클릭하여 가운데에 놓이도록 합니다.

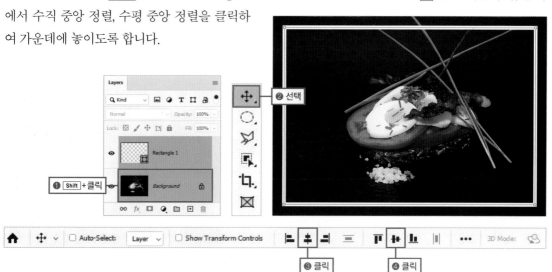

04 둥근 사각형의 프레임을 원한다면 [Rectangle 1] 레이어를 클릭하고 사각형 툴(▢)을 선택합니다. 모서리의 위젯을 드래그하면 라운드로 만들 수 있습니다.

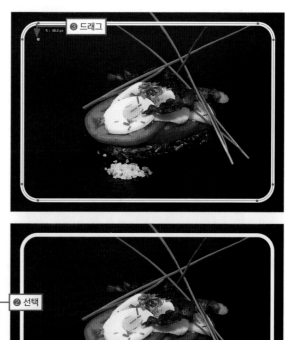

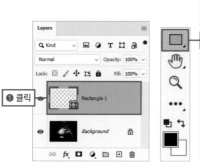

·기능 예제·

셰이프 툴로 카드 뉴스 표지 만들기

◎ **준비 파일**: part1/chapter6/Vegetables.jpg

01 Ctrl + O 를 눌러 'Vegetables.jpg' 파일을 불러옵니다.

02 다각형 툴(◯)을 선택하고 옵션 바에서 Side를 6으로 한 후 Shift 를 누른 채 드래그해서 정육각형을 그립니다.

03 가운데 정렬을 해보겠습니다. Shift 를 누른 채 [Background] 레이어를 클릭하고 이동 툴(⊕)을 선택합니다. 옵션 바에서 수직 중앙 정렬, 수평 중앙 정렬을 클릭해서 가운데에 놓이도록 합니다.

04 색을 바꿔보겠습니다. [Layers] 패널에서 [Polygon 1] 레이어의 섬네일을 더블 클릭하면 [Color Picker] 대화 상자가 뜹니다. 스포이트 툴(✐)을 선택하고 이미지에서 원하는 지점의 색을 클릭하고 [OK]를 클릭합니다.

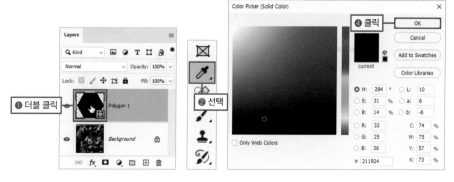

05 패스가 살아 있는 상태에서 텍스트 툴(**T**)로 입력하면 내부 문자가 됩니다. `Enter`를 클릭해서 패스 선을 비활성화합니다. 전경색은 흰색으로 설정하고 텍스트 툴(**T**)을 선택합니다. 이미지 위를 클릭해서 내용을 입력합니다.

06 앞에서 사용한 정렬 방법을 3개의 레이어에 모두 다시 한 번 적용해서 중앙에 정렬합니다.

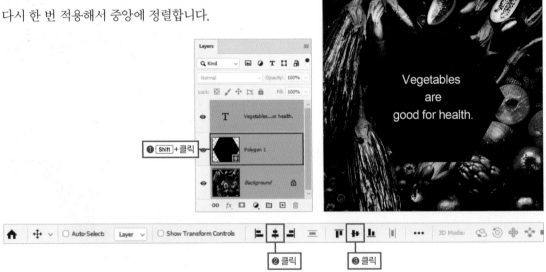

스티커 만들기

포토샵에는 미리 등록된 형태들을 이용해서 쉽게 그림을 그릴 수 있도록 도와주는 커스텀 셰이프 툴이 있습니다. 벡터 기반의 이미지이기 때문에 크기를 조절해도 이미지 손상이 생기지 않는 장점이 있습니다. 등록되어 있는 것들뿐만 아니라 직접 펜 툴로 만든 것을 등록해서 사용할 수도 있고, 인터넷에서 다운받은 무료 셰이프도 불러와서 사용할 수 있습니다. 이번에는 커스텀 셰이프 툴을 활용해서 스티커를 만들어 보겠습니다.

◎ **완성 파일**: part1/chapter6/Sticker.psd

01 Ctrl + N 을 누르고 [New Document] 대화상자가 열리면 가로, 세로 9cm, 300Pixels/Inch의 새 창을 만듭니다. 전경색을 '#f0f0f0'의 옅은 회색을 선택한 후 Alt + Delete 해서 배경을 채웁니다.

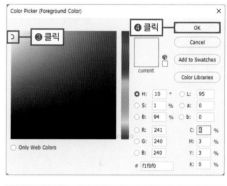

02 커스텀 셰이프 툴()을 선택하고 상단 옵션 바에서 'Shape'를 선택한 후 Fill의 색상 칩을 클릭해서 색(#293a56)을 선택합니다. 모양 옆의 목록 단추를 클릭하고 설정 아이콘을 클릭하면 나오는 팝업 메뉴에서 'Legacy Shapes and More'를 선택해서 이전 버전에 있던 모양들을 추가합니다. 목록을 펼쳐서 'set'을 선택하고 중앙에 드래그합니다.

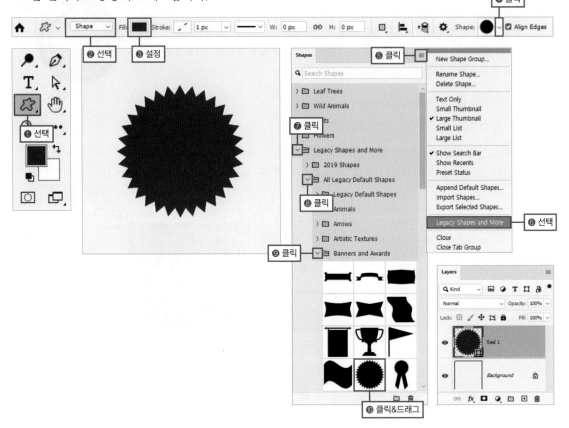

03 [Layers] 패널에서 Ctrl+J를 눌러 [Seal 1] 레이어를 복제한 후 작업 창에서 Ctrl+T를 누르고 Shift를 누른 채 복제된 이미지를 15도 회전시킨 다음 Enter를 누릅니다.

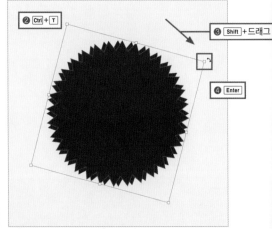

04 [Ctrl]+[J]를 한 번 더 눌러 [Seal 1 copy] 레이어를 복제합니다. 작업 창에서 [Ctrl]+[T]를 누르고 [Shift]를 누른 채 복제된 이미지를 회전하고 [Enter]를 누릅 니다.

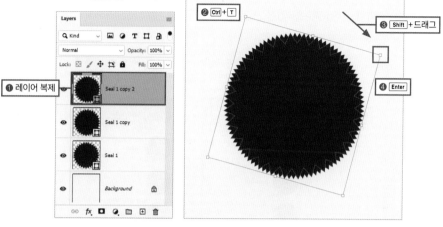

05 툴 패널에서 타원 툴(◯)을 선택한 후 [Alt]를 누른 채 가운데서부터 드래그해서 원을 그립니다. 옵션 바에서 Stroke를 흰색, 14px로 설정합니다.

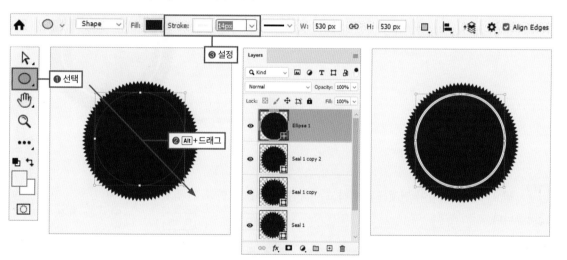

06 [Ellipse 1] 레이어를 Ctrl+J를 눌러 복제한 후 작업 창에서 Ctrl+T를 누르고 Alt를 누른 채 드래그해서 크기를 줄입니다. 복제한 [Ellipse 1 copy] 레이어 섬네일을 클릭해서 색을 '#30a7db'로 바꿉니다. 옵션 바에서 Stroke를 '없음'으로 변경합니다.

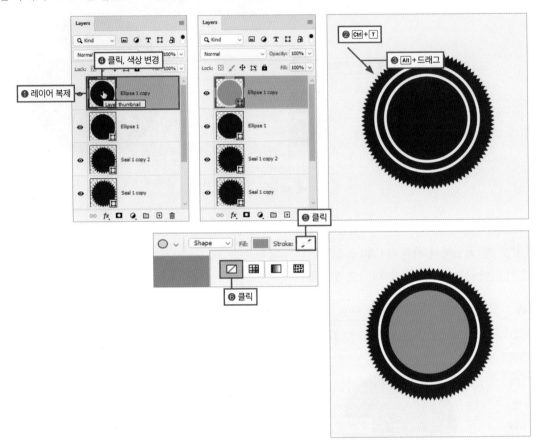

07 필요하다면 레이어 전체를 선택하고 이동 툴(⊕)을 선택한 후 정렬을 맞춰줍니다.

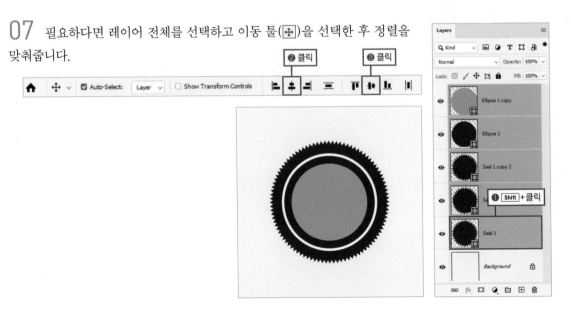

08 흰색으로 자전거를 그려
넣고 글씨를 입력해서 마무리합
니다.

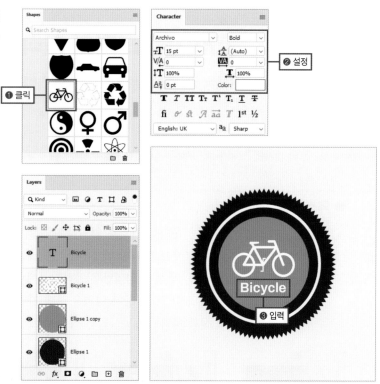

타이포그래피의 시작, 텍스트 툴

텍스트 툴의 옵션 바 기능을 알아본 후 문장의 일부 행간을 조절하고 양끝이 맞게 문자 쓰기를 해봅니다.

LESSON

● 텍스트 툴

문자를 가로로 입력할 때는 가장 기본적인 가로 텍스트 툴(T), 세로로 입력할 때는 세로 텍스트 툴(IT)을 사용합니다. 입력한 문자의 선택 영역만 사용하고자 할 때는 텍스트 마스크 툴을 이용합니다. 가로 문자 영역을 선택 영역으로 만들려면 가로 텍스트 마스크 툴(T), 세로 문자 영역을 선택 영역으로 만들려면 세로 텍스트 마스크 툴(T)을 사용합니다.

가로 텍스트 툴　　　　세로 텍스트 툴　　　　세로 텍스트 마스크 툴　　　　가로 텍스트 마스크 툴

텍스트 툴의 옵션 바

❶ **폰트:** 글꼴의 종류를 선택합니다.

❷ **폰트 스타일:** 기울기, 굵기 등을 설정합니다.

Regular　　　　Italic　　　　Bold　　　　Bold Italic

❸ **폰트 크기**: 글꼴 크기를 설정합니다.

❹ **안티 에일리어스**: 앞에서 안티 에일리어스 기능은 곡선을 매끄럽게 처리해 주는 기능이라고 배웠습니다. 문자에도 곡선 부분이 있기 때문에 안티 에일리어스 기능이 필요합니다. 'None'은 안티 에일리어스 기능이 적용되지 않은 문자입니다. 'Sharp', 'Crisp', 'Strong', 'Smooth'는 안티 에일리어스가 적용된 옵션입니다. 일반적으로는 이 4개 중에 하나는 선택해서 사용합니다. 사실 자세히 보지 않으면 각각의 상태를 구별하지 못할 수도 있지만 옵션을 바꿔가며 해당 작업에 가장 적합한 옵션을 선택해서 쓰면 됩니다.

None: 글자 테두리를 거칠게 처리해 줍니다.

Sharp: 글자 테두리가 선명해집니다.

Crisp: 가장 흔히 사용되며 부드럽게 처리해 줍니다.

Strong: 굵고 선명해집니다.

Smooth: 경계면을 좀 더 부드럽게 처리해 줍니다.

❺ **문단 정렬**: 문단을 왼쪽 정렬, 가운데 정렬, 오른쪽 정렬로 설정할 수 있습니다.

❻ **문자 컬러**: 글꼴 색을 설정합니다.

❼ **뒤틀어진 문자**: 문자 모양을 왜곡시켜 변형합니다. 일부를 살펴보면 다음과 같습니다.

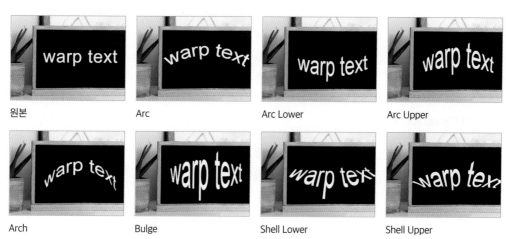

원본	Arc	Arc Lower	Arc Upper
Arch	Bulge	Shell Lower	Shell Upper

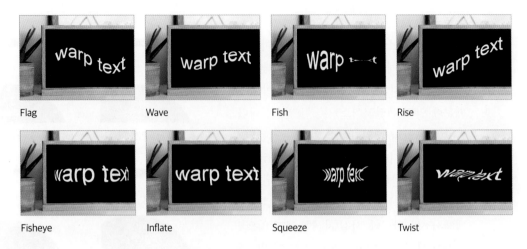

Flag   Wave   Fish   Rise

Fisheye   Inflate   Squeeze   Twist

❽ Character(문자) 패널과 Paragraph(단락) 패널 열기

1) Character 패널

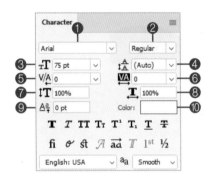

❶ **폰트:** 글꼴을 선택할 수 있습니다.

❷ **스타일 설정:** 이탤릭체 등 폰트 스타일을 지정합니다.

❸ **폰트 크기:** 글꼴 크기를 조절합니다.

❹ **행간 설정:** 행과 행 사이의 간격을 조절합니다.

❺ **두 문자 간 커닝 설정:** 마우스 커서가 있는 위치에서 좌우 문자 간격을 조절합니다.

❻ **선택 문자의 자간 설정:** 문자를 드래그해서 블록으로 잡은 부분의 문자 간격을 조절합니다.

❼ **세로 비율:** 문자의 세로 길이를 조절합니다.

❽ **가로 비율:** 문자의 폭을 조절합니다.

❾ **기준선 이동 설정:** 선택한 문자의 기본 높이를 정합니다.

❿ **문자 색상 설정:** 문자의 색상을 선택합니다.

2) Paragraph 패널

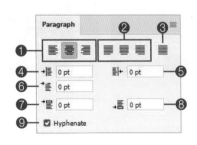

❶ **Align Text:** 문단을 왼쪽, 가운데, 오른쪽으로 정렬합니다.

❷ **Justify:** 단락 끝 부분에 만들어지는 여백을 왼쪽, 가운데, 오른쪽으로 정렬합니다.

❸ **Justify all:** 양쪽 정렬입니다.

❹ 문장의 왼쪽 여백을 설정합니다.

❺ 문장의 오른쪽 여백을 설정합니다.

❻ 단락의 첫 번째 줄에서 들여쓰기 간격을 조절합니다.

❼ 위쪽 여백을 설정합니다.

❽ 아래쪽 여백을 설정합니다.

❾ **하이픈 넣기**: 영어 단어가 자동 줄바꿈으로 두 줄로 되었을 경우 하이픈 표시를 통해 한 단어로 표시합니다.

● Type 메뉴

❶ **Create Work Path**: 문자를 패스로 바꿔줍니다.

❷ **Convert to Shape**: 문자를 세이프로 바꿔줍니다.

❸ **Rasterize Type Layer**: 문자 레이어를 일반 레이어로 바꿔줍니다.

❹ **Convert to Paragraph Text**: 문자를 입력하는 방법은 두 가지가 있습니다. 원하는 곳을 클릭하고 바로 문자를 입력하는 방법과 클릭&드래그해서 문자 영역을 지정하는 박스를 만든 후 그 안에 입력하는 방법입니다. 지정된 영역에 쓰기 때문에 박스를 조절해서 문자들을 정렬할 수 있습니다. 클릭해서 쓴 일반 문자를 문단 문자로 바꿔주는 기능입니다.

◎ **준비 파일:** part1/chapter6/Coffee.jpg

01 `Ctrl`+`O`를 눌러 'Coffee.jpg' 파일을 불러옵니다. 전경색은 '#2c211d'를 선택한 후 텍스트 툴(`T`)을 선택하고 클릭&드래그해서 문자 상자를 만들고 내용을 입력합니다.

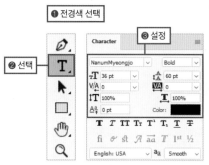

02 행간을 넓히고 싶은 부분을 블록으로 지정하고, `Alt`+`↓`를 눌러 행간을 넓혀줍니다.

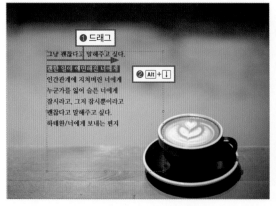

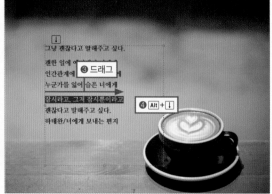

행간 또는 Character 패널에서 행간 조절하기

행간을 조절하고 싶은 부분을 블록으로 지정하고 [Character] 패널에서 행간 등을 설정합니다.

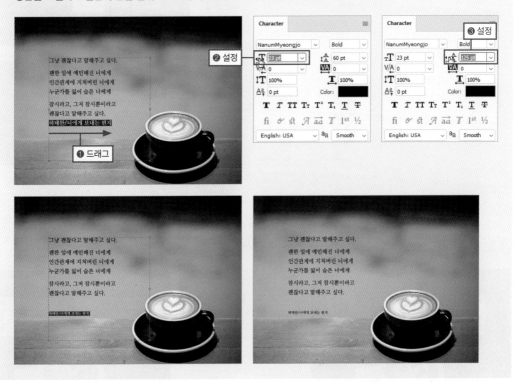

---

2 · 기능 예제 · 양끝이 맞게 문자 쓰기

◎ **준비 파일**: part1/chapter6/Coffee2.jpg

01 `Ctrl`+`O`를 눌러 'Coffee2.jpg' 파일을 불러옵니다.

02 　전경색은 흰색으로 설정하고 텍스트 툴(T)을 선택합니다. 이미지 위에서 클릭&드래그해서 텍스트 상자를 만듭니다. 띄어쓰기 없이 문자를 입력합니다.

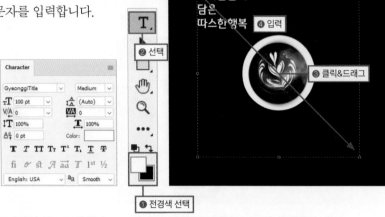

03 　[Paragraph] 패널이 열려 있지 않으면 [Window]-[Paragraph] 메뉴를 선택합니다. 입력한 글자 전체를 드래그하고 [Paragraph] 패널에서 'Justify all'을 클릭합니다.

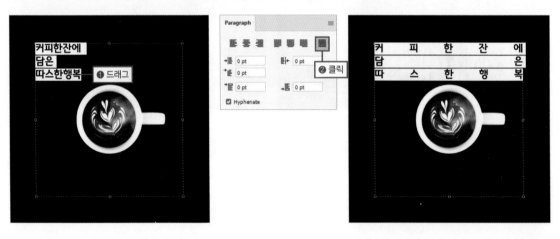

04 　[Character] 패널에서 행간을 조절해서 마무리합니다.

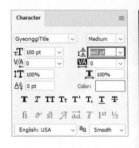

패스를 따라 글자 쓰기

◎ **준비 파일**: part1/chapter6/Umbrella.jpg

01 Ctrl+O를 눌러 'Umbrella.jpg' 파일을 불러옵니다. 개체 선택 툴(▣)을 선택한 후 노란 우산 부분을 클릭합니다.

02 [Paths] 패널을 열고 패스 만들기 아이콘(◇)을 클릭해서 선택 영역을 패스로 만듭니다. 만들어진 패스를 Ctrl+T를 눌러 조절점이 나오게 한 후 Alt를 누른 채 드래그해서 크기를 키웁니다.

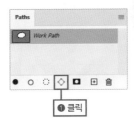

03 텍스트 툴(T)을 선택하고 패스 위에 마우스를 놓으면 커서 모양에 물결 모양이 나타납니다. 이때 클릭하면 더미 문자가 입력됩니다. 패스를 따라 문자가 다 채워지지 않았다면 [Type]-[Paste Lorem Ipsum] 메뉴를 선택해서 다 채웁니다.

❶ 선택

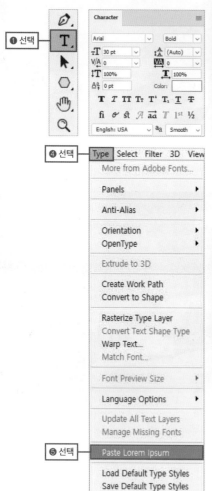

❹ 선택

❻ 선택

NOTE

Paste Lorem Ipsum - 임의로 문자 채우기

로렌 입숨은 디자인 시안 작업 시 문자들이 정확히 정해지지 않았을 경우 임의로 문자들을 넣을 때 사용하는 채우기 문자입니다. 원하는 영역에 텍스트 툴(T)을 선택한 후 드래그해서 박스를 만들고 'Paste Lorem Ipsum'을 실행하면 임의의 문자들로 채워집니다.

---

04 Ctrl + Enter 를 눌러 마무리합니다. 물
론, 원하는 문자 내용을 입력해도 됩니다.

---

4 · 기능 **예제** ·   # 특정 형태로 글자 쓰기

◎ **준비 파일**: part1/chapter6/Frame.jpg

01   Ctrl + O 를 눌러 'Frame.jpg' 파일을 불러옵니다. 빠른 선택 툴(🖌)을 선택하고 이미지를 클릭해서
선택 영역으로 만듭니다. 영역을 더하거나 빼거나 하여 선택 영역을 다듬습니다.

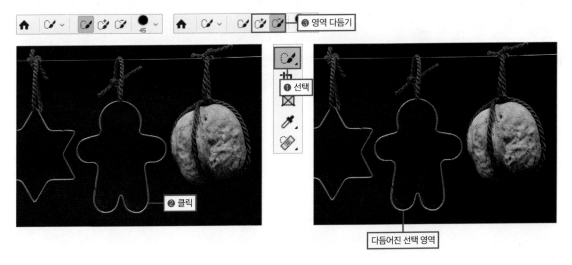

02 [Paths] 패널을 열고 패스 만들기 아이콘을 클릭해서 선택 영역을 패스로 만듭니다.

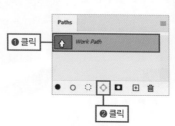

❶ 클릭

❷ 클릭

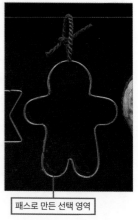

패스로 만든 선택 영역

03 만들어진 패스를 Ctrl + T 를 눌러 조절점이 나오게 한 후 Alt 를 누른 채 드래그해서 크기를 줄입니다.

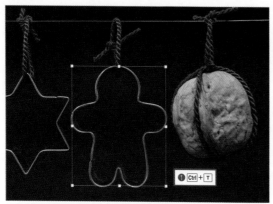

❶ Ctrl + T

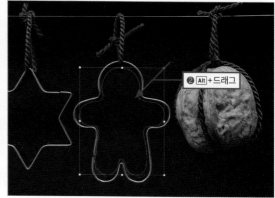

❷ Alt + 드래그

04 텍스트 툴(T)을 선택하고 패스 위에 커서 테두리 모양이 동그랗게 나오면 클릭해서 내용을 입력합니다.

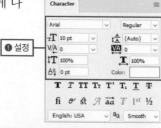

❶ 설정

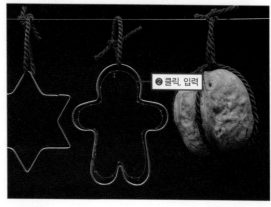

❷ 클릭, 입력

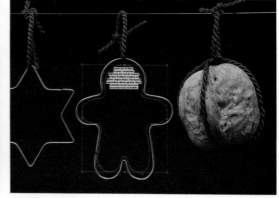

05 [Type]-[Paste Lorem Ipsum] 메뉴를 선택하면 자동으로 임의의 문자가 뿌려집니다. 부족하면 한 번 더 선택해서 다 채웁니다.

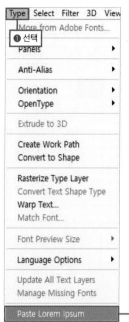

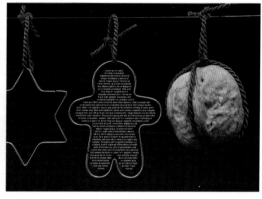

5 · 기능 예제 · **벡터 속성의 문자를 이미지화하기**

벡터 방식의 문자 레이어는 일반 레이어와 달리, 필터 효과와 페인트통 툴 등의 일부를 적용할 수 없습니다. 따라서 이러한 명령을 적용하거나 툴을 사용하려면 이미지 변형에 제약이 있기 때문에 래스터화해야 합니다. 래스터화한다는 것은 벡터 그래픽을 그에 대응하는 픽셀 이미지로 바꿔주는 것을 말합니다. 문자를 래스터화하면 문자 레이어가 일반 레이어로 변환되어 레이어 내용에 여러 가지 변형을 적용할 수 있지만 문자로는 편집할 수 없습니다.

◎ **완성 파일**: part1/chapter6/Eiffeltower.jpg

01 Ctrl+O를 눌러 'Eiffeltower.jpg' 파일을 불러옵니다.

02 텍스트 툴(T)을 선택하고 'PARIS'라고 입력합니다.

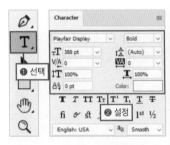

03 문자 A를 없앨 경우 지우개 툴(✎)로 지워도 지울 수가 없습니다. 레이어 패널의 문자 레이어 위에서 마우스 오른쪽 버튼을 클릭하면 나오는 팝업 메뉴에서 [Rasterize Type]을 선택합니다. 래스터화한 결과 문자 레이어가 일반 레이어로 바뀝니다. 이제 지우개 툴(✎)로 지우면 지워집니다. 래스터화된 레이어는 문자 편집을 할 수 없습니다.

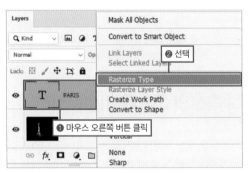

04 지우개 툴(✎)을 선택하고 A 부분을 드래그해서 지워 마무리합니다.

어떤 폰트를 쓸지 결정하는 것은 이미지 선택 못지않게 중요합니다. 단순히 글자를 표현하는 것이 아니라 시각적인 효과를 더해 커뮤니케이션의 창조적 수단으로서의 역할을 해야 하기 때문입니다. 가장 많이 이용되는 다폰트(dafont) 사이트 외에도 다른 폰트 사이트들을 소개하니 살펴보기 바랍니다.

폰트 제공 사이트

dafont의 상단 카테고리에서 원하는 폰트 타입을 선택하고 검색 옵션에서 100% 프리를 체크한 후 [Submit] 버튼을 클릭하면 무료로 제공하는 폰트들만 나타납니다.

dafont(http://www.dafont.com)

My Fonts(http://www.myfonts.com)

1001 Free Fonts
(http://www.1001freefonts.com)

Abstract Fonts
(http://www.abstractfonts.com)

fontsycom(http://www.fontsy.com)

한글 무료 폰트

네이버에서 한글 무료 폰트로 검색하면 네이버 자료실이 나옵니다. 비상업적으로 사용하는 경우 무료로 다운로드해서 사용할 수 있습니다. 무료 폰트를 사용할 경우 폰트마다 상업적 용도에 대한 사용 범위가 다를 수 있으므로 확인하고 사용합니다.

눈누(https://noonnu.cc/)

네이버 글꼴(https://hangeul.naver.
com/2017/nanum)

완성형과 조합형으로 이뤄진 명조, 고딕 폰트를 무료로 배포하고 있습니다. 네이버의 배너나 서비스 페이지를 보면 이 폰트가 적용된 것들을 볼 수 있습니다. 제목용으로도 본문용으로도 사용하기 적당합니다.

합성

합성은 둘 이상의 것을 합쳐 하나로 만드는 것을 말합니다. 디자인 작업은 이미지 자체를 리터칭하고 꾸미는 작업도 있지만 이미지에 또 다른 이미지를 합성하고 텍스트를 더하는 다양한 작업이므로 합성을 제대로 이해하고 있어야 합니다. 합성을 이해하기 위해 레이어에 대해 좀 더 자세히 살펴보겠습니다.

포토샵의 핵심, 레이어

Layers 패널의 구성 요소를 알아보고 레이어 추가, 삭제, 복사, 이름 변경 및 순서 바꾸기 등을 알아본 후 레이어의 종류와 레이어 블렌드 모드를 배웁니다.

LESSON

앞의 '기본기 다루기'에서 레이어에 대한 기초를 학습했습니다. 레이어를 자유자재로 다루기 위해 본격적으로 하나씩 살펴보도록 하겠습니다.

● Layers 패널의 구성 요소

❶ **레이어 보이기 표시:** 눈 표시를 켜고 꺼서 해당 레이어가 보이거나 보이지 않게 합니다.

❷ **섬네일:** 레이어에 있는 오브젝트를 작게 보여줍니다.

❸ **레이어 이름:** 더블 클릭해서 레이어의 이름을 변경할 수 있습니다.

❹ **링크 레이어:** 두 개 이상의 레이어를 연결시켜 줍니다.

❺ **레이어 스타일:** 레이어 효과를 적용합니다.

❻ **레이어 마스크:** 레이어 마스크를 추가합니다.

❼ **조정 레이어 만들기:** 조정 레이어를 추가합니다.

❽ **새 그룹 만들기:** 새 레이어 그룹을 만듭니다.

❾ **새 레이어 만들기:** 새 레이어를 추가합니다.

❿ **휴지통:** 레이어를 삭제합니다.

● 레이어 추가, 삭제, 복사, 이름 변경 및 순서 바꾸기

1) 레이어 추가

작업을 추가하기 위해 새 레이어를 추가하고 싶다면 새로 만들기 아이콘(⊞)을 클릭하면 됩니다.
현재 선택한 레이어 위에 새로운 레이어가 추가됩니다.

2) 레이어 삭제

삭제하고 싶은 레이어가 있다면 휴지통으로 드래그하거나 Delete 를 누릅니다.

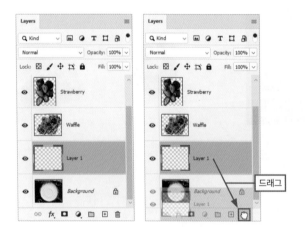

3) 레이어 복사

복사할 레이어를 새로 만들기 아이콘으로 드래그하거나 Ctrl + J 를 누릅니다. 겹쳐 있으므로 이동 툴로 옮겨 놓았습니다.

4) 레이어 이름 변경하기

레이어의 이름 영역을 더블 클릭하면 이름을 바꿀 수 있습니다.

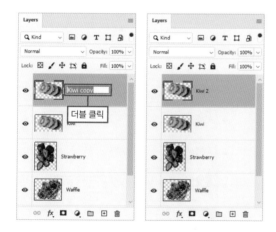

5) 레이어 순서 바꾸기

레이어를 클릭한 채 드래그해서 원하는 곳에 놓습니다.

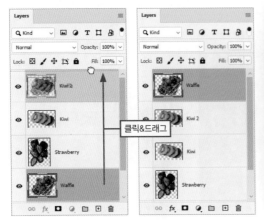

● 레이어 중복 선택, 연결, 합치기

1) Ctrl 로 레이어 중복 선택

선택하고자 하는 레이어만 클릭합니다.

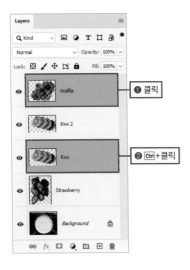

2) Shift 로 레이어 중복 선택

최상위 레이어와 최하위 레이어를 클릭하면 그 사이에 있는 레이어가 모두 선택됩니다.

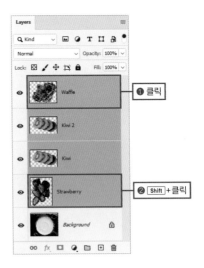

3) 레이어 링크 걸기

중복 선택한 후 링크 아이콘을 클릭하면 링크가 걸립니다. 다시 클릭하면 풀립니다. 이동 툴로 움직이면 같이 이동됩니다.

4) 레이어 합치기

레이어를 중복 선택한 후 Ctrl+E를 누르면 위의 레이어로 레이어가 합쳐집니다.

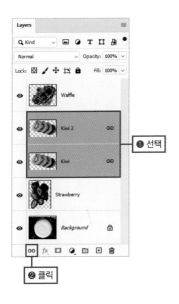

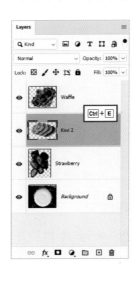

● 레이어 그룹으로 묶기

그룹으로 묶을 레이어들을 선택하고 Ctrl+G를 누르면 레이어를 그룹으로 만들 수 있습니다. 앞의 화살표(〉)를 클릭하면 그룹을 펼쳐서 안에 있는 레이어들을 확인할 수 있습니다. 하단의 그룹 추가하기 아이콘을 클릭해서 그룹을 만든 후 레이어들을 안으로 드래그해도 됩니다.

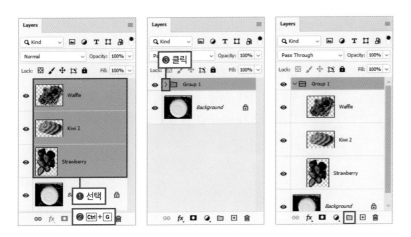

● 배경 레이어를 일반 레이어로 바꾸기

[Background] 레이어에 효과를 적용하려면 일반 레이어로 바꿔야 하는데 [Background] 레이어의 자물쇠 아이콘을 클릭하면 바로 일반 레이어로 바뀝니다.

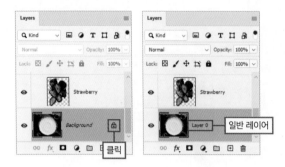

● Layers 패널 살펴보기

[Layers] 패널은 레이어를 편리하게 다룰 수 있는 다양한 기능을 제공합니다. [Layers] 패널에 있는 기능에 대해 자세히 살펴보겠습니다.

❶ **Blend Mode:** 작업 중인 레이어와 아래 레이어를 합성하는 방법입니다.

❷ **Opacity:** 레이어의 불투명도를 조절합니다. [Background] 레이어를 제외한 모든 레이어에 적용할 수 있습니다. 수치가 낮아질수록 투명해지면서 아래 레이어가 비칩니다.

❸ **Lock:** 선택한 레이어를 잠급니다.
- **투명 영역 잠그기:** 레이어의 투명 영역에는 채색이 되지 않습니다.
- **이미지 픽셀 잠그기:** 칠하기에 관련된 작업이 되지 않습니다.
- **아트보드와 프레임 내부 및 외부에 자동 중첩 방지**
- **위치 잠그기:** 이동과 변형 작업이 되지 않습니다.
- **모두 잠그기:** 아무런 작업을 하지 못하도록 합니다.

④ **Fill:** Opacity와 달리, Fill은 레이어 스타일은 그대로 적용하고 이미지의 Opacity만 조절합니다.

문자에 레이어 스타일이 적용된 작업 파일입니다.

Opacity가 0일 때 문자, 효과 모두 안보입니다.

Fill이 0일 때 문자는 안보이고, 효과만 보입니다.

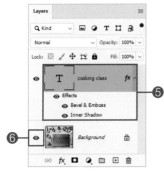

⑤ **Indicates Layer Effects:** 레이어 스타일 효과를 적용하면 생깁니다. 레이어 오른쪽 *fx* 옆에 붙은 삼각형을 클릭하면 적용된 레이어 스타일 목록을 볼 수 있습니다. 해당 스타일을 더블 클릭하면 상세 내역을 볼 수 있고 편집도 할 수 있습니다.

⑥ **눈 아이콘:** 레이어를 보이게 하거나 감춥니다.

⑦ **레이어 그룹:** 관련 있는 레이어들을 그룹으로 묶어 정리합니다.

⑧ **문자 레이어:** 문자가 담긴 레이어입니다.

⑨ **현재 레이어:** 현재 작업 중인 레이어입니다.

⑩ **연결 아이콘:** 현재 선택된 레이어와 같이 연결된 레이어를 표시합니다. 링크된 레이어는 이미지의 크기를 조절하거나 이동할 때도 같이 적용됩니다.

⑪ **조정 레이어:** 이미지의 색상, 명도, 채도 등을 수정할 수 있는 보정 레이어를 만듭니다.

⑫ **레이어 마스크 아이콘:** 레이어에 마스크가 적용됩니다.

⑬ **자물쇠 아이콘:** 자물쇠 표시가 있는 레이어는 편집할 수 없습니다.

⑭ **링크 레이어:** 선택된 레이어들을 연결시킵니다.

⑮ **레이어 스타일:** 선택한 레이어에 효과를 적용합니다.

⑯ **레이어 마스크:** 선택한 레이어에 레이어 마스크를 만듭니다.

⑰ **조정 레이어 만들기:** 조정 레이어를 만듭니다.

⑱ **새 그룹 만들기:** 새 레이어 그룹을 만듭니다.

⑲ **새 레이어 만들기:** 새 레이어를 추가합니다.

⑳ **휴지통:** 레이어를 삭제합니다.

● 레이어의 종류

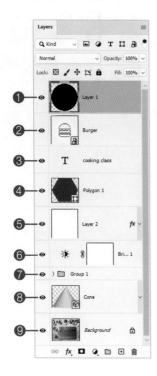

1 **일반 레이어:** 투명 레이어에 이미지가 있는 레이어입니다.

2 **스마트 오브젝트 레이어:** 벡터 속성의 레이어로 이미지 손실 없이 변형할 수 있고 필터를 적용해도 이미지에 영향을 주지 않아 차후에도 수정이 가능합니다.

3 **문자 레이어:** 텍스트 툴로 입력하면 생기는 벡터 속성의 레이어입니다.

4 **셰이프 레이어:** 셰이프 툴이나 펜 툴의 셰이프 옵션으로 만드는 벡터 속성의 레이어입니다.

5 **레이어 스타일(Layer Style):** 레이어 스타일이 적용되었을 때 표시됩니다. 적용한 레이어 스타일들이 목록으로 나타납니다.

6 **조정 레이어(Adjustment Layer):** 이미지에 영향을 미치지 않으면서 이미지를 보정하는 레이어입니다.

7 **그룹 레이어:** 여러 개의 레이어들을 그룹으로 묶어 놓은 레이어입니다.

8 **3D 레이어:** 3D 오브젝트를 사용할 때의 레이어입니다.

9 **Background 레이어:** 새 파일을 만들거나 이미지 파일을 불러오면 기본으로 있는 맨 아래에 있는 레이어입니다.

● Layers 패널의 팝업 메뉴

[Layers] 패널의 오른쪽 위의 목록 아이콘을 클릭하면 팝업 메뉴들이 나타납니다.

1 **New Layer:** 새로운 레이어를 만듭니다.

2 **Copy CSS:** HTML 요소로 만든 이미지를 CSS(스타일시트)로 만듭니다.

3 **Copy SVG:** 벡터 개체를 SVG 파일로 만듭니다.

4 **Duplicate Layer:** 선택된 레이어를 복사합니다.

5 **Delete Layer:** 선택된 레이어를 삭제합니다.

6 **Delete Hidden Layers:** 눈 아이콘을 끈 레이어를 삭제합니다.

7 **Quick Export as PNG:** PNG 파일로 저장합니다.

8 **Export As:** PNG, GIF, JPG로 저장합니다.

9 **New Group:** 새로운 그룹을 만듭니다.

10 **New Group from Layers:** 선택된 레이어들을 그룹으로 만듭니다.

11 **Collapse All Groups:** 그룹이나 *fx* 효과가 적용된 펼쳐진 목록들을 닫습니다.

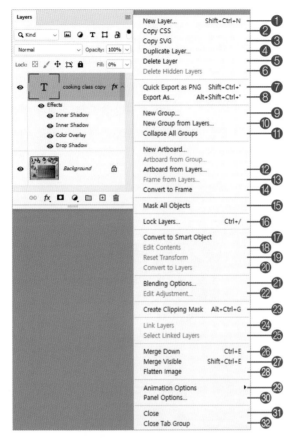

⑫ **Artboard from Layers:** 선택된 레이어들을 아트보드로 만듭니다.

⑬ **Frame from Layers:** 레이어 형태대로 프레임을 만듭니다.

⑭ **Convert to Frame:** 레이어를 프레임으로 바꿉니다.

⑮ **Mask All Objects:** 선택된 레이어에 있는 모든 오브젝트에 마스크를 적용합니다.

⑯ **Lock Layers:** 레이어를 잠급니다.

⑰ **Convert to Smart Object:** 스마트 오브젝트로 바꿉니다.

⑱ **Edit Contents:** 스마트 오브젝트를 편집합니다.

⑲ **Reset Transform:** 스마트 오브젝트에 적용된 변형을 되돌립니다.

⑳ **Convert to Layers:** 스마트 오브젝트를 일반 레이어로 바꿉니다.

㉑ **Blending Options:** 레이어 스타일의 블렌딩 옵션 창을 엽니다.

㉒ **Edit Adjustment:** 조정 레이어를 편집합니다.

㉓ **Create Clipping Mask:** 클리핑 마스크를 만듭니다. 클리핑 마스크에 대한 설명은 뒤에 자세히 있습니다.

㉔ **Link Layers:** 레이어들에 링크를 적용합니다.

㉕ **Select Linked Layers:** 링크 레이어들을 선택합니다.

㉖ **Merge Down:** 선택된 레이어와 밑에 있는 레이어를 하나의 레이어로 합칩니다.

㉗ **Merge Visible:** 눈 아이콘이 켜져 있는 레이어들을 하나의 레이어로 합칩니다.

㉘ **Flatten Image:** 레이어를 하나의 이미지로 합칩니다.

㉙ **Animation Options:** 레이어 패널에 애니메이션 옵션 표시에 대한 설정을 할 수 있습니다.

㉚ **Panel Options:** 섬네일 크기 등 레이어 패널 표시 방법에 대한 설정을 할 수 있습니다.

㉛ **Close:** 레이어 패널을 닫습니다.

㉜ **Close Tab Group:** 레이어 패널이 속한 탭을 모두 닫습니다.

● 레이어 블렌드 모드

블렌드 모드는 레이어가 합성될 때 색상 혼합이 되도록 만드는 것입니다. 즉, 위에 있는 레이어와 아래에 있는 레이어를 혼합할 때 어떤 방식으로 색을 혼합할 것인가를 지정할 수 있습니다. 각 혼합 모드마다 불투명도와 칠 옵션을 지정할 수 있습니다. 다음 두 개의 이미지 레이어를 합성해 보면서 각 혼합 모드의 차이를 살펴보겠습니다. 혼합 원리는 아래와 같지만 눈으로 직접 확인하면서 이미지에 따라 필요한 합성 모드를 선택하는 것이 좋습니다. 레이어 모드를 활성화하고 키보드의 위, 아래 방향키로 눌러 보면서 합성을 확인합니다.

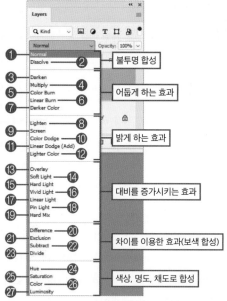

❶ Normal

레이어의 표준 모드로 아래쪽 레이어와 합성되지 않아 위쪽 레이어에 담긴 이미지만 보입니다. Opacity를 낮추면 풍경 레이어의 이미지가 조금씩 나타납니다.

❷ Dissolve

이미지를 픽셀로 바꾼 후 흩뿌려지도록 합니다. 불투명도가 100%보다 낮을 때 효과가 나타나기 때문에 Opacity값을 낮추면 점을 흩뿌린 효과가 나타납니다.

❸ Darken

위쪽 레이어의 색상이 아래쪽 레이어의 색상보다 밝으면 투명해지고, 어두우면 섞입니다. 밝은 색은 변하지 않고 어두운 색만 더 어두워집니다.

❹ Multiply

밝은 색은 흰색에 가까워질수록 더 투명해지고, 어두운 색은 아래쪽 레이어와 섞입니다. 이미지가 전체적으로 어두워지거나 농도가 짙어집니다.

❺ Color Burn

아래쪽 이미지가 위쪽 레이어 색상을 반사시킵니다. 번 툴(🖐)과 같이 색상 대비가 강해집니다.

❻ Linear Burn

흰색을 제외한 모든 색의 명도가 낮아지면서 합성됩니다. 전체적으로 어두워집니다.

❼ Darker Color

두 이미지 중 어두운 이미지의 색상을 나타냅니다.

⑧ Lighten

어둡게 하기 모드와 반대로 위쪽 레이어의 색이 밝으면 섞이고, 어두우면 투명해집니다. 어두운 색은 변하지 않고 밝은 색만 더 밝아집니다.

⑨ Screen

어두운 색은 검은색에 가까워질수록 더욱 투명해지고, 밝은 색은 아래쪽 레이어와 섞이면서 이미지가 전체적으로 밝아집니다.

⑩ Color Dodge

아래쪽 이미지가 위쪽 레이어 색을 반사시키는 것과 같은 효과입니다. 색이 밝아지면서 반사되어 강한 조명 아래에 색상이 반사되는 효과가 나타납니다.

⑪ Linear Dodge

검은색 부분을 제외한 모든 색의 밝기를 높입니다. 이미지가 전체적으로 밝아집니다.

⑫ Lighter Color

두 이미지 중 밝은 이미지의 색상을 나타냅니다.

⑬ Overlay

곱하기와 스크린을 합친 것과 같습니다. 밝은 색은 더 밝게, 어두운 색은 더 어둡게 만듭니다. 단, 가장 밝은 색과 가장 어두운 색은 위쪽 레이어 색이 유지되고 중간색만 섞입니다.

⑭ Soft Light

부드러운 조명을 비추는 것처럼 색이 부드럽게 섞입니다. 채도 50%를 기준으로 밝으면 더욱 밝게, 어두우면 더욱 어둡게 합성됩니다.

⑮ Hard Light

강한 조명을 비추는 것처럼 색이 강하게 섞입니다.

⑯ Vivid Light

혼합한 색이 50% 회색보다 밝으면 이미지는 대비가 적어져서 밝아지고, 50% 회색보다 어두우면 어두운 이미지로 합성됩니다.

⑰ Linear Light

채도 50%를 기준으로 밝은 부분은 더 밝아지고, 어두운 부분은 더 어두워집니다.

⑱ Pin Light

검은색과 흰색은 아무런 변화가 없습니다. 혼합한 색이 50% 회색보다 밝으면 혼합한 색보다 어두운 부분이 바뀌고, 혼합한 색보다 밝은 부분은 아무런 변화가 없습니다. 혼합한 색이 50% 회색보다 어두우면 혼합한 색보다 밝은 부분이 색이 바뀌고, 혼합한 색보다 어두운 부분은 변화가 없습니다.

⑲ Hard Mix

강하게 혼합해서 강렬한 색상 대비가 나타나도록 합니다.

⑳ Difference

위에 있는 레이어의 어두운 부분을 보색으로 반전시켜 합성합니다.

㉑ Exclusion

Difference와 비슷하지만 좀 더 부드럽고 밝게 표현합니다.

㉒ Subtract

각 채널의 기본 색상에서 혼합 색상을 빼고 합성합니다.

㉓ Divide

각 채널의 기본 색상에서 혼합 색상을 나눕니다.

㉔ Hue

아래쪽 레이어의 명도와 채도에 위에 있는 레이어의 색상이 합쳐집니다.

㉕ Saturation

아래쪽 레이어의 색상과 명도에 위에 있는 레이어의 채도가 합쳐집니다.

㉖ Color

아래쪽 레이어의 명도에 위에 있는 레이어의 색상과 채도가 합쳐집니다.

㉗ Luminosity

아래쪽 레이어의 색상과 채도에 위에 있는 레이어의 명도가 합쳐집니다.

---

1 · 기능 **예제** ·　　　　　　　　　　　　　　　　**불투명도 익히기**

◎ **준비 파일:** part1/chapter7/Icecream.jpg

01 Ctrl + O 를 눌러 'Icecream.jpg' 파일을 불러옵니다.

02

전경색은 검은색을 선택하고 타원 툴
(◯)을 선택합니다. `Shift`+`Alt`를 누른 채 가
운데를 클릭&드래그해서 원을 그리고 `Enter`
를 누릅니다. [Layers] 패널의 불투명도를
68%로 조절합니다

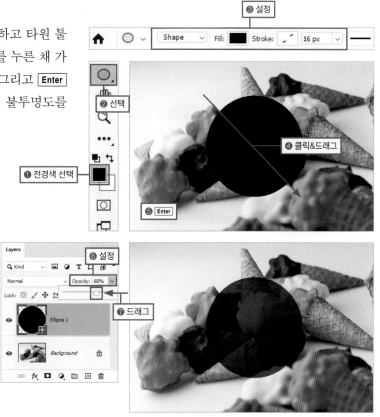

03

텍스트 툴(T)을 선택하고 텍스트를 입력합니다.

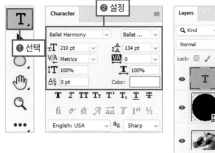

04 마지막으로 모든 레이어를 선택하고, 이동 툴(⊕)의 옵션을 활용해서 가운데 정렬합니다.

Opacity와 Fill

'Opacity'와 'Fill'은 레이어의 불투명도를 나타내며, 값이 낮을수록 투명해져 아래 레이어가 비칩니다. 'Opacity'가 레이어 전체의 불투명도를 조절하는 것이라면, 'Fill'은 레이어에 있는 개체에 대해서만 불투명도를 조절합니다. 따라서 'Opacity'는 이미지와 레이어에 적용된 이펙트가 함께 투명해지지만, 'Fill'은 이미지만 투명해지고 이펙트는 영향을 받지 않습니다.

2 ⚫ 기능 예제   흰색을 투명하게 하는 합성

◎ **준비 파일**: part1/chapter7/Background.jpg, Orange.jpg

01 Ctrl + O 를 눌러 'Background.jpg, Orange.jpg' 파일을 불러옵니다. 이동 툴(⊕)을 선택하고 '오렌지' 이미지를 배경 이미지로 옮깁니다. 새로 만들어진 레이어의 이름을 'Orange'로 입력합니다.

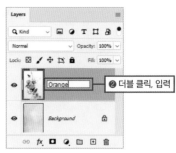

02 [Orange] 레이어 모드를 흰색을 투명하게 만드는 'Multiply'로 바꾸면 이미지와 같이 합성됩니다.

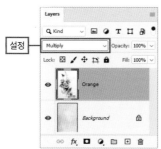

레이어 스타일

레이어 스타일의 종류를 알아본 후 쉽게 테두리 만들기, 레이어 스타일 복제하기, 글씨 조각 효과 만들기를 배웁니다.

포토샵에서는 레이어에 그림자, 엠보싱, 색 등 다양한 표현이 가능한 레이어 스타일을 제공합니다. 레이어 스타일은 레이어 내용과 연결되어 있어서 레이어 내용을 이동하거나 편집하면 수정된 내용에 동일한 효과가 적용됩니다. 레이어 스타일이 적용되면 레이어 패널의 레이어 이름 오른쪽에 레이어 스타일 아이콘이 나타나는데 옆에 있는 삼각형 버튼을 클릭하면 해당 스타일을 구성하는 효과를 확인할 수 있고, 레이어 스타일 아이콘이나 적용된 효과 목록을 더블 클릭해서 재편집할 수도 있습니다.

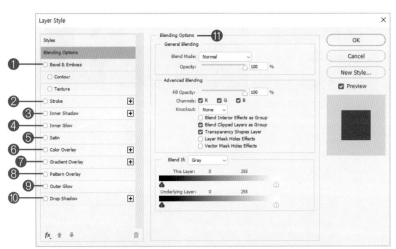

❶ Bevel & Emboss
이미지를 튀어나오게 하거나 들어가 보이도록 합니다.

❷ Stroke
테두리를 두를 수 있습니다.

❸ Inner Shadow
이미지의 안쪽을 중심으로 그림자가 생기도록 합니다.

❹ Inner Glow

이미지 안쪽에 색상을 퍼지게
해서 안쪽을 중심으로 빛이 발
산되는 효과를 냅니다.

❺ Satin

부드러운 금속 재질을 입혀줍
니다.

❻ Color Overlay

이미지에 사용자가 선택한 색
을 적용합니다.

❼ Gradient Overlay

이미지에 그레이디언트 색을
적용합니다.

❽ Pattern Overlay

이미지에 패턴을 채웁니다.

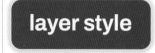

❾ Outer Glow

이미지 바깥쪽에 색상을 퍼지
게 해서 빛이 발산되는 효과를
냅니다.

❿ Drop Shadow

이미지 바깥쪽으로 그림자가
생기도록 합니다.

⓫ 레이어 스타일 혼합 적용

레이어 스타일을 여러 개 사용
할 수 있습니다.

Styles 패널

레이어 스타일의 스타일은 패널에 등록되어 있는 것을 클릭하기만 하면 오브젝트에 바로 적용됩니다.
메뉴 바에서 [Window]-[Styles]를 선택하면 열립니다. [Styles] 패널 우측 상단에 있는 확장 아이콘을 클릭하면 팝업
메뉴가 열리는데 [Legacy Styles and More]를 선택해서 이전 스타일들을 추가해 사용할 수 있습니다.

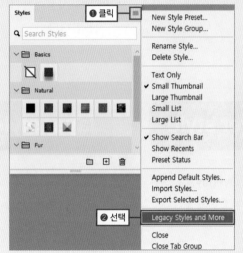

[Styles] 패널에서 원하는 스타일을 클릭하면 스타일이 바로 적용되며 [Layers] 패널에서 적용된 스타일을 바로 확인할 수 있습니다. 만약 스타일을 수정하고 싶다면 다시 [Layers] 패널에 표시된 스타일을 더블 클릭해서 수정하면 됩니다.

레이어 스타일로 쉽게 만드는 테두리

◎ **준비 파일**: part1/chapter7/Macaron_back.jpg, Macaron1.png, Macaron2.png, Macaron3.png

01 Ctrl+O를 눌러 'Macaron_back.jpg, Macaron1.png, Macaron2.png, Macaron3.png' 파일을 불러옵니다.

02 이동 툴(⊹)을 선택하고 작업 창으로 3개의 이미지들을 옮깁니다. 이동 툴(⊹)의 옵션 바의 정렬 기능을 활용해서 정렬합니다.

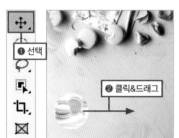

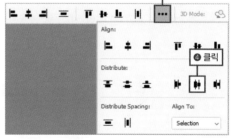

03   *fx*에서 [Stroke]를 선택하면 [Layer Style] 대화상자가 나타납니다. Size는 22px, Position은 Inside, Color는 #ffffff를 선택합니다.

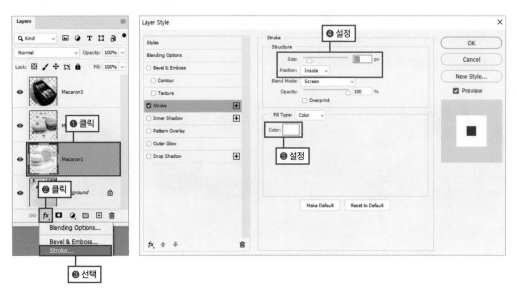

04   이번에는 안쪽 그림자를 넣기 위해 [Layer Style] 대화상자의 왼쪽 목록에서 'Inner Shadow'를 체크하고 클릭해서 들어갑니다. 미리보기를 하면서 Opacity는 48%, Distance는 22px, Size는 27px로 합니다. 안쪽에 그림자가 적용된 것을 볼 수 있습니다.

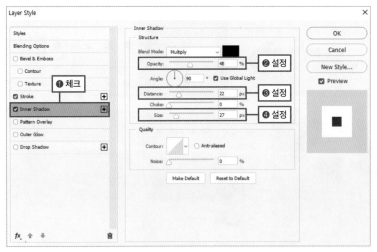

05 마지막으로 아래쪽에 그림자를 넣어보겠습니다. 'Drop Shadow'를 체크하고 클릭해서 들어갑니다. 미리보기를 하면서 Blend Mode는 Normal, 색은 #7e3235, Opacity는 50%, Angle은 90도, Distance는 12px, Spread는 19px, Size는 13px로 하고 [OK]를 클릭합니다.

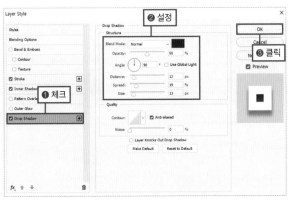  

2 · 기능 **예제** · 　　　　　　　　　　　　　　　　　　　　　　**레이어 스타일 복제하기**

◎ **준비 파일**: part1/chapter7/Macaron_back.jpg, Macaron1.png, Macaron2.png, Macaron3.png

01 [Macaron1] 레이어 스타일의 효과를 [Macaron2]에 복사해 보겠습니다. [Alt]를 누른 채 [Macaron1] 레이어 스타일의 효과를 [Macaron2] 레이어로 드래그하면 레이어 스타일이 복사됩니다.

02 이번에는 다른 방법으로 복사해 보겠습니다. 마우스 오른쪽 버튼을 클릭하고 팝업 메뉴에서 [Copy Layer Style]을 선택합니다. 복사한 스타일을 적용할 레이어로 가서 마우스 오른쪽 버튼을 클릭하고 팝업 메뉴에서 [Paste Layer Style]을 선택하면 레이어 스타일이 복사됩니다.

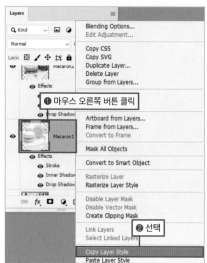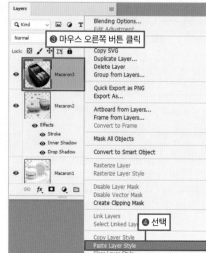

·기능 예제·

레이어 스타일을 이용해서 테두리 만들기

◎ **준비 파일**: part1/chapter7/Macaron_back.jpg, Macaron1.png, Macaron2.png, Macaron3.png

01 레이어 스타일을 활용해서 테두리를 만들어 보겠습니다. 새로운 레이어를 추가하고 이름을 'Frame'으로 합니다. 전체를 색상 관계없이 채웁니다.

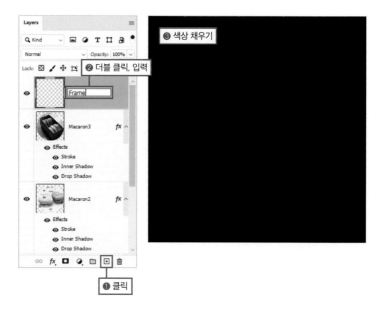

02 *fx*를 클릭해서 [Stroke]를 선택하면 [Layer Style] 대화상자가 나타납니다. Size는 30px, Position은 Inside, Color는 #f2c5b2로 선택하고 [OK]를 클릭합니다.

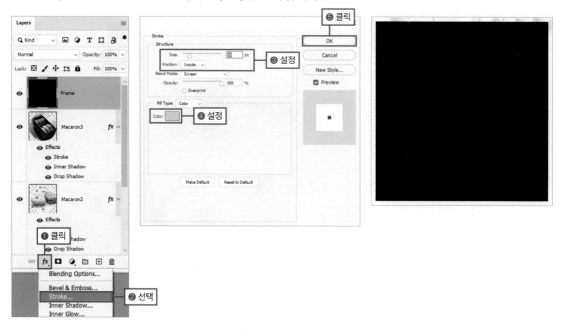

03 [Layers] 패널에서 Fill을
0%로 줄입니다.

04 텍스트 툴(T)로 원하는 폰트를 선택하고 'macaron'이라고 입력합니다. 다시 텍스트 툴(T)로 원
하는 폰트를 선택하고 더미 텍스트를 넣어서 마무리합니다.

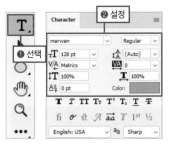

4 · 기능 **예제** · # 레이어 스타일로 만드는 글씨 조각 효과

◎ **준비 파일**: part1/chapter7/Table.jpg

01 Ctrl + O 를 눌러 'Table.jpg' 파일을 불러옵니다. 텍스트 툴(T)을 선택하고 원하는 폰트를 선택한 후 입력합니다.

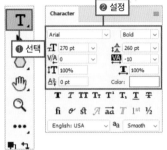

02 레이어 스타일 효과만 이용해서 조각한 느낌을 연출할 것이기 때문에 [Layers] 패널에서 Fill을 0%로 줄입니다. 그러면 작업 창에서 문자가 보이지 않게 됩니다. 하단의 *fx*에서 'Inner Shadow'를 선택하고 Blend Mode는 Linear Light, Color는 #1d0e00, Opacity는 60%, Angle은 90도, Distance는 9px, Choke는 0px, Size는 16px로 조절합니다. 안쪽으로 그림자가 생기면서 문자의 형태가 드러납니다.

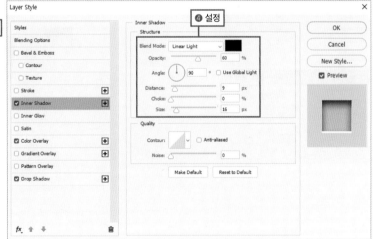

03 효과를 좀 더 추가해 보겠습니다. 'Inner Shadow' 옆의 ⊞ 아이콘을 클릭해서 'Inner Shadow'를 하나 더 추가합니다. Blend Mode는 Normal, Color는 #1d0e00, Opacity는 48%, Angle은 90도, Distance 는 24px, Choke는 0px, Size는 4px로 조절합니다. 문자의 윗부분에만 안쪽 그림자가 생기면서 문자가 좀 더 뚜렷해졌습니다.

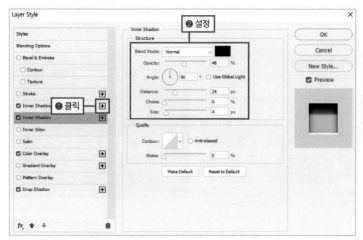

04 'Color Overlay'를 체크하고 Blend Mode는 Linear Burn, Color는 #c2c2c2, Opacity는 24%로 합니다. 문자 내부 면에 색이 깔리면서 패인 효과가 더해졌습니다.

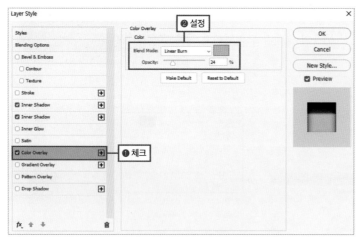

05 마지막으로 'Drop Shadow'를 체크하고 Blend Mode는 Linear Dodge, Color는 #ffffff, Opacity는 35%, Angle은 90도, Distance는 3px, Choke는 0px, Size는 2px로 조절하고 [OK]를 클릭해서 마무리합니다.

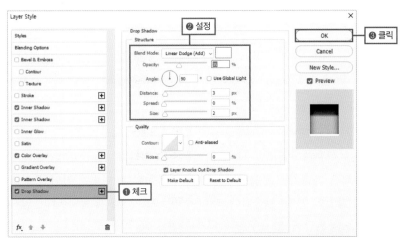

레이어 마스크, 클리핑 마스크

레이어 마스크에 대해 알아본 후 레이어 마스크로 그림자를 만드는 방법과 클리핑 마스크 사용 방법에 대해 배웁니다.

LESSON

● 레이어 마스크

레이어 마스크는 흑백의 색상차를 이용해서 원하는 곳을 가리는 기능입니다. 레이어 마스크에서 흰색은 보여지는 부분이고, 검은색은 가려지는 부분이라고 생각하면 됩니다. 이렇게 간단한 원리를 이용하면 정교한 이미지 합성 작업을 할 수 있습니다. 레이어 마스크는 지우개 툴과 달리, 임시로 가려 놓는 작업이므로 언제라도 복원할 수 있고, 자연스럽게 합성도 할 수 있습니다.

두 개의 이미지로 된 레이어가 있습니다. 레이어 마스크 추가 버튼을 클릭합니다. 흰색 부분은 보여지는 부분이므로 아무런 변화가 없습니다.

툴 패널에서 브러시 툴을 선택하고 전경색은 검은색을 선택합니다. [Coffee] 레이어에서 안보이기를 원하는 부분을 브러시로 칠하면 이미지가 가려지면서 아래 레이어에 있는 이미지가 나타납니다. [Layers] 패널의 마스크 영역을 보면 검은색으로 칠해진 부분이 가려진 부분임을 알 수 있습니다.

잠깐 원본 이미지를 보고 싶을 때 Shift 를 누른 채 마스크 섬네일을 클릭하면 마스크가 적용되기 전의 이미지를 볼 수 있습니다.

Shift 를 누른 채 마스크 섬네일을 클릭해서 다시 마스크가 적용되게 합니다. 마스크를 삭제하고 싶다면 [Layers] 패널 하단의 휴지통으로 드래그하면 팝업 창이 뜹니다. 거기서 'Apply'를 선택하면 마스크가 적용되고 레이어 마스크가 삭제되며, 'Delete'를 선택하면 마스크가 적용되지 않고 마스크 레이어가 삭제됩니다.

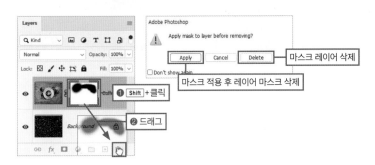

이미지 섬네일이 선택된 상태라면 이 미지가 편집되고, 레이어 마스크 섬 네일이 선택된 상태라면 레이어 마스 크를 편집할 수 있습니다. 마스크 작 업을 하기 전에는 항상 마스크 레이 어가 선택되었는지 확인해야 합니다. 이미지 섬네일을 선택하고 검정으로 칠하면 검은색이 칠해지고, 마스크 섬네일을 선택하고 검정으로 칠하면 마스크 효과가 적용되어 칠한 부분이 가려지고 아래 레이어에 있는 이미지 가 나타납니다.

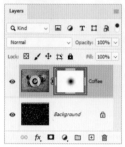

1 · 기능 예제 ·　　　　　　레이어 마스크 적용하기 1

◎ **준비 파일**: part1/chapter7/Clementine.jpg

01 Ctrl+O를 눌러 'Clementine.jpg' 파일을 불러옵니다.

02 사각형 툴(□)을 선택하고 옵션 바에서 설정은 Shape, Fill은 None, Stroke는 16px로 하고 드래그 해서 그립니다. 레이어 마스크를 추가합니다.

03 [Layers] 패널에서 Opacity를 50%로 줄입니다. 브러시 툴(✎)을 선택하고 전경색을 검은색으로 합니다. 테두리와 겹친 부분을 칠합니다.

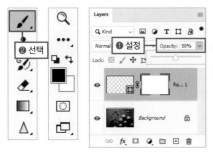

04 검은색 브러시로 마스크 영역을 칠하면 지워집니다. 만약 잘못 칠했다면 다시 흰색으로 칠하면 복구됩니다. [Layers] 패널의 마스크 레이어를 보면 검은색으로 칠해진 부분이 안보이게 된 것을 볼 수 있습니다.

05 다 칠했다면 Opacity를 100%로 되돌립니다.

2 · 기능 예제 ·   레이어 마스크로 그림자 넣기

◎ **준비 파일**: part1/chapter7/Diamond.png

01 Ctrl+O를 눌러 'Diamond.png' 파일을 불러옵니다. 하단의
조정 레이어를 클릭하면 나타나는
팝업 메뉴에서 [Solid Color]를 선택
하고 검은색(#000000)을 선택한 후
[OK]를 클릭합니다.

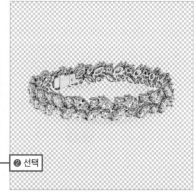

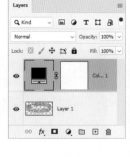

02 검정색 레이어를 밑으로 내려 순서를 바꿉니다. [Layer1] 레이어의 이름을 Dia로 변경하고 Ctrl +J를 눌러 레이어를 복제합니다. Ctrl+T를 눌러 나오는 메뉴에서 [Flip Vertical]을 선택해서 위아래를 뒤집고 밑으로 조금 내립니다.

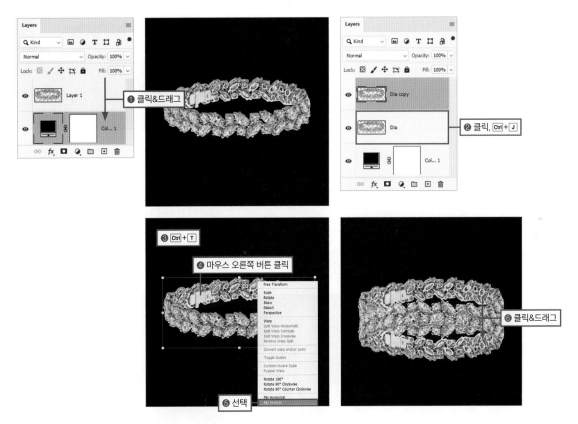

03 [Layers] 패널 하단의 레이어 마스크 아이콘을 클릭해서 레이어 마스크를 추가합니다. 그레이디언트 툴(■)을 선택하고 검은색에서 흰색으로 변하는 그레이디언트로 설정합니다. 아래에서 위로 그레이디언트를 적용합니다.

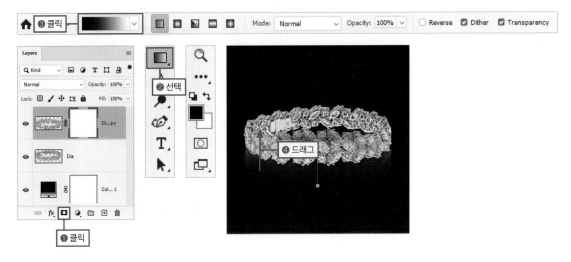

04 [Layers] 패널에서 Opacity를 줄입니다.

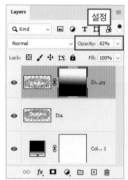

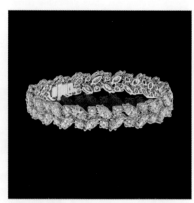

◎ **준비 파일**: part1/chapter7/Phone.jpg, Football.jpg

01 Ctrl+O를 눌러 'Phone.jpg, Football.jpg' 파일을 불러옵니다.

02 이동 툴(⊕)을 선택하고 Football 이미지를 Phone 이미지로 옮깁니다.

03 Ctrl+T를 누르고 크기를 줄입니다. 레이어 이름을 'Football'
로 바꿉니다.

T·I·P Shift를 누른 상태에서 클릭하면서 적당
한 크기로 조절합니다.

04 개체 선택 툴(🔲)을 선택하고 남성을 선택 영역으로 잡습니다. [Layers] 패널 하단의 레이어 마스
크 아이콘을 클릭해서 레이어 마스크를 추가합니다. 선택 영역만 나타납니다.

05 마스크 레이어를 선택한 상태에서 사각 선택 툴(🔲)을 선택하고 스마트폰 화면 영역을 드래그해
서 선택 영역으로 활성화합니다. 전경색을 흰색으로 설정한 후 Alt+Delete를 눌러 마스크를 추가합니다.

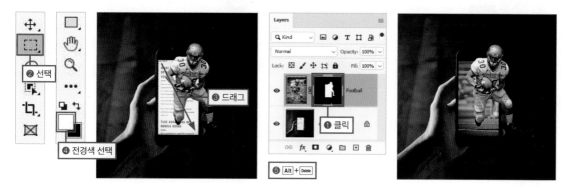

● 클리핑 마스크

원하는 특정 영역에만 이미지가 나타나도록 하는 기능으로 아래 레이어의 오브젝트 영역에 위 레이어의 이미지를 담는 개념입니다. 그러므로 형태를 나타내는 레이어가 밑에, 보여질 이미지 레이어가 위에 있어야 합니다.

이 파일은 [Background] 레이어 외에 [Clipping] 문자 레이어와 [Eggs] 레이어로 되어 있습니다. 글자의 형태 안에만 이미지가 보이도록 하겠습니다. 두 레이어 사이에 Alt 를 누른 채 마우스를 가져가면 커서 모양이 바뀝니다. 이때 클릭하면 아래 레이어의 형태에만 위 레이어의 이미지가 나타납니다.

 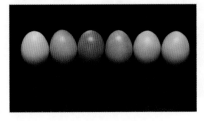 

◎ **준비 파일**: part1/chapter7/Paper.jpg, Couple.jpg

01 Ctrl + O 를 눌러 'Paper.jpg' 파일을
불러옵니다.

02 레이어를 추가하고 다각형 올가미 툴(⊠)을 선택하고 하트 모양을 따라 클릭해서 선택 영역으로
만든 후 Alt + Delete 를 눌러 전경색을 채웁니다.

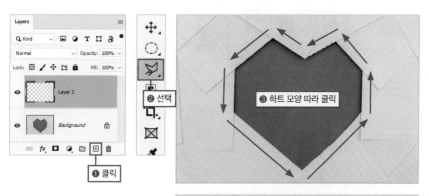

T·I·P 클리핑 마스크를 해제하고 싶으면 Alt 를 누른 채 레이어와 레이어 사이를 클릭하면 됩니다.

03 Ctrl+O를 눌러 'Couple.jpg' 파일을 불러오고 이동 툴(+)로 [Heart] 레이어 위에 놓습니다.

04 Alt를 누른 채 [Heart] 레이어와 [Couple] 레이어 사이에 마우스를 가져가면 커서 모양이 변경되는 데 이때 클릭합니다. 하트 모양 안으로 클리핑 처리된 이미지만 보입니다.

05 Ctrl+T를 누른 후 Shift를 누른 채 드래그해서 크기를 살짝 줄이고 Enter를 눌러 마무리합니다.

◎ **준비 파일**: part1/chapter7/Fruits.jpg

01   Ctrl + N 을 눌러 1000*1300px, Resolution 72dpi의 새 창을 만듭니다. #e0e0e0을 선택하고 [OK]
를 클릭한 후 Alt + Delete 를 눌러 전경색을 채웁니다.

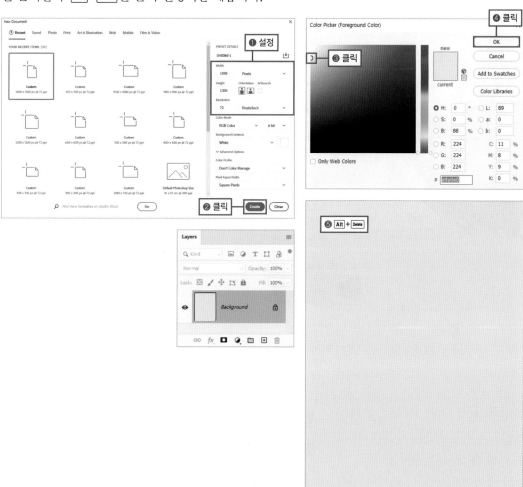

02 새 레이어를 추가하고 이름을 'Brush'로 합니다. 브러시 툴(✏)을 선택하고 옵션 창에서 Dry Media Brushes의 'KYLE Bonus Chunky Charcoal'을 선택합니다. 브러시 크기를 35px로 하고 드래그합니다.

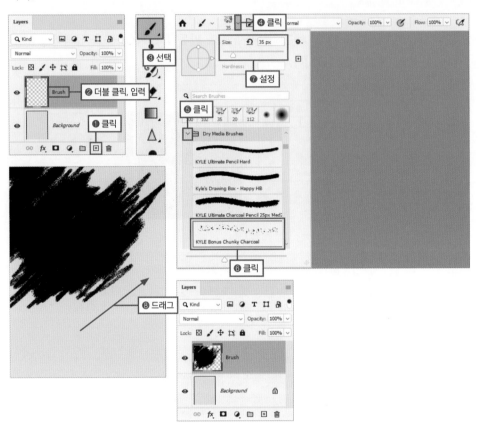

03 Ctrl + O 를 눌러 'Fruits.jpg' 파일을 불러오고 이동 툴(✥)로 [Brush] 레이어 위에 놓습니다. Alt 를 누른 채 [Brush] 레이어와 [Fruits] 레이어 사이에 마우스를 가져가면 커서 모양이 변경되는데 이때 클릭합니다. 브러시 모양 안으로 클리핑 처리된 이미지만 보입니다. 필요하다면 Ctrl + T 를 눌러 크기를 살짝 줄이고 Enter 를 눌러 마무리합니다.

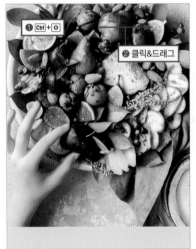

T·I·P 클리핑 마스크를 해제하고 싶으면 Alt 를
누른 채 레이어와 레이어 사이를 클릭하면 됩니다.

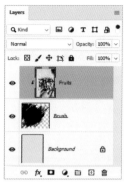

04 텍스트를 입력해서 마무리합니다.

조정 메뉴와 조정 패널

조정 메뉴에 대해 알아본 후 조정 메뉴와 조정 레이어 및 패널로 이미지를 보정하는 방법을 배웁니다.

LESSON

조정 레이어(Adjustment Layer)는 이미지에 영향을 미치지 않으면서 이미지를 보정하는 레이어입니다. 색을 보정하는 기능은 주로 [Adjustments] 메뉴에 나타납니다. 총 22가지 기능 중 자주 쓰이는 16가지 기능은 [Adjustments] 패널에서도 제공됩니다. 기능은 같지만 메뉴 바의 [Image]-[Adjustments]는 레이어에 바로 적용되어 빠르고 간편하지만 이후에 수정할 수 없습니다.

반면 [Adjustments] 패널이나 [Layers] 패널에서 추가한 조정 기능은 선택한 레이어 위에 조정 레이어를 만들어서 아래 놓인 모든 레이어의 이미지가 함께 보정됩니다. 조정 레이어라는 독립된 층으로 원본 레이어를 손상시키지 않고 별도의 레이어로 관리할 수 있어 쉽게 수정 및 삭제할 수 있습니다. 각기 다른 성격을 파악하고 상황에 따라 선택해서 사용합니다.

● 조정 메뉴로 보정

메뉴 바에서 [Image]-[Adjustments]-[Levels]를 선택하고 [Levels] 대화상자에서 Input Levels의 수치를 32, 1, 202로 조절한 후 [OK]를 클릭합니다.

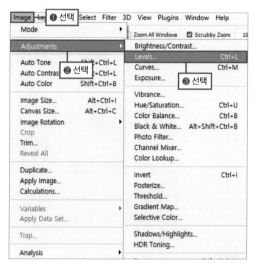
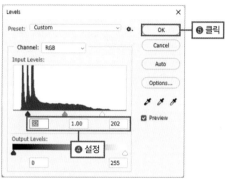

화면과 같이 이미지가 변경되고 [Layers] 패널의 [Background] 레이어에도 적용됩니다.

● 조정 레이어로 보정

1) [Adjustments] 패널을 사용해서 보정

메뉴 바에서 [Window]-[Adjustments]를 선택하면 [Adjustments] 패널이
열립니다. 여기서 'Levels' 아이콘을 클릭합니다.

2) [Layers] 패널에서 직접 보정

1. [Layers] 패널에서 조정 레이어 만들기 아이콘을 클릭하고
[Levels]를 선택합니다.

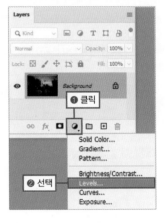

2. [Layers] 패널의 [Background] 레이어 위에 조
정 레이어가 추가되고 [Properties] 패널이 열
립니다. [Levels] 대화상자에서 Input Levels의
수치를 32, 1, 202로 조절합니다.

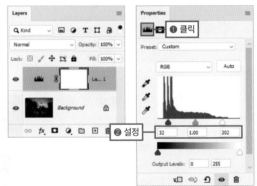

채널

채널 패널에 대해 알아본 후 알파 채널과 스팟 채널을 만드는 방법을 배우고 배경화면 만드는 방법도 알아봅니다.

LESSON

여러 가지 색이 섞여 이미지를 구현하는데 채널은 이미지의 컬러와 선택 정보를 담고 있습니다. 채널은 흑백 음영에 의해 256단계로 표현되며 흰색인 경우에는 적용한 어떤 효과가 100%, 회색인 경우에는 50%, 검은색인 경우에는 0%입니다. 어떤 효과를 적용할 때 흑백 음영에 따라 그만큼 적용된다는 것입니다.

채널에 있는 선택 영역을 다양하게 편집해서 특수 효과를 줄 수 있습니다.

● Channels 패널

[Channels] 패널에서 색상 채널은 이미지를 구성하는 색상 정보를 저장하는 채널로 이미지 모드에 따라 구성됩니다. RGB 모드는 3가지 채널이 혼합된 RGB 채널과 Red, Green, Blue 채널로 구성되어 있고, CMYK 모드는 4가지 채널이 혼합된 CMYK 채널과 Cyan, Magenta, Yellow, Black 채널로 구성되어 있습니다.

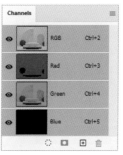

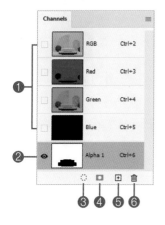

❶ **색상 채널:** 이미지 모드에 따라 색상 정보를 갖고 있는 채널입니다.

❷ **알파 채널:** 선택 영역을 저장하고 있는 채널로 흑백으로 표시됩니다.

❸ **채널로 선택하기:** 채널을 선택 영역으로 만듭니다.

❹ **채널로 만들기:** 선택 영역을 채널로 만듭니다.

❺ **새 채널 만들기:** 새로운 알파 채널을 만듭니다.

❻ **휴지통:** 선택한 채널을 삭제합니다.

[Channels] 패널이 흑백으로 보일 때는 메뉴 바에서 [Edit]-[Preferences]-[Interface]를 선택한 후 Options에서 'Show Channels in Color'를 체크하면 됩니다.

1) 알파 채널

색상 정보를 갖고 있는 색상 채널과 달리, 알파 채널은 선택 영역 정보를 저장하는 채널입니다. 선택 영역을 저장해서 합성하는 데 주로 사용하고, 저장된 선택 영역에 여러 가지 변형을 줄 수도 있습니다.

(1) 알파 채널 만들기

[Channels] 패널에서 우측 상단의 확장 아이콘을 클릭한 후 [New Channel]을 선택합니다. [New Channel] 대화상자에서 설정한 후 [OK]를 클릭하면 [Channels] 패널에 [Alpha 1] 채널이 생성됩니다.

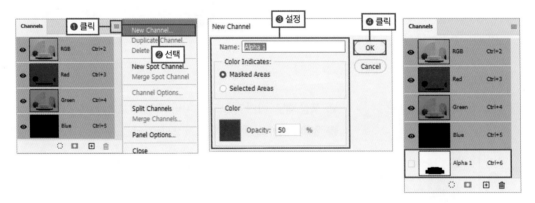

T·I·P 선택 영역이 있을 경우 [Channels] 패널에서 채널로 만들기 아이콘을 클릭해도 새 채널을 만들 수 있습니다.

❶ **Name**: 알파 채널의 이름을 입력합니다.

❷ **Color Indicates**: 색을 선택 영역에 표시할지, 마스크 영역에 표시할
지 선택합니다.
- **Masked Areas**: 검은색 알파 채널이 만들어집니다. 선택 영역은
흰색 영역으로 표시되며 브러시 툴로 만들 수 있습니다.
- **Selected Areas**: 흰색 알파 채널이 만들어집니다. 선택 영역은 검
은색으로 표시되며 브러시 툴로 만들 수 있습니다.

❸ **Color**: 채널에 표시할 색상과 Opacity를 설정합니다.

2) 스팟 채널

스팟 채널은 알파 채널처럼 특수한 목적으로 제작된 채널입니다. 인쇄용 이미지를 작업할 때는
CMYK 모드를 이용하는데 금색, 은색, 형광 같은 별색은 CMYK 모드에서 만들 수 없습니다. 이 별
색을 출력할 때 스팟 채널을 사용합니다.

(1) 스팟 채널 만들기

스팟 채널은 [Channels] 패널에서 우측 상단의 확장 아이콘을 클릭한 후 [New Spot Channel]을 선택
합니다. [New Spot Channel] 대화상자에서 설정한 후 [OK]를 클릭하면 [Channels] 패널에 [Spot
Color 1] 채널이 생성됩니다.

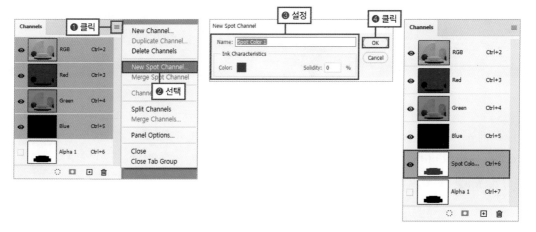

채널을 이용해서 바탕화면 만들기

채널에는 이미지의 색상과 선택 정보가 담겨 있습니다. 채널의 가장 중요한 점은 선택 영역을 다양하게 편집해서 특수 효과를 줄 수 있다는 것입니다. 일반 선택 툴, 즉 사각 선택 툴이나 올가미 툴 등을 사용해서 선택 영역을 설정하면 단순한 작업만 할 수 있지만 채널에서는 선택 영역에 다양한 특수 효과를 줄 수 있습니다. 채널을 이용해서 간단히 테두리에 효과를 넣은 컴퓨터 바탕화면을 만들어 보겠습니다.

◎ **준비 파일**: part1/chapter7/Rose.jpg

01 Ctrl + O 를 눌러 'Rose.jpg' 파일을 불러옵니다. 툴 패널에서 원형 선택 툴(◯)을 선택하고 가운데 부분을 선택합니다.

02 메뉴 바에서 [Select]-[Modify]-[Feather]를 선택하고 [Feather Selection] 대화상자가 열리면 Feather Radius를 50으로 설정한 후 [OK]를 클릭합니다.

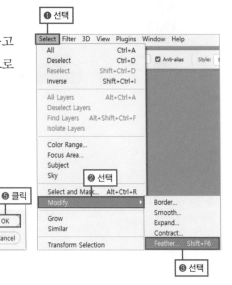

03 [Channels] 패널을 선택하고 선택 영역을 채널로 만들기 아이콘을 클릭해서 채널을 추가합니다. [Alpha 1] 채널이 만들어집니다. Ctrl + D 를 눌러 선택 영역을 해제합니다.

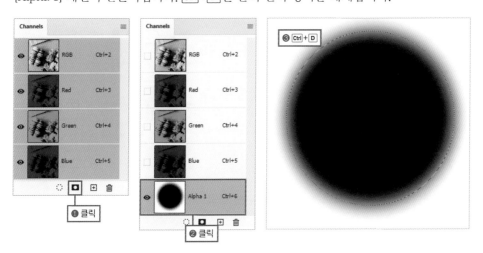

04 메뉴 바에서 [Filter]-[Pixelate]-[Color Halftone]을 선택한 후 [Color Halftone] 대화상자에서 설정 하고 [OK]를 클릭합니다.

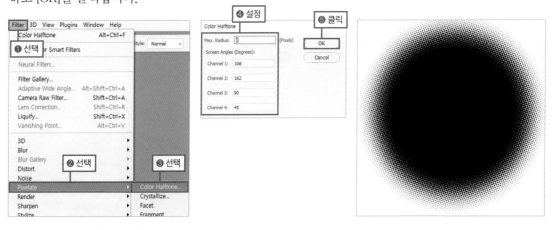

05 [Channels] 패널에서 채널로 선택 하기 아이콘을 클릭한 후 Ctrl + Shift + I 를 눌러 선택 영역을 반전시킵니다. 채널 로 만들기 아이콘을 클릭해서 [Alpha 2] 채널을 추가합니다. 새로 만들어진 [Alpha 2] 채널을 선택하고 채널로 선택 하기 아이콘을 클릭합니다.

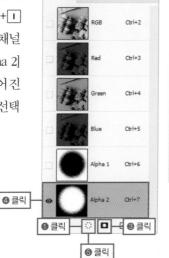

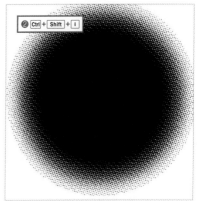

06 [Channels] 패널에서 RGB를 클릭하고 [Layers] 패널에서
새 레이어를 추가하고 그레이디언트 툴(▣)을 선택합니다.

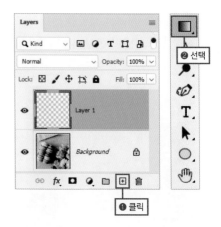

07 옵션 바에서 그레이디언트 편집 박스를 클릭해서 편집 창을 열고
Neutrals에서 색을 선택하고 [OK]를 클릭합니다.

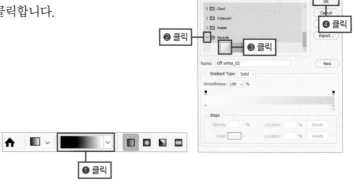

08 드래그해서 그레이디언트를 적용합니다.

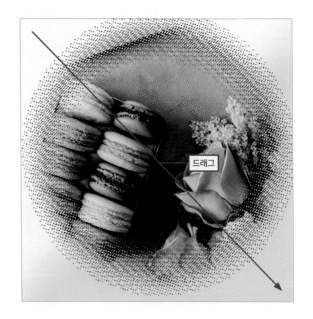

드래그

09 Ctrl + D 를 눌러 선택 영역을 해제합니다.

10 [Layers] 패널에서 Blend Mode를 'Hard Light'로 변경합니다.

설정

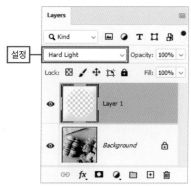

필터

필터를 이용하면 쉽고 간단하게 이미지에 다양한 특수 효과를 줄 수 있습니다. 특히
Neural Filters는 사진 편집 및 수정 작업을 쉽게 할 수 있도록 도와주는 최신 기능의
필터입니다.

특수 효과로 가는 가장 빠른 길, 필터[Filter]

LESSON 01

포토샵을 설치하면 곧바로 사용할 수 있는 필터 메뉴에 대해 간단하게 알아봅니다.

● **필터(Filter) 메뉴**

[Filter] 메뉴를 살펴보면 다음과 같습니다.

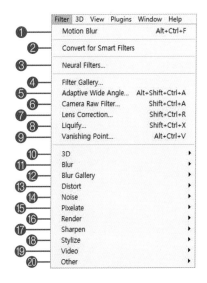

① **Motion Blur**: 배경 화면을 직선으로 흐림 효과를 만들어 줘서 속도감 있는 배경 화면을 만들 때 사용합니다.

② **Convert for Smart Filters**: 스마트 필터로 바꿉니다.

③ **Neural Filters**: 사진 편집 및 수정 작업을 쉽게 할 수 있도록 도와주는 최신 기능의 필터입니다.

④ **Filter Gallery**: 필터 갤러리 대화상자를 열어 이미지에 필터를 미리 적용해서 그 결과를 확인한 후 적용할 수 있습니다.

⑤ **Adaptive Wide Angle**: 어안 렌즈나 광각 렌즈로 촬영한 사진에서 구부러져 보이는 개체를 손쉽게 똑바르게 할 수 있습니다.

⑥ **Camera Raw Filter**: 이미지에 Camera Raw의 조정 사항을 적용할 수 있게 합니다.

⑦ **Lens Correction**: 광각 렌즈의 왜곡 현상을 교정합니다.

⑧ **Liquify**: 사진의 형태를 수정합니다.

⑨ **Vanishing Point**: 투시된 이미지를 소실점에 맞게 수정합니다.

⑩ **3D**: 3D 입체로 만들어 주는 필터입니다.

⑪ **Blur**: 이미지 초점을 흐리게 하는 필터입니다.

⑫ **Blur Gallery**: 다양한 블러 필터들이 있습니다.

⑬ **Distort**: 이미지를 볼록하게 하거나 구부리게 하는 등 왜곡 효과를 주는 필터입니다.

⑭ **Noise**: 이미지에 노이즈를 더하거나 제거하는 필터입니다.

⑮ **Pixelate**: 픽셀 모양, 색상, 배열 방식 등을 조절해서 독특한 효과를 만드는 필터입니다.

⑯ **Render**: 몇 가지 특수 효과를 연출할 수 있는 필터입니다.

⑰ **Sharpen**: 이미지의 선명도를 조절하는 필터입니다.

⑱ **Stylize**: 이미지에 다양한 질감을 적용하는 필터입니다.

⑲ **Video**: 포토샵에서 작업한 이미지를 영상 매체로 가져갈 때 해당 매체에 맞게 색상 체계를 바꿉니다.

⑳ **Other**: 기타 필터를 모아 놓았습니다.

똑똑한 뉴럴 필터(Neural Filters)

사진 편집 작업을 도와주는 뉴럴 필터를 알아본 후 흑백 사진을 컬러 사진으로 바꾸는 방법,
계절과 하늘을 바꾸는 방법, 피부를 보정하는 방법 등을 배웁니다.

LESSON

사진 편집 및 수정 작업을 쉽게 할 수 있도록 도와주는 포토샵 뉴럴 필터(Neural Filters)는 AI의 발전을 느낄 수 있는 똑똑한 필터입니다.

[Filter]-[Neural Filters] 메뉴를 선택하고 클라우드 아이콘을 클릭해서 사용하고자 하는 필터를 다운로드합니다. 필터를 활성화하고 옵션을 조절해서 사용하면 됩니다.

❶ **비활성화 아이콘**: 다운받은 필터입니다.

❷ **활성화 아이콘**: 다운받아 사용하는 필터입니다.

❸ **클라우드 아이콘**: 다운받지 않은 필터입니다.

❹ **Output**

- **Current layer**: 현재 레이어에 필터를 적용합니다.
- **New layer**: 새 레이어에 필터를 적용합니다.
- **New layer masked**: 새로운 레이어에 마스크를 사용해서 적용합니다.
- **Smart filter**: 현재 레이어를 스마트 오브젝트로 변환하고 필터를 편집할 수 있도록 합니다.
- **New document**: 필터를 새로운 포토샵 파일로 만듭니다.

❺ **왼쪽 하단 아이콘**: 각 필터에 대한 미리보기 전과 후를 전환합니다.

❻ **Reset 아이콘**: 필터의 효과를 초깃값으로 되돌립니다.

흑백 사진을 컬러 사진으로 바꾸기

◎ **준비 파일**: part1/chapter8/Baltic-sea.jpg

01 Ctrl + O 를 눌러 'Baltic-sea.jpg' 파일을 불러옵니다. [Filter]-[Neural Filters] 메뉴를 선택합니다.

02 Colorize를 선택하고 옵션을 조절한 후 [OK]를 클릭합니다.

T·I·P
Saturation +12
Cyan/Red -15
Magenta/Green -12
Yellow/Blue +6

03 [Layers] 패널을 보면 새 레이어가 추가된 것을 볼 수 있습니다.

2 · 기능 예제 ·   계절 바꾸기

◎ **준비 파일**: part1/chapter8/Landscape.jpg

01 Ctrl + O 를 눌러 'Landscape.jpg' 파일을 불러옵니다. [Filter]-[Neural Filters] 메뉴를 선택합니다. Landscape Mixer를 활성화합니다.

02 'Autumn' 항목의 수치를 조절해서 올려봅니다. 다른 효과를 적용하기 위해 Reset 아이콘(⟲)을
클릭해서 되돌립니다.

03 'Winter' 항목의 수치를 조절합니다.

04 Winter가 적용된 상태에서 Night를 추가해 봅니다. Output을 'New layer'로 하고 [OK]를 클릭합니다.

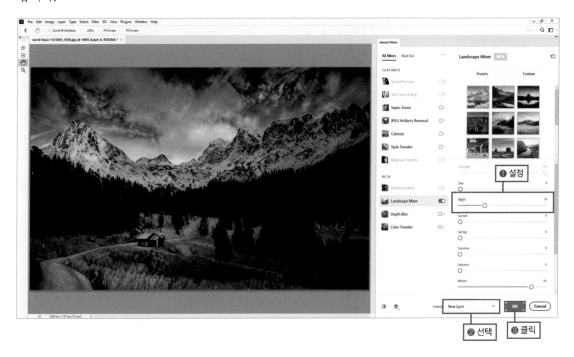

05 새로운 레이어가 추가되어 효과가 적용되었습니다.

뉴럴 필터(Neural Filters)는 아니지만 앞의 실습에서 계절과 시간을 바꿔본 것처럼 이번에는 하늘을 바꾸는 방법을 실습해 보겠습니다.

◎ **준비 파일**: part1/chapter8/Balloon.jpg

01 Ctrl+O를 눌러 'Balloon.jpg' 파일을 불러옵니다. [Edit]-[Sky Replacement] 메뉴를 선택합니다.

  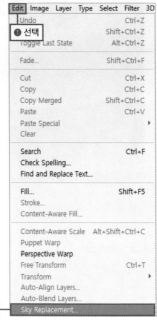

02 Sky 항목에서 원하는 하늘을 선택하고 Shift Edge는 -52, Fade Edge는 30, Brightness는 77, Temperature는 -11로 조절하고 Output To는 'New Layers'로 선택하고 [OK]를 클릭합니다.

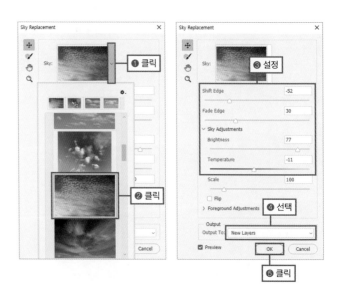

03 [Layers] 패널을 보면 이미지에 효과가 적용된 것을 확인할 수 있습니다.

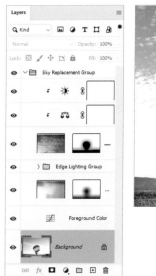

---

4 · 기능 예제 ·   피부 보정하기

◎ **준비 파일:** part1/chapter8/Model.jpg

01 Ctrl + O 를 눌러 'Model.jpg' 파일을 불러옵니다. [Filter]-[Neural Filters] 메뉴를 선택합니다.

02 Skin Smoothing을 활성화하고 Blur 항목을 100으로 올립니다. 피부가 자연스럽게 부드러워진 것을 확인할 수 있습니다. Output을 'New layer'로 선택하고 [OK]를 클릭합니다.

---

5 **기능 예제**   웃는 얼굴로 만들기

◎ **준비 파일**: part1/chapter8/Girl.jpg

01 Ctrl+O를 눌러 'Girl.jpg' 파일을 불러옵니다. [Filter]-[Neural Filters] 메뉴를 선택합니다.

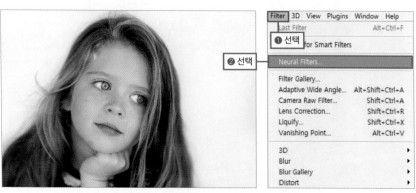

        PART 01. 포토샵 배우기

02 Smart Portrait를 선택하고 Happiness 옵션을 조절합니다. 그런 다음 Output을 'New layer'로 선택하고 [OK]를 클릭합니다.

03 아이의 표정이 웃는 얼굴로 바뀌었고 [Layers] 패널을 보면 새 레이어가 추가된 것을 볼 수 있습니다.

합성 사진 색상 톤 맞추기

Harmonization은 앞서 배운 [Adjustments]에 있는 Match Color와 성격은 비슷하나 훨씬 더 자연스러운 결과물을 얻을 수 있습니다.

◎ **준비 파일**: part1/chapter8/Woman.psd

01 Ctrl+O를 눌러 'Woman.psd' 파일을 불러옵니다. [Filter]-[Neural Filters] 메뉴를 선택합니다. Harmonization을 활성화하고 Select a layer에서 톤을 맞출 레이어를 선택합니다.

02 여성이 배경의 색 톤과 어울릴 수 있도록 보정됩니다. 하단의 옵션들을 드래그해서 원하는 톤으로 좀 더 보정할 수도 있습니다.

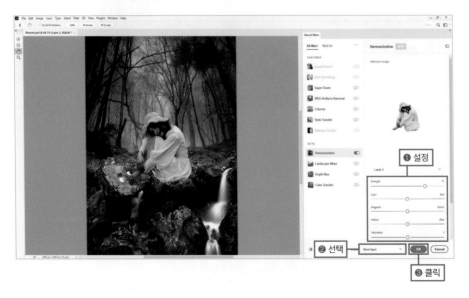

성형 필터 Liquify

성형 필터의 대화상자 옵션을 간단하게 살펴본 후 필터 갤러리와 포토샵 제공 주요 필터를 알아봅니다.

LESSON

● Liquify 대화상자 옵션

왼쪽 툴 바에 대한 기능은 다음과 같습니다.

❶ **Forward Warp Tool**: 드래그 방향에 따라 이미지를 당길 수 있습니다.

❷ **Reconstruct Tool**: 왜곡시킨 이미지를 다시 복구할 수 있습니다.

❸ **Smooth Tool**: 형태를 부드럽게 합니다.

❹ **Twirl Clockwise Tool**: 시계 방향으로 회전하며 변형됩니다.

❺ **Pucker Tool**: 클릭한 점을 중심으로 이미지를 축소하면서 왜곡합니다.

❻ **Bloat Tool**: 클릭한 점을 중심으로 이미지를 확대하면서 왜곡합니다.

❼ **Push Left Tool**: 위로 드래그하면 왼쪽으로 픽셀을 밀고, 아래로 드래그하면 오른쪽으로 픽셀을 밀어 이미지를 왜곡시킵니다.

❽ **Freeze Mask Tool**: 이미지가 왜곡되지 않도록 고정합니다.

❾ **Thaw Mask Tool**: 고정한 영역을 해제해서 변형이 가능하게 합니다.

⑩ **Face Tool**: 얼굴 조정에 사용합니다.

⑪ **Hand Tool**: 미리보기 창의 화면을 이동시킵니다.

⑫ **Zoom Tool**: 미리보기 창의 이미지를 확대합니다. Alt 를 누른 채 클릭해서 축소합니다.

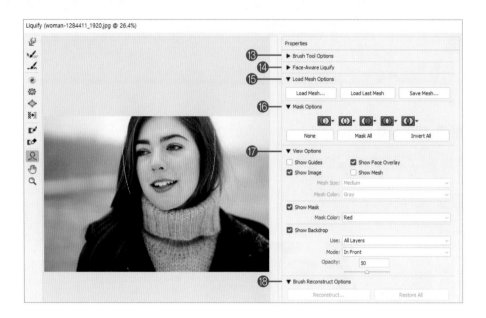

오른쪽 옵션에 대한 기능은 다음과 같습니다.

⑬ **Brush Tool Options**: 브러시 크기, 강약 등 브러시 옵션을 조절합니다.

⑭ **Face-Aware Liquify**: 얼굴을 부분적으로 선택해서 변형합니다.

⑮ **Load Mesh Options**: 메시를 사용하면 변형됩니다.

⑯ **Mask Options**: 이미지가 변형되지 않도록 마스크 영역을 설정합니다.

⑰ **View Options**: 작업 화면 보기 옵션을 설정합니다.

⑱ **Brush Reconstruct Options**: 왜곡된 이미지 복구 시 옵션들을 설정합니다.

---

1 · 기능 예제 ·   **Liquify 성형 필터 적용하기**

◎ **준비 파일**: part1/chapter8/Woman1.jpg

01 Ctrl + O 를 눌러 'Woman1.jpg' 파일을 불러오고 메뉴 바에서 [Filter]-[Liquify]를 선택합니다.

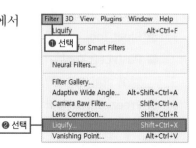

02   왼쪽 툴 패널에서 Face Tool(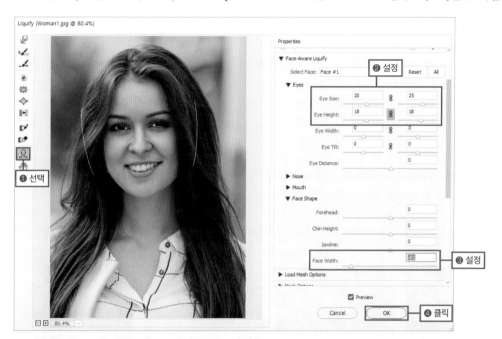)을 선택하고 오른쪽 [Properties] 대화상자에서 Eyes를 먼저 수정합니다. Eye Size는 왼쪽 눈이 오른쪽 눈보다 조금 크기 때문에 각각 20, 25로 조절합니다. Eye Height는 가운데 링크를 체크하고 18, Face Shape의 Face Width를 -83으로 조절하고 [OK]를 클릭합니다.

before

after

● 필터 갤러리

필터 갤러리에는 회화적인 느낌을 내는 필터인 브러시 획, 스케치 효과, 예술 효과가 있고 이미지를 왜곡하거나 변형하는 필터인 스타일화, 왜곡이 있고 여러 가지 형태의 질감을 입혀주는 필터인 텍스처 등이 있습니다.

회화적 느낌의 필터들: Artistic, Brush Stroke, Sketch
이미지 흠집, 잡티 보정 필터들: Blur, Noise, Sharpen
이미지 왜곡, 변형 필터들: Liquify, Distort, Pixelate, Render, Stylize

1) Artistic: 예술 효과 필터

여러 가지 미술 도구나 화가들의 독특한 터치를 이미지에 적용하는 필터입니다. 15개로 구성되어 있으며 RGB 색상 이미지와 그레이스케일 이미지에만 효과가 적용됩니다.

원본

Colored Pencil(색연필)

Cutout(오려내기)

Dry Brush(드라이 브러시)

Film Grain(필름 그레인)

Fresco(프레스코)

Neon Glow(네온광)

Paint Daubs(페인트 바르기)

Palette Knife(팔레트 나이프)

Plastic Wrap(비닐 랩)

Poster Edges(포스터 가장자리)

Rough Pastels(거친 파스텔 효과)

Smudge Stick(문지르기 효과)

Sponge(스펀지)

Underpainting(언더페인팅 효과)

Watercolor(수채화)

2) Brush Stroke: 브러시 터치 필터

다양한 방식으로 이미지에 터치를 더하는 필터로 예술 효과 필터와 비슷합니다. 예술 효과 필터와 마찬가지로 RGB 색상 이미지와 그레이스케일 이미지에만 효과가 적용됩니다.

원본

강조된 가장자리

각진 획

그물눈

어두운 획

잉크 윤곽선

뿌리기

스프레이 획

수묵화

3) Distort: 이미지 왜곡 및 변형 필터

이미지를 변형해서 왜곡 효과를 주는 필터입니다.

원본

광선 확산

유리

바다 물결

4) Sketch: 스케치 효과 필터

손으로 직접 그린 듯 스케치 효과를 내는 필터입니다. 대부분 전경색과 배경색에 영향을 받습니다.

원본

저부조

분필과 목탄

목탄

크롬

크레용

그래픽 펜

하프톤 패턴

메모지

복사

석고

망사 효과

도장

가장자리 찢기

물 종이

5) Stylize: 이미지 스타일화 필터

이미지의 픽셀, 모양, 배열에 변형을 가해 이미지 스타일을 강하게 바꾸는 필터입니다.

스타일화

가장자리 광선 효과

6) 텍스처: 질감을 만드는 필터

이미지에 여러 가지 형태의 질감을 적용하는 필터입니다. 고급스러운 분위기의 질감을 표현하기 좋습니다.

원본

균열

그레인

모자이크 타일

이어붙이기

채색 유리

텍스처화

● 포토샵 제공 주요 필터

Filter 3D View Plugins Window Help	
Motion Blur	Alt+Ctrl+F
Convert for Smart Filters	
Neural Filters...	
Filter Gallery...	
Adaptive Wide Angle...	Alt+Shift+Ctrl+A
Camera Raw Filter...	Shift+Ctrl+A
Lens Correction...	Shift+Ctrl+R
Liquify...	Shift+Ctrl+X
Vanishing Point...	Alt+Ctrl+V
① 3D	▶
② Blur	▶
③ Blur Gallery	▶
④ Distort	▶
⑤ Noise	▶
⑥ Pixelate	▶
⑦ Render	▶
⑧ Sharpen	▶
⑨ Stylize	▶
⑩ Video	▶
⑪ Other	▶

이번에는 포토샵에서 제공하는 주요 필터에 대해 간략하게 살펴봅니다. 메뉴 바에서 [Filter]를 선택하면 열리는 팝업 메뉴의 다섯 번째 영역에 있습니다.

① 3D

포토샵 CS6까지에는 없던 3D 필터 기능이 포토샵 CC에서 새롭게 추가되었습니다.

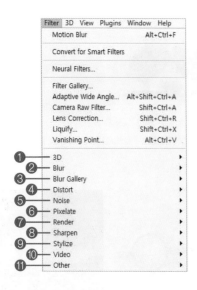

원본   범프 맵 생성   표준 맵 생성

② Blur: 흐림 효과

이미지의 초점을 흐리게 하여 이미지의 흠집이나 잡티를 제거하는 필터입니다. 총 11개의 필터가 있으며 흐리게, 더 흐리게, 가우시안 흐림 효과는 기본적인 흐림 효과를 줄 때 사용하고, 나머지는 좀 더 특별한 효과를 낼 때 사용합니다.

원본   평균   흐리게   더 흐리게

| 상자 흐림 효과 | 가우시안 흐림 효과 | 렌즈 흐림 효과 | 동작 흐림 효과 |

| 방사형 흐림 효과 | 모양 흐림 효과 | 고급 흐림 효과 | 표면 흐림 효과 |

❸ Blur Gallery: 흐림 효과 갤러리

흐림 효과 갤러리에는 5가지의 블러 필터들이 들어 있습니다. 필드 흐림 효과는 이미지 전체에 블러가 적용되고, 조리개 흐림 효과는 중심에서 밖으로 퍼져 나갈수록 적용됩니다. 기울기-이동 효과는 위아래로 블러를 적용시켜 주는 기능이고, 경로 흐림 효과는 패스 선을 따라 효과가 적용되며, 회전 흐림 효과는 회전하는 블러가 적용됩니다.

| 원본 | 필드 흐림 효과 | 조리개 흐림 효과 | 기울기-이동 |

경로 흐림 효과   회전 흐림 효과

❹ Distort: 왜곡

이미지를 변형해서 왜곡 효과를 주는 필터입
니다.

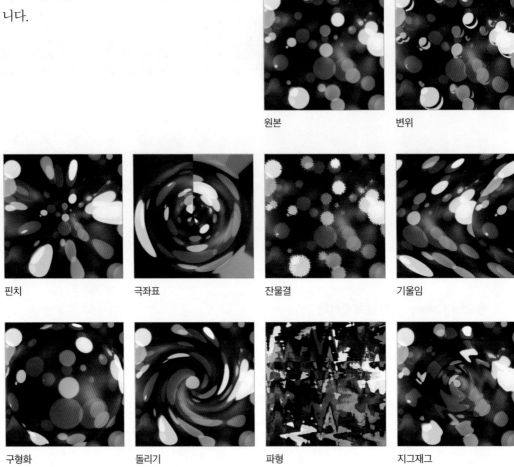

원본 　　　　　　　　　　　　　　변위

핀치 　　　　극좌표 　　　　잔물결 　　　　기울임

구형화 　　　　돌리기 　　　　파형 　　　　지그재그

❺ Noise: 노이즈

이미지에 흠집이나 잡티를 추가해서 거친 느낌을 주는 필터입니다. 하지만 경계면이 지나치게 날
카로운 이미지인 경우 노이즈 추가를 적용해서 적당한 양의 잡티를 추가하면 오히려 경계가 부드
럽게 처리되기도 합니다.

원본 　　　　　　노이즈 추가 　　　　반점 제거 　　　　먼지와 스크래치

중간값

노이즈 감소

⑥ Pixelate: 픽셀화

픽셀들의 모양, 색상, 배열 방식 등을 조절해서 독특한 효과를 얻는 필터입니다. 특히 모자이크나 색상 하프톤 효과는 자주 사용됩니다.

원본

색상 하프톤

수정화

단면화

분열

메조틴트

모자이크

점묘화

⑦ Render: 렌더

여러 가지 특수 효과를 연출하는 필터입니다. 앞의 3개는 CC에 추가된 기능입니다. 불꽃을 실행하려면 먼저 불꽃이 지나갈 패스를 만들어야 합니다. 나무나 구름 효과는 매우 유용하게 쓸 수 있습니다.

원본

불꽃

사진 프레임

나무

구름 효과

구름 효과 2

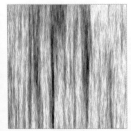

섬유

렌즈 플레어

조명 효과

⑧ Sharpen: 선명 효과

이미지 선명도를 조절하는 필터입니다. 인접한 픽셀의 명암 차를 원래보다 강조해서 선명도를 높이는 것이 기본 원리입니다.

원본

선명하게

가장자리 선명하게

더 선명하게

고급 선명 효과

언샵 마스크

⑨ Stylize: 스타일화

이미지의 픽셀, 모양, 배열에 변형을 가해 이미
지 스타일을 강하게 바꾸는 필터입니다.

원본   확산

엠보스

돌출

가장자리 찾기

유화

과대 노출   타일   윤곽선 추적   바람

⑩ Video: 비디오

비디오 필터는 포토샵에서 작업한 이미지를 TV와 같은 영상 매체로 가져갈 때 중간 과정으로 사용
할 수 있는 필터입니다. 컴퓨터를 통해 제작한 색상과 TV 브라운관에서 표현하는 색상 체계가 다
르기 때문에 사용합니다.

⑪ Other: 기타

사용자가 직접 필터 제작, 이미지 색상을 밝게 또는 어둡게 처리, 이미지 픽셀의 배열을 의도적으로 변화시켜 이미지를 이동하는 등 다양한 기능을 가진 필터입니다.

원본

사용자 정의

High Pass

HSB/HSL

최댓값

최솟값

오프셋

---

2 ·기능 예제·   연필 스케치 효과 적용하기

◎ **준비 파일**: part1/chapter8/Fashion.jpg

01 Ctrl+O를 눌러 'Fashion.jpg' 파일을 불러옵니다.

02 [Image]-[Adjustments]-[Desaturate] 메뉴를 선택해서 흑백 이미지로 만듭니다.

03 Ctrl + J 를 눌러 레이어를 복제합니다. Ctrl + I 를 눌러 이미지를 반전시킵니다.

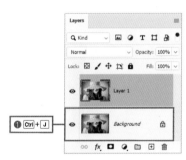 

04 [Filter]-[Other]-[Minimum] 메뉴를 선택하고 반지름을 1px로 한 후 [OK]를 클릭합니다.

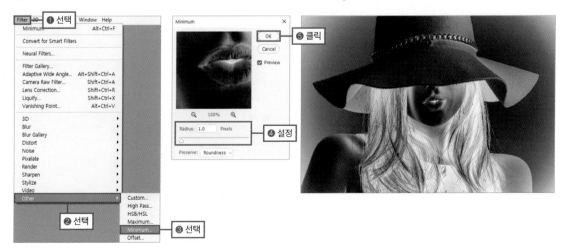

05 레이어 모드를 'Color Dodge'로 변경
합니다.

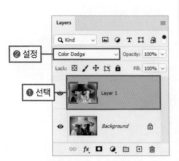

◎ **준비 파일**: part1/chapter8/Icecream.jpg

01 [File]-[Open] 메뉴를 실행하거나 Ctrl+O 를 눌러
'Icecream.jpg' 파일을 불러옵니다. 새 레이어 만들기 아이콘
을 클릭해서 레이어를 추가하고 레이어 이름을 'Halftone'으
로 변경합니다.

02 하프톤 효과를 만들어 보겠습니다. 전경색
을 클릭하고 '#d07e96' 색을 선택합니다.

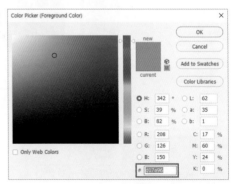

03 브러시 툴(🖌)을 선택합니다. 옵션 바에서 브러시 종류를 소프트 브러시로 선택하고 크기는 700px 정도로 크게 해준 후 이미지에 브러시로 큰 원을 그립니다.

❶ 선택

❸ 원 그리기

❷ 설정

04 Ctrl을 누른 상태에서 [Halftone] 레이어의 섬네일을 클릭합니다.

Ctrl+클릭

05 툴 패널의 퀵 마스크 모드 버튼을 클릭하거나 Q를 눌러 퀵 마스크 모드로 전환합니다. 선택 영역의 바깥인 분홍색 원 이외의 부분이 붉게 변합니다.

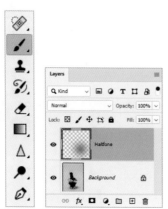

06 [Filter]-[Pixelate]-[Color Halftone] 메뉴를 실행해서 [Color Halftone]에서 Max, Radius값은 '10', Screen Angles는 Channel 1부터 Channel 4까지 모두 '45'로 설정하고 [OK]를 클릭해서 적용합니다.

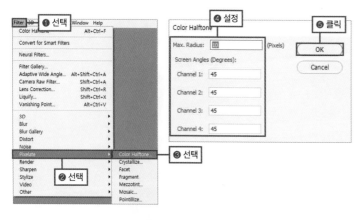

NOTE   **Color Halftone 필터**

Color Halftone 필터는 인쇄물처럼 망점을 이용해서 이미지를 나타냅니다. Max, Radius는 망점의 크기이고, Screen Angles는 각 채널의 각도입니다. Max, Radius는 가장 큰 망점의 크기를 몇 픽셀로 할 것인지 정해주는 옵션으로 수치가 클수록 망점들이 크게 만들어집니다.

---

07 툴 패널의 일반 모드 아이콘을 클릭하거나 Q 를 눌러 일반 모드로 빠져나옵니다. 지금은 분홍색 원의 내부가 선택된 상태입니다. 선택 영역을 반대로 바꿔서 외부의 하프톤 효과를 원래의 원에서 빼보겠습니다.

08 Ctrl + Shift + I 를 눌러 선택 영역을 반전시켜서 테두리를 포함한 분홍색 원 이외의 나머지 영역을 선택한 후 Delete 를 눌러 선택 영역을 지웁니다.

09 Ctrl + D 를 눌러 선택 영역을 해제하면 하프톤 효과가 적용된 것을 볼 수 있습니다.

10 [Layers] 패널에서 Normal로 설정되어 있는 블렌드 모드를 'Multiply'로 변경합니다.

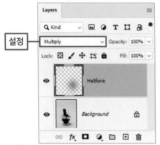

설정

11 [Ctrl]+[J]를 눌러 레이어를 복제하고 레이어 모드를 'Color Dodge'로 변경합니다.

❸ 설정

❷ 클릭

12 [Image]-[Adjustments]-[Hue/Saturation] 메뉴를
선택하고 Hue는 -112, Saturation은 -28로 조절하고 [OK]
를 클릭합니다.

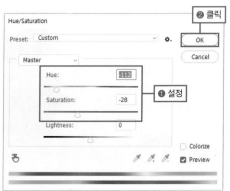

13 Ctrl+J를 눌러 레이어를 복제하고 레이어 모드를
Color Burn, Opacity를 38%로 줄입니다. 그리고 드래그합
니다.

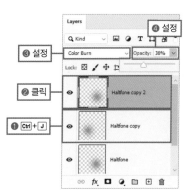

14 텍스트 툴(T)을 선택하고 Ice Cream을 입력합니다.

❶ 설정

15 [Layers] 패널의 *fx*를 클릭해서 [Stroke]를 선택합니다. Size는 8px, Position은 Outside로 설정하고 왼쪽 리스트에서 'Drop Shadow'를 선택합니다.

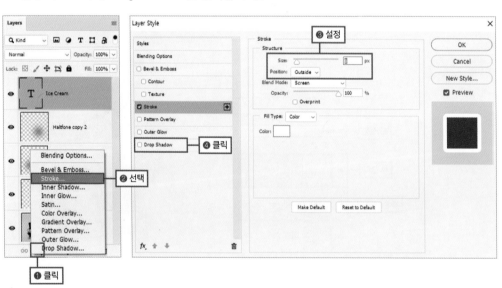

16 색은 #411521, Distance는 7px, Spread는 16px, Size는 16px로 설정하고 [OK]를 클릭합니다.

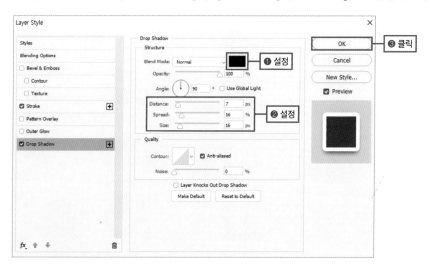

17 텍스트 툴(T)로 더미 텍스트를 넣어서 마무리합니다.

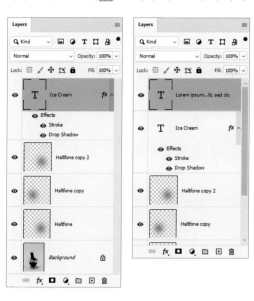

PART

2

일러스트레이터
배우기

ILLUSTRATOR

일러스트레이터
기본기 다지기

일러스트레이터를 배우기 전에 알아야 할 기본 지식과 화면, 툴, 패널 등에 대해 학습

하고 간단한 조작을 통해 시작해봅니다.

일러스트레이터 시작 전에 알고 가기

벡터와 비트맵의 표현 차이를 알아보고 베지어 곡선에 대해 배웁니다. 인쇄용 해상도의 조건
과 폰트 따는 방법 그리고 RGB와 CMYK의 차이를 알아봅니다.

LESSON

● 벡터 드로잉, 베지어 곡선

픽셀을 기반으로 하는 포토샵과 달리, 일러스트레이터는 벡터 기반의 프로그램입니다.

벡터 그래픽에서 곡선을 표현하는데 쓰이는 베지어 곡선은 두 개 이상의 기준점으로 연결되어 있
고 양 끝점과 방향선이라고 불리는 두 개의 핸들을 가지고 있습니다. 세그먼트들이 모인 전체를 패
스라고 하며 패스로 다양한 오브젝트를 그릴 수 있습니다.

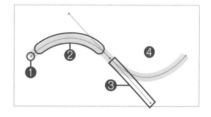

❶ **기준점(Anchor Point)**: 패스를 그릴 때 기준이 되는 점
으로 선택된 기준점인 네모는 색이 채워지고, 선택되지
않은 기준점은 테두리만 있는 네모입니다.

❷ **세그먼트(Segment)**: 기준점과 기준점을 잇는 선입니다.

❸ **방향 선(Direction Line)**: 곡선의 형태를 조절합니다.

❹ **패스(Path)**: 선분 전체를 말합니다.

	비트맵(Bitmap)	벡터(Vector)
표현 방법 및 특성	픽셀들이 모여서 이미지를 나타냅니다. 사진을 찍었을 때 대표적 이미지 파일 포맷인 jpeg가 바로 비트맵 파일입니다. 사실적 표현이 가능하지만 확대나 축소 시 이미지를 이루고 있는 점들, 즉 픽셀이 변형되기 때문에 이미지가 깨집니다. 	벡터 방식은 원하는 모양, 위치, 크기, 색 등을 함수로 구성하면 함수 명령을 해석하여 이미지를 화면에 나타냅니다. 색 표현에 한계가 없는 비트맵 파일에 비해, 사실적인 표현은 떨어지지만 확대나 축소 시 이미지가 깨지지 않습니다. 단순화된 캐릭터나 일러스트, 확대해서 출력해야 하는 인쇄 작업에 주로 쓰입니다. 

파일 포맷	jpeg, gif, png, psd ...	ai, eps ...
기본 단위	픽셀(Pixel)	mm 또는 cm 등
대표 프로그램	포토샵	일러스트레이터
구성 요소	픽셀(Pixel)로 불리는 작은 정사각형 점	점, 선, 면의 위치와 색상값과 같은 수치 정보
용량	픽셀마다 색상 정보를 모두 가지는 구조이므로 저장 용량이 크며, 색감이 풍부할수록 용량이 더 커집니다.	위치와 색상값을 수치화해서 기억했다가 표현하는 방식이므로 비트맵에 비해, 저장 용량이 작습니다. 이미지를 확대해도 용량은 변하지 않습니다.
해상도	해상도가 높을수록 이미지를 선명하게 표현하지만 용량도 커집니다.	크기에 제약이 없을 뿐만 아니라 크기가 변해도 용량에 변화가 없으므로 해상도 개념이 필요하지 않습니다.

● 인쇄용 해상도 체크 및 폰트 따기

일러스트레이터에서 작업한 벡터 이미지는 상관없지만 비트맵 이미지 같은 소스 파일의 경우에는 해상도를 체크해야 합니다. 보통 인쇄 시 기본 해상도는 300dpi 이상으로 하는 것이 좋지만 고해상도 작업이 어렵다면 최소 150dpi 이상은 되어야 합니다.

인쇄소에 출력 의뢰 시 사용한 폰트가 다른 컴퓨터에 없다면 폰트가 변경되어 파일이 열립니다. 따라서 인쇄소에 보내기 전에 반드시 [Type]-[Create Outlines] 메뉴를 선택하여 폰트를 패스로 변경합니다. 이후 텍스트 툴로는 더 이상 편집할 수 없지만 오브젝트로 변경되었기 때문에 오류 없이 출력할 수 있습니다.

● RGB 모드와 CMYK 모드

이미지의 색을 표현하는 방식인 색상 모드에는 대표적으로 RGB 모드와 CMYK 모드가 있습니다. RGB 모드를 CMYK 모드로 바꾸면 채도가 떨어집니다. 따라서 작업 시 용도에 맞는 컬러 모드를 세팅하고 작업을 시작합니다.

RGB 모드	RGB 모드는 빛의 3원색인 빨간색(Red), 녹색(Green), 파란색(Blue)의 빛을 섞어 색을 만듭니다. 빛은 섞을수록 밝아지기 때문에 3원색을 섞으면 가장 밝은 색인 흰색이 됩니다. 빛을 쏘아 색을 만드는 컴퓨터 모니터, TV 등은 RGB 모드이므로 그에 따른 이미지 작업을 할 때는 RGB 모드로 합니다.
CMYK 모드	CMYK 모드는 색의 3원색인 청록색(Cyan), 자주색(Magenta), 노란색(Yellow)과 검은색(Black)의 잉크를 섞어서 색을 만듭니다. 색의 3원색을 섞어 검정을 만들 수 있지만 잉크가 너무 많이 들기 때문에 검은색 잉크는 따로 만들어 씁니다. 물감은 섞을수록 어두워지기 때문에 3원색을 섞으면 가장 어두운 색인 검정이 됩니다. 따라서 잉크를 이용하여 색을 만드는 인쇄용 이미지는 CMYK 모드로 만듭니다.

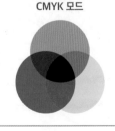

일러스트레이터 인터페이스

LESSON

일러스트레이터를 실행하면 처음 만나는 화면과 툴, 패널 등을 살펴보고 간략한 조작을 통해
작업화면을 다루는 방법을 배워봅니다.

● 홈 화면

일러스트레이터를 실행하면 나오는 화면입니다. 새로운 파일을 불러오거나 기존 작업 파일을 불
러올 수 있습니다. 왼쪽 상단의 일러스트레이터 아이콘을 클릭하면 작업 화면으로 이동합니다.

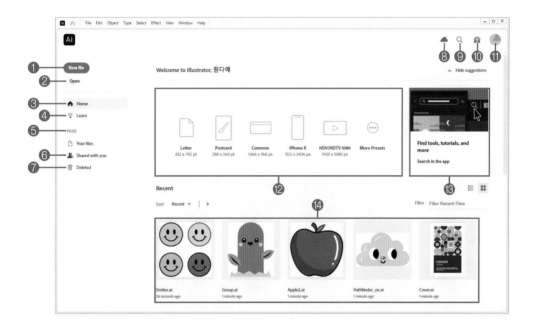

❶ **New file**: 새로운 파일을 만듭니다.

❷ **Open**: 저장된 파일을 불러옵니다.

❸ **Home**: 시작 화면이 나타납니다.

❹ **Learn**: 어도비에서 제공하는 일러스트레이터의 기능을 배울 수 있습니다.

❺ **FILES**: 어도비 클라우드에 저장한 파일을 볼 수 있습니다.

❻ **Shared with you**: 다른 사용자가 공유한 파일들을 볼 수 있습니다.

❼ **Deleted**: 삭제한 클라우드 파일들을 볼 수 있습니다. 왼쪽 메뉴들을 클릭하면 관련 내용이 나타
납니다.

❽ **Cloud storage**: 어도비 클라우드에 저장한 파일들의 용량을 알 수 있습니다.

⑨ **Search**: 프로그램 관련 사항을 검색할 수 있습니다.

⑩ **What's new**: 새로운 소식을 볼 수 있습니다.

⑪ **My account**: 내 계정 정보를 확인하고 수정할 수 있습니다.

⑫ **Start a new file fast**: 많이 사용되는 파일을 빠르게 시작할 수 있습니다.

⑬ **Learn**: 일러스트레이터의 기능을 소개합니다.

⑭ **Recent**: 최근 작업한 파일들이 미리보기 됩니다. 선택하면 바로 작업 화면으로 불러올 수 있습니다.

NOTE 　　　　　　　　　　　　　　　　　　　　　　　　　　　　　　　　　　　홈 화면 사용하지 않기

홈 화면을 사용하지 않고 일러스트레이터를 실행할 경우 바로 작업 화면이 열리게 하려면 [Edit]-[Preferences]-[General]
메뉴를 선택한 후 'Show The Home Screen When No Documents Are Open'의 체크를 해제하고 [OK]를 클릭합니다.

● **일러스트레이터 작업 화면 인터페이스**

실제로 일러스트레이터를 작업하는 화면입니다.

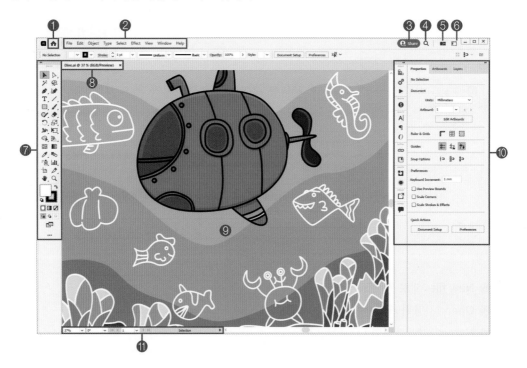

❶ **홈 아이콘**: 홈 화면이 나타납니다.

❷ **메뉴 바**: 메뉴들을 모아 놓은 곳입니다.

　　• File: 파일 만들기, 불러오기, 저장하기, 인쇄하기 등의 기능들이 있습니다.

　　• Edit: 편집에 관한 기능들과 환경설정 기능이 있습니다.

　　• Object: 오브젝트 변형 등에 관한 기능이 있습니다.

- **Type**: 텍스트에 관련된 기능들이 있습니다.
- **Select**: 패스 선택과 관련된 기능들이 있습니다.
- **Effect**: 포토샵의 필터와 같은 기능으로 특수 효과를 주는 기능이 있습니다.
- **View**: 화면을 보는 다양한 기능들이 있습니다.
- **Window**: 일러스트레이터의 패널들이 모여 있습니다. 패널 이름 앞에 체크된 패널들만 작업 화면에 나타납니다.
- **Help**: 도움말 기능입니다.

❸ **편집 사용자 초대**: 다른 사용자를 초대하여 파일을 공유할 수 있습니다.

❹ **도움말**: 궁금한 사항을 검색하면 어도비 사이트로 이동하여 정보를 얻을 수 있습니다.

❺ **도큐먼트 재배열**: 작업 창이 여러 개일 경우 배열 방식을 정할 수 있습니다.

❻ **작업 화면 선택**: 인쇄, 웹 등 작업에 맞는 화면을 선택할 수 있습니다.

❼ **툴 패널**: 작업 시 가장 많이 사용되는 도구들이 있습니다.

❽ **파일 이름 탭**: 파일 이름, 이미지 표시 비율, 컬러 모드가 표시됩니다.

❾ **아트보드**: 작업 영역을 말합니다.

❿ **패널**: 작업 시 필요한 기능과 옵션들이 모여 있습니다. [Window] 메뉴에서 선택하여 열 수 있습니다.

⓫ **상태 표시줄**
- **화면 비율**: 작업 중인 파일의 크기 비율을 나타냅니다.
- **화면 각도**: 아트보드 회전 시 각도가 표시됩니다.
- **아트보드 이동**: 아트보드가 여러 개일 경우 이동할 수 있습니다.
- **현재 선택 도구**: 현재 선택한 도구의 이름이 표시됩니다.

더 알·아·보·기

작업 화면 배경색 설정

일러스트레이터를 설치하면 어두운 배경색으로 세팅이 되는데 작업 화면의 색상을 변경할 수 있습니다.
메뉴 바에서 [Edit]-[Preferences]-[User Interface]를 선택합니다.
[Preferences] 대화상자의 User Interface의 'Brightness'에서 가장 밝은 색을 선택한 후 [OK]를 클릭합니다.

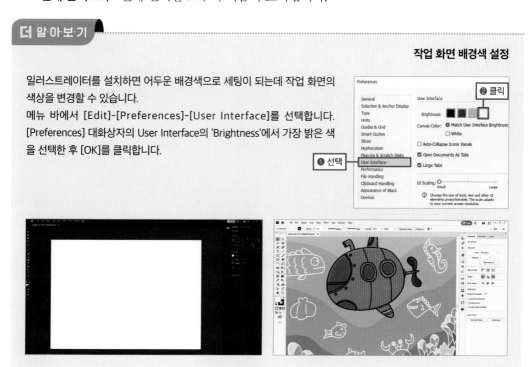

● 툴 패널 살펴보기

- 툴 패널 상단의 ▸◂, ▸▸를 클릭하면 두 줄은 한 줄로, 한 줄은 두 줄로 변경하여 사용할 수 있습니다.

- 상단을 드래그하면 툴 패널을 이동할 수 있습니다.

- 툴 패널에서 아이콘 위에 마우스 포인터를 놓으면 이름과 단축키가 나타납니다.

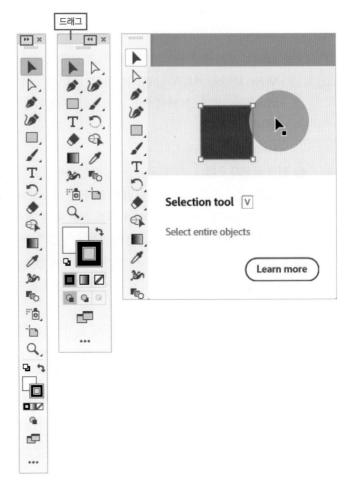

- 오른쪽 하단의 삼각형 표시(◢)는 그 안에 다른 툴들이 있다는 뜻입니다. 해당 아이콘을 길게 클릭하면 안에 있는 숨은 툴들이 나타납니다. Alt를 누른 채 계속 클릭하면 숨은 툴이 차례로 나타납니다.

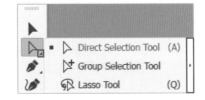

- 숨은 도구 메뉴는 오른쪽의 삼각형 아이콘(▸)을 클릭하여 패널처럼 분리할 수 있습니다.
- 분리된 패널은 ✖를 클릭하여 다시 숨길 수 있고, ◂◂를 클릭하여 세로 방향의 패널로 변경할 수 있습니다. ▸▸를 클릭하면 가로 방향의 툴 패널로 바뀝니다.

기본 툴 패널에는 자주 사용하는 툴들이 나와 있으며 하단의 더 보기(•••)를 클릭하면 모든 툴을 볼 수 있습니다.

1. [더 보기]를 클릭하면 이미 툴 패널에 등록된 툴은 비활성화되고, 등록되지 않은 툴들은 활성화됩니다. 원하는 툴을 툴 패널로 드래그하면 추가됩니다. 반대로 툴 패널에 있는 툴을 All Tools 패널로 드래그하면 삭제됩니다.
2. 오른쪽 상단의 [Reset]을 클릭하면 기본 툴 패널로 초기화됩니다.

옵션에서 [Advanced]를 선택하면 모든 툴들이 다 나타납니다. 이 책에서는 'Advanced'로 놓고 사용합니다.

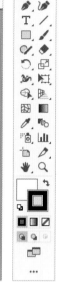

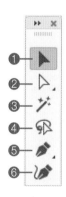

❶ **선택 툴(V)**: 오브젝트를 선택 또는 이동합니다.

❷ **직접 선택 툴(A)**: 패스의 일부 또는 기준점을 선택합니다.
  ⓐ **그룹 선택 툴**: 그룹으로 묶인 패스를 개별로 선택합니다.

❸ **마술봉 툴(Y)**: 클릭한 지점과 같은 속성을 지닌 패스를 같이 선택합니다.
❹ **올가미 툴(Q)**: 드래그한 영역의 모든 오브젝트를 선택합니다.

❺ **펜 툴(P)**: 패스를 만듭니다.
  ⓐ **기준점 추가 툴(+)**: 패스를 클릭하여 기준점을 추가합니다.
  ⓑ **기준점 삭제 툴(-)**: 기준점을 클릭하여 삭제합니다.
  ⓒ **기준점 변환 툴(Shift+C)**: 직선 패스를 곡선 패스로, 곡선 패스를 직선 패스로 만듭니다.

❻ **곡률 툴(Shift+~)**: 추가한 기준점을 이전 기준점과 연결하여 쉽게 곡선을 그릴 수 있습니다.

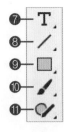

❼ 텍스트 툴(T): 일반 가로형 텍스트를 입력합니다.

  ⓐ **영역 텍스트 툴**: 영역 안에 텍스트를 입력합니다.

  ⓑ **패스 텍스트 툴**: 패스를 따라 텍스트를 입력합니다.

  ⓒ **세로 텍스트 툴**: 텍스트를 세로로 입력합니다.

  ⓓ **영역 세로 텍스트 툴**: 영역 안에 텍스트를 세로로 입력합니다.

  ⓔ **터치 텍스트 툴**: 입력된 글자를 한 글자씩 개별로 선택하여 크기, 각도 등을 개별 설정합니다.

❽ 선분 툴(\): 직선을 그립니다.

  ⓐ **호 툴**: 호를 그립니다.

  ⓑ **나선 툴**: 나선을 그립니다.

  ⓒ **사각 그리드 툴**: 사각형 그리드를 그립니다.

  ⓓ **극좌표 그리드 툴**: 원형 그리드를 그립니다.

❾ 사각형 툴(M): 사각형을 그립니다.

  ⓐ **둥근 사각형 툴**: 모서리가 둥근 사각형을 그립니다.

  ⓑ **원형 툴**: 타원 또는 정원을 그립니다.

  ⓒ **다각형 툴**: 지름과 면의 수에 따라 다각형을 그립니다.

  ⓓ **별 툴**: 지름과 각의 수에 따라 별 모양을 그립니다.

  ⓔ **플레어 툴**: 광선을 그립니다.

❿ 브러시 툴(B): 브러시로 선을 그립니다.

  ⓐ **물방울 브러시 툴(Shift+B)**: 면으로 인식되는 브러시 선을 그립니다.

⓫ 모양 툴(Shift+N): 자유롭게 드래그하여 그린 선과 도형을 매끄럽게 표현합니다.

  ⓐ **연필 툴(N)**: 드래그하는 대로 자연스러운 선을 그립니다.

  ⓑ **스무드 툴**: 그려진 패스 선을 매끄럽게 수정합니다.

  ⓒ **패스 지우개 툴**: 패스를 지웁니다.

  ⓓ **연결 툴**: 끊어진 두 개의 기준점을 드래그하여 연결합니다.

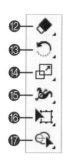

⑫ 지우개 툴(Shift + E): 오브젝트를 지워 닫힌 패스로 만듭니다.

  ⓐ **가위 툴(C)**: 패스 선을 분리하여 열린 패스로 만듭니다.

  ⓑ **나이프 툴**: 면을 나눠 각각의 오브젝트로 만듭니다.

⑬ 회전 툴(R): 오브젝트를 원하는 각도로 회전합니다.

  ⓐ **반전 툴(O)**: 오브젝트를 수직, 수평, 원하는 각도로 반전합니다.

⑭ 스케일 툴(S): 오브젝트의 크기를 조절합니다.

  ⓐ **기울기 툴**: 오브젝트의 기울기를 조절합니다.

  ⓑ **변형 툴**: 오브젝트의 모양을 자유롭게 변형합니다.

⑮ 폭 툴(Shift + W): 패스 선의 두께를 조절하며 기준점을 이동, 복제, 삭제할 수 있습니다.

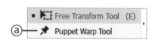

  ⓐ **왜곡 툴(Shift + R)**: 선택한 오브젝트를 드래그한 방향으로 늘립니다.

  ⓑ **휘감기 툴**: 클릭한 만큼 감깁니다.

  ⓒ **오목 툴**: 클릭한 지점을 중심으로 오므라듭니다.

  ⓓ **볼록 툴**: 클릭한 지점을 중심으로 볼록해집니다.

  ⓔ **부채꼴 툴**: 클릭한 지점을 중심으로 부채꼴 모양의 주름으로 오그라듭니다.

  ⓕ **크리스털 툴**: 클릭한 지점을 중심으로 밖으로 날카롭게 퍼지는 주름이 만들어집니다.

  ⓖ **주름 툴**: 드래그한 방향에 따라 수평 및 수직 주름이 만들어집니다.

⑯ 자유 변형 툴(E): 자유롭게 오브젝트의 크기, 기울기, 회전 등을 변경합니다.

  ⓐ **퍼펫 뒤틀기 툴**: 오브젝트의 일부분을 클릭하면 핀이 추가되고, 이 핀을 기준으로 뒤틀거나 왜곡을 줄 수 있습니다.

⑰ 도형 구성 툴(Shift + M): 겹쳐 있는 오브젝트를 합치거나 나눕니다.

  ⓐ **라이브 페인트통 툴(K)**: 영역을 감지하여 색을 채웁니다.

  ⓑ **라이브 페인트 선택 툴(Shift + L)**: 라이브 페인트통 툴로 색을 채운 오브젝트를 선택합니다.

⑱ **원근 그리드 툴(Shift+P):** 원근 그리드를 만들어 입체 오브젝트를 그립니다.

ⓐ **원근 선택 툴(Shift+V):** 원근 그리드 툴로 만든 오브젝트를 선택합니다.

⑲ **메시 툴(U):** 그물망 형태의 기준점들을 추가하여 그레이디언트를 정교하게 만듭니다.

⑳ **그레이디언트 툴(G):** 그레이디언트를 적용하여 그레이디언트의 방향과 거리를 조절할 수 있습니다.

㉑ **스포이트 툴(I):** 클릭한 오브젝트의 속성을 추출합니다.

ⓐ **측정 툴:** 드래그한 지점의 좌표와 길이를 알 수 있습니다.

㉒ **블렌드 툴(W):** 두 개 이상의 패스 속성을 자연스럽게 연결하여 중간 단계 변화를 나타냅니다.

㉓ **심벌 스프레이 툴(Shift+S):** 심벌을 분사합니다.

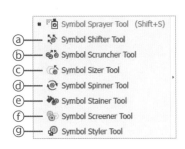

ⓐ **심벌 이동 툴:** 심벌을 이동합니다.
ⓑ **심벌 스크런처 툴:** 심벌을 안쪽으로 모읍니다. Alt키를 누른 채 드래그하면 바깥쪽으로 흩어집니다.
ⓒ **심벌 크기 조절 툴:** 심벌의 크기를 조절합니다.
ⓓ **심벌 회전 툴:** 심벌의 각도를 조절합니다.
ⓔ **심벌 색상 변경 툴:** 심벌의 색상을 변경합니다.
ⓕ **심벌 불투명도 조절 툴:** 심벌의 불투명도를 조절합니다.
ⓖ **심벌 스타일 툴:** 심벌에 그래픽 스타일을 적용합니다.

㉔ **세로 막대 그래프 툴(J):** 세로형 막대 그래프를 만듭니다.

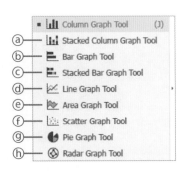

ⓐ **세로 누적 막대 그래프 툴:** 세로형 누적 막대 그래프를 만듭니다.
ⓑ **가로 막대 그래프 툴:** 가로형 막대 그래프를 만듭니다.

ⓒ **가로 누적 막대 그래프 툴**: 가로형 누적 막대 그래프를 만듭니다.

ⓓ **선 그래프 툴**: 꺾은선 그래프를 만듭니다.

ⓔ **영역 그래프 툴**: 면으로 된 그래프를 만듭니다.

ⓕ **점 그래프 툴**: 점 그래프를 만듭니다.

ⓖ **파이 그래프 툴**: 파이형 그래프를 만듭니다.

ⓗ **방사형 그래프 툴**: 방사형 그래프를 만듭니다.

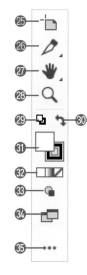

㉕ **아트보드 툴(Shift+O)**: 아트보드의 개수, 크기, 위치를 수정합니다.

㉖ **슬라이스 툴(Shift+K)**: 이미지를 분할합니다.

ⓐ **슬라이스 선택 툴**: 분할된 이미지를 선택합니다.

㉗ **손바닥 툴(H)**: 드래그하여 이동합니다. 다른 툴이 선택된 상태에서 Spacebar를 누르면 손바닥 툴을 사용할 수 있습니다.

ⓐ **회전 보기 툴(Shift+H)**: 아트보드를 회전하여 볼 수 있습니다.

ⓑ **인쇄 영역 툴**: 인쇄할 영역을 수정할 수 있습니다.

㉘ **돋보기 툴**: 화면을 확대하거나 축소합니다. 더블 클릭하면 작업 화면 비율이 100%로 됩니다.

㉙ **면 색, 선 색 초기화**: 면 색은 흰색, 선 색은 검은색, 선의 굵기는 1px로 초기화됩니다.

㉚ **면 색과 선 색 바꾸기(Shift+X)**: 면 색과 선 색을 서로 바꿉니다.

㉛ **면 색과 선 색**: 면 색과 선 색입니다.

㉜ 면 색과 선 색을 단색, 그레이디언트, 투명으로 바꿉니다.

㉝ **그리기 모드(Shift+D)**: 그리기 모드를 선택합니다. 일반 모드, 오브젝트 뒤에 그리기, 오브젝트 안에만 그리기입니다.

㉞ **화면 모드**: 작업 창이 분리된 기본 모드, 화면을 꽉 채운 모드, 풀스크린 모드(Esc를 누르면 일반 모드로 복귀)입니다.

㉟ **Edit Toolbar**: 툴 패널에서 사용하는 툴들을 추가, 삭제하는 등 편집을 할 수 있습니다.

● **주요 패널 소개**

패널은 툴을 선택했을 때 옵션을 제공합니다. 원하는 패널을 열고 싶을 때는 메뉴 바의 [Window]에서 해당 패널을 선택하면 됩니다. 패널 이름 앞에 체크된 패널들만 작업화면에 나타납니다.

[Windows]

❶ Layers 패널

이미지 구성을 알 수 있는 패널로 모든 이미지는 한 개 이상의 레이어로 구성되어 있습니다. 레이어에 다양한 효과를 적용할 수 있습니다.

❷ Stroke 패널

선 두께, 모양 등 옵션을 설정합니다. 세부 옵션에서는 점선, 화살표 등도 설정할 수 있습니다.

❸ Properties 패널

오브젝트의 세부 속성을 설정할 수 있습니다.

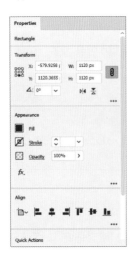

❹ Transform 패널

오브젝트의 위치, 크기, 각도, 기울기 등을 조절합니다.

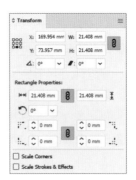

❺ Color 패널

면 색과 선 색을 선택합니다. 작업 파일의 색
상 모드도 변경할 수 있습니다.

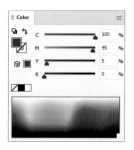

❻ Swatches 패널

견본으로 제공하는 색상을 선택하여 적용하
거나 자주 사용하는 색상을 등록할 수 있습
니다.

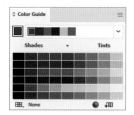

❼ Color Guide 패널

제공하는 여러 가지 배색을 적용하거나 색
을 저장할 수 있습니다.

❽ Gradient 패널

그레이디언트를 적용하거나 그레이디언트
의 타입, 색상 편집, 각도, 불투명도 등을 설
정할 수 있습니다.

❾ Transparency 패널

블렌딩 모드, 불투명도, 마스크를 적용할 수
있습니다.

❿ Image Trace 패널

여러 가지 설정을 통해 비트맵 이미지를 벡
터 이미지로 만들 수 있습니다.

⑪ Pathfinder 패널

두 개 이상의 오브젝트를 재구성하여 형태
를 만들 수 있습니다.

⑫ Align 패널

오브젝트들을 정렬하고 분배할 수 있습니
다.

⑬ Character 패널

폰트, 크기, 행간, 자간, 장평 등을 설정할 수
있습니다.

⑭ Paragraph 패널

단락의 정렬, 들여쓰기, 내어쓰기 등을 편집
할 수 있습니다.

⑮ Character Styles 패널

자주 사용하는 문자 스타일을 등록하고 관
리할 수 있습니다.

⑯ Paragraph Styles 패널

자주 사용하는 단락 스타일을 등록하고 관
리할 수 있습니다.

⑰ Tabs 패널

문자나 단락의 탭 위치를 지정할 수 있습니
다.

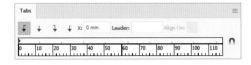

⑱ Glyphs 패널

선택한 폰트에서 이용할 수 있는 특수문자
를 넣을 수 있습니다.

⑲ Brushes 패널

제공되는 다양한 브러시를 사용할 수 있으며 브러시를 만들고 등록하여 사용할 수 있습니다.

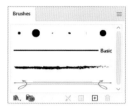

⑳ Symbols 패널

반복적으로 사용되는 요소를 심벌로 등록하여 사용할 수 있습니다.

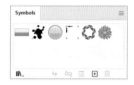

㉑ Graphic Styles 패널

오브젝트에 적용할 수 있는 그래픽 스타일들이 있습니다.

㉒ Magic Wand 패널

브러시 옵션을 조절하는 것은 물론, 새로운 브러시를 등록하여 사용할 수 있습니다.

㉓ Navigator 패널

작업 화면을 축소, 확대할 수 있으며 빨간 네모 영역을 통해 현재 보여지는 화면을 설정할 수 있습니다.

㉔ Appearance 패널

오브젝트에 적용된 면 색, 선 색, 불투명도 등을 설정할 수 있습니다.

㉕ Links 패널

링크된 오브젝트를 확인하고 갱신하거나 대체할 수 있습니다.

㉖ Info 패널

선택한 오브젝트의 위치, 크기, 선 등의 정보를 보여줍니다.

㉗ Actions 패널

반복되는 작업을 기록하여 다음 작업에 한
번에 실행시켜 쉽게 적용할 수 있습니다.

㉘ Flattener Preview 패널

작업에 적용된 불투명도를 출력할 때 사용
합니다.

㉙ History 패널

작업 과정이 단계별로 기록되어 이전 단계
로 쉽게 이동할 수 있습니다.

㉚ 3D and Materials 패널

오브젝트를 입체로 만들고 질감과 조명을
설정할 수 있습니다.

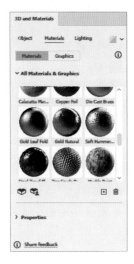

㉛ Pattern Options 패널

패턴 이름이나 타입, 패턴 너비와 높이 등 다
양한 패턴 적용 방식을 설정할 수 있습니다.

㉜ Asset Export 패널

[Asset Export] 패널에 드래그하여 등록한
일러스트는 다양한 크기와 파일로 내보낼
수 있습니다.

㉝ Comments 패널

클라우드 기반으로 공동 작업자가 작업 정보를 코멘트로 남길 수 있습니다.

㉞ Document Info 패널

작업 창에 대한 기본 정보를 표시합니다.

1 · 기능 예제 ·   룰, 패널, 메뉴 가볍게 맛보기

● 패널 분리하기

패널 이름을 클릭&드래그하여 분리할 수 있습니다.

● 패널 합치기, 옮기기

분리된 패널들을 드래그하여 합칠 수도 있고, 패널을 아래쪽으로 드래그하면 파란 선이 나타나는데 그 자리로 패널을 드래그하여 옮길 수도 있습니다.

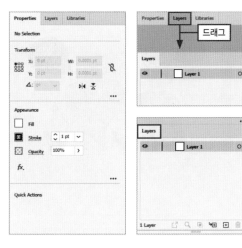

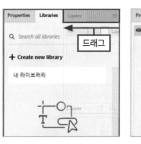

● 패널 열기, 닫기

패널들은 [Window] 메뉴에 들어 있는데 메뉴 이름 앞에 체크 표시된 것들만 현재 작업 화면에 나타나 있습니다.

사용하지 않는 패널은 ✖를 클릭하여 닫을 수 있고, 닫힌 패널을 작업 화면에 나타나게 하려면 해당 메뉴를 클릭하면 됩니다.

● 패널 최소, 최대

패널 이름 앞의 화살표(◙)로는 툴 패널의 높이를 조절할 수 있습니다.

오른쪽 상단의 화살표(◀◀)를 클릭하여 최소화할 수 있습니다.

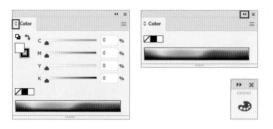

● 모든 패널 숨기기

Tab 을 누르면 패널 없이 작업한 이미지를 볼 수 있습니다. 다시 Tab 을 누르면 패널들이 나타납니다.

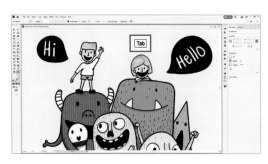

● 파일 불러오기-Open과 Place

Open은 파일이 새 창으로 열리는 것이고, Place는 현재 작업 중인 창으로 가져오는 것을 말합니다. 일러스트레이터에서 이미지를 불러온다는 것은 대부분 작업 중인 창에 넣기 위함이므로 Open으로 불러오면 열어서 다시 옮겨야 하는 번거로움이 있기 때문에 Place를 사용합니다.

Open

1. [File]-[Open] 메뉴를 선택하거나 단축키 Ctrl +O를 누릅니다. 또는 홈 화면에서 [Open]을 클릭합니다.
2. 대화상자가 나타나면 파일을 선택하고 [Open]을 클릭합니다.

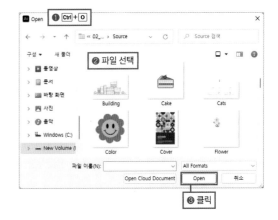

Place

1. [File]-[Place] 메뉴를 선택합니다.
2. 대화상자가 나타나면 파일을 선택하고 [Place]를 클릭합니다.

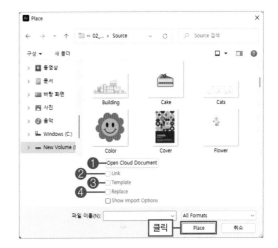

❶ **Open Cloud Document**: 클라우드에 저장한 파일을 불러옵니다.

❷ **Link**: 원본 이미지를 불러오지 않고 링크만 하여 불러오기 때문에 작업 파일 크기가 작아지는 장점이 있습니다. 가져온 이미지 파일을 포함(Embed)하지 않으면 다른 컴퓨터에서 열었을 때 이미지가 보이지 않습니다. 옵션 창에서 보면 불러온 파일이 포함되지 않고 연결된 상태임을 알 수 있습니다.

❸ **Template**: 이미지를 불러와서 배경 이미지로 사용할 때 불투명도를 낮춰 이미지가 흐리게 보이고 수정할 수 없게 잠긴 상태로 들어옵니다.

❹ **Replace**: 이미 삽입된 이미지를 선택한 후 다른 이미지로 교체할 때 사용합니다.

◎ **준비 파일**: part2/chapter1/Rabbit2.png, Background.ai

이미 만들어진 일러스트레이터 파일을 열어보겠습니다.

01 이 [File]-[Open] 메뉴를 선택하거나 단축키 Ctrl+O 를 누릅니다. 대화상자가 나타나면 Background.ai 파일을 선택하고 [Open]을 클릭합니다.

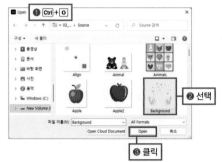

02 홈 화면에서는 [Open]을 클릭하여 엽니다. 홈 화면 하단에는 최근 작업 파일들이 미리보기로 나타납니다. 이 섬네일을 클릭해도 파일을 열 수 있습니다.

03 배경 이미지가 열리면 [File]-[Place] 메뉴를 선택하고 Rabbit2.png 파일을 선택한 후 Link를 체크하고 [Place]를 클릭합니다.

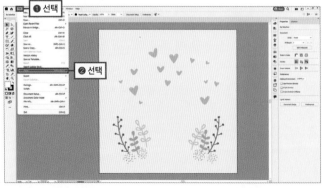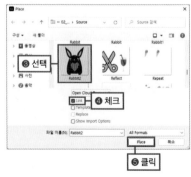

04 미리보기 형태로 이미지가 보이면 클릭&드래그하여 가운데에 놓습니다.

[Properties] 패널에서 보면 이미지가 'Linked File'로 나타납니다. 하단의 'Embed'를 클릭하면 'Image'로 바뀌는 것을 확인할 수 있습니다.

● 파일 저장하기

1) 기본 저장 Save

[File]-[Save] 메뉴를 선택하면 일러스트레이터 파일인 ai 파일로 저장됩니다.

2) 다양한 파일 형식으로 저장하는 Save As

새로운 이름으로 저장하거나 다른 파일 형식으로 저장 또는 하위 버전으로 저장하고 싶을 때 Save As를 사용합니다. 일러스트레이터 하위 버전에서는 상위 버전에서 작업한 파일을 열었을 때 오류가 날 수 있습니다. 따라서 인쇄소에 파일을 전달할 때는 'Illustrator CS'로 저장하는 것이 좋습니다.

❶ 일러스트레이터 전용 파일입니다.

❷ 출판, 전자책을 만들 때 주로 사용하며 가장 안전하게 열
리는 파일 포맷입니다.

❸ ai 파일처럼 벡터 기반 파일로 인쇄용으로 많이 사용합
니다. CMYK를 지원하여 분판으로 출력할 수 있습니다.

❹ 일러스트레이터에서 사용할 수 있는 템플릿 형식으로 저장합니다.

❺ 벡터 그래픽을 위한 XML 기반의 파일 형식입니다.

❻ SVG 파일을 압축하여 저장하는 파일 형식입니다.

3) 어도비 클라우드에 저장하기

[File]-[Save As] 메뉴를 선택하고 대화상자에서 'Save Cloud Document'를 클릭하여 저장할 수 있
습니다. 저장하면 파일 앞에 클라우드 아이콘이 붙습니다. 홈 화면의 Your files를 선택하면 클라우
드에 있는 파일들을 볼 수 있습니다.

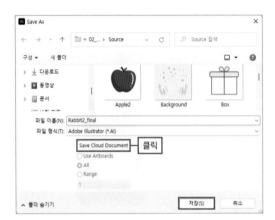
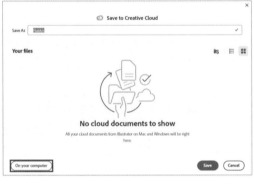

Save Cloud Document는 클라우드에 저장할 때 사용합니다. 클라우드가 아닌 컴퓨터에 저장할 때
는 'On your computer'를 클릭하여 저장하면 됩니다. Bear.ai 파일을 불러와서 클라우드에 저장합
니다.

클라우드 문서는 기본적으로 5분마다 자동 저장이 가능하고, 시간은 [Edit]-[Preferences]-[File
Handling] 메뉴에서 설정할 수 있습니다. 클라우드 문서로 저장하면 다른 사람들도 쉽게 확인할
수 있도록 공유할 수 있고 언제, 어디서나 작업이 가능합니다.

01　　Ctrl + O 를 클릭하고 하단의 Open Cloud Document를 클릭하여 클라우드 문서로 저장한 파일을 불러옵니다. 오른쪽 상단의 아이콘을 클릭합니다.

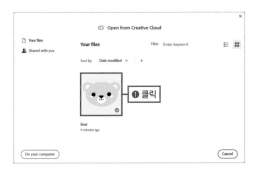

02　　[Share document] 패널 상단의 설정 아이콘이나 하단의 'Change'를 클릭합니다.
[Settings] 패널에서 'Anyone with the link can view'를 클릭하고 'Comment'를 활성화합니다. [Settings] 패널 앞의 화살표를 클릭하여 이전 화면으로 돌아갑니다.

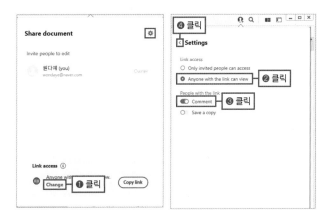

03　　하단의 'Copy link'를 클릭하면 공유 링크를 복사할 수 있습니다. 웹 브라우저에서 복사한 주소를 Ctrl + V 를 눌러 넣고 Enter 를 눌러 접속합니다.

04 송곳 아이콘(📌)을 클릭하여 이미지의 일부를 클릭한 후 댓글 달기에 내용을 입력하고 '제출'을 클릭하면 댓글이 작성됩니다. [Comments] 패널에서 작성된 댓글을 확인할 수 있습니다.

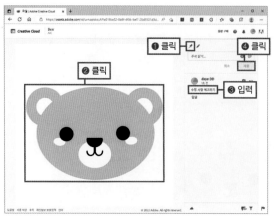

4) 다양한 형식으로 저장하는 Export

Export는 일러스트레이터에서 작업한 내용을 다른 프로그램에서 이용하기 위해 내보낼 때 사용합니다.

❶ Export for Screens: 모바일용으로 한번에 여러 가지 포맷으로 저장할 수 있습니다.

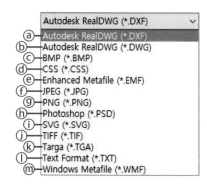

ⓐ 오토캐드에서 3D 프로그램으로 전환 시 사용합니다.

ⓑ 오토캐드 전용 파일로 도면을 저장하는 파일입니다.

ⓒ 윈도 표준 그래픽 파일 형식입니다.

ⓓ HTML의 스타일시트로 저장합니다.

ⓔ 마이크로소프트에서 만든 벡터 그래픽 파일 형식입니다.

ⓕ 이미지 저장 시 가장 많이 사용하는 파일 형식입니다.

ⓖ jpg와 gif의 장점을 모아 만든 파일 형식입니다.

ⓗ 레이어가 살아 있는 포토샵 전용 파일입니다.

ⓘ 벡터 그래픽을 구현하기 위한 XML 기반의 파일 형식입니다.

ⓙ 사용자가 수정해서 사용할 수 있는 파일 형식입니다.

ⓚ 영상 작업이나 3D 배경으로 사용됩니다.

ⓛ 텍스트 파일 형식입니다.

ⓜ 벡터 기반의 파일 형식입니다.

❷ **Save for Web**: 웹에서 사용하는 jpg, gif, png 파일로 파일 크기나 퀄리티를 조절하며 저장할 수 있습니다.

5) 모바일용 저장에 효과적인 Asset Export

Asset Export는 이미지의 일부만 저장할 수 있습니다. 이미지의 일부만 클릭하고 [Asset Export] 패널로 드래그하여 저장할 수 있습니다.

◎ **준비 파일**: part2/chapter1/Icon.ai

01 Ctrl + O 를 눌러 Icon.ai 파일을 불러옵니다.

02 [Window]-[Asset Export] 메뉴를 선택하여 패널을 엽니다. Shift 를 누른 채 'Asset 6'을 클릭하여 전체 선택을 합니다.

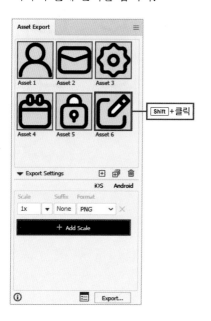

03 'Add Scale'을 클릭하여 2배수 아이콘을 추가한 후 [Export]를 클릭합니다.

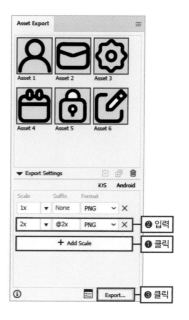

04 저장할 폴더를 선택하여 클릭합니다.

05 폴더가 만들어지면서 아이콘들이 저장됩니다.

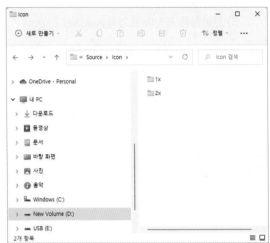

06 폴더를 열어서 확인하면 각 1배수와 2배수의 아이콘들이 저장된 것을 볼 수 있습니다.

화면을 자유롭게 다루기-이동, 확대, 축소

◎ **준비 파일**: part2/chapter1/Cartoon.ai

아트보드의 크기를 조절해 보겠습니다.

01 [File]-[Open] 메뉴를 선택하거나 [Ctrl]+[O]를 눌러 Cartoon.ai 파일을 불러옵니다.

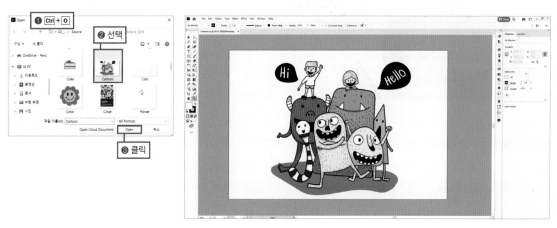

02 툴 패널에서 돋보기 툴(🔍)을 선택합니다. 이미지 위를 클릭하면 이미지가 확대됩니다. 또는 단축키 [Ctrl]+[+]를 누릅니다. 작업 창 왼쪽 하단을 보면 비율이 나타납니다.

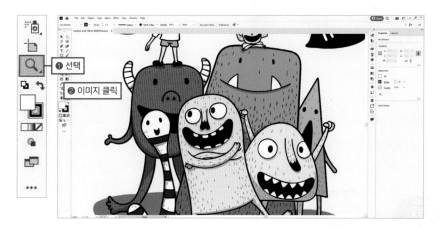

03 돋보기 툴(🔍)이 선택된 상태에서 Spacebar 를 누르면 손바닥 툴(✋)이 나타나는데 드래그하여
이미지를 밀어서 안보이는 부분을 볼 수 있습니다.

04 Alt 를 누른 채 클릭하면 축소됩니다.

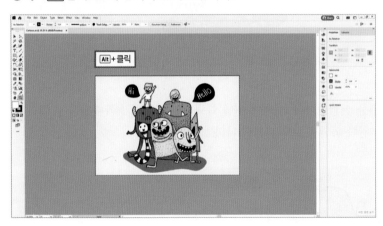

05 이미지의 일부를 클릭&드래그하면 그 부분만 확대됩니다.

06 툴 패널에서 돋보기 툴(🔍)을 더블 클릭하면 아트보드를 다시 100%의 비율로 볼 수 있습니다.
툴 패널에서 손바닥 툴(✋)을 더블 클릭하면 화면에 꽉 차는 비율로 볼 수 있습니다.

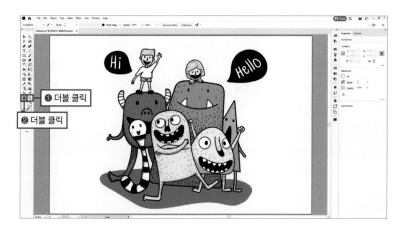

07 손바닥 툴(✋) 밑의 회전 보기 툴을 선택하고 드래그하면 아트보드를 회전시킬 수 있고, 회전 보기 툴(🔄)을 더블 클릭하면 회전하기 전으로 돌아옵니다.

● 새 문서와 아트보드

1) 새 문서 만들기

메뉴 바에서 [File]-[New]를 선택하거나 Ctrl + N 을 눌러 대화상자에서 파일 이름, 크기, 컬러 모드 등을 설정하여 새 문서를 만듭니다.

New Document 대화상자 알고 가기

- **탭**: 작업 목적에 따라 분류되어 있으며 Recent는 최근 설정한 파일입니다. 선택하면 BLANK DOCUMENT PRESETS에서 미리 정의된 포맷들을 선택할 수 있습니다.
- **TEMPLATES**: 검색으로 디자인 템플릿을 찾을 수 있습니다.

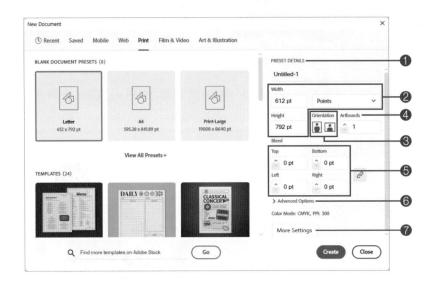

❶ 파일 이름을 입력합니다.
❷ 아트보드의 가로, 세로를 입력하고, 단위를 선택합니다.
❸ 아트보드의 방향을 세로나 가로로 선택합니다.
❹ 아트보드의 개수를 설정합니다.
❺ 상하, 좌우의 여백을 설정합니다.
❻ **Advanced Options**: 래스터 효과를 적용했을 때의 해상도와 비트맵 방식으로 저장 시 미리보기를 설정할 수 있습니다.
❼ **More Settings**: 아트보드의 정렬 방식, 간격 등의 세부사항을 설정할 수 있습니다.

2) 아트보드 알고 가기

◎ **준비 파일**: part2/chapter1/Artboard.ai

문서에서 흰색의 작업 영역을 아트보드라고 하며, 한 문서에 아트보드를 여러 개 설정할 수 있습니다. [Window]-[Artboards] 메뉴를 선택하면 [Artboards] 패널이 열립니다. 아트보드를 추가, 삭제하거나 순서 등을 조절할 수 있습니다.

4개의 아트보드로 되어 있고 선택된 아트보드는 검은색 테두리가 잡혀 있습니다. 문서 하단에는 화면 비율과 함께 현재 몇 번째 아트보드가 선택되어 있는지 표시됩니다.

[Artboards] 패널을 살펴보겠습니다.

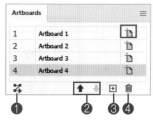

❶ **Rearrange All Artboard**: 아트보드 전체를 재정렬 합니다.

❷ **Move Up/Down**: 아트보드 순서를 바꿉니다.

❸ **New Artboard**: 아트보드를 추가합니다.

❹ **Delete Artboard**: 아트보드를 삭제합니다.

Artboard Options 대화상자 알고 가기
아트보드의 레이아웃, 간격 등을 설정할 수 있습니다.

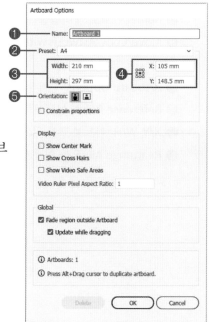

❶ **Name**: 아트보드 이름을 입력합니다.
❷ **Preset**: 설정된 아트보드를 선택할 수 있습니다.
❸ 가로, 세로, 폭, 높이를 설정할 수 있습니다.
❹ **좌표 점의 위치 설정**: 기준점을 설정할 수 있습니다.
❺ 가로, 세로 방향을 설정할 수 있습니다.

체크된 상태로 아트보드를 옮기면 아트보드 안에 있는 오브젝트들도 함께 옮겨집니다.

툴 패널에서 아트보드 툴()을 선택하면 아트보드 이름들이 표시됩니다.

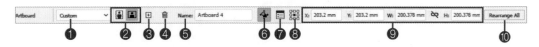

❶ **Select Preset**: 미리 설정된 포맷들이 있습니다.

❷ **Portrait/Landscape**: 아트보드 방향을 가로 또는 세로로 선택합니다.

❸ **New Artboard**: 아트보드를 추가합니다.

❹ **Delete Artboard**: 아트보드를 삭제합니다.

❺ **Name**: 아트보드 이름을 입력합니다.

❻ **Move/Copy Artwork with Artboard**: 아트보드를 이동하거나 Alt 를 누른 채 드래그하여 복제합니다.

❼ **Artboard Options**: 디테일한 설정들을 할 수 있습니다.

❽ **Reference Point**: 아트보드 기준점을 설정합니다.

❾ **X/Y, W/H**: 아트보드의 위치, 가로, 세로를 설정합니다.

❿ **Rearrange All**: 모든 아트보드를 재정렬합니다.

● Preset 설정

시작 화면에서 [Create New]를 클릭하거나 [File]-[New] 메뉴를 선택합니다.

[New Document] 대화상자에서 [Print] 탭을 선택한 후 오른쪽에서 단위는 mm, 작업 창 방향, 컬러 모드는 CMYK를 확인하고 [Create]를 클릭합니다. 파일 이름, 현재 비율, 컬러 모드는 파일 탭에서 확인할 수 있습니다.

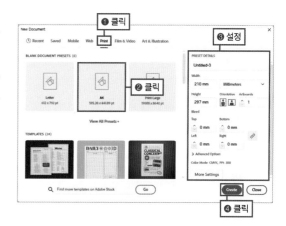

● 직접 설정

제공되는 preset을 이용하지 않고 직접 설정할 때는 파일 이름, 단위 설정, 크기, 컬러 모드를 원하는 대로 설정할 수 있습니다. 크기를 입력할 때는 단위를 먼저 설정하고 수치를 기입합니다.

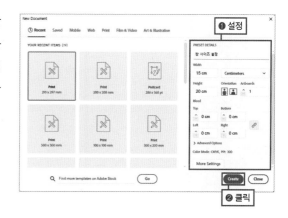

하나의 작업 문서에 여러 개의 아트보드를 만들어 보겠습니다.

[File]-[New] 메뉴를 선택합니다. Artboards에 2를 입력하고 [Create]를 클릭하면 두 개의 아트보드가 만들어집니다.

홈 화면에서 새 아트보드를 만들 경우에는 [New file]을 선택하여 만들면 됩니다.

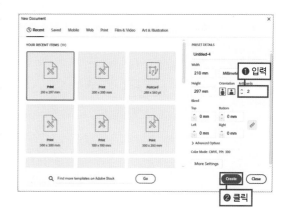

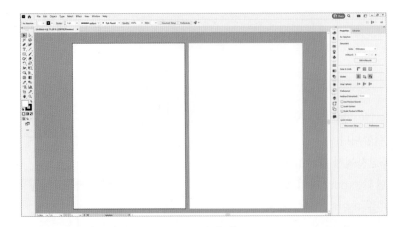

● 아트보드 추가, 삭제, 크기 수정

툴 패널에서 아트보드 툴을 선택합니다. 아트보드를 추가하는 방법은 옵션 창에서 버튼을 클릭하거나 [Properties] 패널에서 Artboards의 버튼을 클릭합니다.

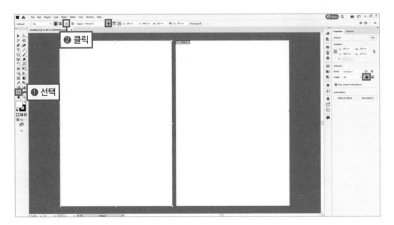

또는 [Window]-[Artboards] 메뉴를 선택하여 [Artboards] 패널에서 버튼을 더블 클릭합니다. 아트보드가 두 개 추가되어 4개가 되었습니다.

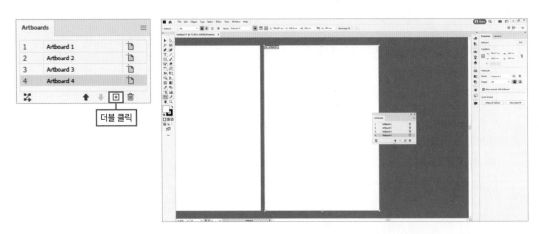

툴 패널에서 돋보기 툴(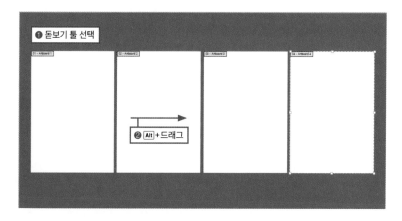)을 선택하고 Alt 를 누른 채 드래그하여 전체를 봅니다.

배치를 바꿔보겠습니다. 'Rearrange All Artboards'를 클릭합니다. [Rearrange All Artboards] 대화 상자에서 Columns는 2, Spacing은 10mm로 설정하고 [OK]를 클릭합니다.

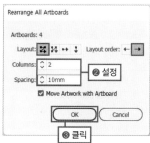

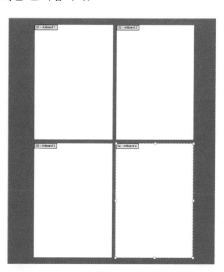

휴지통 아이콘()을 클릭 하여 4번 아트보드를 삭제 합니다.

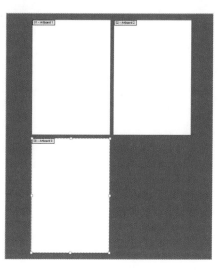

[Artboards] 패널에서 옵션 아이콘(🗑)을 클릭하여 대화상자를 엽니다. [Artboard Options] 대화
상자에서 Artboard 3의 가로폭을 430mm, 세로폭을 100mm로 설정하고 [OK]를 클릭한 후 클릭&
드래그하여 위치를 옮깁니다. 툴 패널에서 다른 툴을 클릭하거나 Esc를 누르면 편집 모드에서 일
반 모드로 돌아옵니다.

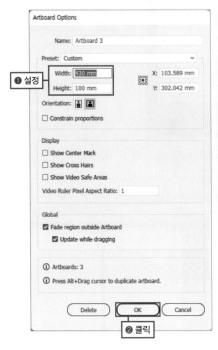

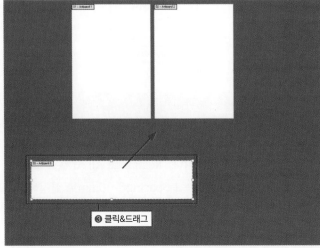

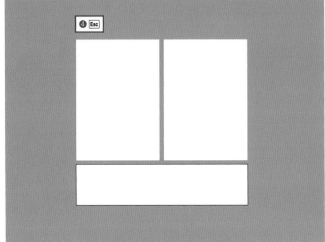

PART 02. 일러스트레이터 배우기

레이어 이해하고
잠금, 숨김, 이동 등의 기능 알아보기

레이어란 무엇이고 어떤 것들로 이뤄져 있는지 알아봅니다. 상위 레이어와 하위 레이어, 레이어 숨기기, 레이어 잠그기, 레이어 표시, 레이어 이동 등의 여러 기능에 대해 간단하게 살펴봅니다.

레이어(Layer)는 하나의 투명판으로 이해하면 됩니다. 이러한 여러 판들이 모여 이미지를 만듭니다. 포토샵과 달리, 벡터 속성의 일러스트레이터에서는 작업 시 자동으로 레이어가 만들어집니다.

● 레이어 패널

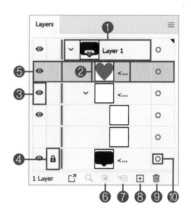

❶ **상위 레이어**: 글자를 더블 클릭하면 레이어 이름을 변경할 수 있습니다. 섬네일이나 이름 옆 부분을 더블 클릭하면 옵션 창이 뜹니다. [Layer Options] 대화상자에서 레이어 색상 표시 등의 옵션을 수정할 수 있습니다.

❷ **하위 레이어**: 작업을 하면 자동으로 하위 레이어가 만들어집니다.

❸ **레이어 숨기기**: 눈을 끄고 켜고 하여 안보이거나 보이게 할 수 있습니다.

❹ **레이어 잠그기**: 수정할 수 없도록 잠그는 기능으로 다시 클릭하면 해제됩니다.

❺ **레이어 표시**: 선택된 레이어가 표시됩니다.

❻ **마스크 만들기**: 오브젝트를 선택하고 아이콘을 클릭하면 마스크 영역으로 만듭니다.

❼ **하위 레이어 만들기**: 하위 레이어를 만듭니다.

❽ **레이어 만들기**: 새 레이어를 만듭니다.

❾ **레이어 삭제하기**: 레이어를 선택하고 삭제를 클릭하거나 아이콘으로 드래그하면 레이어를 삭제할 수 있습니다.

❿ **오브젝트 선택하기**: O를 선택하면 해당 레이어가 선택됩니다.

선택과 배치

일러스트레이터의 주요 기능 중 하나인 오브젝트를 선택하고 이동, 복제, 회전하는
방법들을 학습하면 일러스트레이터와 훨씬 친숙해질 수 있을 것입니다.

오브젝트의 선택, 이동, 복제, 변형

ILLUSTRATOR 01

LESSON

오브젝트 선택하기, 선택 추가하기, 한번에 여러 개 선택하기, 선택 해제하기, 이동하기 등을 살펴보고 배웁니다. 오브젝트의 크기를 변형하고 복제, 회전하는 방법도 알아봅니다.

◎ **준비 파일**: part2/chapter2/Select.ai

일러스트레이터에서 작업 시 오브젝트를 선택하는 툴은 사용 빈도가 높습니다. 툴 패널 상단에는 오브젝트 선택 툴이 4가지가 있는데 선택 툴부터 살펴보겠습니다.

선택 툴은 오브젝트의 패스를 모두 선택할 때 사용합니다. 오브젝트를 클릭하면 테두리에 바운딩 박스가 표시되고, 기준점이 모두 선택됩니다(기준점에는 모두 색이 채워집니다).
바운딩 박스가 보이지 않는다면 [View]-[Hide/Show Bounding Box] 메뉴를 선택하여 체크하면 됩니다.

● 오브젝트 선택하기

1) 오브젝트 선택하기, 선택 추가하기

선택 툴로 오브젝트를 클릭하여 선택할 수 있고 Shift 를 누른 채 클릭하여 추가로 오브젝트를 선택할 수 있고, 여러 개의 오브젝트가 포함되게 드래그하여 한번에 선택할 수도 있습니다.

선택하기: 선택 툴로 오브젝트 선택

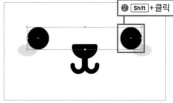

선택 추가하기: Shift +클릭

2) 오브젝트 한번에 여러 개 선택하기

선택 툴로 여러 개의 오브젝트가 포함되게 드래그하여 한꺼번에 선택할 수 있습니다.

한번에 여러 오브젝트 선택하기: 클릭&드래그

3) 오브젝트 선택 해제하기

오브젝트의 선택을 해제하려면 아트보드의 빈 영역을 클릭하면
선택이 해제되고 바운딩 박스가 사라집니다.

● 오브젝트 이동하기

1) 오브젝트 이동하기

선택된 오브젝트를 클릭한 채 드래그하면 오브젝트가 옮겨집니다. 오브젝트를 클릭한 후 Shift 를
누른 채 이동하면 수직, 수평, 45도로 이동할 수 있습니다.

2) 오브젝트 정확하게 이동하기 1

선택 툴로 오브젝트를 선택하고 툴 패널에서 선택 툴을 더블 클릭하면 대화상자가 열립니다.

1. 선택 툴로 오브젝트를 선택합니다.
2. 툴 패널에서 선택 툴을 더블 클릭합니다.
3. Horizontal을 '80mm'로 설정한 후 [OK]를 클릭합니다.
4. 80mm만큼 이동합니다.

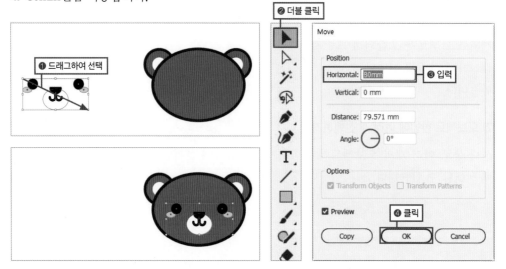

3) 오브젝트 정확하게 이동하기 2

원하는 수치를 입력하여 오브젝트를 정확하게 옮길 수 있습니다.
[Properties] 패널의 Transform 항목에서 X, Y값을 입력하여 옮길 수 있습니다.

1. 선택 툴로 오브젝트를 선택합니다.
2. [Properties] 패널의 Transform 항목에서 위치 X를 50mm에서 130mm로 변경합니다.
3. 80mm만큼 이동합니다.

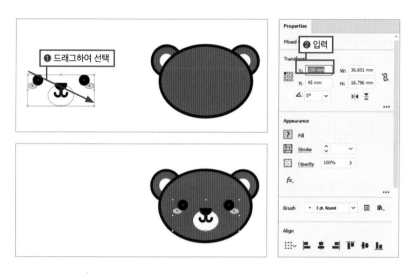

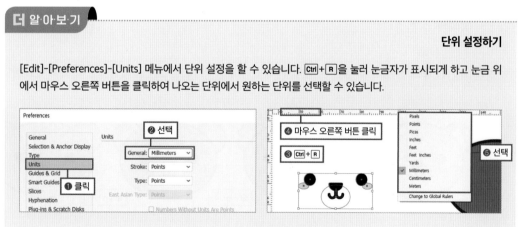

4) 오브젝트 방향키로 이동하기

키보드의 방향키로 이동하면 설정값만큼 이동하는데 Shift 를 누른 채 방향키를 클릭하면 한번에 설정값의 10배씩 이동합니다.

방향키로 이동거리 설정하기

[Edit]-[Preferences]-[General] 메뉴에서 방향키를 눌러 이동거리를 설정할 수 있습니다. 여기서는 1mm로 설정했기 때문에 Shift 를 누른 채 방향키를 클릭하면 10mm씩 이동합니다. Shift 를 누른 채 8번 오른쪽 방향키를 클릭합니다.

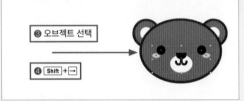

● 오브젝트 복제하기

1) 오브젝트 복제하기, 반복 복제하기

- 선택 툴로 전체를 드래그하여 선택하고 선택된 오브젝트를 클릭한 상태에서 Alt 를 누르면 마우스 포인터가 바뀝니다. 그때 드래그하여 복제할 수 있습니다.

- Alt 를 눌러 마우스 포인터가 바뀐 상태에서 Shift 를 누르고 드래그하면 수평, 수직으로 복제할 수 있습니다.

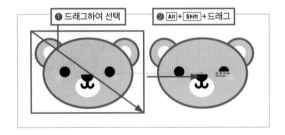

Ctrl + D 를 누르면 방금 실행한 과정이 반복됩니다. Ctrl + D 를 2번 눌러 두 개 더 복제했습니다.

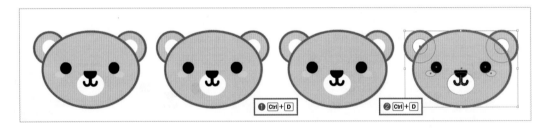

● 오브젝트 변경하기

1) 오브젝트 크기 변형하기

바운딩 박스의 조절점에 마우스를 가져가면 화살표 모양이 나타납니다. 오른쪽으로 드래그하면 오른쪽으로 늘어나고, 아래쪽으로 드래그하면 아래쪽으로 늘어납니다. Shift 를 누른 채 드래그하면 가로, 세로 비율을 유지하면서 크기를 조절할 수 있습니다.

1. 선택 툴로 선택합니다.
2. 왼쪽으로 드래그합니다. Ctrl + Z 를 눌러 취소할 수 있습니다.
3. 선택 툴로 선택하고 위쪽으로 드래그합니다. Ctrl + Z 를 눌러 취소할 수 있습니다.
4. 선택 툴로 선택하고 Shift 를 누른 채 드래그합니다.

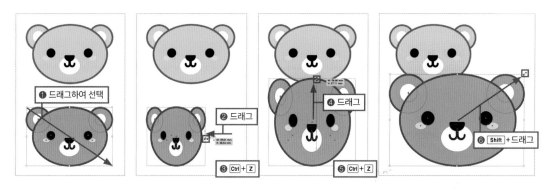

2) 오브젝트 회전하기

바운딩 박스 모서리 바깥쪽에 마우스를 가져가면 곡선 화살표 모양이 나타나는데 이때 드래그하여 오브젝트를 회전시킵니다. Shift 를 누른 채 드래그하면 45도씩 회전할 수 있습니다.

1. 바운딩 박스 모서리 바깥쪽에 곡선 화살표 모양이 나타납니다.
2. 드래그하여 회전시킵니다.
3. Shift 를 누른 채 드래그하여 회전시킵니다.

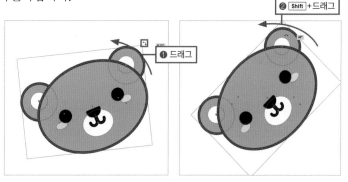

NOTE ▶ **바운딩 박스를 드래그할 경우**

- Alt 를 누른 채 드래그하면 중심점을 기준으로 확대, 축소됩니다.
- Shift 를 누른 채 드래그하면 정비율로 확대, 축소됩니다.
- Alt 와 Shift 를 동시에 누른 채 드래그하면 중심점을 기준으로 정비율로 확대, 축소됩니다.

NOTE ▶ **선택 툴로 오브젝트를 선택한 후 드래그할 경우**

- Alt 를 누른 채 드래그하면 복제됩니다.
- Shift 를 누른 채 드래그하면 수평, 수직, 45도 방향으로 이동합니다.
- Alt 와 Shift 를 동시에 누른 채 드래그하면 수평, 수직, 45도 방향으로 복제됩니다.

직접 선택 툴과 그룹 선택 툴

직접 선택 툴과 그룹 선택 툴에 대해 알아보고 직접 선택 툴로 기준점 옮기기, 세그먼트 옮기기, 그룹 선택 툴로 그룹 안의 오브젝트 선택하기에 대해 배우고 격리 모드를 알아봅니다.

LESSON

⊙ **준비 파일**: part2/chapter2/Select2.ai, Select3.ai

앞에서는 전체를 선택하는 선택 툴에 대해 학습했습니다. 이번에는 패스에서 원하는 기준점만 선택하여 형태를 부분 수정할 때 사용하는 직접 선택 툴과 여러 단계의 그룹으로 만든 오브젝트를 클릭할 때마다 순차적으로 선택하는 그룹 선택 툴에 대해 살펴보겠습니다.

부분 선택하는 직접 선택 툴은 패스에서 원하는 기준점만 선택하여 형태를 부분 수정합니다. 또한 곡선의 조절선을 드래그하여 형태를 수정할 수 있습니다.

● 직접 선택 툴

직접 선택 툴은 기준점을 클릭하거나 드래그하여 선택된 기준점만 수정합니다. 방향 선을 수정하여 방향을 바꿀 수 있고, 오브젝트의 면을 클릭하면 면 전체가 선택됩니다.

1) 기준점 옮기기

1. Select2.ai 파일을 불러옵니다.
2. 직접 선택 툴로 왼쪽 위 모서리를 클릭합니다.
3. 오른쪽으로 드래그하거나 방향키로 이동합니다.
4. 오른쪽 위 모서리를 클릭하여 왼쪽으로 드래그하거나 방향 키로 이동합니다.

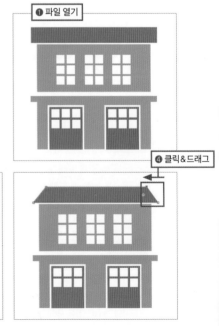

392

PART 02. 일러스트레이터 배우기

2) 세그먼트 옮기기

1. Select3.ai 파일을 불러옵니다.
2. 직접 선택 툴로 왼쪽 네모의 가운데 부분을 클릭&드래그하여 기준점 두 개를 선택합니다.
3. 위쪽으로 드래그하여 올립니다.

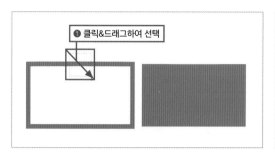
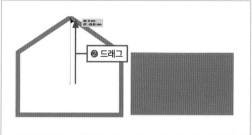

4. 오른쪽 네모의 가운데 부분을 클릭&드래그하여 기준점 두개를 선택합니다.
5. 아래쪽으로 드래그하여 내립니다.
6. 오브젝트의 면을 선택하고 이동하여 겹쳐 놓습니다.

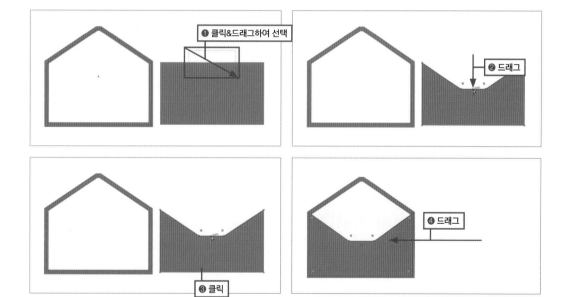

NOTE

직접 선택 툴 사용하기

직접 선택 툴로 오브젝트를 선택하면 기준점과 패스만 나타나고 바운딩 박스는 나타나지 않습니다.

◎ **준비 파일**: part2/chapter2/Pencil.ai

01 [File]-[Open] 메뉴를 선택하여 Pencil.ai 파일을 불러옵니다. 직접 선택 툴(▷)을 선택한 후 클릭&드래그하여 오른쪽 부분의 기준점을 선택합니다.

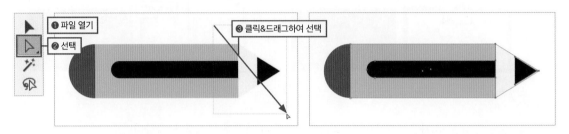

02 키보드의 오른쪽 방향키를 누르거나 오른쪽으로 드래그하여 길이를 늘입니다.

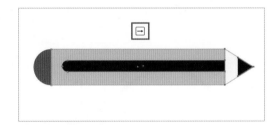

● **그룹 만들기**

여러 오브젝트를 하나의 덩어리로 묶는 그룹 기능에 대해 살펴보겠습니다. 패스가 많을 경우 그룹으로 묶어서 관리하면 한꺼번에 이동, 복사 등을 할 수 있어서 편리합니다. 선택 툴(▶)로 드래그하여 여러 개의 오브젝트를 선택한 후 Ctrl+G를 누르면 그룹으로 묶입니다. 그룹으로 묶인 오브젝트는 하나의 덩어리로 인식되기 때문에 한 번의 클릭으로 오브젝트가 한꺼번에 선택됩니다. 그룹 안에 그룹의 계층 구조로 그룹을 만들 수도 있습니다. 그룹 해제 방법은 그룹으로 묶인 오브젝트를 선택한 후 Ctrl+Shift+G를 누르면 됩니다.

그룹으로 묶인 오브젝트의 일부를 클릭하면 클릭한 부분만 선택됩니다. 더블 클릭하면 그룹 전체가 선택됩니다.

◎ **준비 파일**: part2/chapter2/Circle.ai

01 선택 툴(▶)로 흰 원을
클릭합니다.

02 Shift 를 누른 채 검정 원
을 선택한 후 Ctrl + G 를 눌러
그룹으로 만듭니다.

03 같은 방법으로 오른쪽
눈동자도 선택하고 Ctrl + G 를
눌러 그룹으로 만듭니다.

04 Shift 를 누른 채 왼쪽 눈
을 클릭하고 Ctrl + G 를 눌러 그
룹으로 만듭니다.

05 Shift 를 누른 채 코를 선
택하고 Ctrl + G 를 눌러 그룹으
로 만듭니다.

06 Shift 를 누른 채 노란 원
을 선택하고 Ctrl + G 를 눌러 그
룹으로 만듭니다.

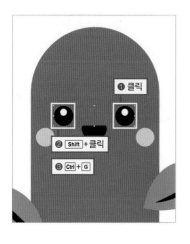

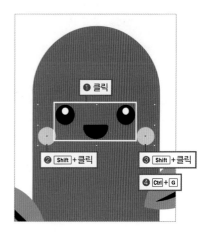

● 그룹 안의 오브젝트 선택하기

그룹 선택 툴(▶)은 여러 단계의 그룹으로 만든 오브젝트를 클릭할 때마다 순차적으로 선택됩니다.

◎ **준비 파일**: part2/chapter2/Circle.ai

01 그룹 선택 툴()을 선택한 후 왼쪽의 흰 원을 클릭합니다.

02 다시 한 번 클릭합니다.

03 다시 한 번 클릭합니다.

04 다시 한 번 클릭합니다.

05 다시 한 번 클릭합니다.

● 격리 모드에서 수정하기

일러스트레이터에서 작업하다 보면 많은 패스와 오브젝트들이 생깁니다. 패스가 여러 개 겹쳐 있거나 하나의 오브젝트를 수정할 때 격리 모드에서 하면 주위 요소들에 영향을 주지 않으면서 좀 더쉽게 수정할 수 있습니다.

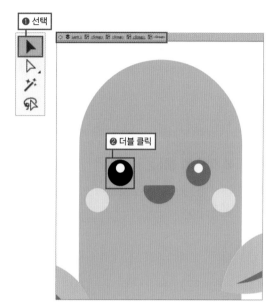

선택 툴(▶)로 그룹으로 된 오브젝트를 더블클릭하면 그 그룹만 작업 창에서 격리된 격리모드가 됩니다. 격리 모드로 들어가면 왼쪽 상단에 앞으로 갈 수 있는 화살표, 레이어 이름이나타납니다.
여러 단계로 그룹화되어 있을 경우 더블 클릭할 때마다 그룹 단계가 상단에 표시되고 더블클릭한 부분 외에는 흐리게 나타납니다.

격리 모드에서는 주위에 영향을 받지 않고 해당 오브젝트만 수정할 수 있습니다.
격리 모드를 해제하려면 해당 오브젝트 외의 영역을 더블 클릭하거나 왼쪽 상단의 화살표(◁)를클릭하면 됩니다.

아트보드의 빈 곳을 더블 클릭하면 원래 화면으로 돌아옵니다.

기타 선택 툴과 선택 메뉴

마술봉 툴과 올가미 툴에 대해 알아보고 선택 메뉴를 살펴봅니다. 마술봉 툴로 같은 색을 선택하고 이동하기, 선택하여 고정하고 숨기기에 대해 배웁니다.

같은 속성을 선택하는 마술봉 툴, 드래그한 영역을 선택하는 올가미 툴에 대해 살펴보겠습니다.

● 마술봉 툴(🪄)

클릭 한 번으로 아트보드에 있는 같은 속성의 패스들이 같이 선택됩니다.

툴 패널의 마술봉 툴을 더블 클릭하면 [Magic Wand] 패널이 나타납니다. 면 색, 선 색, 선 굵기 등 각 항목에 대해 Tolerance를 조절하여 선택 범위를 정할 수 있습니다.

● 올가미 툴(🪢)

선택하고 싶은 부분을 드래그하면 드래그한 영역의 패스들이 모두 선택됩니다.

● 선택 메뉴

❶ **All**: 아트보드의 모든 오브젝트를 선택합니다.

❷ **All on Active Artboard**: 활성화된 오브젝트만 선택합니다.

❸ **Deselect**: 선택을 해제합니다.

❹ **Reselect**: 마지막으로 선택한 오브젝트를 다시 선택합니다.

❺ **Inverse**: 선택한 오브젝트를 제외한 나머지를 모두 선택합니다.

❻ **Next Object Above**: 한 단계 위의 오브젝트를 선택합니다.

❼ **Next Object Below**: 한 단계 아래의 오브젝트를 선택합니다.

❽ **Same**: 오브젝트와 폰트의 세부 목록 선택에 따라 같은 속성들을 선택합니다.

❾ **Object**: 세부 목록 선택에 따라 같은 속성의 오브젝트들을 선택합니다.

❿ **Start Global Edit**: 같은 속성의 오브젝트를 하나만 수정해도 다 같이 수정됩니다.

⓫ **Save Selection**: 선택 영역을 저장하면 선택 메뉴 하단의 목록에 추가되는데 같은 작업을 반복할 때 유용합니다.

⓬ **Edit Selection**: Save Selection으로 저장한 메뉴의 이름을 변경하거나 삭제합니다.

마술봉 툴로 같은 색 선택하고 이동하기

1 • 기능 **예제** •

◎ **준비 파일**: part2/chapter2/Select4.ai

01 Select4.ai 파일을 불러옵니다. 툴 패널에서 마술봉 툴(🪄)을 더블 클릭하여 [Magic Wand] 대화상자에서 Fill Color의 Tolerance를 20으로 한 후 캐릭터의 연두색 눈 부분을 클릭합니다. 치아까지 선택해야 하는데 입안의 혀 부분까지 비슷한 색이라 같이 선택됩니다.

❶ 마술봉 툴 더블 클릭

❸ 클릭

02 툴 패널에서 마술봉 툴(🪄)을 더블 클릭하여 Fill Color의 Tolerance를 0으로 변경합니다. 다시 연두색 눈 부분을 클릭하면 눈과 치아만 선택됩니다.

❶ 마술봉 툴 더블 클릭

❸ 클릭

03 면 색을 더블 클릭하여 [Color Picker] 대화상자에서 흰색을 선택하고 [OK]를 클릭합니다.

❶ 더블 클릭

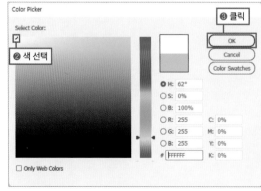

❸ 클릭

◎ **준비 파일**: part2/chapter2/London.ai

01 선택 툴(▶)로 구름과 기구 두 개를 Shift 를 누른 채 클릭하여 선택한 후 Ctrl + 2 를 눌러 고정합니다. 다시 선택 툴(▶)로 전체를 드래그해도 고정된 오브젝트는 선택되지 않습니다. 고정된 오브젝트를 해제하려면 Ctrl + Alt + 2 를 누르면 됩니다.

02 이번에는 오브젝트를 화면에서 안보이게 해보겠습니다. 오브젝트를 선택한 후 Ctrl + 3 을 누르면 오브젝트가 화면에서 사라집니다. 일시적으로 안보이는 것이지 없어진 것은 아닙니다. Ctrl + Alt + 3 을 누르면 오브젝트가 다시 화면에 나타납니다.

선 색, 면 색 설정하기

선 색과 면 색에 대해 알아보고 선과 면 색을 기본색인 초기색으로 세팅하는 방법과 색상을 변경하는 방법에 대해 배웁니다. 선 두께를 변경하고 투명 처리하는 방법에 대해서도 알아봅니다.

LESSON

◉ **준비 파일**: part2/chapter2/Color.ai

색에 대한 상세한 설명은 Chapter 6, 선에 대한 상세한 설명은 Chapter 5에서 다룹니다. 여기서는 간략하게 기본적인 사용 방법에 대해서만 학습하도록 하겠습니다.

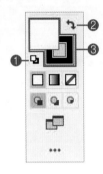
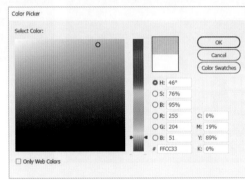

❶ **면 색, 선 색 초기화**: 면 색은 흰색, 선 색은 검은색, 선의 굵기는 1px로 초기화됩니다.

❷ **면 색과 선 색 바꾸기(Shift + X)**: 면 색과 선 색을 서로 바꿉니다.

❸ **면 색과 선 색**: 클릭하면 [Color Picker] 대화상자가 뜨고 색을 선택할 수 있습니다.

● 선 색, 면 색

1. Ctrl + O 를 눌러 Color.ai 파일을 불러옵니다.

2. 선택 툴(▶)을 선택하고 파란 원을 클릭합니다. 면 색과 선 색을 확인할 수 있습니다.

3. 면 색과 선 색을 서로 바꿀 수 있습니다.

● 선 색과 면 색을 기본색인 초기색으로 세팅하기

아이콘을 클릭하면 흰색 면과 검은색 선의 초기색으로 세팅됩니다.

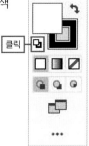

● 색상 변경하기

색상을 변경하고 싶으면 컬러를 클릭하여 [Color Picker] 대화상자에서 색을 선택하고 [OK]를 클릭합니다.

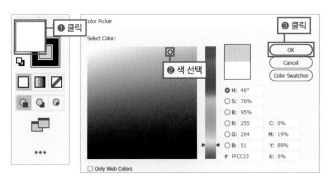

● 선 두께 변경, 투명 처리하기

선 두께를 변경하고 싶으면 [Stroke] 패널에서 Weight의 수치를 조절합니다.

선 색을 선택한 후 밑의 아이콘을 클릭하면 없음으로(투명으로) 됩니다. 마찬가지로 면 색도 투명하게 처리하고 싶으면 면 색을 선택한 후 투명 아이콘을 클릭합니다.

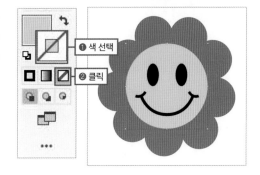

패스 자유자재로
다루기

일러스트레이터의 근간이라 할 수 있는 패스를 자유롭게 다루는 방법을 자세히 알아

봅니다.

패스 이해하기

패스의 의미와 패스 구조 및 패스 제작 툴에 대해 알아봅니다. 직선 그리기와 면 그리기, 곡선 그리기를 알아보고 실습을 통해 자세히 배웁니다.

LESSON

● 패스란?

패스의 사전적 의미는 '길', '경로'라는 뜻입니다. 일러스트레이터에서 작업한 오브젝트들은 이 패스들로 이뤄져 있습니다. 점을 찍고 그 다음 점을 찍어 패스를 만들며 이 패스들을 따라 선과 면이 만들어집니다.

패스만 있는 상태

패스에 선이 적용된 상태

패스에 면이 채워진 상태

패스에 선과 면이 적용된 상태

● 패스 구조

앞의 '기본기 다루기'에서 잠깐 살펴보았던 패스에 대해 좀 더 살펴보겠습니다.

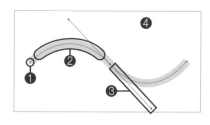

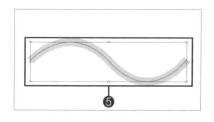

❶ **기준점(Anchor Point)**: 패스를 그릴 때 기준이 되는 점으로 선택된 기준점은 네모에 색이 채워지고, 선택되지 않은 기준점은 테두리만 있는 네모입니다.

❷ **세그먼트(Segment)**: 기준점과 기준점을 잇는 선입니다.

❸ **방향 선(Direction Line)**: 곡선의 형태를 조절합니다.

❹ **패스(Path)**: 선분 전체를 말합니다.

❺ **바운딩 박스**: 선택된 오브젝트의 외곽에 생기는 박스로 8개의 조절점을 가지며 오브젝트의 크기를 조절하거나 회전할 수 있습니다.

● 닫힌 패스와 열린 패스

패스는 기준점의 시작과 끝이 연결된 닫힌 패스와 연결되지 않은 패스가 있습니다.

닫힌 패스: 시작점과 끝점이 만난 패스입니다.　　　**열린 패스**: 시작점과 끝점이 떨어진 패스입니다.

● 패스 제작 툴

❶ **펜 툴(P)**: 패스로 다양한 오브젝트를 만듭니다.
❷ **기준점 추가 툴(+)**: 패스를 클릭하여 기준점을 추가합니다.

❸ **기준점 삭제 툴(−)**: 기준점을 클릭하여 삭제합니다.
❹ **기준점 변환 툴(Shift+C)**: 직선 패스를 곡선 패스로, 곡선 패스를 직선 패스로 만듭니다.
❺ **곡률 툴(Shift+~)**: 추가한 기준점을 이전 기준점과 연결하여 쉽게 곡선을 그릴 수 있습니다.

> **NOTE**　　　　　　　　　　　　　　　　　　　　　　　　　　　　**직접 선택 툴로 바꾸기**
>
> 펜 툴을 선택한 상태에서 Alt를 누르면 누르는 동안 기준점 변환 툴로 바뀝니다.
> 펜 툴을 선택한 상태에서 Ctrl을 누르면 누르는 동안 직접 선택 툴로 바뀝니다.

● 직선 그리기, 면 그리기, 곡선 그리기, 선 두께 조절하기

1) 직선 그리기

가장 기본적인 직선을 그려보겠습니다. [File]-[New] 메뉴를 선택하여 새 아트보드를 만듭니다.

　　　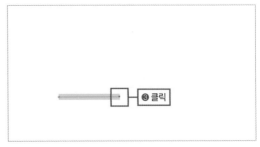

펜 툴을 선택하고 한 점을 클릭합니다.　　　　　다음 지점을 클릭합니다.

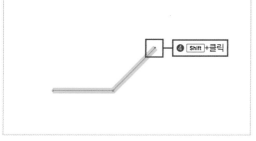

Shift 를 누른 채 클릭하면 수직, 수평, 45도 선을 그릴 수 있습니다.

Ctrl 을 누른 채 아트보드의 빈 곳을 클릭하여 끝냅니다. 선택 해제되어 패스 선은 보이지 않게 됩니다.

NOTE   그리기를 끝내는 방법들

❶ Enter 를 누릅니다.
❷ Ctrl 을 누른 채 아트보드 빈 곳을 클릭합니다.
❸ 툴 패널에서 다른 툴을 선택합니다.

2) 면 그리기

면을 만들려면 닫힌 패스로 작업되어야 합니다.

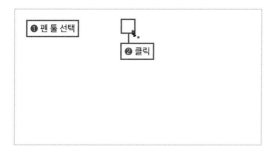

펜 툴로 시작점을 클릭합니다.

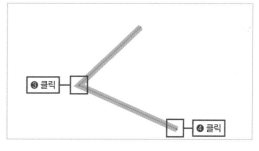

다음 점을 순차적으로 클릭합니다.

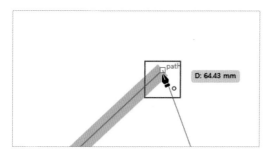

처음 클릭했던 지점에 마우스를 가져가면 포인터의 모양이 'ㅇ(동그란 모양)'으로 바뀝니다.

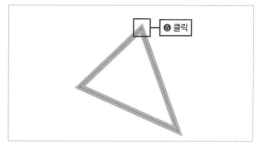

처음 시작점을 다시 클릭하면 닫힌 패스가 되면서 면이 됩니다.

토끼 아웃라인 그리기

◎ **준비 파일**: part2/chapter3/Rabbit1.png

01 Ctrl+N을 눌러 가로, 세로 20cm의 새 창을 만듭니다.

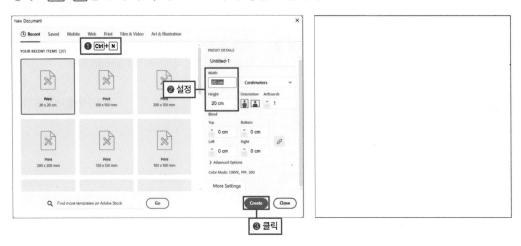

02 [File]-[Place] 메뉴를 선택합니다. Rabbit1을 선택하고 옵션에서 Template을 체크한 후 [Place]를 클릭합니다. [Layers] 패널을 보면 레이어가 잠겨 있고 이미지의 불투명도가 줄어 희미하게 깔립니다.

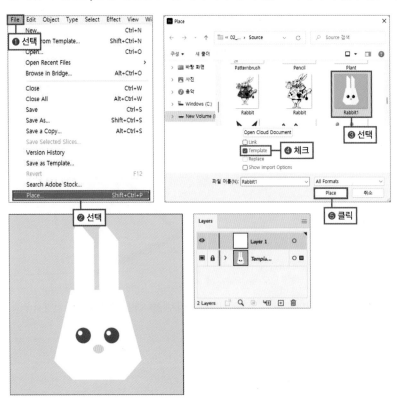

03 툴 패널에서 면 색은 투명, 선 색은 검은색으로 설정하고 펜 툴(✏️)을 선택합니다. 귀의 윗부분을 클릭한 후 외곽선을 따라 순차적으로 클릭하면서 그려갑니다.

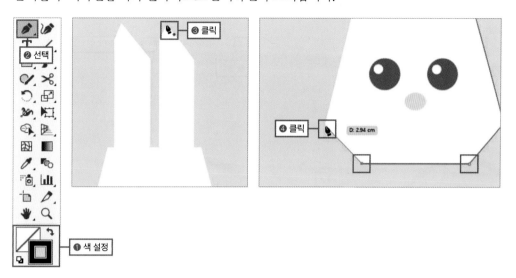

04 윤곽선을 따라 그린 후 맨 처음 시작점에 마우스를 가져가면 펜 툴(✏️)에 동그란 모양이 나타나는데 이때 클릭하여 패스를 닫습니다. [Stroke] 패널에서 Weight를 7pt로 조절합니다. Ctrl을 누른 채 아트보드의 빈 곳을 클릭하여 패스를 해제합니다.

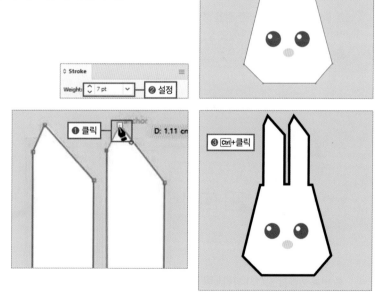

3) 곡선 그리기 1

펜 툴(✒)을 선택하고 시작점을 클릭합니다. 다음 점을
클릭한 채 드래그하면 양쪽에 조절선이 나타나며 곡선이
만들어집니다.

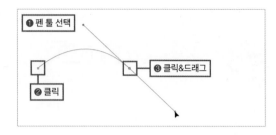

다음 지점을 클릭한 채 드래그하여 곡선을 만듭니다.

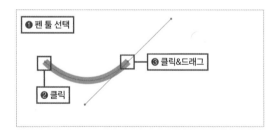

Ctrl을 누른 채 아트보드의 빈 곳을 클릭하거나 Enter를
눌러 그리기를 끝냅니다.

4) 곡선 그리기 2-한쪽 방향 선 없애기

기준점에는 양쪽으로 조절선이 나오는데 양쪽 선이 있는 것은 컨트롤하기가 쉽지 않습니다. 한쪽
방향 선을 없애면 좀 더 컨트롤하기가 수월합니다.

펜 툴(✒)을 선택하고 한 점을 클릭합니다. 다음 점을 클
릭한 채 드래그하면 양쪽에 조절선이 나타나며 곡선이 만
들어집니다.

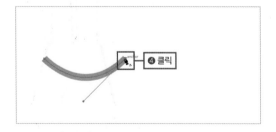

두 번째 기준점을 다시 클릭하면 한쪽 방향 선이 없어집
니다.

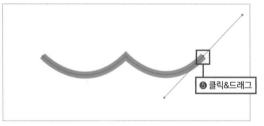

다음 기준점을 찍어서 드래그하면 곡선을 컨트롤하기가
훨씬 수월합니다.

5) 곡선 그리기 3-한쪽 방향 선 방향 바꾸기

펜 툴( )을 선택하고 한 점을 클릭합니다. 다음 점을 클릭한 채 드래그하면 양쪽에 조절선이 나타나며 곡선이 만들어집니다.

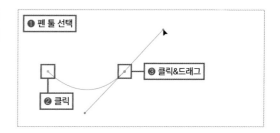

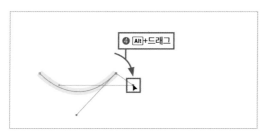

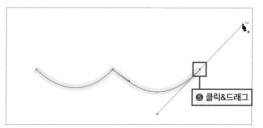

Alt 를 누른 채 방향 선을 드래그하여 원하는 방향으로 바꿀 수 있습니다.

다음 기준점을 찍어서 드래그하면 곡선을 컨트롤하기가 훨씬 수월합니다.

6) 곡선 그리기 4-곡률 툴로 그리기

곡률 툴( )을 선택하고 한 점을 클릭합니다. 다음 점을 클릭하고 드래그하면 패스가 따라옵니다.

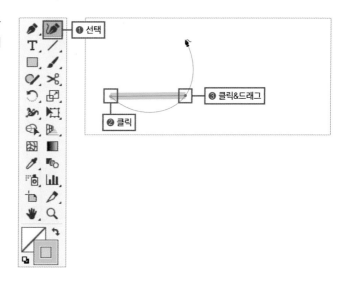

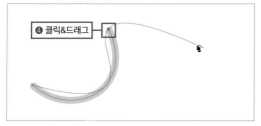

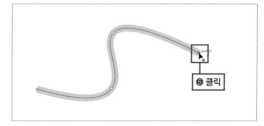

다음 지점을 클릭하면 곡선이 그려집니다.

다시 오른쪽으로 마우스를 가져가서 클릭하여 곡선을 만듭니다.

◎ **준비 파일**: part2/chapter3/People.ai

01 Ctrl+N을 눌러 가로, 세로 20cm의 새 창을 만듭니다.
[File]-[Place] 메뉴를 선택합니다. People을 선택하고 옵션에
서 Template을 체크한 후 [Place]를 클릭합니다. [Layers] 패널
을 보면 레이어가 잠겨 있고 이미지의 불투명도가 줄어 희미
하게 깔립니다.

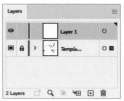

02 먼저 큰 외곽선을 그립니다. 선 색을 원하는 색으로 선택하고 [Stroke] 패널에서
Weight를 7pt로 설정합니다. 펜 툴(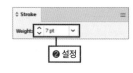)로 왼쪽 아래를 클릭하여 시작합니다.

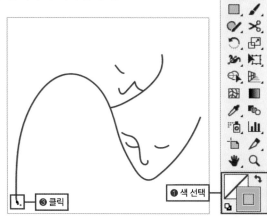

03 두 번째 지점을 클릭&드래그하여 외곽선에 맞춥니다.

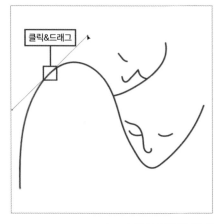

04 다음 지점을 클릭하기 위해 두 번째 지점을 다시 클릭하여 오른쪽 방향 선을 없애거나 Alt 를 누른 채 방향 선을 진행 방향으로 드래그하여 다음 점을 쉽게 그릴 수 있도록 합니다.

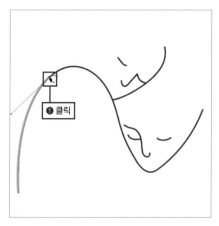

05 Ctrl 을 누른 채 아트보드의 빈 곳을 클릭하여 패스를 해제한 후 외곽선을 마저 다 그립니다.

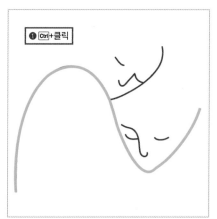
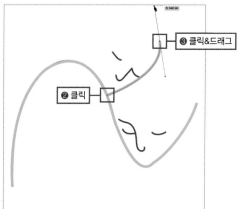

06 안쪽의 눈, 코를 그리기 위해 [Stroke] 패널에서 Weight를 5pt로 줄인 후 같은 방법으로 그리고 마무리합니다.

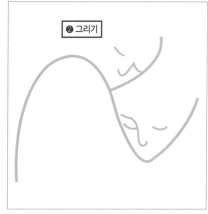

기준점 추가, 삭제하기

펜 툴로 기준점을 추가하는 방법과 기준점 개수를 2배로 늘리는 방법을 알아봅니다. 펜 툴과 Delete 를 이용하여 기준점을 삭제하는 방법을 알아보고 불필요한 기준점을 삭제하는 방법도 배웁니다.

LESSON

● 기준점 추가 1 - 펜 툴로 추가하기

패스로 그린 후 수정하고 싶을 때 사용합니다. 펜 툴( )을 선택하고 패스 위에 마우스를 가져가면 마우스 포인터의 모양이 펜+로 바뀌는데 클릭하여 기준점을 추가합니다.

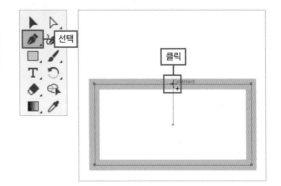

직접 선택 툴( )을 선택하거나 펜 툴이 선택된 상태에서 Alt 를 누르면 누르는 동안 직접 선택 툴로 바뀝니다.

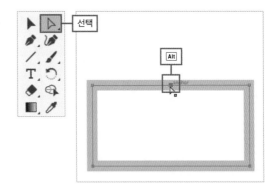

추가한 기준점을 드래그하여 형태를 수정합니다.

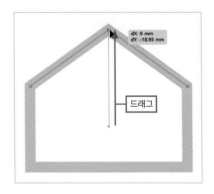

● 기준점 추가 2 - 기준점 개수 2배로 늘리기

[Object]-[Path]-[Add Anchor Point] 메뉴를 선택하면 원래
있던 기준점 사이에 기준점이 하나씩 추가됩니다.

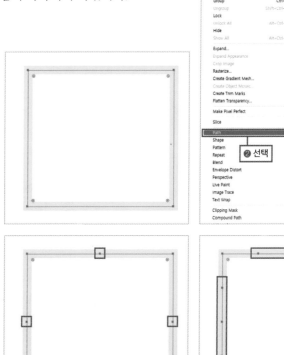

● 기준점 삭제 1 - 펜 툴로 삭제하기

선택 툴(▶)로 패스 선을 클릭합니다. 펜 툴을 선택하고 기준점 위에 마우스를 가져가면 마우스 포
인터의 모양이 펜-로 바뀌는데 이때 클릭하면 기준점이 삭제됩니다.

● 기준점 삭제 2 - Delete로 삭제하기

직접 선택 툴(▷)로 기준점을 하나 클릭하고 Delete 를 눌러 삭제합니다.

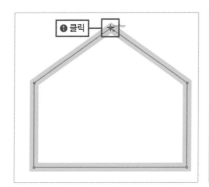

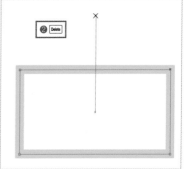

● 불필요한 기준점 삭제하기

Ctrl + Y 를 누르면 기준점만 찍혀 있거나 글자가 없는 텍스트 박스 등 작업한 이미지 외에 불필요한 오브젝트 등을 볼 수 있습니다. 불필요한 요소들을 정리해 보겠습니다.

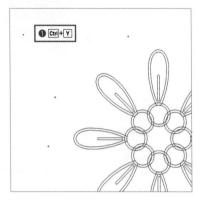

Ctrl + Y 를 누릅니다.

[Object]-[Path]-[Clean Up] 메뉴를 선택합니다.

[Clean Up] 대화상자가 나타나면 원하는 항목들에 체크하고 [OK]를 클릭합니다.

불필요한 요소들이 삭제됩니다.

◎ **준비 파일**: part2/chapter3/Bear.ai

01 Bear.ai 파일을 불러옵니다.

파일 열기

02 툴 패널에서 직접 선택 툴(▷)을 선택하
고 윗부분을 클릭하면 기존 패스가 나타납니다.

① 선택 ② 클릭

03 기준점 추가 툴(✎)로 기준점을 추가해도 되지만 펜
툴(✎)을 기존 패스 위에 가져가면 ⊞ 아이콘으로 바뀝니
다. 가운데 기준점을 중심으로 양쪽에 두 개씩 기준점을 추
가합니다.

① 펜 툴 선택 ② 클릭

04 Alt를 누르면 누르는 동안 직접 선택 툴(▷)로 바뀝니다. 추가한 두 번째 점을 대각선 방향으로 드래그합니다.

05 Alt를 누른 채 추가한 세 번째 점을 드래그합니다.

06 수정이 필요할 경우 직접 선택 툴(▷)을 선택하고 방향 선을 조절하여 형태를 조절합니다.

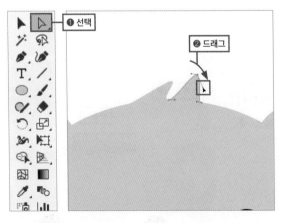 

패스 편집 - 패스 연결하기, 자르기

패스를 연결하는 방법과 패스를 자르는 패널에 대해 알아보고 지우개 툴, 가위 툴, 나이프 툴과 같이 패스를 지우는 툴에 대해 배웁니다.

LESSON

● **패스 연결하기**

펜 툴( )을 선택하고 연결하고자 하는 패스의 끝에 마우스를 가져가면 - 모양으로 바뀝니다. 이때 클릭하고 연결할 다른 지점에 마우스를 가져가면 마우스 포인터가 바뀌는데 클릭하면 직선으로 연결됩니다.

연결 시 연결할 두 기준점을 선택하고 [Object]-[Path]-[Join] 메뉴를 선택하거나 Ctrl+J 를 눌러도 되고, 연결할 두 기준점을 선택한 후 [Properties] 패널의 'Anchors'에서 연결 아이콘을 클릭해도 됩니다.

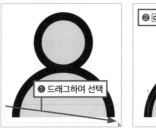

곡선으로 연결하고 싶을 때는 두 번째 지점을 클릭하여 드래그하면 곡선으로 연결할 수 있습니다. Alt 를 누른 채 드래그하면 기존 곡선과 핸들을 고정시킨 채 연결할 수 있습니다.

● 패스를 자르는 패널

직접 선택 툴(▷)로 기준점을 선택하고 [Properties] 패널의 'Anchors'에서 자르기 아이콘을 클릭하면 패스가 잘립니다.

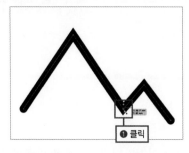

직접 선택 툴로 기준점을 선택합니다.

[Properties] 패널의 'Anchors'에서 자르기 아이콘을 클릭합니다.

패스가 잘립니다. 끝선이 둥근 라인이었기 때문에 패스가 잘리면서 끝선이 둥근 라인이 되었습니다.

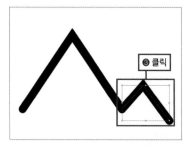

선택 툴(▶)로 선택하면 분리된 것을 알수 있습니다.

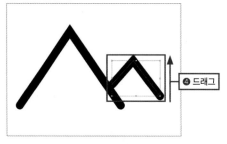

패스를 드래그하여 위로 올렸습니다.

● 패스를 지우는 툴

각 툴을 실행한 후 잘린 부분을 이동시키면 다음과 같습니다.

❶ 지우개 툴: 오브젝트를 지워 닫힌 패스로 만듭니다.

❷ 가위 툴: 패스 선을 분리하여 열린 패스로 만듭니다.

❸ 나이프 툴: 면을 나눠 각각의 오브젝트로 만듭니다.

지우개 툴을 더블 클릭하면 옵션 창이 뜨고 세부 설정을 변경할 수 있습니다.

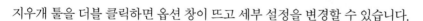

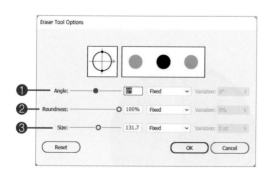

❶ Angle: 지우개의 각도를 설정합니다.

❷ Roundness: 지우개의 원형의 둥근 정도를 설정합니다. 수치가 낮을수록 타원, 높을수록 정원의 형태입니다.

❸ Size: 지우개의 크기를 설정합니다.

브러시 각도, 원형의 둥근 정도, 크기를 고정하거나 입력 장치에 따라 설정합니다.

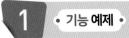

1 ● 기능 예제 ● **오브젝트를 나누고 면 색 바꾸기**

◎ **준비 파일**: part2/chapter3/Ball.ai

01 Ball.ai 파일을 불러옵니다. 나이프 툴(✎)을 선택한 후 가운데를 수직으로 드래그합니다.

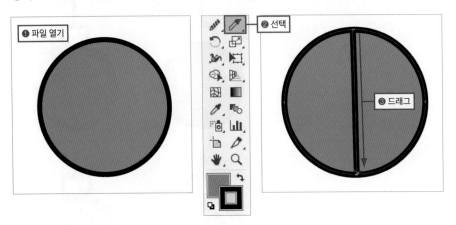

02 1시 방향을 클릭하고 5시 방향으로 이미지처럼 곡선으로 드래그합니다. 다음 왼쪽도 드래그합니다.

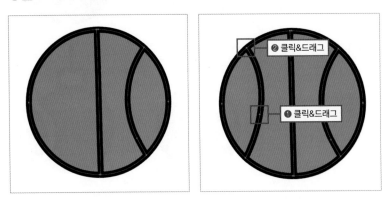

03 직접 선택 툴(▷)로 자른 두 번째와 네 번째 면을 선택한 후 면 색을 바꿉니다.

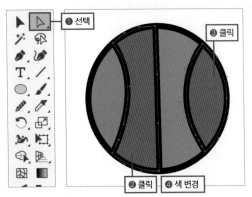

직선을 곡선으로, 곡선을 직선으로

직접 선택 툴과 패널 및 기준점 변환 툴을 사용하여 직선을 곡선으로 만드는 방법에 대해 알아보고 펜 툴을 이용하여 곡선이 많은 그림을 그리는 방법에 대해서도 배웁니다.

L E S S O N

● 직선을 곡선으로 1

직접 선택 툴을 선택하고 가운데 기준점을 클릭한 후 모서리를 드래그하면 라이브 코너 위젯이 나타납니다. 라이브 코너 위젯 위로 마우스를 가져가면 마우스 포인터 모양이 바뀌는데 이때 드래그하면 곡선으로 만들 수 있습니다.

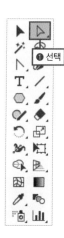

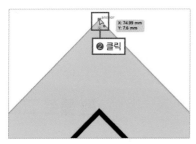
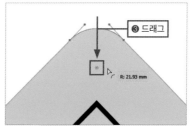

● 직선을 곡선으로 2

[Properties] 패널의 Convert에서 '모서리 부드럽게 만들기'를 클릭하면 모서리가 곡선으로 바뀝니다. 방향 선을 드래그하면서 곡선을 조절합니다.

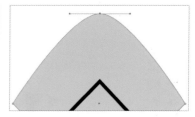

● 직선을 곡선으로 3

패스를 클릭하고 기준점 변환 툴()을 선택한 후 꼭짓점을 드래그하여 직선을 부드러운 곡선으로 만듭니다.

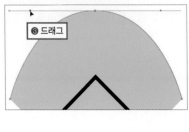

---

1 • 기능 예제 •　　　　　　　　　　　　　　　　　　　　**펜 툴로 그리기**

◎ **준비 파일**: part2/chapter3/Tiger.ai

01　Tiger.ai 파일을 불러와서 펜 툴로 그려봅니다. 펜 툴(![펜 툴])을 선택하고 면 색은 없음, 선 색은 원하는 색으로 설정합니다. 시작점을 클릭합니다.

02 다음 지점을 클릭&드래그하여 외곽선을
따라 그립니다.

03 방향 선의 조절이 필요하다면 [Alt]를 누른 채 방향 선을 드래그하여 원하는 방향으로 맞춥니다.

04 수정이 필요한 부분은 직접 선택 툴(▷)을 사용하여 수정합니다.

05 선 색을 변경하여 무늬도 형태를 따라 그립니다.

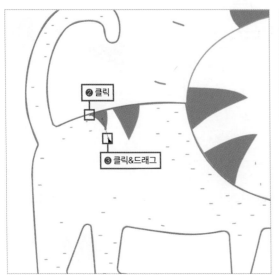

06 형태를 따라 그렸으면 선택 툴(▶)을 선택한 후 강아지 몸통을 클릭합니다.

07 툴 패널에서 선 색과 면 색을
바꾸면 몸통에 색깔이 적용됩니다.

색 변경

08 마찬가지로 무늬도 선 색과 면
색을 바꿔 적용합니다.

❷ 색 변경

❶ 선택

09 얼굴 부분도 먼저 선으로 그린 후 면으로
바꿔 그려가면서 완성합니다.

도형 및
오브젝트 다루기

도형과 오브젝트를 변형 및 복사하는 등의 기능들로 복잡한 형태들도 쉽고 빠르게
그릴 수 있습니다.

사각형, 둥근 사각형, 원형, 다각형, 별, 플레어

ILLUSTRATOR 01 LESSON

사각형 툴, 둥근 사각형 툴, 원형 툴, 다각형 툴, 별 툴, 플레어 툴에 대해 알아보고 도형으로 표지 만드는 방법, 도형으로 건물 그리는 방법을 실전을 통해 배웁니다.

● 사각형 툴, 둥근 사각형 툴, 원형 툴

일러스트레이터에 있는 도형 툴들을 활용하면 작업을 좀 더 쉽게 할 수 있습니다.

사각형 툴: 드래그하여 사각형을 그릴 수 있습니다. 사각형 툴로 사각형을 그린 후 각 모서리 안쪽에 있는 라이브 코너 위젯을 드래그하면 쉽게 둥근 사각형을 만들 수 있습니다.

둥근 사각형 툴: 클릭&드래그하여 둥근 사각형을 그릴 수 있습니다. 모서리의 둥근 정도는 키보드의 방향키 위, 아래를 사용하여 조절할 수 있습니다.

원형 툴: 드래그하여 원을 그릴 수 있습니다. 사각형 툴과 마찬가지로 그린 원을 선택 툴로 선택하면 조절점이 나타나는데 드래그하면 부채꼴을 만들 수 있습니다.

Shift 를 누른 채 드래그하면 정사각형, 정원 등 가로, 세로 비율이 같은 도형을 그릴 수 있습니다.

1) 사각형 그리기

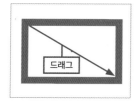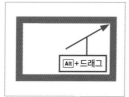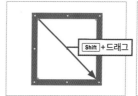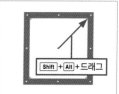

클릭&드래그(직사각형)   Alt+드래그(중심에서부터 그리는 직사각형)   Shift+드래그(정사각형)   Shift+Alt+드래그(중심에서부터 그리는 정사각형)

같은 방법으로 다른 도형들도 그릴 수 있습니다.

2) 정확한 수치로 도형 그리기

툴 패널에서 사각형 툴, 원형 툴 등의 도형 툴을 선택하고 아트보드의 빈 곳을 클릭하면 대화상자
가 뜨는데 옵션 창에 정확한 수치를 기입하여 도형들을 만들 수 있습니다.

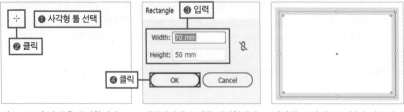

아트보드의 빈 곳을 클릭합니다.　　　대화상자에 수치를 입력합니다.　　　기입한 수치대로 도형이 만들어집
　　　　　　　　　　　　　　　　　　　　　　　　　　　　　　　　　　　　　　니다.

3) 대화상자 알고 가기

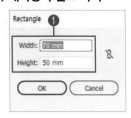 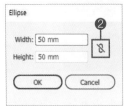 

❶ **Width/Height**: 가로, 세로 수치를 설정합니다.

❷ **링크 아이콘**: 클릭하면 가로, 세로의 비율이 유지됩니다.

❸ **Corner Radius**: 둥근 사각형을 만들 때 모서리의 둥근 정도를 설정합니다.

4) 위젯으로 도형 그리기

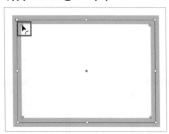 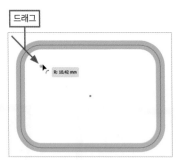 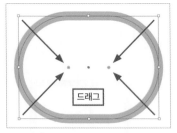

도형을 그리면 모서리에 위젯이 생깁니다.　　드래그하여 각을 조절합니다.　　더 많이 드래그하여 각을 조절합니다.

5) 그린 도형을 정확한 수치로 변형하기

[Properties] 패널의 'Transform'에서 그린 도형을 정확한 크기로 수정할 수 있습니다.

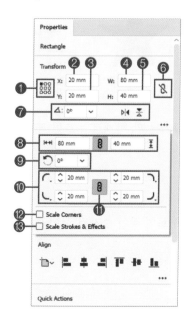

① 패스 중심점의 위치를 정합니다.

② 가로 위치를 지정합니다.

③ 세로 위치를 지정합니다.

④ 가로폭을 지정합니다.

⑤ 높이를 지정합니다.

⑥ **링크**: 폭과 높이의 비율을 유지하면서 수정됩니다.

⑦ 각도 조절, 좌우 뒤집기, 위아래 뒤집기를 할 수 있습니다.

⑧ 폭, 높이를 지정합니다.

⑨ 회전합니다.

⑩ 모서리의 둥근 정도를 지정합니다.

⑪ **링크**: 모든 모서리의 비율을 유지하면서 수정됩니다.

⑫ **코너의 크기**: 체크 시 모서리의 둥근 정도도 비례하여 같이 수정됩니다.

⑬ **선과 효과의 크기**: 체크 시 수정한 크기에 비례하여 선 두께와 효과도 같이 수정됩니다.

6) 도형을 그리는 모양 툴

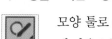

모양 툴로 아트보드에 사각형, 원 등의 도형을 대충 그려도 깔끔한 도형이 그려집니다. 펜 마우스를 쓰는 사용자에게 유용한 도구입니다.

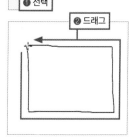

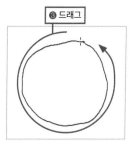

● 다각형 툴, 별 툴, 플레어 툴

다각형 툴: 드래그하여 다각형을 그릴 수 있습니다. 드래그할 때 키보드의 방향키를 위, 아래로 누르면 변의 개수를 조절할 수 있습니다. 그린 다각형을 선택하면 개수 조절점이 나타나

는데 위, 아래로 드래그하여 변의 개수를 조절할 수 있습니다.

별 툴: 별 모양을 그릴 수 있습니다. 드래그할 때 키보드의 방향키를 위, 아래로 누르면 꼭짓점의 개수를 조절할 수 있습니다.

플레어 툴: 광선을 그립니다.

다각형과 별을 그릴 때 드래그하는 상태에서 위쪽 방향키를 누르면 각이 추가되고, 아래쪽 방향키를 누르면 각이 줄어듭니다.

Shift +드래그하면 다각형이 똑바로 그려집니다.

❶ 다각형 툴 선택

❷ 클릭

시작점으로 중심을 클릭합니다.

❸ Shift +드래그

Shift +드래그합니다.

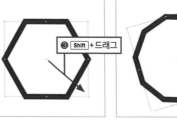

❹ 드래그+↑

드래그+위 방향키를 4번 누릅니다.

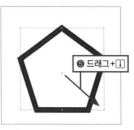

❺ 드래그+↓

드래그+아래 방향키를 5번 누릅니다.

1) 대화상자 알고 가기

Polygon

Radius: 20 mm

Sides: 6 ──❶

OK   Cancel

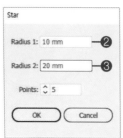

Star

Radius 1: 10 mm ──❷

Radius 2: 20 mm ──❸

Points: 5

OK   Cancel

❶ **Sides**: 다각형의 변의 개수를 지정합니다.

❷ **Radius 1**: 중심에서 끝점까지의 거리입니다.

❸ **Radius 2**: 중심에서 안쪽 점까지의 거리입니다.

01 앞에서 배운 도형들로 표지를 만들어 봅니다. 단순한 도형들을 구성하는 것만으로도 디자인을 할 수 있습니다.

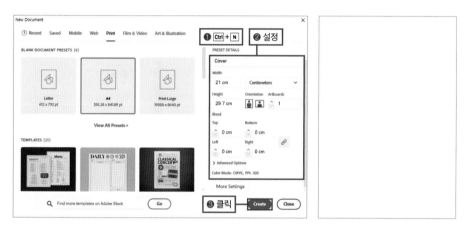

02 작업의 효율을 위해 그리드를 사용해 보겠습니다. Ctrl+'를 눌러 그리드가 나오게 하고 Ctrl+R 을 눌러 눈금자를 표시합니다. 그리드 간격을 변경해 보겠습니다. [Edit]-[Preferences]-[Guides & Grids] 메뉴를 선택합니다. Gridline every는 1cm, Subdivisions는 2로 변경하고 [OK]를 클릭하면 그리드 간격 이 변경됩니다. 눈금자의 단위가 센티미터가 아니라면 눈금 위에서 마우스 오른쪽 버튼을 클릭하면 나 오는 단위 중에서 'Centimeters'를 선택하여 변경합니다.

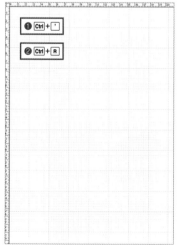

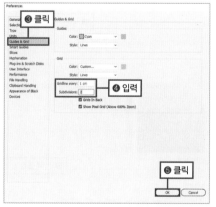

03 눈금자에서 클릭&드래그하여 가이드 선을 만들 수 있습니다. 자의 눈금에 마우스를 가져가서 클릭한 채 드래그하여 가이드 선을 만듭니다. 세로 가이드 선은 왼쪽 세로 눈금에서 드래그하여 만들면 됩니다. 가이드 선을 삭제하려면 선택 툴로 가이드 선을 클릭하고 Delete 를 누릅니다. 또는 [Layers] 패널에서 가이드 레이어를 선택하고 Delete 를 누릅니다.

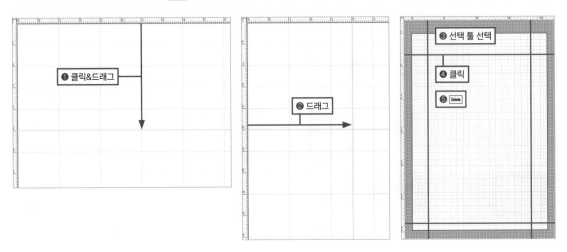

04 [View]-[Snap to Grid] 메뉴를 선택합니다. 오브젝트를 그릴 때 그리드에 맞춰 가며 작업할 수 있습니다. 면 색을 원하는 색으로 선택하고 원형 툴(⬤)로 Shift 를 누른 채 드래그하여 정원을 그립니다. 선택 툴을 선택하여 Alt 를 누른 채 원을 복제하고 색을 변경합니다.

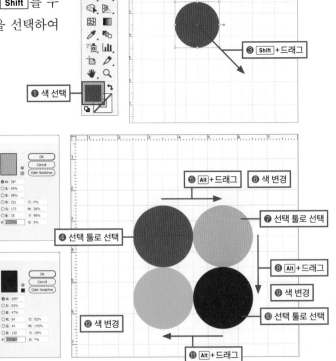

05 원을 그리고 직접 선택 툴(▷)로 위쪽의 패스를 클릭한 후 Delete를 눌러 지우고 위로 옮깁니다.

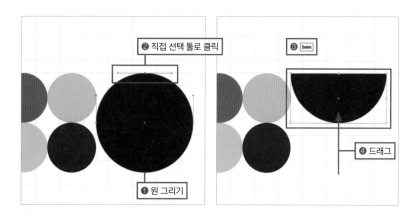

06 나머지 부분은 앞에서 배운 기본 도형 사용 방법을 활용하여 자유롭게 그려 넣습니다. 똑같이 할 필요는 없습니다. 단순한 도형들의 사용이므로 크기, 위치, 방향 등을 자유롭게 구성해 봅니다.

07 텍스트 툴(T)로 간단하게 내용을 입력하여 마무리합니다. 텍스트 툴(T)은 뒤에서 자세히 다룹니다. 텍스트를 컨트롤하는 패널은 [Character] 패널로 [Window]-[Type]-[Character] 메뉴를 선택하면 됩니다.

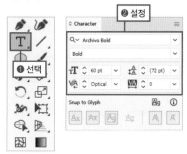

08 눈금자를 표시했던 단축키인 [Ctrl]+[R], 그리드를 표시했던 [Ctrl]+['], 가이드 선을 표시했던 [Ctrl]+[;]을 클릭하면 다시 화면에서 사라집니다.

더 알·아·보·기

눈금자, 가이드 선, 그리드

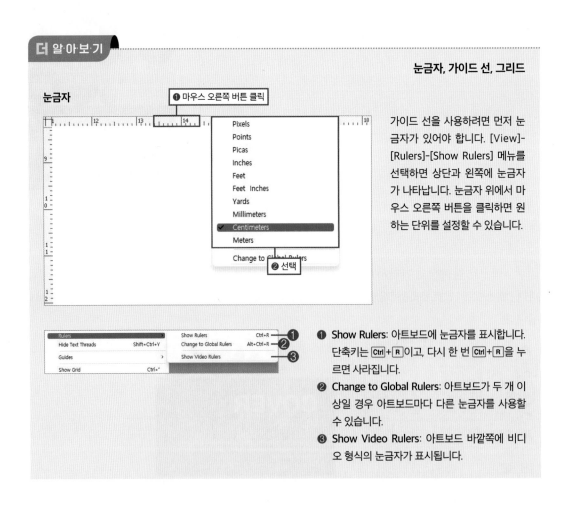

눈금자

❶ 마우스 오른쪽 버튼 클릭

| Pixels |
| Points |
| Picas |
| Inches |
| Feet |
| Feet Inches |
| Yards |
| Millimeters |
| ✓ Centimeters |
| Meters |
| Change to Global Rulers |

❷ 선택

가이드 선을 사용하려면 먼저 눈금자가 있어야 합니다. [View]-[Rulers]-[Show Rulers] 메뉴를 선택하면 상단과 왼쪽에 눈금자가 나타납니다. 눈금자 위에서 마우스 오른쪽 버튼을 클릭하면 원하는 단위를 설정할 수 있습니다.

Rulers	▶	Show Rulers	Ctrl+R	❶
Hide Text Threads	Shift+Ctrl+Y	Change to Global Rulers	Alt+Ctrl+R	❷
Guides	▶	Show Video Rulers		❸
Show Grid	Ctrl+"			

❶ **Show Rulers**: 아트보드에 눈금자를 표시합니다. 단축키는 [Ctrl]+[R]이고, 다시 한 번 [Ctrl]+[R]을 누르면 사라집니다.

❷ **Change to Global Rulers**: 아트보드가 두 개 이상일 경우 아트보드마다 다른 눈금자를 사용할 수 있습니다.

❸ **Show Video Rulers**: 아트보드 바깥쪽에 비디오 형식의 눈금자가 표시됩니다.

작업을 도와주는 가이드 선

작업을 하다 보면 크기나 위치를 맞춰야 하는 경우가 있는데 가이드 선이나 그리드 등이 있으면 훨씬 편리하게 작업할 수 있습니다. 일러스트레이터에서 제공하는 가이드 선과 그리드 사용 방법에 대해 살펴봅니다.

가이드 선은 작업 시 도움을 주는 임의의 안내선으로 일러스트레이터 작업 시에만 보이고, 다른 이미지 파일로 저장하거나 인쇄 시에는 나타나지 않습니다. 가이드 선은 눈금자가 있어야 만들 수 있습니다. Ctrl+R을 눌러 눈금자를 표시하고 눈금자 위에 마우스를 클릭한 후 아트보드로 드래그하면 가이드 선이 생깁니다. 수평선은 위쪽의 눈금에서, 수직선은 왼쪽 눈금에서 만들면 됩니다.

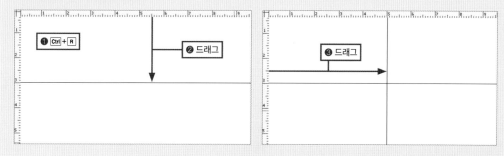

가이드 선을 삭제하려면 선택 툴(▶)로 가이드 선을 선택하고 Delete를 누릅니다. 또는 [Layers] 패널에서 가이드 레이어를 선택하고 Delete를 누릅니다. 만들어 놓은 전체 가이드 선을 삭제하려면 [View]-[Guide]-[Clear Guide] 메뉴를 선택합니다.

❶ **Hide Guides**: 가이드 선을 안보이게 합니다.
❷ **Unlock Guides**: 가이드 선을 움직이지 않게 합니다.
❸ **Make Guides**: 선택한 오브젝트를 가이드 선으로 만듭니다.
❹ **Release Guides**: 가이드 선을 오브젝트로 되돌립니다.
❺ **Clear Guides**: 가이드 선을 전체 삭제합니다.

그리드

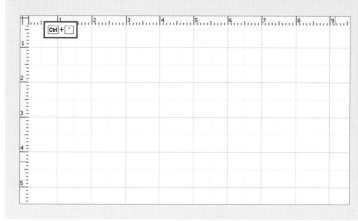

가로, 세로 격자무늬인 그리드는 필요에 따라 작업 시에 활용하면 좋습니다.
[View]-[Show Grid] 메뉴를 선택하면 나타납니다. 단축키는 Ctrl+'로 한 번 누르면 나타나고, 다시 누르면 사라집니다.
[View]-[Snap to Grid] 메뉴를 선택하여 체크하면 그리드에 맞게 패스를 만들 수 있습니다.

[Edit]-[Preferences]-[Guides & Grid] 메뉴에서 세부 옵션을 설정할 수 있습니다.

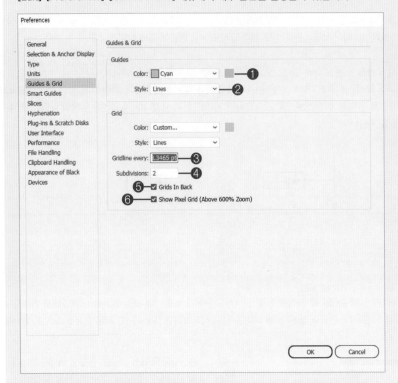

❶ Color: 색을 선택할 수 있습니다.

❷ Style: 선을 직선, 점선으로 선택할 수 있습니다.

❸ Gridline every: 그리드 한 칸의 가로폭입니다.

❹ Subdivisions: 그리드 한 칸을 나눈 개수입니다.

❺ Grids In Back: 그리드 위에 패스를 그립니다.

❻ Show Pixel Grid: [View]-[Pixel Preview] 메뉴를 선택하여 패스를 픽셀로 볼 때 'Show Pixel Grid'를 체크하면 픽셀 단위의 그리드가 표시됩니다.

◎ **준비 파일**: part2/chapter4/Building.ai

01　Building.ai 파일을 불러옵니다. 앞에서 배운 기본 도형들로 작업할 수 있습니다. 해당 형태에 맞는 도형 툴들을 사용하여 복제해서 반복하고, 직접 선택 툴(▷)로 부분 편집해서 그려봅니다. 선의 두께는 [Stroke] 패널에서 Weight의 두께를 조절하여 외곽선과 내부의 선 두께에 차이를 주면 좋습니다.

02　사각형 툴(■)로 사각형을 그린 후 직접 선택 툴(▷)로 왼쪽 상단 기준점을 클릭합니다. 오른쪽으로 드래그하여 형태를 조절합니다.

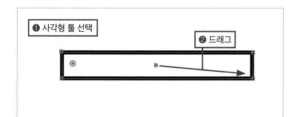

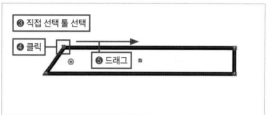

03　사각형 툴(■)로 Shift 를 누른 채 정사각형을 그립니다. Shift + Alt 를 누른 채 드래그하면 수평의 위치에 복사할 수 있습니다.

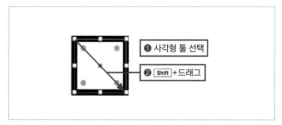

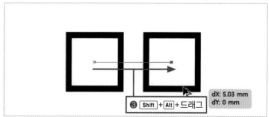

04 두 도형을 Shift + Alt 를 누른 채 드래그하
면 수직의 위치에도 복사할 수 있습니다.

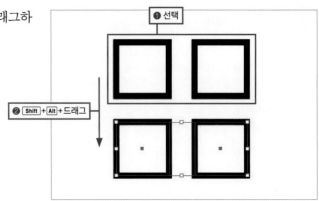

05 [Stroke] 패널에서 Weight를 밖의 사각형은 3pt, 안의 사각형은 2pt로 변경합니다.

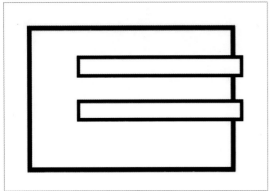

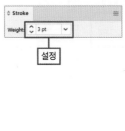

모서리 위젯으로 수정하기

직접 선택 툴을 이용하여 전체 모서리 수정하기, 바깥 모서리 수정하기, 한 개의 모서리만 수정하기를 배우고 이 방법을 이용하여 스티커 만들기에 대해 알아봅니다.

LESSON

● 전체 모서리 수정하기

직접 선택 툴(△)로 별을 선택하면 각 모서리 부분에 위젯이 나타납니다. 마우스 포인터를 맨 위 위젯에 가져가 드래그하면 모든 모서리가 둥글게 바뀝니다.

드래그하면서 키보드의 방향키 위나 아래를 1번, 2번, 3번 누르면 모양이 변합니다.

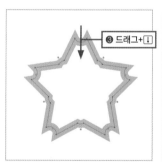
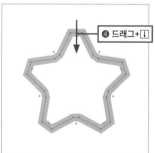

● 바깥 모서리 수정하기

Shift 를 누른 채 직접 선택 툴(△)로 안쪽 모서리들만 선택하면 위젯을 드래그하여 바깥 모서리들만 수정할 수 있습니다.

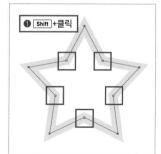
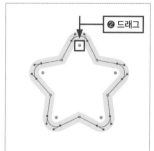

Ctrl + Z 를 눌러 취소하고 직접 선택 툴로 바깥쪽 모서리들만 선택하면 안쪽 모서리들만 수정할 수 있습니다.

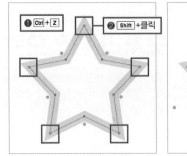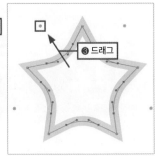

● 한 개의 모서리만 수정하기

한 개의 모서리만 클릭하여 선택하고 드래그하면 한 개의 모서리만 변형할 수 있습니다. 위젯을 더블 클릭하면 [Corners] 대화상자가 나타납니다. 코너 모양과 라운딩 정도를 설정할 수 있습니다.

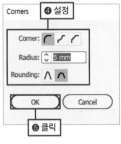

01　면 색을 검정으로 하고 사각형 툴(　)을 선택합니다. 아트보드의 빈 곳을 클릭하면 [Rectangle] 대화상자가 나타납니다. Width를 5cm, Height를 2cm로 하고 [OK]를 클릭합니다.

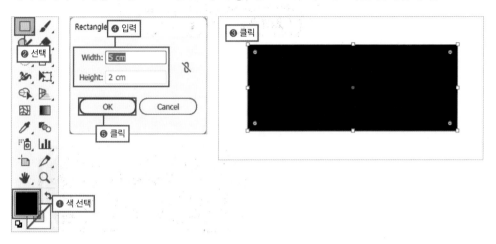

02　직접 선택 툴(　)로 모서리의 위젯를 드래그하면서 키보드의 위쪽 방향키를 누릅니다.

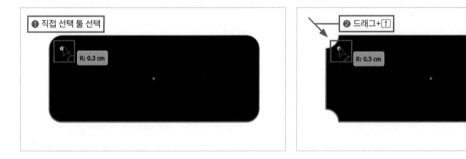

03　[Object]-[Path]-[Offset Path] 메뉴를 선택합니다. Offset을 -0.15cm, Joins를 Bevel, Miter limit을 1로 하고 [OK]를 클릭합니다.

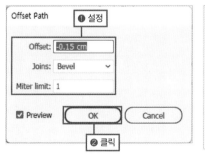

04 면 색을 '없음'으로 하고 선 색을 '흰색'으로 합니다. [Stroke] 패널에서 Weight를 2pt로 설정합니다.

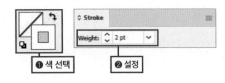

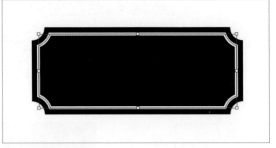

05 텍스트 툴(T)을 선택한 후 임의의 텍스트를 입력합니다.

오브젝트 순서 정하기

오브젝트를 선택하고 단축키를 이용하여 앞뒤 순서를 바꾸는 방법과 잘라낸 오브젝트를 원래 자리에 붙이는 방법을 배우고 나아가 도형으로 동물을 그려보겠습니다.

LESSON

● 앞뒤 순서 바꾸기

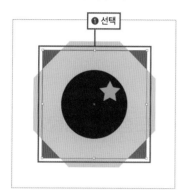

오브젝트를 선택합니다.

Ctrl+]를 눌러 한 단계 앞으로 보냅니다.

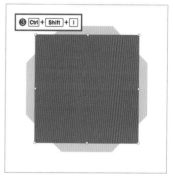

Ctrl+Shift+]를 눌러 맨 앞으로 보냅니다.

Ctrl+[를 눌러 한 단계 뒤로 보냅니다.

Ctrl+Shift+[를 눌러 맨 뒤로 보냅니다.

NOTE   단축키로 레이어 순서 바꾸기

[Object]-[Arrange] 메뉴에는 오브젝트 순서를 조절하는 메뉴가 있습니다.
❶ **Bring to Front**(Ctrl+Shift+]): 맨 위로 올리기
❷ **Bring Forward**(Ctrl+]): 한 층 위로 올리기
❸ **Send Backward**(Ctrl+[): 한 층 아래로 내리기
❹ **Send to Back**(Ctrl+Shift+[): 맨 아래로 내리기

● 잘라낸 것을 원래 자리에 붙이기

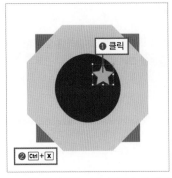
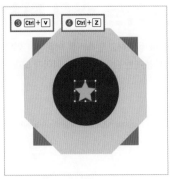
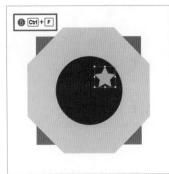

오브젝트를 선택하고 Ctrl+X를 눌러 잘라 내기 합니다.

Ctrl+V를 누르면 화면의 가운데에 붙습 니다.
Ctrl+Z를 눌러 취소할 수 있습니다.

Ctrl+F를 눌러 제자리 맨 앞에 붙입니 다.

---

1 · 기능 예제 ·   도형으로 동물 그리기

◎ **준비 파일**: part2/chapter4/Animal.ai

01 Animal.ai 파일을 불러온 후 새 레이어를 추가합니다.

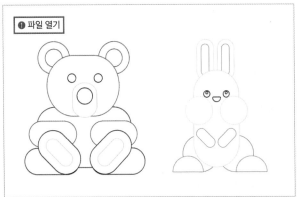

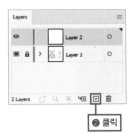

02 면 색(#301111)과 선 색(#673434)을 설정하고 원형 툴(◎)로 귀를 그립니다. [Stroke] 패널에서 21pt로 설정합니다.

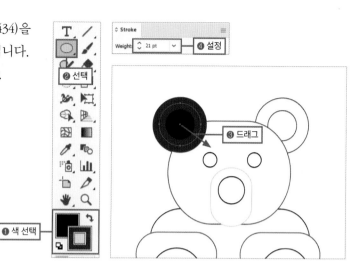

03 선택 툴(▶)로 Shift + Alt 를 누른 채 드래그하여 복제하고 오른쪽에 놓습니다.

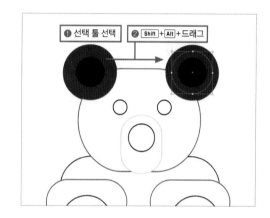

04 면 색을 검정으로 선택하고 원형 툴(◎)로 Shift 를 누른 채 드래그하여 정원을 그립니다. 선택 툴(▶)로 Shift + Alt 를 누른 채 드래그하여 복제한 후 오른쪽에 놓습니다.

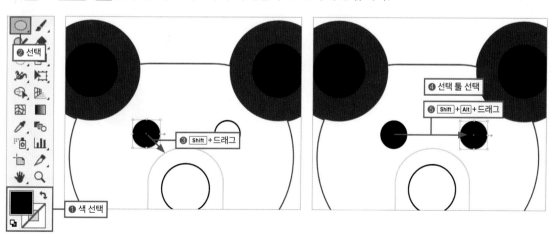

05 원형 툴(◉)로 검정 원의 코를 마저 다 그립니
다.

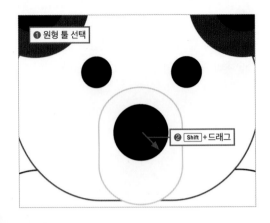

06 면 색(#FFCC67)을 설정한 후 먼저 사각형 툴(▢)로 네모를 그립니다. 직접 선택 툴(▷)로 모서
리의 위젯을 드래그하여 코의 형태에 맞춥니다.

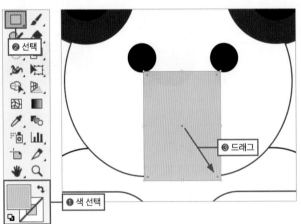

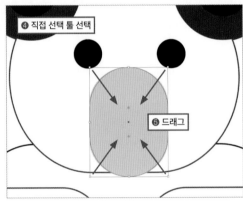

07 Ctrl + Shift + [를 눌러 뒤로 보냅니다.

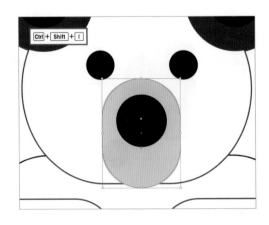

08 같은 방법으로 얼굴을 그리기 위해 면 색(#7C4333)을 설정한 후 먼저 사각형 툴(▢)로 네모를 그립니다. 직접 선택 툴(▷)로 모서리의 위젯을 드래그하여 얼굴 형태에 맞춘 후 Ctrl+Shift+I를 눌러 뒤로 보냅니다.

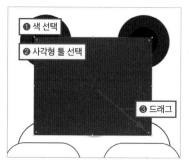  

09 같은 방법으로 곰의 몸통과 다리를 마저 다 그립니다. 발바닥은 자유 변형 툴(▨)을 선택한 후 조절점 밖에 마우스 커서를 놓고 회전 모양의 커서가 나오면 Shift를 누른 채 45도 회전시킵니다.

 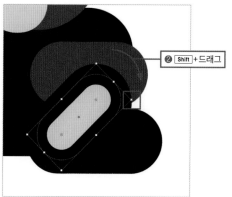

10 곰을 마무리하고 옆에 있는 토끼도 그려봅니다.

오브젝트 정렬하기 – Align 패널

오브젝트 정렬 패널의 아이콘들을 간단하게 알아보고 수직 및 수평 정렬, 간격 정렬, 아트보드 기준 정렬을 이용하여 건물 그림을 정렬해 봅니다.

L E S S O N

● Align 패널

작업한 오브젝트들의 간격을 맞추거나 위치를 맞추는 것은 자주 쓰는 기능입니다. [Align] 패널을 사용하면 쉽게 위치를 맞추고 정렬할 수 있습니다.

Align Objects: 오브젝트들을 정렬합니다.

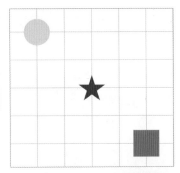

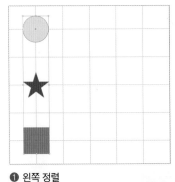

❶ 왼쪽 정렬

❷ 수직 중심 정렬

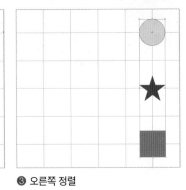

❸ 오른쪽 정렬

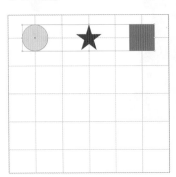

❹ 위쪽 정렬

❺ 수평 중심 정렬

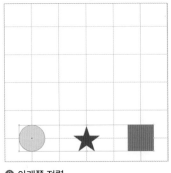

❻ 아래쪽 정렬

Distribute Objects: 오브젝트들 간의 간격 분포를 조절합니다.

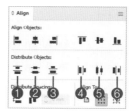

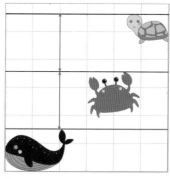

❶ 윗선 간격 분포

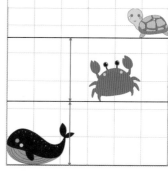

❸ 아랫선 간격 분포

❹ 왼쪽 간격 분포

❺ 수직 중심 분포

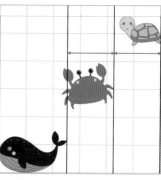

❻ 오른쪽 간격 분포

Distribute Spacing: 오브젝트 간의 간격을 조절합니다.

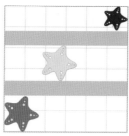

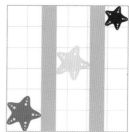

Align to: 정렬 기준을 선택합니다.

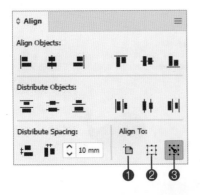

① **Align to Artboard**: 아트보드를 기준으로 정렬합니다.

② **Align to Selection**: 선택한 오브젝트들 간의 평균 지점에서 정렬합니다.

③ **Align to Key Object**: 선택한 오브젝트 중 기준이 될 키 오브젝트를 정하고 그 오브젝트를 기준으로 정렬합니다.

● **키오브젝트를 중심으로 간격 설정하기**

1. 오브젝트를 모두 선택하고 Align to Key Object를 선택합니다.
2. 노란색을 선택합니다.

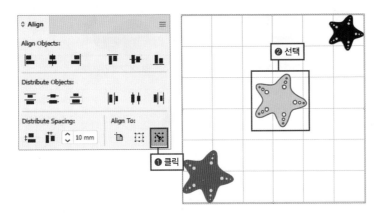

3. 간격을 '0'으로 하고 수평 분포 아이콘을 클릭합니다.
4. 오브젝트들 간의 간격이 0이 됩니다.

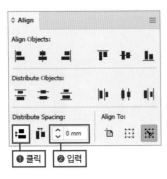

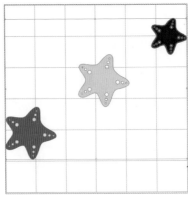

수직 및 수평 정렬, 간격 정렬, 아트보드 기준 정렬

◎ **준비 파일**: part2/chapter4/Align.ai

01 Align.ai 파일을 불러옵니다.

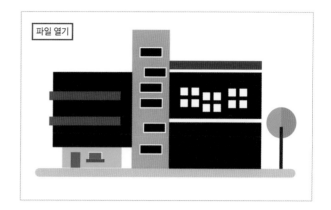

02 선택 툴(▶)로 Shift 를 누른 채 클릭하여 노란 사각형 안에 있는 사각형들을 모두 선택합니다.

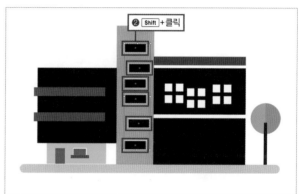

03 [Align] 패널에서 Vertical Distribute Center(수직 중심 분포)를 선택하여 간격을 맞춥니다.

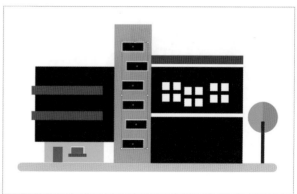

04 선택 툴(▶)로 Shift 를 누른 채 노란
색 사각형도 클릭하여 선택을 추가합니다.

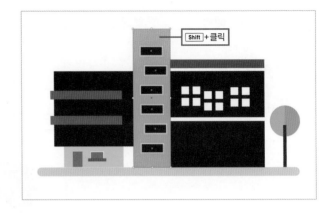

05 [Align] 패널에서 Horizontal Align Center(▮)를 클릭하여 가운데 정렬하고 방향키로 움직여 위
치를 맞춥니다.

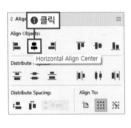
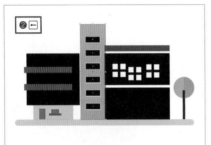
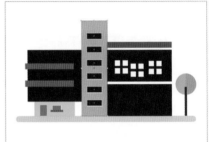

06 선택 툴(▶)로 그룹으로 묶인 오른쪽의 흰 사각형들 3개를 선택합니다. [Align] 패널에서
Horizonta1 Distribute Center(▮▮)를 클릭하여 간격을 맞춥니다.

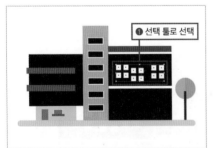

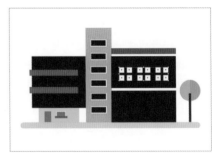

07 Alt를 누른 채 선택 툴(▶)로 드래그
하여 아래에 하나 복제합니다. 선택 툴(▶)
로 전체를 선택하고 Ctrl+G를 눌러 그룹으
로 만듭니다.

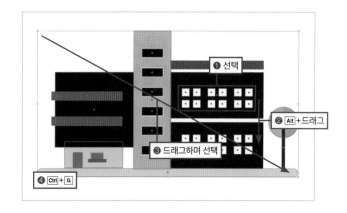

❶ 선택

❷ Alt+드래그

❸ 드래그하며 선택

❹ Ctrl+G

08 [Align] 패널에서 Horizontal Align
Center(▤)와 Align Distribute Center(▥)
를 클릭하여 아트보드의 정가운데에 놓이도
록 합니다.

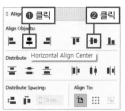

❶ 클릭

❷ 클릭

Horizontal Align Center

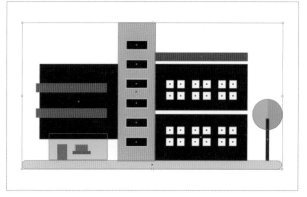

ILLUSTRATOR

05

LESSON

패스 합치고 나누기 -도형 구성 툴과 Pathfinder 패널

Pathfinder 패널에 대해 자세히 살펴보고 다양한 예제를 학습합니다. 또한 도형 구성 툴과 Pathfinder 패널의 차이도 배워보겠습니다.

두 개 이상의 오브젝트를 합치거나 빼거나 하면 원하는 형태를 쉽게 만들 수 있습니다. [Pathfinder] 패널과 그 활용 방법에 대해 학습해 보겠습니다.

● Shape Modes

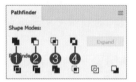

[Pathfinder] 패널

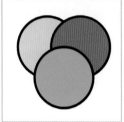

Expand

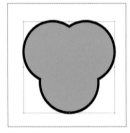

❶ 합치기

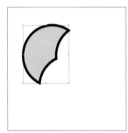

❷ 앞쪽 지우기

❸ 겹친 부분만 남기기

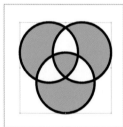

❹ 겹친 부분 지우기

● Pathfinders

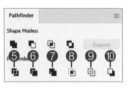

[Pathfinder] 패널

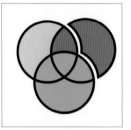

❺ 나누기
겹친 부분이 모두 나눠집니다.
실행 후 직접 선택 툴로 드래그
하면 분리됩니다.

❻ 자르기
뒤에 있는 오브젝트의 겹친 부
분이 지워집니다. 실행 후 직접
선택 툴로 분리할 수 있습니다.

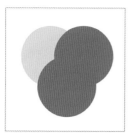

❼ 합치기
오브젝트의 색이 같으면 합쳐
지고, 다르면 나눠집니다. 구현
을 위해 연두색을 주황색으로
바꾸고 실행한 모습입니다.

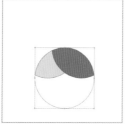

❽ 앞쪽 기준으로 나누기
앞쪽 오브젝트의 패스 선과 겹
친 부분만 남습니다.

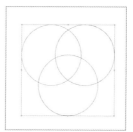

❾ 외곽선
패스 선만 남습니다.

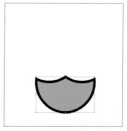

❿ 뒤쪽 지우기
맨 앞 오브젝트 영역만 남습
니다.

1 **· 기능 예제 ·**　　　　　　　　　　　　　　　　　　　**다이어그램 만들기**

◎ **준비 파일**: part2/chapter4/Pathfinder_01.ai, Pathfinder_02.ai, Pathfinder_03.ai, Pathfinder_04.ai

면으로 분할하기

01　Pathfinder_01.ai 파일을 불러오고 선택 툴(▶)로 드래그하여 모두 선택한 후 [Pathfinder] 패널에
서 Divide를 클릭합니다. 가운데 흰색 원과 연두색 원이 수직 및 수평선에 의해 면이 분할됩니다.

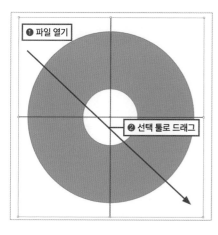

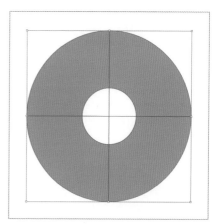

02 Ctrl + Shift + G 를 눌러 그룹을 해제하고 선택 툴(▶)로 선택해 보면 나눠진 것을 확인할 수 있습니다.

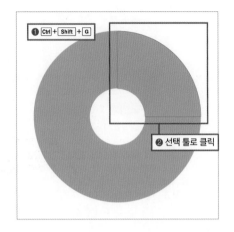

03 가운데 흰색 원을 하나의 원으로 합치기 위해 Shift 를 누른 채 4개의 흰 부채꼴을 선택한 후 [Pathfinder] 패널에서 Unite를 클릭하여 합칩니다.

04 선택 툴(▶)로 면을 하나씩 선택한 후 원하는 색으로 변경하여 마무리합니다.

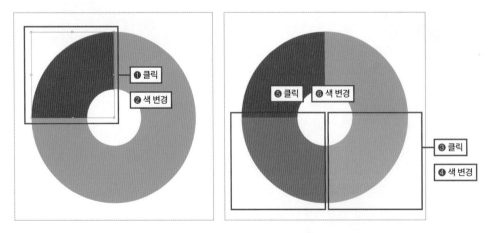

윗면으로 자르기

01 선택 툴(▶)로 모두 선택하고 [Pathfinder] 패널에서 Crop을 클릭하면 위의 이미지 면의 형태대
로 아래의 이미지가 남고 Stroke는 사라집니다.

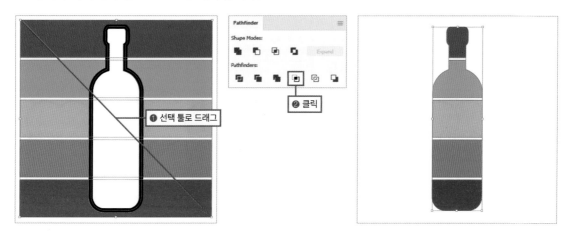

고리 만들기

01 선택 툴(▶)로 모두 선택하고 [Pathfinder] 패널에서 Divide를 클릭하면 겹친 면들이 모두 나눠집
니다. 두 고리가 연결되어 보이도록 면을 선택하여 스포이트 툴(🖋)로 찍어 같은 색으로 변경합니다.

02 빨간색으로 된 면을 모두 선택한 후 [Pathfinder] 패널에서 Unite를 클릭하여 합칩니다.

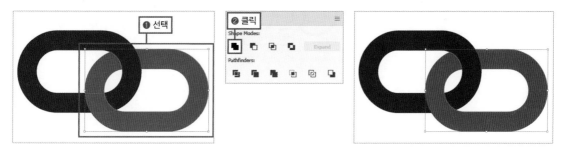

● 도형 구성 툴 vs Pathfinder

◎ **준비 파일**: part2/chapter4/shapebuilder.ai

도형 구성 툴(🔲)로도 간단하게 합치거나 나누는 것을 할 수 있습니다. 하지만 [Pathfinder] 패널을 사용하면 한 번에 되는 것들도 도형 구성 툴로는 여러 번 작업해야 합니다. 간단한 것은 도형 구성 툴(🔲)로, 복잡한 것은 [Pathfinder] 패널로 작업하는 것이 좋습니다.

오브젝트 합치기: 내부를 드래그합니다.

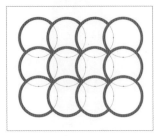  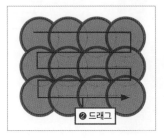 

오브젝트 나누기: 겹친 부분을 클릭한 후 Shift 를 누른 채 선택 툴(▶)로 겹친 부분을 추가합니다. 오브젝트가 분리되었으므로 면 색을 다른 색으로 바꿔봅니다.

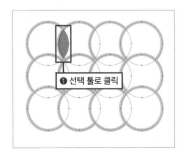 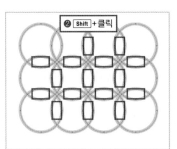 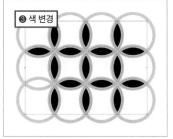

앞쪽 오브젝트 없애기: Alt 를 누른 채 클릭합니다.

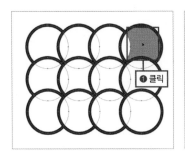 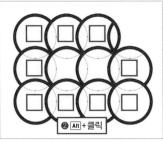 

같은 속성의 새 오브젝트 만들기: 오브젝트를 모두 선택한 후 도형 구성 툴()로 가운데 영역을 클릭하면 클릭한 영역도 오브젝트가 만들어집니다.

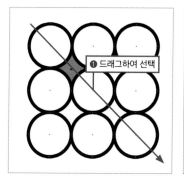 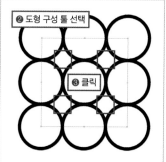 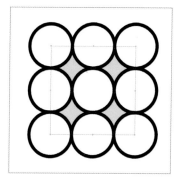

빈 공간을 하나로 합치기: 도형 구성 툴()로 오브젝트 간의 영역을 포함하여 드래그하면 하나의 오브젝트로 합쳐집니다.

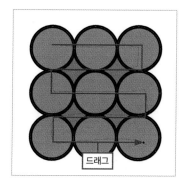 

01 원형 툴(◯)을 선택하고 면 색만 설정한 후 원을 그립니다. 구름 형태에 맞게 여러 개의 원을 그리는데 가운데는 사각형 툴(▢)로 네모를 그려 메워줍니다.

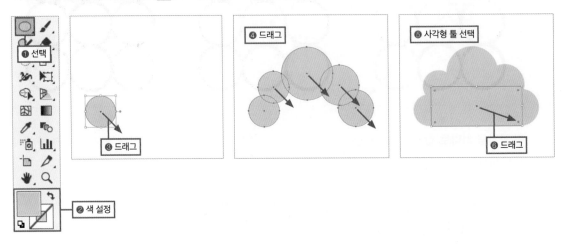

02 선택 툴(▶)로 드래그하여 모두 선택한 후 [Pathfinder] 패널에서 Unite(▣)를 클릭하여 패스를 모두 합칩니다.

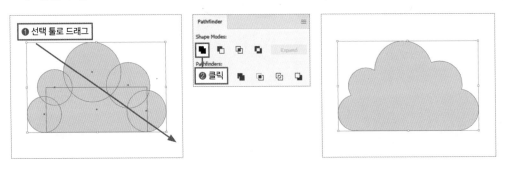

03 원형 툴(◯)로 흰색 원을 그린 후 검은색 원을 흰색 원보다 작게 그립니다.

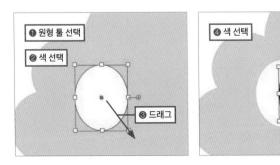

04 두 개의 원을 선택하고 [Pathfinder] 패널에서 Divide(▣)를 클릭하여 패스를 분리합니다.

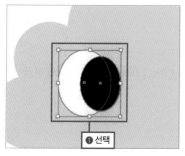  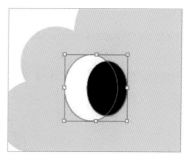

05 직접 선택 툴(▷)로 오른쪽 검은색 부분의 면을 클릭하고 Delete 를 눌러 지웁니다. 원을 선택하고 Alt 를 누른 채 드래그하여 복제합니다.

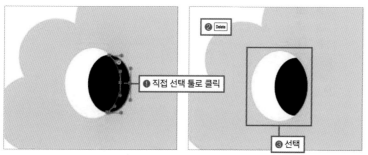 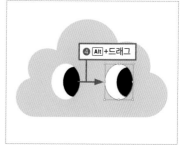

06 원형 툴(◯)로 드래그 하여 타원을 하나 그리고 그 위에 베이지 톤의 원을 하나 더 그립니다. 마지막으로 펜 툴 (✎)로 면 색을 없애고 윤곽선 색을 검은색으로 설정하여 입을 그려 완성합니다.

◎ **준비 파일**: part2/chapter4/Icecream.ai

01　Icecream.ai 파일을 불러오고 새 레이어를 생성합니다. 원형 툴(⬭)로 Shift 를 누른 채 빨간색 원을 그립니다.

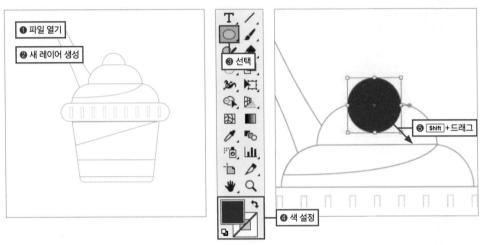

02　색을 선택한 후 사각형 툴(▢)로 사각형을 그리고 직접 선택 툴(▷)로 위젯을 드래그하여 동그랗게 수정합니다.

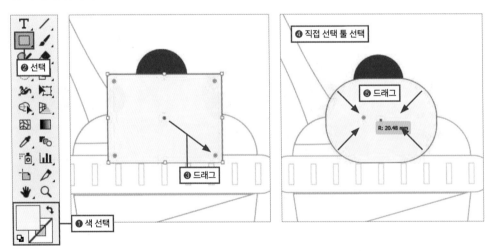

03 앞서와 같은 방법으로 아래의 둥근 모양도 그립니다. Ctrl + C 를 눌러 복사해 놓습니다.

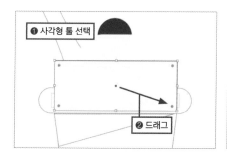
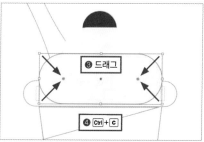

04 두 개의 둥근 사각형을 모두 선택하고 [Pathfinder] 패널에서 Minus(⬚)를 클릭합니다.

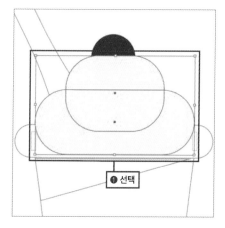

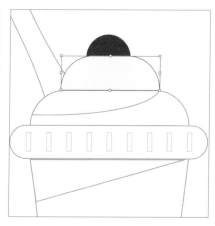

05 원형 툴이나 펜 툴로 라인에 맞춰 타원을 그립니다. 복사해 둔 오브젝트를 Ctrl + Shift + V 를 눌러 제자리에 붙인 후 Ctrl + I 를 눌러 한 단계 뒤로 보냅니다.

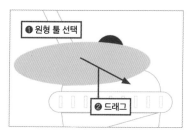
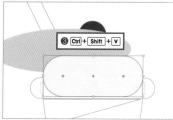
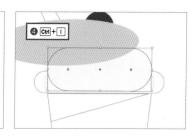

06 두 개의 오브젝트를 선택하고 [Pathfinder] 패널에서 Divide(▣)를 클릭합니다.

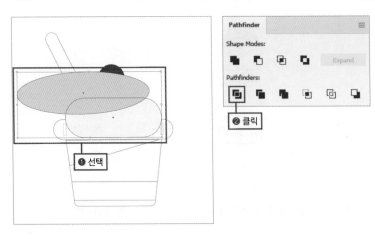

07 맨 위의 면을 직접 선택 툴(▷)로 선택하고 Delete 를 눌러 지웁니다.

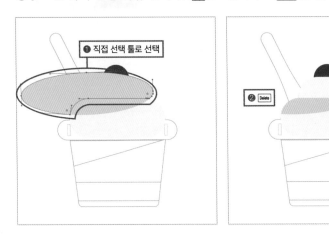

08 가운데 부분을 앞에서 그린 방법과 마찬가지로 그린 후 라인 툴(╱)로 밑에 나누는 선을 3개 그립니다.

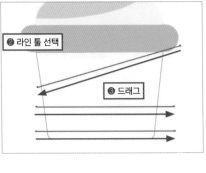

466 /

09 맨 밑면에 해당하는 둥근 사각형을 그린 후 Ctrl + Shift + I 를 눌러 맨 뒤로 보냅니다.

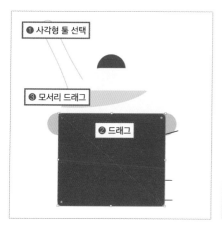
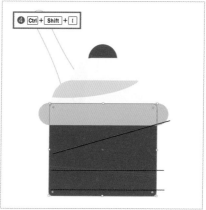

10 직접 선택 툴(▷)로 왼쪽 하단 모서리 부분을 선택하고 키보드의 방향키를 눌러 오른쪽으로 이동합니다. 마찬가지로 오른쪽 하단의 모서리도 왼쪽으로 이동시킵니다.

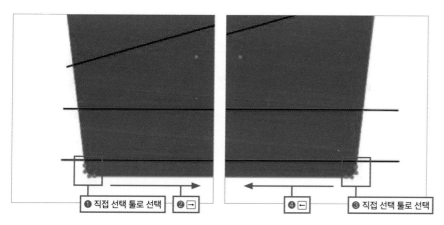

11 앞에서 그린 3개의 선과 빨간 네모를 모두 선택한 후 [Pathfinder] 패널에서 Divide(🔲)를 클릭합니다.

12 면이 선에 따라 나눠지면 직접 선택 툴(▷)로 각 면을 선택한 후 색을 바꿔줍니다.

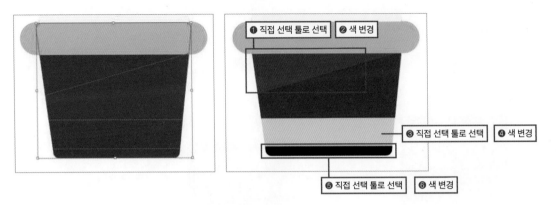

13 펜 툴(✐)로 스푼을 그리고 사각형 툴(▢)로 앞의 장
식을 넣어 마무리합니다.

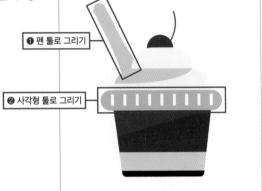

오브젝트 변형하기 – 회전, 반전, 기울이기, 비틀기 등

오브젝트를 회전시켜 변형하는 방법과 회전 툴로 단풍 문양 만들기, 회전으로 수박 만들기 등을 실습합니다. 반전 기능에 대해 알아보고 팝업 창에는 무엇이 있는지 알아봅니다.

● 회전

오브젝트를 선택하고 회전 툴을 선택하면 오브젝트 가운데에 기준점이 나타납니다. 이때 드래그하면 기준점을 중심으로 회전됩니다. 기준점은 옮길 수 있으며 옮긴 지점을 기준으로 회전됩니다.

 • 기능 예제 •　　　　　　　　　　　　　　　　　　　　**회전 툴로 단풍 문양 만들기**

◎ **준비 파일:** part2/chapter4/Rotate.ai

01　선택 툴(▶)로 오브젝트를 선택하고 회전 툴(⟲)을 선택합니다.

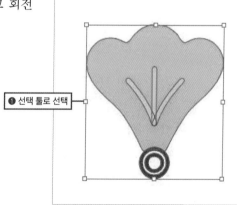

❶ 선택 툴로 선택

❷ 선택

02 가운데에 중심점이 생깁니다. 아랫부분을 클릭하여 중심점을 이동합니다.

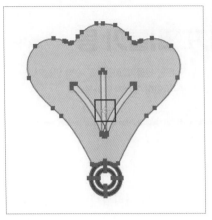 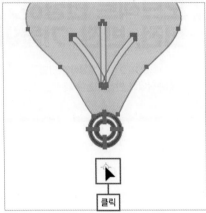

03 클릭한 후 Shift + Alt 를 누른 채 드래그하여 회전하면서 복사합니다.

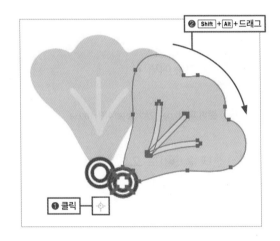

04 Ctrl + D 를 6번 눌러 반복 실행합니다.

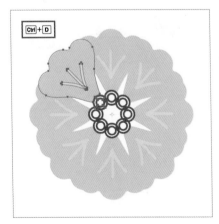 

1) 정확한 수치로 회전-Rotate 대화상자

오브젝트를 선택하고 회전 툴(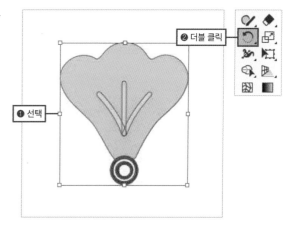)을 더블
클릭하면 팝업 창이 뜹니다.

[Rotate] 대화상자

❶ **Angle**: 각도를 돌리거나 수치를 입력하여 각도를 설정합
니다.

❷ **Options**: 체크하면 패턴 적용 시 패턴도 같이 회전합니다.

❸ **Preview**: 회전이 적용된 것을 미리 볼 수 있습니다.

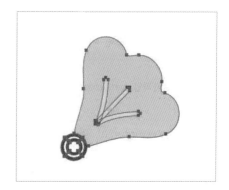

2) 정확한 수치로 회전-Transform 패널

선택 툴(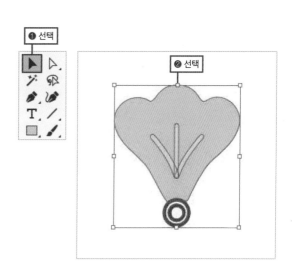)로 오브젝트를 선택합니다.

[Transform] 패널에서 기준점을 설정하고 각도를 선택합니다.

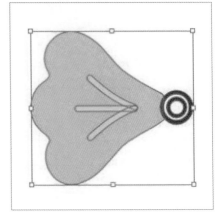

❶ 설정
❷ 입력

| 2 | • 기능 예제 • | 회전으로 수박 만들기 |

◉ **준비 파일**: part2/chapter4/Watermelon.ai

01 Watermelon.ai 파일을 불러옵니다. 선택 툴(▶)로 오브젝트를 선택한 후 회전 툴(◐)을 선택합니다.

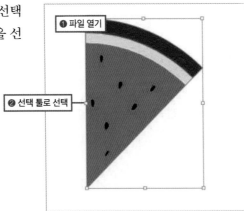

❶ 파일 열기
❸ 선택
❷ 선택 툴로 선택

02 아랫부분을 클릭하여 중심점을 이동합니다.

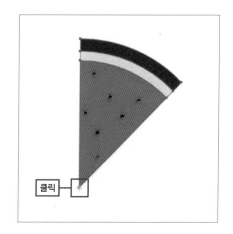

03 클릭한 후 Shift + Alt 를 누른 채 드래그하여 회전하면서 복사합니다.

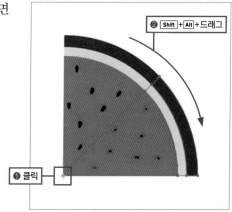

04 Ctrl + D 를 6번 눌러 반복 실행하여 완성합니다.

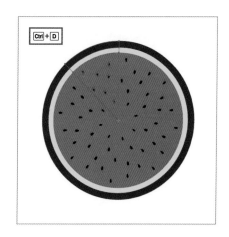

● 반전

오브젝트를 선택하고 반전 툴을 선택하면 오브젝트 가운데에 기준점이 나타납니다. 이때 드래그하면 기준점을 중심으로 반전됩니다. 기준점은 옮길 수 있으며 옮긴 지점을 기준으로 반전됩니다.

3 · 기능 예제 ·   반전 적용하기

◎ **준비 파일**: part2/chapter4/Reflect.ai, Repeat.ai

01 선택 툴(▶)로 오브젝트를 선택합니다.

02 반전 툴(▷◁)을 선택하면 오브젝트 가운데에 기준점이 나타납니다. 기준점을 옮길 경우 원하는 지점을 클릭하면 기준점이 이동합니다.

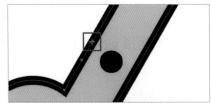

03 클릭한 후 Shift + Alt 를 누른 채 드래그하면 반전되면서 복사됩니다.

1) 정확한 수치로 반전

선택 툴(▶)로 오브젝트를 선택합니다.

반전 툴(▷◁)을 더블 클릭하면 팝업 창이 뜹니다. 팝업 창에서 설정한 후 [OK]를 클릭합니다.

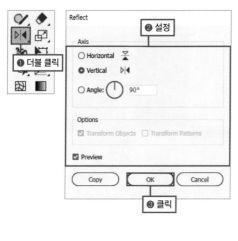

[Reflect] 대화상자

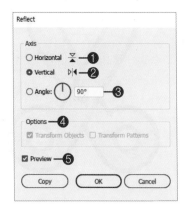

❶ **Horizontal**: 상하 반전됩니다.

❷ **Vertical**: 좌우 반전됩니다.

❸ **Angle**: 반전 각도 적용하여 45도 회전합니다.

❹ **Options**: 체크하면 패턴 적용 시 패턴도 같이 회전됩니다.
❺ **Preview**: 반전이 적용된 것을 미리 볼 수 있습니다.

2) 반복 메뉴

◎ **준비 파일**: part2/chapter4/Repeat.ai

Repeat.ai 파일을 불러온 후 [Object]-[Repeat]-[Options] 메뉴를 선택하면 나타나는 [Repeat Options] 대화상자나 [Properties] 패널의 Repeat Options에서 옵션을 수정할 수 있습니다.

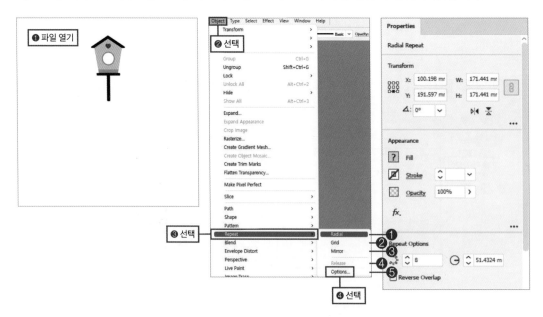

❶ **Radial:** 오브젝트를 방사형으로 반복합니다. 기본은 8개이며 반복 횟수와 지름을 수정할 수 있습니다.

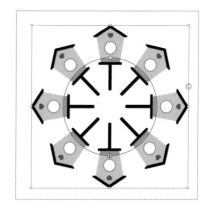

❷ **Grid:** 오브젝트를 격자형으로 반복합니다. 기본은 4×2로 8개로 배치되며 행, 열, 간격을 모두 수정할 수 있습니다.

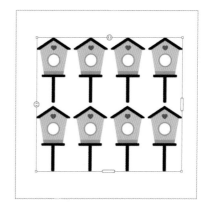

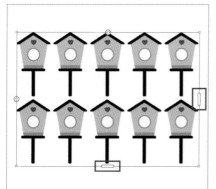

오른쪽과 아래쪽의 긴 원을 드래그하여 열과 행을 늘릴 수 있습니다.

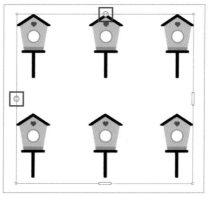

위쪽과 왼쪽의 원을 드래그하여 열과 행 간격을 조절할 수 있습니다.

❸ **Mirror :** 오브젝트를 거울에 비춰 대칭되게 그립니다. 오
브젝트 간격, 대칭 축의 각도를 수정할 수 있습니다.

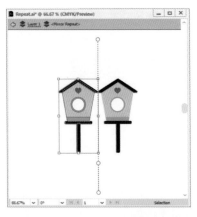

❹ **Release**: 반복을 취소합니다.

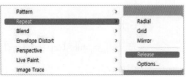

❺ **Options**: [Repeat Options] 대화상자가 뜹니다.

Radial Options

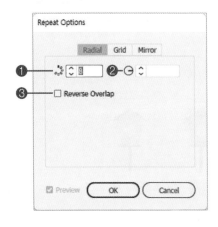

❶ **Number of instances**: 반복 횟수를 설정할 수 있습니다.
❷ **Radius**: 방사형 지름을 설정할 수 있습니다.
❸ **Reverse Overlap**: 체크 시 반복되는 오브젝트가 여러 개
일 때 순서를 바꿀 수 있습니다.

Grid Options

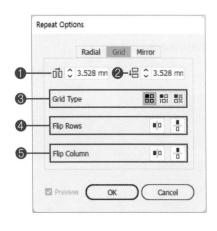

❶ **Horizontal spacing in grid**: 오브젝트 간의 가로 간격을
조절합니다.
❷ **Vertical spacing in grid**: 오브젝트 간의 세로 간격을 조
절합니다.
❸ **Grid Type**: 배열 유형(기본 반복/행이 엇갈리면서 반복/
열이 엇갈리면서 반복)을 선택할 수 있습니다.
❹ **Flip Row**: 행별로 가로 또는 세로로 반전합니다.
❺ **Flip Column**: 열별로 가로 또는 세로로 반전합니다.

Mirror Options

· 대칭 축의 각도를 조절합니다.
· 오브젝트의 간격을 조절합니다.

● 스케일 툴

오브젝트를 선택하면 생기는 바운딩 박스로 크기를 수정할 수 있지만 스케일 툴(▣)을 더블 클릭하면 나타나는 [Scale] 대화상자에서 정확한 수치로 조절할 수 있습니다.

1) 오브젝트 크기 변형하기 1-스케일 툴

먼저 스케일 툴의 [Scale] 대화상자에 대해 알아봅니다.

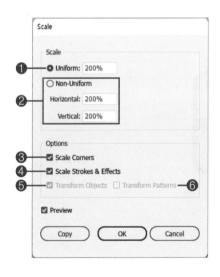

❶ **Uniform**: 오브젝트의 가로, 세로 비율을 같이 설정합니다.

❷ **Non-Uniform**: 오브젝트의 가로, 세로 비율을 다르게 설정합니다.

❸ **Scale Corners**: 모서리의 크기를 설정합니다.

❹ **Scale Strokes & Effects**: 선의 굵기와 적용된 효과를 함께 설정합니다.

❺ **Transform Objects**: 오브젝트의 크기를 조절합니다.

❻ **Transform Patterns**: 오브젝트에 적용된 패턴의 크기를 조절합니다.

4 • 기능 예제 •

스케일 툴로 케이크 크기 변형하기

◎ **준비 파일**: part2/chapter4/Cake.ai

01 Cake.ai 파일을 불러옵니다. 오브젝트를 선택한 후 스케일 툴(📄)을 더블 클릭합니다.

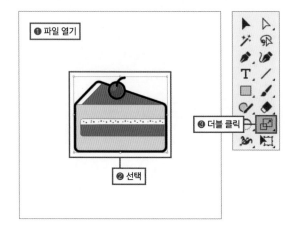

02 [Scale] 대화상자가 나타나면 Uniform(균일)에 200%를 입력하고 [OK]를 클릭합니다.

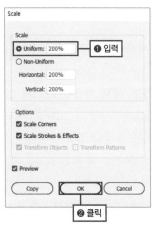

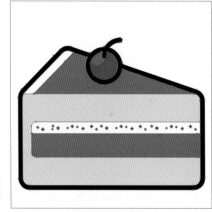

2) 오브젝트 크기 변형하기 2-Transform 패널의 수치 변경으로 확대 및 축소하기

선택 툴(▶)로 오브젝트를 선택하고 [Transform] 패널에서 가로, 세로 비율을 고정합니다. Width에 수치를 입력하면 선 굵기는 유지된 채 오브젝트의 크기만 정비례로 변합니다.

하단의 Scale Strokes & Effects를 체크하고 변형하면 선의 굵기도 오브젝트와 비례하여 변형됩니다.

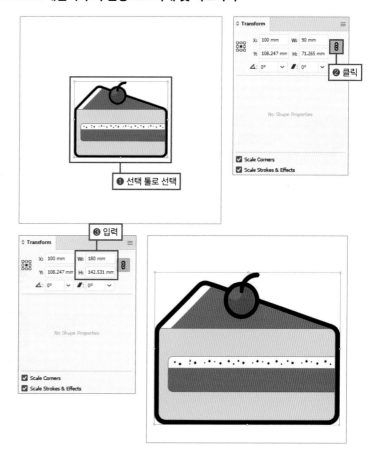

3) 오브젝트 크기 변형하기 3-한번에 여러 오브젝트를 확대 및 축소하기

◎ **준비 파일**: part2/chapter4/Balloons.ai

여러 오브젝트들을 선택합니다.

[Object]-[Transform]-[Transform Each] 메뉴를 선택하고 기준점을 중앙 하단으로 설정합니다.

원래 위치에서 크기를 75%로 조절합니다.

● 기울기 툴

기울기 툴()은 오브젝트를 드래그하여 기울기를 조절하는 툴입니다. 기울기 툴을 더블 클릭하면 나타나는 [Shear] 대화상자에서 정확한 수치로 기울기를 조절할 수 있습니다.

5 ・기능 예제・   **Shear 대화상자에서 Angle 설정하기**

◎ **준비 파일**: part2/chapter4/House.ai

01 선택 툴(▶)로 오브젝트를 선택한 후 기울기 툴()을 선택합니다.

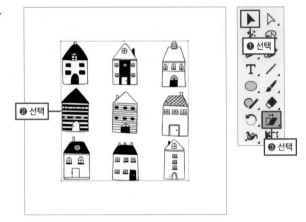

02 클릭한 후 드래그하여 기울입니다.

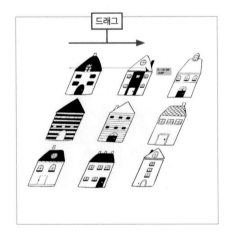

03 Ctrl + Z 를 눌러 되돌립니다.

04 기울기 툴()을 더블 클릭하여 [Shear] 대화상자에서 Angle을 150도로 설정한 후 [OK]를 클릭합니다.

NOTE 다양한 기울기 설정 방법

선택 툴(▶)로 오브젝트를 선택하고 기울기 툴(↗)을 선택합니다. 오브젝트를 드래그하면 중심은 고정된 채 다양한 각도로 기울일 수 있습니다. Shift 를 누른 채 드래그하면 평행사변형을 만들 수 있습니다. [Transform] 패널에서 수치를 기입하여 기울일 수도 있습니다.

심벌

Symbols 패널에는 어떤 것이 있는지 알아보고 심벌 스프레이 툴, 심벌 이동 툴, 심벌 스크런처 툴, 심벌 크기 조절 툴, 심벌 회전 툴 등의 심벌 툴에 대해 간단히 살펴봅니다. 심벌로 나뭇가지를 그리는 실습도 진행합니다.

LESSON

● Symbols 패널

[Symbols] 패널은 [Window]-[Symbols] 메뉴를 선택하여 엽니다. 심벌 라이브러리에는 일러스트레이터에서 제공하는 다양한 심벌들이 있습니다.

오브젝트를 심벌로 등록하면 아무리 많이 사용하더라도 파일 용량이 늘지 않습니다.

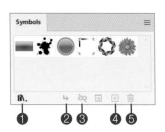

❶ **Symbol Library Menu**: 일러스트레이터에서 제공하는 다양한 심벌 라이브러리가 있습니다.

❷ **Place Symbol Instance**: [Symbols] 패널에 저장된 심벌을 화면에 나타냅니다.

❸ **Break Link to Symbol**: 아트보드에 적용한 심벌 속성을 해제합니다.

❹ **New Symbol**: 오브젝트를 새 심벌로 등록합니다.

❺ **Delete Symbol**: 등록된 심벌을 삭제합니다.

● 심벌 툴

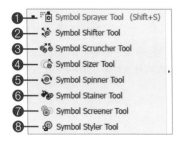

❶ **심벌 스프레이 툴(Shift+S)**: 등록된 심벌을 아트보드에 드래그하여 나타냅니다.

❷ **심벌 이동 툴**: 심벌을 이동합니다.

❸ **심벌 스크런처 툴**: 심벌을 안쪽으로 모읍니다. Alt를 누른 채 드래그하면 반대 효과가 나타납니다.

❹ **심벌 크기 조절 툴**: 심벌을 드래그하여 확대합니다. Alt를 누른 채 드래그하면 축소됩니다.

❺ **심벌 회전 툴**: 심벌의 각도를 조절합니다.

❻ **심벌 색상 변경 툴**: 심벌의 색상을 변경합니다.

❼ **심벌 불투명도 조절 툴**: 심벌의 불투명도를 조절합니다.

❽ **심벌 스타일 툴**: 심벌에 [Graphic Styles] 패널에 등록된 그래픽 스타일을 적용합니다.

◎ **준비 파일**: part2/chapter4/Leaf.ai

01 Leaf.ai 파일을 불러옵니다. 잎을 선택하고 [Symbols] 패널로 드래그하여 등록합니다.

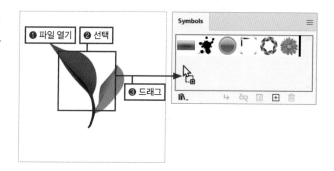

02 Name은 'Leaf'로 하고 Registration에서 기준점을 아래로 한 후 [OK]를 클릭합니다. [Symbols] 패널에 등록이 되었습니다.

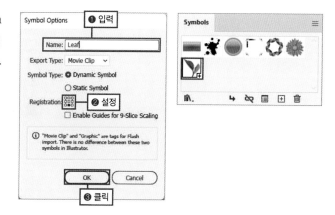

03 브러시 툴(🖌)을 선택하고 [Brushes] 패널 하단의 브러시 라이브러리 아이콘(🔖)을 클릭하여 [Decorative]-[Elegant Curl & Floral Brush Set]을 선택합니다. Vine2 브러시를 선택합니다.

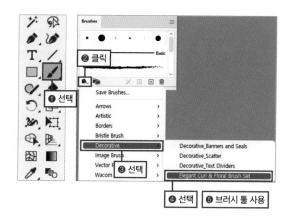

04 아트보드에 드래그하여
두 개의 가지를 그립니다.

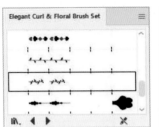

05 툴 패널에서 심벌 스프레이 툴(█)을 더블
클릭하여 옵션 창을 띄웁니다. Distance를 '20mm'
로 하고 [OK]를 클릭합니다.

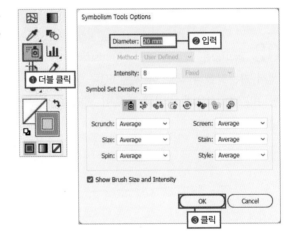

06 심벌 스프레이 툴(█)을 드래그하여 잎을 그립니다.

07 심벌 이동 툴(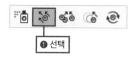)을 선택하고 드래그하여 잎들의 위치를 조절합니다.

08 심벌 스크런처 툴()을 사용하여 심벌을 안쪽으로 모읍니다.

09 심벌 크기 조절 툴(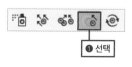)로 몇 개를 확대합니다.

10 심벌 회전 툴(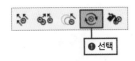)로 잎을 회전하여 가지에 붙여줍니다.

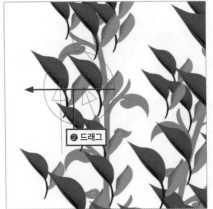

11 심벌 불투명도 조절 툴(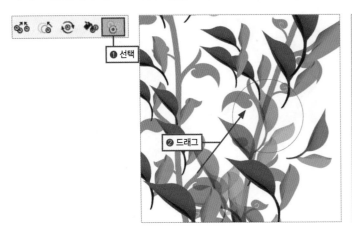)로 심벌의 불투명도를 조절합니다.

12 [Object]-[Expand] 메뉴를 선택하여 [Expand] 패널에서 Object와 Fill에 체크한 후 [OK]를 클릭합니다. Ctrl + Alt + G 를 눌러 그룹을 해제합니다. 위치나 방향 수정이 필요한 잎을 선택하여 수정하고 마무리합니다.

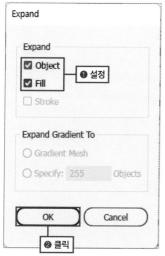

선과
그래프

다양한 선 편집과 그래프를 그리기 위해 필요한 기능들을 학습하고 인포그래픽의 기
초도 다져봅니다.

선 모양 변형하기 -
다양한 모양으로 변형하기

선 두께와 선 끝 모양, 모서리 모양 그리고 선 위치를 설정할 수 있는 Stroke 패널에 대해 알아보고 점선을 만드는 방법과 화살표 만드는 방법에 대해 알아봅니다. 점선으로 배경을 만드는 실습도 진행합니다.

● Stroke 패널 알고 가기

❶ **Weight**: 선 두께를 조절합니다. 수치를 선택하거나 직접 입력할 수 있습니다.

❷ **Cap**: 선 끝 모양을 설정합니다.

패스에 딱 맞게   동그랗게   패스 밖

❸ **Corner**: 모서리 모양을 설정합니다.

각진 모서리   둥근 모서리   깎인 모서리

❹ **Align Stroke**: 선 위치를 설정합니다.

패스의 중간   패스의 안   패스의 밖

❺ **Dashed Line**: 체크하면 점선을 만듭니다. dash는 점선의 길이, gap은 점선 간의 간격입니다.

지정한 수치대로 점선의 간격이 나타납니다.   모서리 기준으로 점선이 나타납니다.

❻ Arrowheads: 선의 시작 부분, 끝 부분에 화살 표를 넣을 수 있습니다.

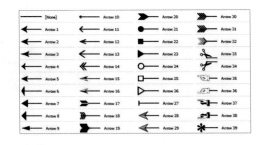

❼ Scale: 표시된 화살표의 크기를 조절합니다. 링크를 클릭하면 시작과 끝 부분이 같은 비율로 조절됩니다.

❽ Align: 화살표의 위치를 패스 안과 밖으로 설정할 수 있습니다.

❾ Profile: 선 모양을 선택할 수 있습니다. 좌우, 상하 변경도 가능합니다.

● 점선 만들기

[Properties]-[Appearance] 메뉴를 선택하고 [Stroke] 패널에서 'Dashed Line'을 체크합니다.
dash, gap의 수치를 입력하면 입력한 수치의 길이, 간격의 점선이 만들어집니다.

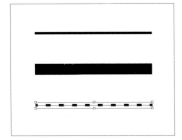 

● 화살표 만들기

패스로 라인을 그리고 [Stroke] 패널에서 Arrowheads의 왼쪽, 오른쪽을 각각 설정합니다.

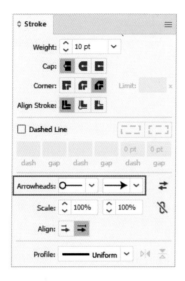
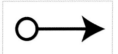

---

1 · 기능 예제 ·   점선으로 배경 만들기

◎ **준비 파일**: part2/chapter5/Stroke.ai

01 Stroke.ai 파일을 불러옵니다. 라인 일러스트에 어울리는 배경을 만들어 보도록 하겠습니다. 선택 툴(▶)로 이미지들을 아트보드 밖으로 옮기고 Ctrl+"를 눌러 그리드를 표시합니다.

02 선 툴(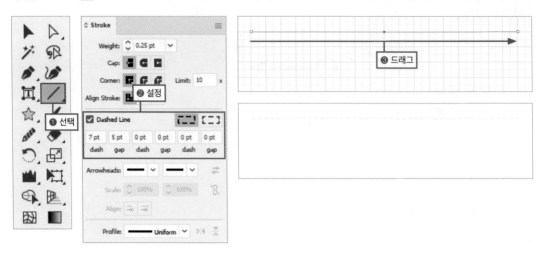)을 선택한 후 [Stroke] 패널에서 옵션으로 점선을 설정하고 수평선을 하나 그립니다.

03 Shift + Alt 를 누른 채 아래로 드래그하여 점선을 복제합니다. Ctrl + D 를 반복하여 선을 아래로 복제합니다.

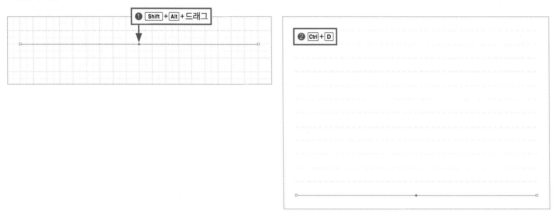

04 같은 방법으로 세로선도 그립니다. Ctrl + D 를 눌러 그리드를 안보이게 합니다.

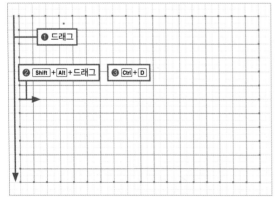

05   처음에 제공한 라인 오브젝트들을 이리저
리 배치해 보겠습니다. 도형 툴들로 도형을 그려
넣고, 펜 툴(🖊)로 배경도 그립니다. 똑같이 하지
않더라도 지금까지 배운 기능들을 활용하여 구
성해 봅니다.

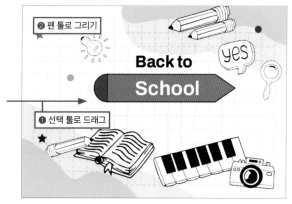

06   연필 툴(🖊)을 선택하고 [Stroke] 패널에서 옵션을 조절하여 둥근 점선을 만듭니다. 선 색을 원하
는 색으로 선택한 후 자유롭게 드래그하여 라인을 그립니다.

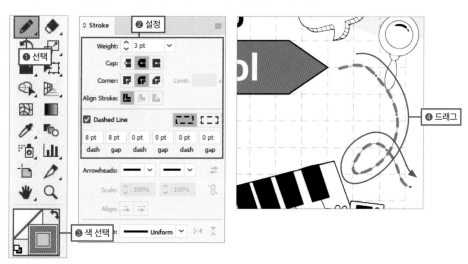

07   선 색을 바꾸고 왼쪽에도 하나 더 그려 넣어 완성합니다.

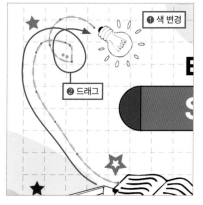

자연스러운 곡선

다양한 곡선 툴을 간단하게 살펴보고 연필 툴과 스무드 툴로 선을 고치는 방법 및 패스 지우개 툴로 패스를 지우는 방법에 대해 알아봅니다. 연필 툴로 화분의 외곽선을 그리는 연습도 해봅니다.

LESSON

❶ 모양 툴(`Shift`+`N`): 원, 사각형 등의 도형을 대충 드래그하면 반듯한 형태의 도형이 그려집니다.

❷ 연필 툴(`N`): 드래그하면 패스가 만들어지면서 선이 그려집니다.

❸ 스무드 툴: 선을 매끄럽게 바꿔줍니다.

❹ 패스 지우개 툴: 선을 드래그하면 삭제됩니다.

❺ 연결 툴: 열린 패스를 드래그하면 선이 이어져 닫힌 패스가 됩니다.

● 연필 툴

연필 툴로 자유롭게 드래그하여 선을 그릴 수 있습니다. 수정하고 싶은 부분은 스무드 툴로 수정하거나 직접 선택 툴로 선택하여 수정할 수 있습니다. 패스 지우개 툴을 선택하고 드래그하여 삭제할 수도 있습니다.

1) 연필 툴로 그리기

연필 툴을 선택하고 옵션 창에서 면 색은 투명, 선 색은 원하는 색으로 설정하고 Stroke는 3pt로 합니다. 클릭한 채 드래그하여 선을 그리면 선이 만들어집니다.

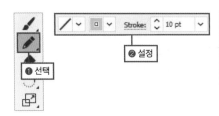

2) 연필 툴로 고치기

선을 수정해 보겠습니다. Ctrl 을 누르면 선택 툴이 나타나는데 그려 놓은 곡선을 클릭하여 선택합니다. 연필 툴로 패스 위에서 원하는 모양으로 드래그하면 선이 바뀝니다. 끝 선에서 드래그하면 이어 그릴 수도 있습니다.

  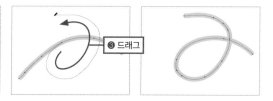

● 스무드 툴로 고치기

연필 툴로 그린 선을 스무드 툴로 좀 더 매끄럽게 수정할 수 있습니다. 연필 툴로 선을 드래그하여 그린 후 스무드 툴을 선택하여 그린 곡선을 따라 드래그합니다. 기준점의 개수가 줄어들면서 좀 더 매끄러워진 것을 확인할 수 있습니다.

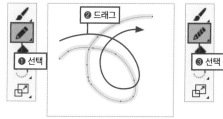 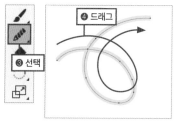

툴 패널의 스무드 툴을 더블 클릭하면 [Smooth Tool Options] 대화상자가 뜹니다. 여기서 매끄러운 정도를 조절할 수 있는데 오른쪽으로 갈수록 매끄러운 선으로 수정됩니다.

● 패스 지우개 툴로 지우기

그려 놓은 패스를 일부 지울 때는 패스 지우개 툴을 사용합니다. 그린 패스를 선택한 상태에서 패스 지우개 툴로 지우고 싶은 부분을 드래그하면 패스가 지워집니다.

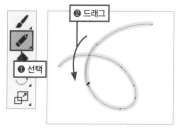 

Pencil Tool Options 대화상자

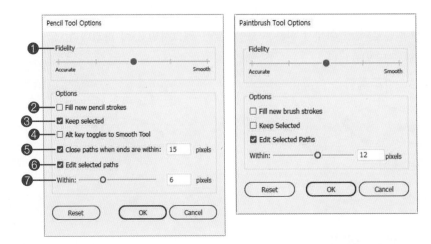

❶ **Fidelity**: 패스 기준점의 개수를 조절합니다. 왼쪽으로 갈수록 많아지면서 정교해집니다.

❷ **Fill new pencil strokes**: 드래그할 때 면을 만듭니다.

❸ **Keep selected**: 드로잉하면 패스가 선택된 상태가 됩니다.

❹ **Alt key toggles to Smooth Tool**: 연필 툴이 선택된 상태에서 Alt 를 누르고 있는 동안 스무드 툴이 됩니다.

❺ **Close paths when ends are within**: 연필 툴로 드래그하여 면을 만들 때 시작점과 가까워지면 면이 자동으로 닫히는데 닫히는 정도와 그 간격을 정합니다.

❻ **Edit selected paths**: 패스 선이 선택된 상태에서 드래그하면 수정되어 그려집니다.

❼ **Within**: 먼저 그린 패스에 다른 패스를 겹쳐 그릴 경우, 패스 선이 얼만큼일 때 이어지게 할지를 정합니다. 체크를 해제하면 겹쳐 그려도 이어지지 않습니다.

연필 툴로 화분 외곽선 그리기

◎ **준비 파일**: part2/chapter5/Monstera.ai

01 Monstera.ai 파일을 불러옵니다. 연필 툴(✏)을 선택하고 잎의 외곽선을 따라 드래그합니다.

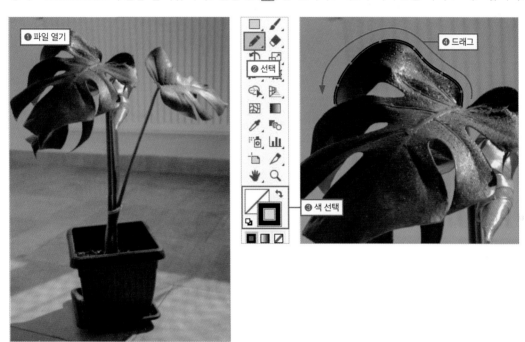

02 선의 일부를 수정하려면 직접 선택 툴(▷)을 선택하여 방향 선을 수정하거나 기준점을 이동하여 수정합니다.

03 화분까지 전체를 다 그립니다. 원본 레이어의 눈(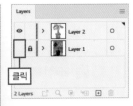)을 끄면 그린 상태를 볼 수 있습니다.

클릭

04 [Stroke] 패널에서 선 두께를 부분 변경할 수 있습니다. 원본 레이어를 다시 보이게 하고 연필 툴(✏)로 작업한 레이어의 선 두께를 2pt로 변경합니다.

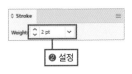
❶ 눈 아이콘 클릭
❷ 설정

● 브러시로 그리기

[Brushes] 패널에는 브러시 툴을 사용하여 그릴 수 있는 다양한 모양의 브러시들이 들어 있습니다. [Window]-[Brushes] 메뉴를 선택하거나 [Brushes] 패널 하단의 [Brushes Libraries] 아이콘을 클릭하여 불러올 수 있습니다. [Brushes Libraries] 패널은 [Window]-[Brushes Libraries] 메뉴를 선택하여 불러올 수도 있습니다. [Brushes Libraries] 패널에서는 화살표, 서예 붓, 뻣뻣한 붓, 패턴 브러시 등 여러 가지 스타일의 브러시를 선택할 수 있습니다.

브러시 툴을 선택하고 면 색을 투명, 선 색은 검정으로 설정합니다. [Brushes] 패널에서 15pt.round를 선택하여 드래그합니다.

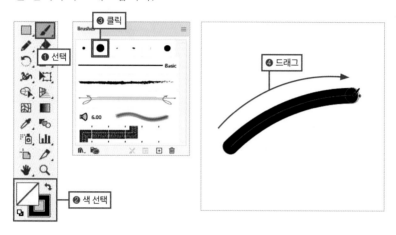

더 알·아·보·기

Brushes 패널과 Brushes Libraries 메뉴

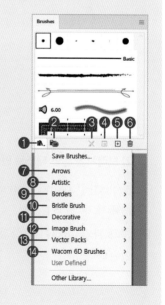

Brushes 패널

❶ [Brushes Libraries] 메뉴를 선택합니다.
❷ [Libraries] 패널에서 색, 그래픽, 레이어 스타일 등을 적용할 수 있습니다.
❸ 적용된 브러시를 취소합니다.
❹ 적용된 브러시의 옵션을 수정합니다.
❺ 새 브러시를 등록합니다.
❻ 브러시를 삭제합니다.

Brushes Libraries 패널

❼ Arrows: 화살표입니다.
❽ Artistic: 회화적 터치를 표현하는 브러시입니다.
❾ Borders: 프레임 효과를 줍니다.
❿ Bristle Brush: 뻣뻣한 브러시입니다.
⓫ Decorative: 장식 효과를 줍니다.
⓬ Image Brush: 비트맵 이미지로 표현되는 브러시입니다.
⓭ Vector Packs: 붓 터치 느낌을 주는 브러시로 캘리그래피 효과를 낼 수 있습니다.
⓮ Wacom 6D Brushes: 태블릿 사용자의 필압에 따라 조절되는 브러시로 태블릿 사용자만 사용할 수 있습니다.

1) 브러시 라이브러리 활용하기

[Brushes] 패널 하단의 [Brushes Libraries] 아이콘을 클릭하여 [Artistic]-[Artistic_ChalkCharcoalPencil]
메뉴를 선택한 후 'Chalk Scribble'을 선택하면 [Brushes] 패널에 등록됩니다. 드래그하여 선을 그립
니다.

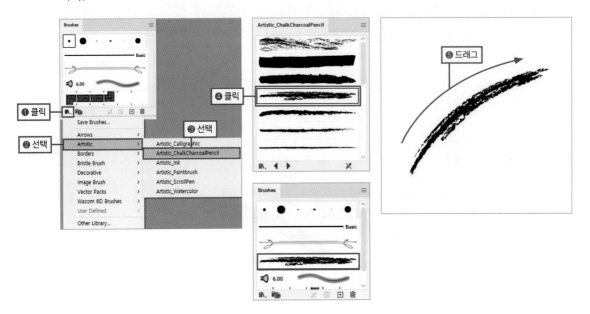

Stroke의 수치를 조절하여 브러시의 크기를 조절할 수 있
습니다.

2) 브러시를 일반 패스로 만들기

[Object]-[Expand Appearance] 메뉴를 선택하면 일러스트레이
터에서 준 효과를 그대로 패스로 만듭니다. 일러스트레이터에서
준 효과가 버전이나 설정에 따라 다르게 보이는 것을 해결할 수
있습니다.

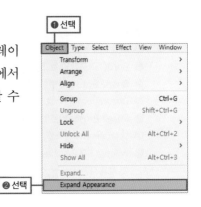

Expand
하나의 패스에 면과 선의 구분 없이 효과가 적용됩니다.

Expand Appearance
하나의 패스에 면과 선이 분리되어 효과가 적용됩니다.
ex) 선에는 브러시, 면에는 다른 효과를 줄 수 있습니다.

3) Simplify 대화상자

패스의 기준점 개수가 많을 경우 용량이 커지기 때문에 기준점 개수를 줄이는 것이 좋습니다. [Object]-[Path]-[Simplify] 메뉴를 선택하면 슬라이더 바가 나타납니다.

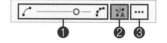

❶ 기준점 개수를 조절합니다.
❷ 선택한 패스에 맞는 기준점 개수로 자동으로 조절합니다.
❸ 더 많은 옵션을 확인할 수 있습니다.

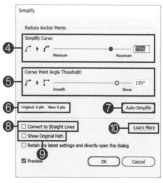

❹ **Simplify Curve**: 기준점 개수를 조절합니다.
❺ **Corner Point Angle Threshold**: 기준점 각도를 조절합니다.
❻ 원본 기준점 개수/수정된 기준점 개수를 조절합니다.
❼ **Auto-Simplify**: 선택한 패스에 맞는 기준점 개수로 자동으로 조절합니다.
❽ **Convert to Straight Lines**: 곡선을 직선으로 변경합니다.
❾ **Show Original Path**: 원본 패스를 볼 수 있습니다.
❿ **Learn More**: 어도비 웹사이트의 도움말 페이지로 이동합니다.

[Simplify] 대화상자

● 물방울 브러시

물방울 브러시를 선택하고 아트보드 위에 드래그합니다. 물방울 브러시로 그린 선은 면의 속성을 가집니다. 다시 Ctrl+Y를 누르면 원래 상태로 돌아옵니다.

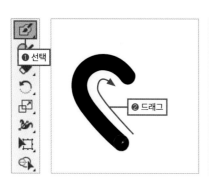

1) 물방울 브러시의 색과 크기

물방울 브러시의 색은 면 색, 선 색이 모두 있을
경우 선 색으로 그려집니다.

선 색이 투명으로 설정된 경우에는 면 색으로
그려집니다.

브러시의 크기는 키보드의 ⎡, ⎤로 조절할 수 있습니다.

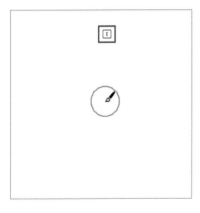
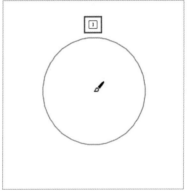

◎ **준비 파일**: part2/chapter5/Emotions.ai

01　Emotions.ai 파일을 불러옵니다. 브러시 툴()을 선택하고 선 색은 '없음', 면 색은 '검정'으로 합니다. [Brushes] 패널을 열고 5pt.round 브러시를 선택합니다.

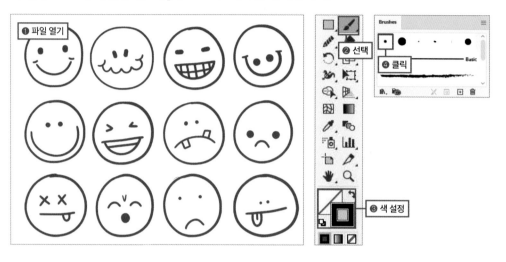

02　테두리를 먼저 드래그하여 그린 후 키보드에서 [ ]와 [ ]를 사용하여 브러시 크기를 조절해 가며 눈과 입을 그립니다.

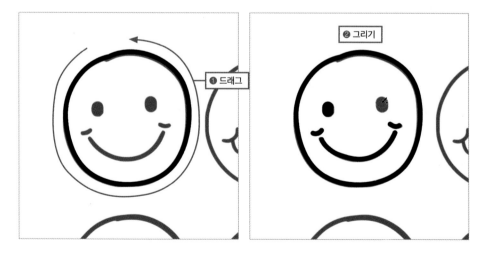

03 같은 방법으로 나머지도 완성합니다.

3 · 기능 예제 · 아트 브러시로 나뭇잎 색상 바꾸기

◎ **준비 파일**: part2/chapter5/Artbrush.ai

01 Ctrl + O 를 눌러 Artbrush.ai 파일을 불러옵니다. 잎을 선택하고 [Brushes] 패널로 드래그합니다. [New Brush] 대화상자가 나타나면 'Art Brush'를 선택하고 [OK]를 클릭합니다.

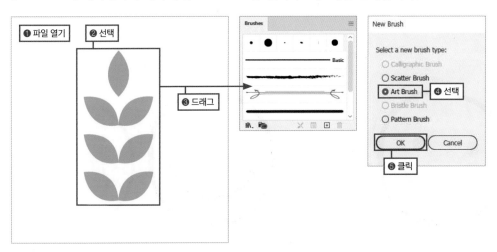

02 [Art Brush Options] 대화상자에서 방향을 위, Method를 'Hue Shift'로 설정하고 [OK]를 클릭하면
브러시가 [Brushes] 패널에 등록됩니다. 아트보드에 드래그하면 브러시가 그려집니다.

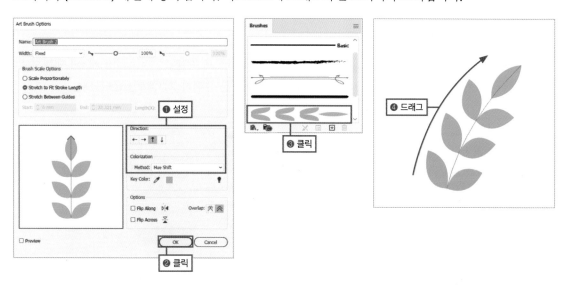

03 색을 바꿔서 그릴 수도 있습니다. 선 색을 변경하고 드래그하면 바뀐 색으로 적용됩니다.

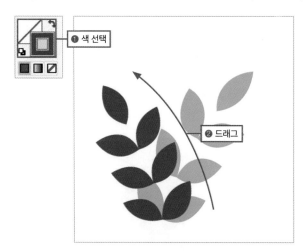

4 · 기능 예제 · 스캐터 브러시로 꽃잎 흩뿌리기

◎ **준비 파일**: part2/chapter5/Scatter.ai

01 Ctrl+O를 눌러 Scatter.ai 파일을 불러옵니다. 선택 툴(▶)로 꽃을 선택하고 [Brushes] 패널로 드래그합니다. [New Brush] 대화상자가 나타나면 'Scatter Brush'를 선택하고 [OK]를 클릭합니다.

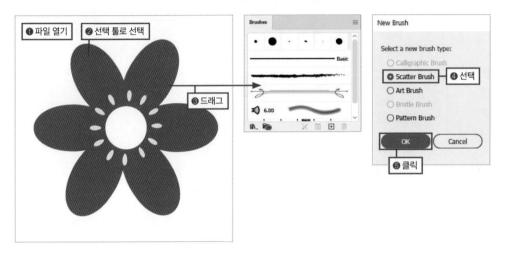

02 [Scatter Brush Options] 대화상자가 나타나면 Size, Spacing, Scatter, Rotation을 모두 'Fixed'로 설정하고 변화 범위를 원하는 대로 조절합니다. [OK]를 클릭하면 브러시가 [Brushes] 패널에 등록됩니다. 아트보드에 드래그하면 흩뿌려진 꽃잎들이 나타납니다.

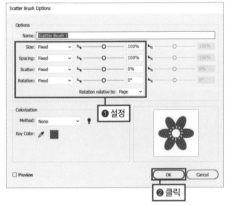
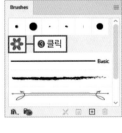

03 자연스럽게 뿌려지도록 옵션을 변경해 보겠습니다. [Brushes] 패널에 등록된 브러시를 더블 클릭하면 [Scatter Brush Options] 대화상자가 뜹니다. Size, Spacing, Scatter, Rotation을 모두 'Random'으로 설정하고 변화 범위를 원하는 대로 조절합니다. [OK]를 클릭하면 브러시가 [Brushes] 패널에 등록됩니다.

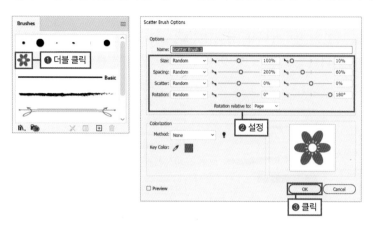

04 아트보드에 드래그하면 다양한 크기의 브러시가 흩뿌려집니다.

◎ **준비 파일**: part2/chapter5/Patternbrush.ai

01 Ctrl+O를 눌러 Patternbrush.ai 파일을 불러옵니다. 선택 툴(▶)로 선택하고 [Brushes] 패널로 드래그합니다. [New Brush] 대화상자가 나타나면 'Pattern Brush'를 선택하고 [OK]를 클릭합니다.

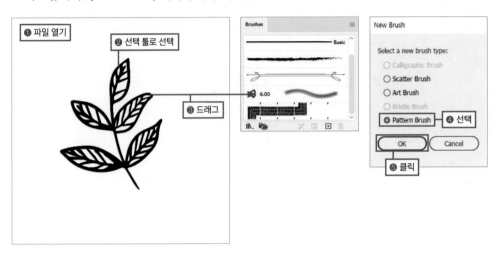

02 [Pattern Brush Options] 대화상자에서 모서리의 모양을 설정하고 [OK]를 클릭하면 브러시가 [Brushes] 패널에 등록됩니다. 아트보드에 드래그하면 등록된 브러시가 드래그한 선을 따라 패턴처럼 이어져 나타납니다.

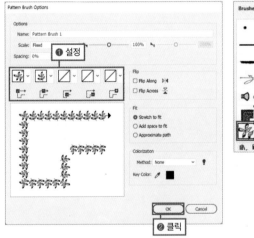

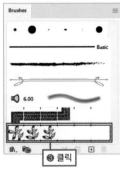

03 하트를 왼쪽, 오른쪽으로 나눠서 반씩 드래그하여 그렸습니다.

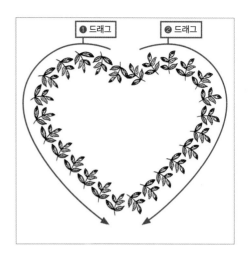

6 • 기능 **예제** •   **브러시 라이브러리 활용하기**

01 아트보드에 사각형을 하나 그립니다.

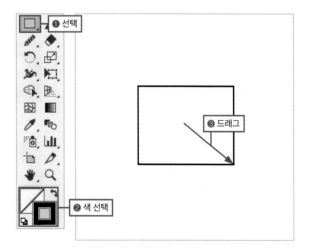

02 [Brushes] 패널에서 [Decorative]-[Image Brush]-[Image Brush Library] 메뉴를 선택합니다. 앞에서 그린 사각형을 선택한 후 'Denim Seam'을 선택합니다.

03 다른 도형들도 몇 개 더 그려 적용해 봅니다.

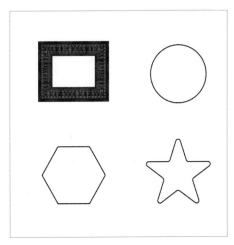

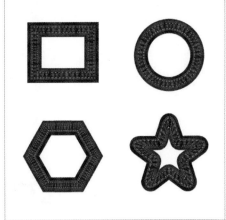

다양한 선분 툴

선분 툴, 호 툴, 나선 툴 등에 대해 간단히 살펴보고 선분 툴로 그리는 방법과 호 툴로 부채꼴 그리는 방법, 나선 툴로 나선 그리는 방법, 사각 그리드 툴로 사각 격자 그리는 방법, 극좌표 그리드 툴로 극좌표 격자 그리는 방법에 대해 알아봅니다.

LESSON

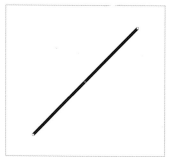

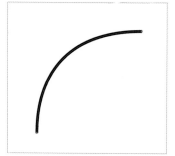

선분 툴: 클릭&드래그하여 선을 그립니다. Shift 를 누른 채 드래그하면 수직, 수평, 45도의 직선을 그릴 수 있습니다.

호 툴: 드래그하여 곡선을 그립니다. Shift 를 누른 채 드래그하면 정 곡선을 그릴 수 있습니다.

나선 툴: 드래그하여 나선을 그릴 수 있습니다.

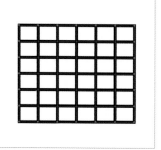

사각 그리드 툴: 드래그하여 표를 그립니다. Shift 를 누른 채 드래그하면 가로, 세로 비율이 같은 표를 만들 수 있습니다.

극좌표 그리드 툴: 드래그하여 원형 표를 그립니다. Shift 를 누른 채 드래그하면 정원의 표를 만듭니다.

사각 그리드 툴과 극좌표 그리드 툴을 선택한 후 아트보드의 빈 곳을 클릭하면 [Tools Options] 대화상자가 뜹니다. 이 옵션 창에 정확한 수치를 입력해 표를 만들 수 있습니다.

● 선분 툴()로 그리기

도형 툴과 마찬가지로 선분 툴을 선택하고 아트보드의 빈 곳을 클릭하면 옵션 창이
뜹니다. 수치를 입력하여 정확한 선을 그릴 수 있습니다. 선의 길이는 [Transform]
패널에서 폭과 너비를 입력하여 변경할 수 있습니다.

선택

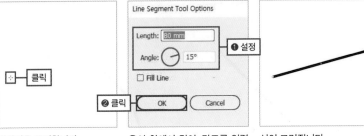

왼쪽을 클릭하여 오른쪽 위로   시작점을 클릭합니다.   옵션 창에서 길이, 각도를 입력   선이 그려집니다.
드래그합니다.   한 후 [OK]를 클릭합니다.

● 호 툴(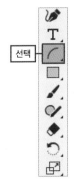)로 부채꼴 그리기

호 툴을 선택하고 시작점을 클릭한 채 드래그하여 부채꼴을 그립니다. 드래그하면
서 키보드의 방향키를 위나 아래로 클릭하여 호의 구부러진 정도를 조절할 수 있습
니다.

선택

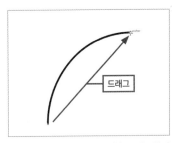

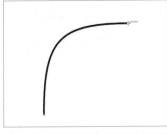

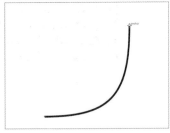

왼쪽을 클릭한 채 오른쪽 위로 드래그합니   키보드의 위쪽 방향키를 클릭하면 곡선의   키보드의 아래쪽 방향키를 클릭하면 곡선
다.   구부러짐이 바뀝니다.   의 구부러짐이 바뀌면서 방향이 아래로 바
                                                                              뀝니다.

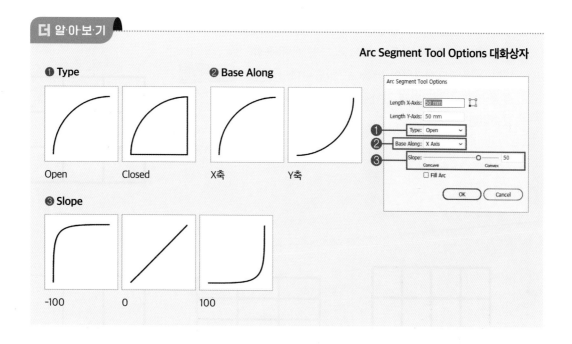

Arc Segment Tool Options 대화상자

❶ Type

Open　　　Closed

❷ Base Along

X축　　　Y축

❸ Slope

-100　　　0　　　100

● 나선 툴()로 나선 그리기

나선 툴을 선택하고 클릭&드래그하면 기본으로 선분 10개로 된 나선이 만들어집니다. 드래그 도중 Shift 를 누르면 나선이 똑바로 됩니다. Ctrl 를 누른 채 드래그하면 크기를 조절할 수 있습니다.

드래그 도중 위쪽 방향키를 누르면 누를 때마다 선분이 추가되고, 아래쪽 방향키를 누르면 누를 때마다 선분이 줄어듭니다.

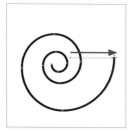

Shift +드래그합니다.

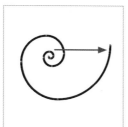

Ctrl +드래그합니다.

드래그+ ↑ 를 누릅니다.

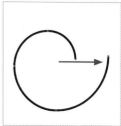

드래그+ ↓ 를 누릅니다.

● 사각 그리드 툴()로 사각 격자 그리기

사각 격자는 표, 모눈 등 그리드를 그릴 때 유용합니다. 클릭&드래그하여 만들 수 있습니다. Shift 를 누른 채 드래그하면 정사각형의 격자를 그릴 수 있습니다.

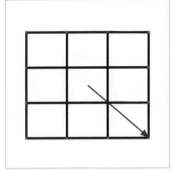

클릭&드래그합니다.

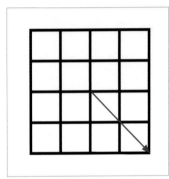

Shift +드래그합니다.

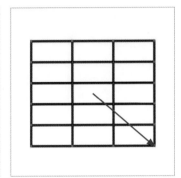

↑ : 가로선 추가 위 2번 클릭

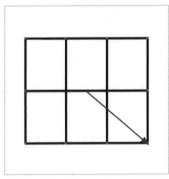

↓ : 세로선 추가 아래 3번 클릭

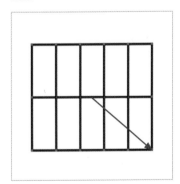

→ : 칸 추가 오른쪽 2번 클릭

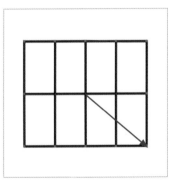

← : 칸 삭제 왼쪽 1번 클릭

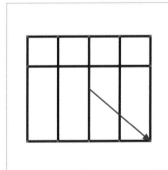

F : 가로선이 위쪽으로 치우침

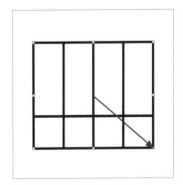

V : 가로선이 아래쪽으로 치우침

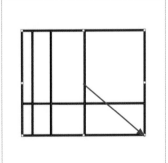

X : 세로선이 왼쪽으로 치우침

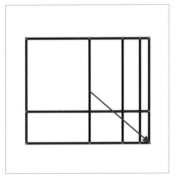

C : 세로선이 오른쪽으로 치우침

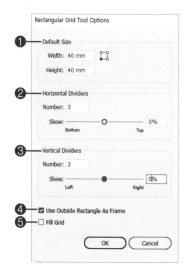

사각 그리드 툴을 더블 클릭하거나 아트보드를 클릭하면 옵션 창이 뜹니다.

❶ **Default Size**: 가로, 세로의 기본 크기와 시작점 위치를 설정합니다.

❷ **Horizontal Dividers**: 가로 분할선 개수와 기울기가 위아래로 치우치는 비율을 설정합니다.

❸ **Vertical Dividers**: 세로 분할선 개수와 기울기가 좌우로 치우치는 비율을 설정합니다.

❹ **Use Outside Rectangle As Frame**: 체크하면 프레임으로 외부 사각형을 사용하여 선택 툴로 선택 시 바깥 프레임 네모가 선택되고, 체크 해제하면 선택 툴로 선택 시 분리할 수 있습니다.

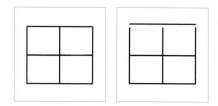

❺ **격자 채우기**: 체크하면 그리드 면에 색이 적용되는데 프레임 사용도 체크되어 있어야 합니다.

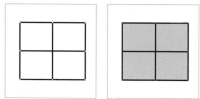

● 극좌표 그리드 툴[🔘]로 극좌표 격자 그리기

클릭&드래그하면 극좌표가 만들어집니다. [Alt]를 누른 채 드래그하면 가운데를 중심으로 그려지고, [Shift]를 누른 채 드래그하면 정형으로 그릴 수 있습니다. 드래그하면서 위, 아래 방향키를 사용하여 칸을 조절할 수 있습니다.

[↑]: 원 분할 개수 늘리기

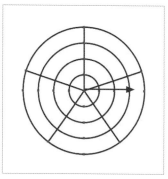

[↓]: 원 분할 개수 줄이기

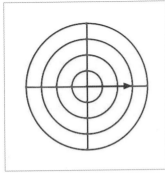

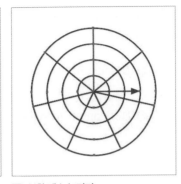

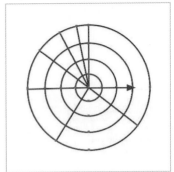

□ : 분할 개수 줄이기   □ : 분할 개수 늘리기   F : 가로선이 위쪽으로 치우침

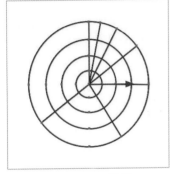

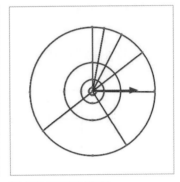

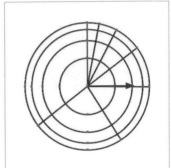

V : 가로선이 아래쪽으로 치우침   X : 원이 안쪽으로 치우침   C : 원이 바깥쪽으로 치우침

1 · 기능 예제 ·   극좌표 그리드 툴 활용하기

01   극좌표 그리드 툴(⬡)을 선택하고 클릭&드래그한 채 방향키 위쪽을 눌러 개수를 늘리거나 아래쪽을 눌러 개수를 줄이거나 하여 원 분할 개수를 3으로 합니다. 그런 다음 방향키의 오른쪽이나 왼쪽을 눌러 면 분할 개수를 8개로 합니다. 그 상태에서 키보드 C 를 눌러 원이 바깥쪽으로 치우치게 한 후 Shift 를 누른 채 드래그하여 정원이 되도록 그립니다.

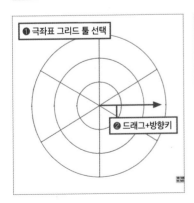

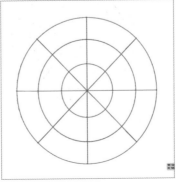

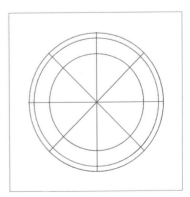

02 선택 툴(▶)로 선택하고 [Pathfinder] 패널에서 'Divide(▣)'를 눌러 분할합니다.

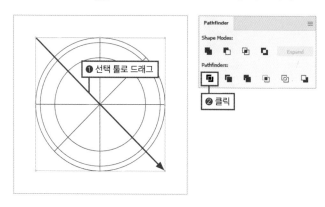

03 직접 선택 툴(▷)로 맨 가장자리에 있는 원들을 선택하여 지웁니다.

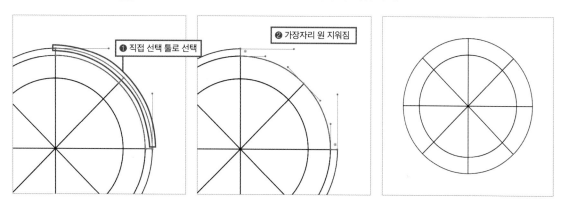

04 직접 선택 툴(▷)로 한 면씩 선택하여 원하는 색으로 각각 변경합니다.

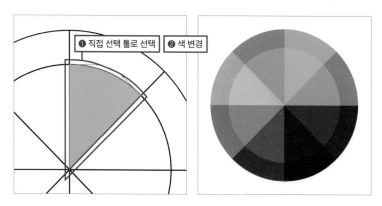

05 선택 툴(▶)로 전체를 선택하고 선 색을 흰색으로 변경합니다.

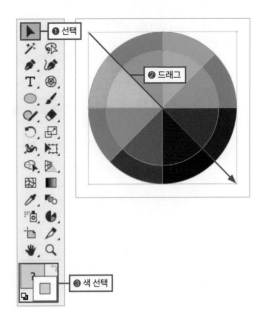

06 [Stroke] 패널에서 Weight를 8pt로 변경하고 원형 툴(◯)로 가운데 흰 원을 그려 넣어 마무리합니다.

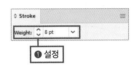

다양한 그래프

다양한 그래프 툴에 대해 알아보고 막대 그래프 그리는 방법, 그래프 색상 변경하는 방법, 그래프 형태를 변형하고 데이터를 수정하는 방법, 심벌로 그래프 만드는 방법 등을 배웁니다.

LESSON

일러스트레이터는 콘텐츠의 성격에 맞는 다양한 그래프를 쉽고 빠르게 그릴 수 있도록 9가지 그래프 툴을 제공합니다.

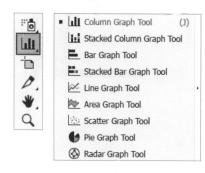

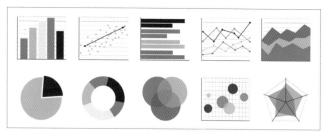

그래프 툴을 더블 클릭하면 그래프 설정을 변경할 수 있는 옵션 창이 뜹니다.

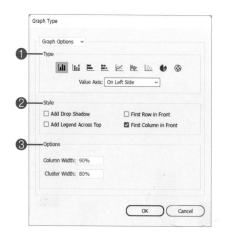

❶ **Type**: 9가지 종류의 그래프 중에서 선택할 수 있습니다.
  • Value Axis: 분류 값의 위치를 설정합니다.

❷ **Style**
  • Add Drop Shadow: 그림자 넣기를 할 수 있습니다.
  • First Row in Front: 막대 그래프 너비가 100%보다 클 때 1행의 막대를 맨 위에 배치합니다.
  • Add Legend Across Top: 체크하면 기호 설명을 그래프 상단에 가로로 표시하고 기본은 오른쪽에 수직으로 표시됩니다.
  • First Column in Front: 체크하면 1열의 막대를 맨 위에 배치합니다.

❸ **Options**
  • Column Width: 막대 너비를 설정합니다.
  • Cluster Width: 막대와 막대 간의 간격을 설정합니다.

● 막대 그래프 그리기

툴 패널에서 세로 막대 그래프 툴(📊)을 선택합니다. 클릭&드래그하면 수치를 넣을 수 있는 창이
뜹니다. A, B의 두 그룹으로 하여 수치를 기입하고 오른쪽 상단의 체크 아이콘(☑)을 클릭하면 막
대 그래프가 생성됩니다.

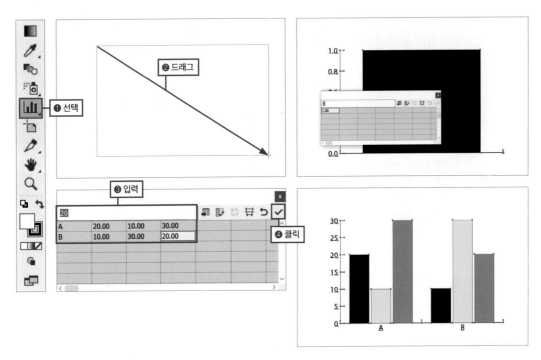

더 알·아·보·기

레전드 표시 방법

레전드를 표시하고 싶다면 1행에 넣으면 됩니다.

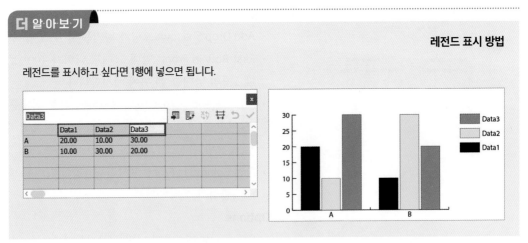

● 그래프 색상 변경하기

막대 그래프의 색을 바꿔보겠습니다. 직접 선택 툴(▷)로 바꾸고 싶은 막대를 선택한 후 색을 선택합니다. 나머지 막대들도 색을 바꿔줍니다.

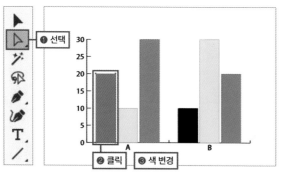
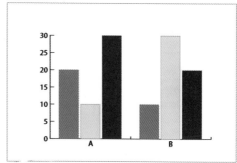

● 그래프 형태 변경하기

막대 그래프의 형태를 바꿔보겠습니다. 선택 툴(▶)로 그래프를 선택하면 [Graph Type] 대화상자가 뜹니다. Type에서 '가로형 막대 그래프(⬛)'를 선택하고 [OK]를 클릭합니다.

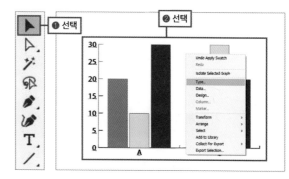

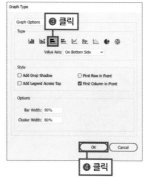
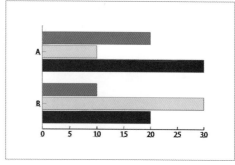

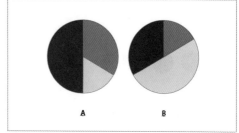

파이 그래프로 변경할 경우

● 그래프의 데이터 수정하기

그래프의 데이터를 수정하고 싶을 때는 선택 툴(▶)로 그래프를 선택하고 마우스 오른쪽 버튼을 클릭하면 나오는 메뉴에서 [Data]를 선택합니다.

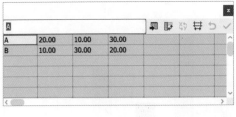

---

2 · 기능 예제 ·　　　　심벌로 그래프 만들기

◎ **준비 파일**: part2/chapter5/Graph1.ai

01　Graph1.ai 파일을 불러옵니다. 세로 막대 그래프 툴(📊)을 선택하고 아트보드에 클릭&드래그합니다.

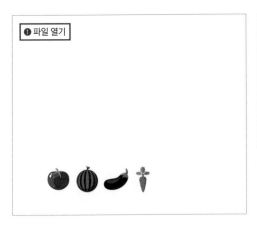

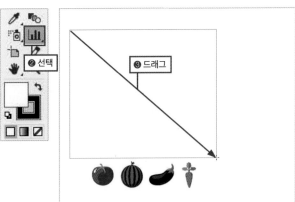

02 입력 창이 뜨면 이미지와 같이 항목들을 입력하고 Apply를 선택하여 완료한 후 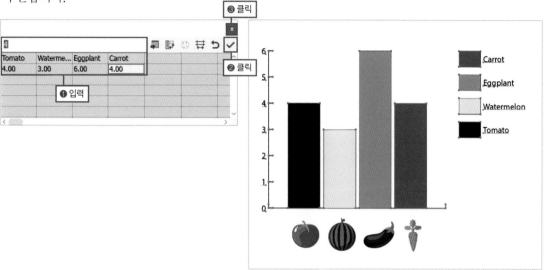 버튼을 클릭하여 닫습니다.

03 선택 툴(▶)로 토마토를 선택하고 [Object]-[Graph]-[Design] 메뉴를 선택합니다.

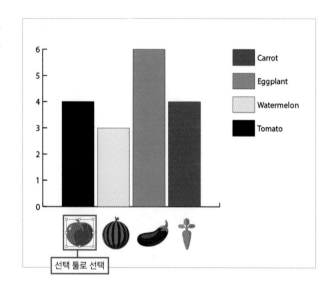

선택 툴로 선택

04 [Graph Design] 대화상자가 나타나면 'New Design'을 클릭하고 'Rename'을 클릭하여 'Tomato'라고 입력한 후 [OK]를 클릭합니다.

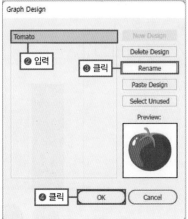

05 나머지 3개도 모두 등록합니다.

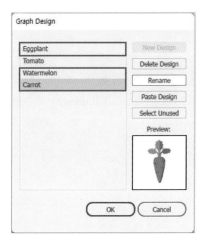

06 그룹 선택 툴(▧)로 Tomato의 검은색 막대를 더블 클릭하면 레전드와 같이 선택됩니다.

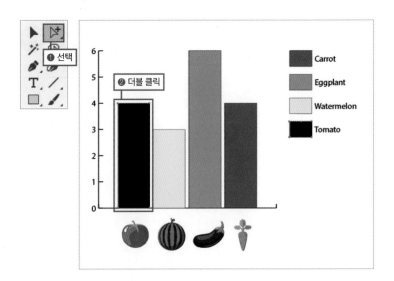

07 [Object]-[Graph]-[Column] 메뉴를 선택합니다. [Graph Column] 대화상자가 나타나면 등록한 Tomato를 선택합니다. Column Type은 'Repeating'을 선택하고 [OK]를 클릭하여 완성합니다.

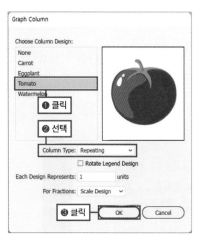

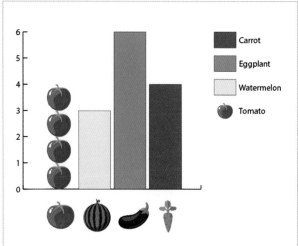

08 나머지도 같이 적용하여 완성합니다.

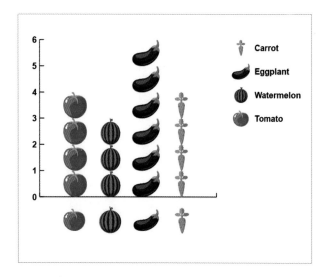

◎ **준비 파일**: part2/chapter5/Pencil_graph.ai

01   Pencil_graph.ai 파일을 불러옵니다. 선택 툴(▶)을 선택하고 연필 하단에 있는 선을 선택합니다.
[View]-[Guides]-[Make Guides] 메뉴를 선택하여 선을 가이드 선으로 만듭니다.

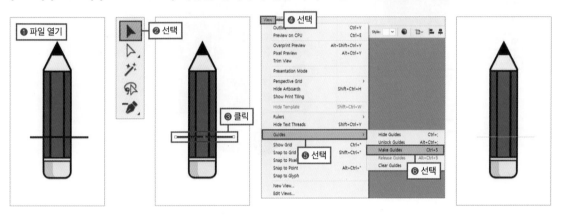

02   선택 툴(▶)로 연필을 전체 선택한 후
[Object]-[Graph]-[Design] 메뉴를 선택합니
다. [Graph Design] 대화상자가 나타나면
'New Design'을 클릭하고 'Rename'을 클릭하
여 'Pencil'이라고 입력한 후 [OK]를 클릭합니
다.

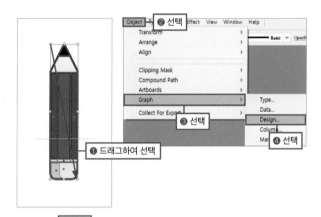

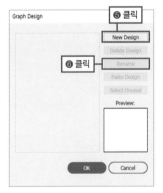

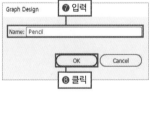

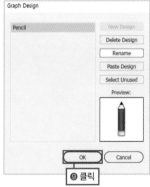

03 세로 막대 그래프 툴(📊)을 선택하여 막대 그래프를 그린 후 선택 툴(▶)로 막대 그래프를 선택합니다.

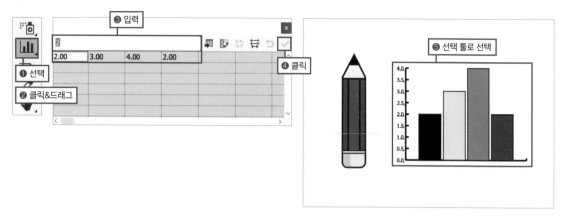

04 [Object]-[Graph]-[Column] 메뉴를 선택합니다. [Graph Column] 대화상자가 나타나면 등록한 Pencil 디자인을 선택합니다. Column Type은 'Sliding'을 선택하고 [OK]를 클릭하여 완성합니다.

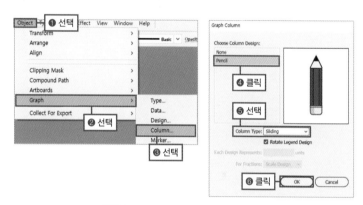

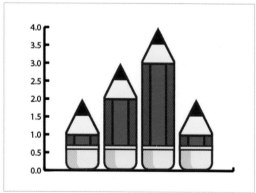

채색

단색, 그레이디언트로 채우기는 물론 메시, 블렌드, 패턴, 라이브 페인트로 칠하기 등
다양한 채색으로 완성도를 높일 수 있는 방법들을 학습합니다.

단색, 패널, 라이브 페인트로 칠하기

색상 모드를 정하고 색상 모드를 변경하는 방법에 대해 알아보고 단색으로 칠하는 방법과 Color Picker를 이용하여 칠하는 방법을 배웁니다. 라이브 페인트통 툴을 이용하여 칠하는 방법과 리컬러 아트워크로 칠하는 방법도 알아봅니다.

LESSON

◎ **준비 파일:** part2/chapter6/Smile.ai

● 색상 모드 정하기

일러스트레이터에서는 주로 인쇄를 위한 작업을 많이 하기 때문에 CMYK 모드로 작업하는 것이 좋습니다. 작업 창을 세팅할 때 색상 모드에서 CMYK로 설정하면 됩니다.

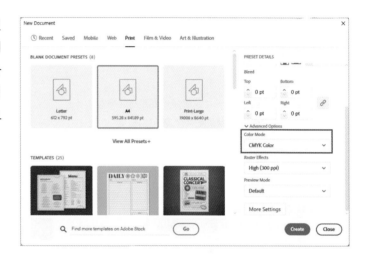

● 색상 모드 변경하기

RGB 모드로 작업한 것을 CMYK 모드로 변경하려면 [File]-[Document Color Mode]-[CMYK Color] 메뉴를 선택하여 변경하면 됩니다. CMYK 모드로 변경 시 채도가 살짝 떨어지는 것을 알 수 있습니다.

툴 패널에서 설정할 수 있는 면 색과 선 색에 대해 살펴보겠습니다.

● 색을 칠하는 다양한 방법

1) 단색 칠하기

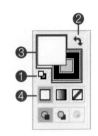

❶ **면 색, 선 색 초기화**: 면 색은 흰색, 선 색은 검은색, 선의 굵기는 1px로 초기화 됩니다.

❷ **면 색과 선 색 바꾸기(Shift + X)**: 면 색과 선 색을 서로 바꿉니다.

❸ **면 색과 선 색**: 면 색과 선 색입니다. 면 색이나 선 색을 더블 클릭하면 [Color Picker] 대화상자가 뜹니다. 여기서 원하는 색을 자유롭게 선택할 수 있습니다.

❹ 면 색과 선 색을 단색, 그레이디언트, 투명으로 바꿉니다.

더 알·아·보·기

Color Picker 대화상자

❶ **색상 선택 영역**: 채도와 명암에 따라 색이 분포되어 있고 원하는 색을 선택한 후 [OK]를 클릭하면 선택됩니다.

❷ **스펙트럼**: 색을 스펙트럼으로 나타낸 것으로 화살표를 드래그하거나 클릭하여 선택합니다.

❸ 선택한 색입니다.

❹ 원래 선택되어 있던 색입니다.

❺ **삼각형**: RGB로만 표현할 수 있는 색입니다.

❻ **네모**: CMYK에서만 표현할 수 있는 색입니다.

❼ 색상 모드별 색상값입니다.

❽ 선택한 색의 웹 컬러 코드입니다.

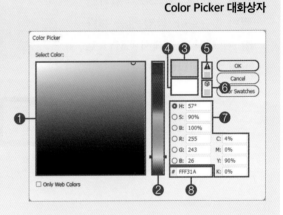

---

2) Color Picker로 칠하기

1. Smile.ai 파일을 불러옵니다. 선택 툴을 선택하고 면 색을 클릭합니다.

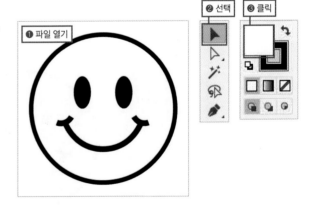

2. [Color Picker] 대화상자에서 색을 선택하고 [OK]를 클릭하면 색이 적용됩니다.

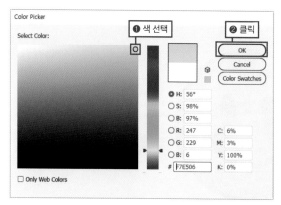
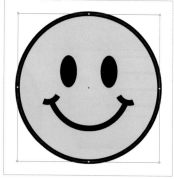

3. 선 색을 선택합니다. 선 색을 선택하고 [OK]를 클릭하면 색이 적용됩니다.

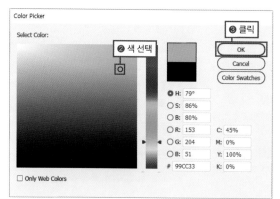

4. 화살표를 클릭합니다. 면과 선의 색이 뒤바뀝니다.

3) Color 패널로 칠하기

[Color] 패널에서 슬라이더를 드래그하거나 수치를 직접 입력하여 원하는 색을 지정할 수 있습니다.

 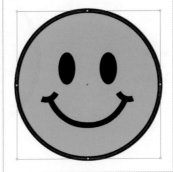

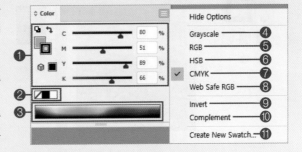

Color 패널

❶ **Color**: 현재 선택된 색, 스펙트럼, Color Mixer, [Swatches] 패널이나 [Color Mixer] 패널로 전환됩니다.

❷ 투명, 검정, 흰색으로 색을 설정합니다.

❸ **슬라이더 바**: 슬라이더를 움직이거나 수치를 기입하여 색을 설정합니다.

❹ **Grayscale**: 흰색, 회색, 검은색만 선택할 수 있습니다. 흰색부터 검은색까지 256단계로 나타냅니다.

❺ **RGB**: 빛의 3원색인 Red, Green, Blue를 사용하며 웹이나 영상 등을 위한 컬러 모드입니다.

❻ **HSB**: 색의 3요소인 Hue(색상), Saturation(채도), Brightness(명도)로 색을 만듭니다.

❼ **CMYK**: Cyan, Magenta, Yellow, Black을 사용하며 인쇄용 컬러 모드입니다.

❽ **Web Safe RGB**: 웹 안전 컬러 모드입니다.

❾ **Invert**: 슬라이더 값을 반대로 설정합니다.

❿ **Complement**: 보색을 만듭니다.

⓫ **Create New Swatch**: 선택한 색을 [Swatches] 패널에 등록합니다.

※ CMYK 모드에서 작업할 때는 소수점이 나오지 않게 색을 설정하는 것이 인쇄나 교정 시 효율적입니다.

4) Swatches 패널로 칠하기

1. Smile.ai 파일을 불러옵니다. [Swatches] 패널에서 면 색을 선택하여 색을 적용합니다.

 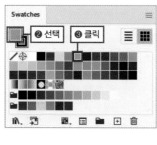 

2. 상단 옵션 바에서도 색을 선택할 수 있습니다. 클릭하면 [Swatches] 패널이 나타나고 ⌈Shift⌋를 누른 채 클릭하면 [Color] 패널이 뜹니다.

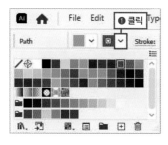  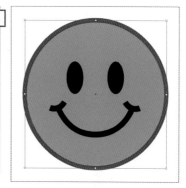

더 알·아·보·기

[Swatches] 패널은 자주 쓰는 색을 등록해 놓는 곳입니다. [Window]- [Swatches] 메뉴를 선택하거나 [Properties] 패널의 'Appearance'에서 면 색과 선 색 아이콘을 클릭하면 나타납니다. 오브젝트를 선택하고 [Swatches] 패널의 색을 클릭하면 바로 적용됩니다.

Swatches 패널

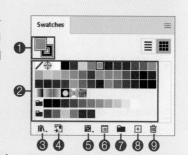

❶ 현재 선택된 색입니다.
❷ 등록된 색들입니다.
❸ [Swatches Libraries]를 불러옵니다.
❹ **라이브러리에 추가**: 선택한 색을 [Swatches Libraries] 패널에 추가합니다.
❺ **색 꺼내기/숨기기**: 원하는 색만 꺼내거나 숨길 수 있습니다.
❻ **색 수정하기**: 색을 선택하고 클릭하면 수정할 수 있습니다.
❼ **그룹 만들기**: 색상 그룹을 만들 수 있습니다.
❽ **새 색상 만들기**: 색을 등록합니다.
❾ **삭제하기**: 색을 선택한 후 휴지통을 클릭하면 삭제됩니다.

Swatches 패널에 색상 등록하기 1

⊞ 아이콘을 클릭합니다. 면 색 팝업 창에서 [OK]를 클릭하면 등록됩니다.

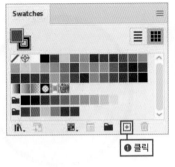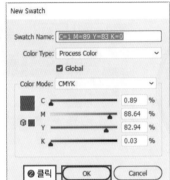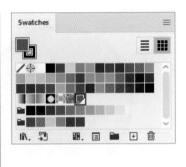

Swatches 패널에 색상 등록하기 2

툴 패널의 면 색을 [Swatches] 패널로 드래그하여 추가합니다.

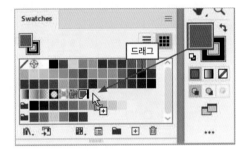

Swatches 패널에 색상 등록하기 3

[Color] 패널의 면 색을 [Swatches] 패널로 드래그하여 추가합니다.

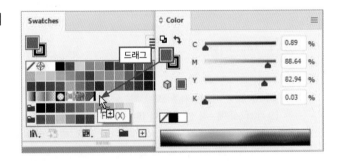

Swatches 패널에 색상 그룹 등록하기

1. 그룹으로 등록한 오브젝트들을 모두 선택하고 면 색과 선 색이 물음표로 뜨면 그룹 아이콘을 클릭합니다.

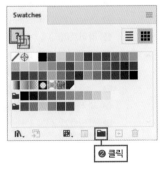

2. [New Color Group] 대화상자가
나타나면 설정하고 [OK]를 클릭
합니다. 오브젝트에 사용된 모
든 색이 그룹 세트로 등록된 것
을 알 수 있습니다.

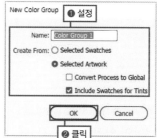
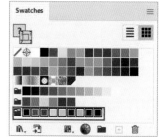

스와치 라이브러리 활용하기

[Swatches] 패널 하단의 [Swatch Libraries] 아이콘을 클릭하면 다양한 테마의 색상 견본들을 불러
올 수 있습니다. [Window]-[Swatch Libraries] 메뉴를 선택하여 불러와도 됩니다.

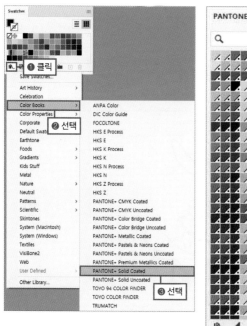
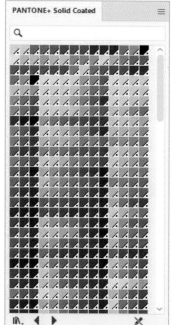

5) 라이브 페인트통 툴(🎨)로 칠하기

라이브 페인트통 툴을 사용하면 패스로 구분된 각각의 면을 칠할 수 있으며, 복잡한 오브젝트를 클
릭만으로도 간단하게 색칠할 수 있습니다.

라이브 페인트통 툴(🎨)로 칠하기

◎ **준비 파일**: part2/chapter6/Rabbit.png

01 Ctrl+N을 눌러 새 아트보드를 만듭니다. [File]-[Place] 메뉴를 선택하여 Rabbit.png 파일을 불러 옵니다. 아트보드에 클릭&드래그하여 이미지를 놓습니다.

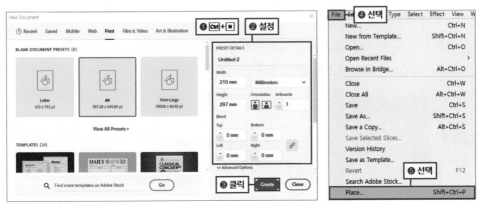

02 옵션 바에서 'Image Trace'를 선택하여 이미지 트레이스를 실행하면 [Image Trace] 패널로 바뀝니다. 'Expand'를 클릭하여 패스로 만듭니다. 메뉴 바에서 [Object]-[Live Paint]-[Make]를 선택하면 테두리 조절점의 모양이 바뀝니다.

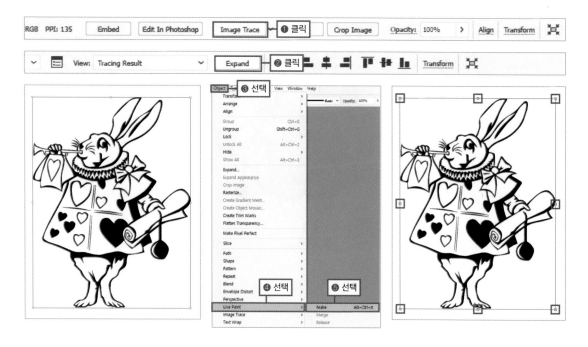

03 라이브 페인트통 툴(🪣)을 선택하고 면 색을 원하는 색으로 선택합니다. 라이브 페인트로 된 오브젝트는 라이브 페인트통 툴(🪣)을 가져가면 색칠할 영역의 선이 표시되고 클릭하면 색이 적용됩니다.

04 다른 면에도 면 색을 설정하고 라이브 페인트통 툴(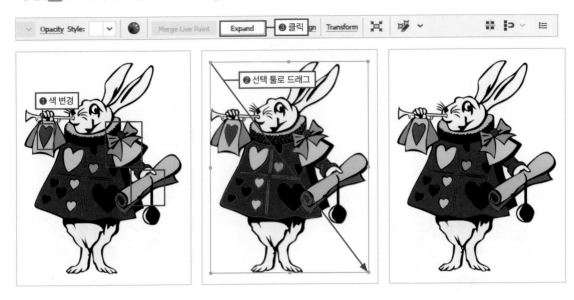)을 가져가 클릭하여 칠합니다. 전체를 선택 툴(▶)로 선택하고 옵션 바에서 'Expand'를 클릭하면 원래의 일반 오브젝트로 바뀝니다.

Image Trace

이미지 트레이스는 jpg와 같은 비트맵 이미지를 벡터 이미지로 만듭니다. 비트맵 이미지를 불러와서 클릭하면 앞의 예제처럼 상단에 옵션 바가 뜨지만 [Properties] 패널의 'Quick Actions'에도 'Image Trace' 버튼이 생깁니다. 클릭하면 나오는 [Properties] 패널의 'Image Trace'에서 'Preset'의 풀다운 버튼을 클릭하면 다른 스타일로 변경할 수 있습니다.

❶ **Default**: 기본인 흑백 모드로 표현됩니다.

❷ **High Fidelity Photo**: 고해상도로 변환됩니다.

❸ **Low Fidelity Photo**: 저해상도로 변환됩니다.

❹ **3 Colors**: 선택한 이미지에서 가장 많이 사용된 3색으로 변환됩니다.

❺ **6 Colors**: 선택한 이미지에서 가장 많이 사용된 6색으로 변환됩니다.

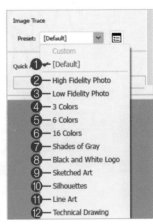

❻ 16 Colors: 선택한 이미지에서 가장 많이 사용된 16색으로 변환됩니다.

❼ Shades of Gray: 전체를 그레이 모드로 바꾸고 벡터로 변환됩니다.

❽ Black and White Logo: 흑백 모드의 벡터로 변환됩니다.

❾ Sketched Art: 스케치 스타일로 변환됩니다.

❿ Silhouettes: 실루엣 형태로 변환됩니다.

⓫ Line Art: 명암을 선으로 변환합니다.

⓬ Technical Drawing: 디테일한 선으로 변환됩니다.

Image Trace 패널

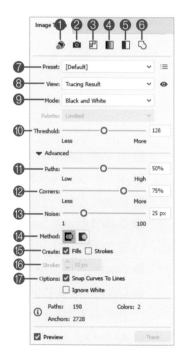

❶ 이미지에서 가장 많이 사용된 색으로 벡터화됩니다.

❷ 고해상도로 변환됩니다.

❸ 저해상도로 변환됩니다.

❹ 전체를 그레이 모드로 바꾸고 벡터로 변환됩니다.

❺ 흑백 모드로 표현됩니다.

❻ 이미지의 외곽선만 표현됩니다.

❼ Preset: 다른 스타일로 변경할 수 있습니다.

❽ View: 이미지의 미리보기 형식을 설정합니다. 결과를 보거나 원본을 볼 수 있습니다.

❾ Mode: 컬러 모드를 선택합니다.

❿ Threshold: 변화의 한계치를 설정합니다.

⓫ Paths: 변환될 이미지에서 패스의 양을 조절합니다.

⓬ Corners: 변화될 이미지에서 만들어질 모서리의 양을 조절합니다.

⓭ Noise: 노이즈를 조절합니다.

⓮ Method: Image Trace 방식을 선택합니다.

⓯ Create: 면 또는 선으로 변환됩니다.

⓰ Stroke: 선으로 변환 시 선의 굵기를 설정합니다.

⓱ Option

- Snap Curves To Lines: 곡선인 경우 선을 끊을지를 설정합니다.
- Ignore White: 이미지에서 흰색을 삭제할지를 설정합니다.

6) Recolor Artwork로 색 수정하기

Recolor Artwork로는 여러 개의 색을 한꺼번에 수정할 수 있습니다. [Properties] 패널의 'Quick Actions'에서 'Recolor'를 클릭하거나 [Edit]-[Edit Colors]-[Recolor Artwork] 메뉴를 선택하면 [Recolor Artwork] 대화상자가 나타납니다.

❶ 한 단계 전으로 되돌립니다.

❷ 취소한 것을 다시 한 단계 앞으로 돌립니다.

❸ **Reset**: 색을 수정하기 전 처음 상태로 되돌립니다.

❹ **Color Library**: [Swatch Libraries]에서 제공하는 색을 적용할 수 있습니다.

❺ **Colors**: 색의 수를 제한합니다.

❻ **Color Theme Picker**: 선택한 오브젝트에 다른 오브젝트의 색을 적용합니다.

❼ **All Colors**: 선택한 오브젝트의 색을 표시합니다.

❽ 색의 순서를 무작위로 수정합니다.

❾ 채도와 명암을 무작위로 수정합니다.

❿ 클릭하면 색상 원 안에 있는 색이 연결되어 같이 움직입니다.

⓫ **Prominent Colors**: 선택한 오브젝트의 색을 색상 바로 나타냅니다.

⓬ 클릭하면 색상 원에 밝기와 색상을 나타내고 슬라이더 바로 조절합니다.

⓭ 클릭하면 색상 원에 채도와 색상을 나타내고 슬라이더 바로 조절합니다.

⓮ 색상 원에 표시된 색들을 'Color Groups'에 저장합니다.

⓯ **Advanced Options**: 클릭하면 Assign과 Edit 중 선택하여 더 많은 옵션으로 색을 수정할 수 있습니다.

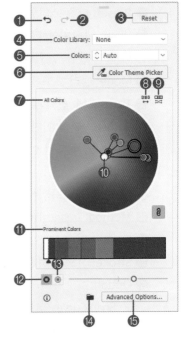

Assign

1 선택된 한 개의 색을 나타냅니다.

2 선택된 모든 색을 나타냅니다.

3 Reset: 원래 배색으로 되돌립니다.

4 배색을 저장합니다.

5 배색을 'Color Groups'에 저장합니다.

6 배색을 삭제합니다.

7 Preset: 색 목록을 어떻게 볼 것인지를 선택합니다.

8 Recolor 옵션이 나타납니다.

9 Colors: 색 수를 정합니다.

10 색을 두 개 이상 선택하고 클릭하면 하나로 합칩니다.

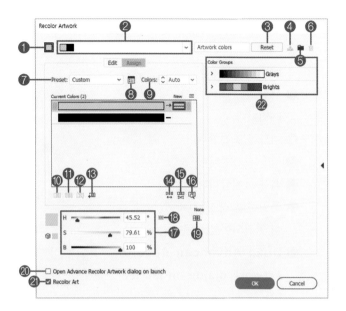

11 목록에서 합친 색을 별도로 구분합니다.

12 한 개의 열에 여러 가지 배색이 있을 경우 색을 따로 구분합니다.

13 새로운 열을 만듭니다.

14 랜덤으로 색을 배치합니다.

15 랜덤으로 명도와 채도를 배치합니다.

16 색을 선택하고 클릭하면 선택한 색이 적용된 오브젝트만 보입니다.

17 색상, 채도, 명도로 색을 수정합니다.

18 컬러 모드를 선택합니다.

19 [Swatch Libraries]를 불러옵니다.

20 Open Advanced Recolor Artwork dialog on launch: [Properties] 패널의 'Quick Actions'에서 'Recolor'를 클릭하면 [Recolor Artwork] 대화상자가 뜹니다.

21 Recolor Art: 체크하면 변경된 것을 미리 볼 수 있습니다.

22 Color Groups: 컬러 그룹을 저장, 편집합니다.

Edit

1 선택한 하나의 색을 나타냅니다.

2 선택한 모든 색을 나타냅니다.

3 Reset: 원래 배색으로 되돌립니다.

4 배색을 저장합니다.

5 배색을 'Color Groups'에 저장합니다.

❻ 배색을 삭제합니다.

❼ 색상 원을 표시합니다.

❽ 색상 원을 구역으로 나눠서 나타냅니다.

❾ 색상 원을 막대 바로 나눠서 나타냅니다.

❿ 명도를 조절합니다.

⓫ 색을 추가합니다.

⓬ 색을 삭제합니다.

⓭ 클릭하면 색상 원에 있는 색들이 연결되어 같이 수정됩니다.

⓮ **Open Advanced Recolor Artwork dialog on launch**: [Properties] 패널의 'Quick Actions'에서 'Recolor'를 클릭하면 [Recolor Artwork] 대화상자가 뜹니다.

⓯ **Recolor Art**: 체크하면 변경된 것을 미리 볼 수 있습니다.

⓰ **Color Groups**: 컬러 그룹을 저장, 편집합니다.

---

2 · 기능 예제 · Recolor Artwork로 칠하기

⊙ **준비 파일**: part2/chapter6/City.ai

01 City.ai 파일을 불러옵니다. 선택 툴(▶)로 오른쪽의 건물 일러스트를 선택합니다. [Edit]-[Edit Colors]-[Recolor Artwork] 메뉴를 선택합니다.

02 'Color Theme Picker'를 선택하고 이미지를 클릭합니다. 이미지의 색상이 일러스트에 적용된 것을 볼 수 있습니다.

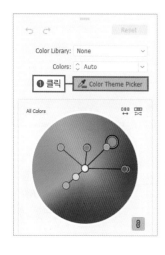  

03 [Recolor Artwork] 대화상자에서 슬라이더를 오른쪽으로 드래그하여 밝기를 조절합니다.

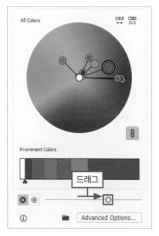 

그레이디언트

Gradient 패널을 이용하여 그레이디언트 색을 바꾸는 방법과 슬라이더를 이용하여 바꾸는 방법을 배우고 색상점을 추가하는 방법과 위치를 바꾸는 방법 등의 그레이디언트 적용에 관한 내용을 살펴봅니다.

◎ 준비 파일: part2/chapter6/Gradient.ai

그레이디언트는 색이 점진적으로 변하기 때문에 부드러운 색의 변화를 주고 싶을 때 사용합니다. [Gradient] 패널은 툴 패널에서 그레이디언트 툴을 더블 클릭하거나 하단에 있는 그레이디언트를 클릭하면 창이 뜹니다. [Window]-[Gradient] 메뉴를 선택해도 됩니다.

그레이디언트를 취소하려면 그레이디언트가 적용된 패스를 선택하고 툴 패널 하단에 있는 색상 컬러를 선택하거나 [Swatches] 패널에서 색상 칩을 선택합니다.

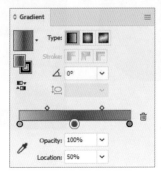

● Gradient 패널

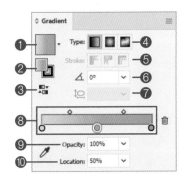

❶ 설정된 그레이디언트입니다.

❷ 그레이디언트를 면 또는 선에 적용할지를 선택합니다.

❸ 그레이디언트의 색상점을 반전시킵니다.

❹ **Type**: 선형, 원형, 자유형이 있습니다.

❺ 선의 그레이디언트 종류(선 안에, 선을 따라, 선에 걸쳐)를 선택합니다.

❻ 그레이디언트의 각도를 조절합니다.

❼ 그레이디언트에서 가로, 세로 비율을 조절합니다.

❽ **슬라이더 바**: 색상점을 이용하여 그레이디언트의 색을 편집합니다.

❾ **Opacity**: 색의 불투명도를 설정합니다.

❿ **Location**: 색상점의 위치를 설정합니다.

1) Gradient 패널의 슬라이더 바

• 슬라이더 바 아래를 클릭하면 색상점이 추가되고 색상점을 드래그하여 위치를 조절할 수 있습니다.

- 색상점을 더블 클릭하면 [Color Mixer] 패널이 나타나는데 여기서 원하는 색을 선택할 수 있습니다.
- Alt 를 누른 채 이동하면 복제됩니다.
- 삭제하고 싶은 색상점은 밖으로 드래그하거나 휴지통을 클릭하면 됩니다.
- 색상 바 위의 마름모를 드래그하여 중간색의 위치를 조절합니다.

● 그레이디언트 적용하기

Gradient.ai 파일을 불러옵니다. 선택 툴로 원을 선택하고 면 색에 그레이디언트 아이콘을 클릭하여 그레이디언트를 적용합니다.

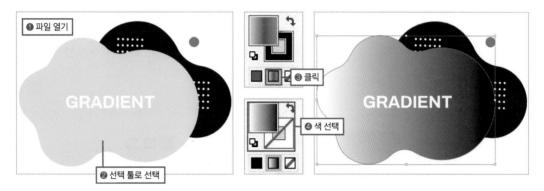

1) 그레이디언트 색 바꾸기 1

왼쪽 색상점을 더블 클릭하면 나오는 [Color] 패널이나 [Swatches] 패널에서 색을 선택할 수 있습니다. 컬러 모드를 변경하고 싶다면 오른쪽 상단의 목록 아이콘을 클릭하면 나오는 목록에서 변경할 수 있습니다.

[Color] 패널에서 색을 선택합니다. 오른쪽 색상점을 더블 클릭하고 이번에는 [Swatches] 패널에서 변경해 보겠습니다. Swatch 아이콘을 클릭하고 색을 선택합니다.

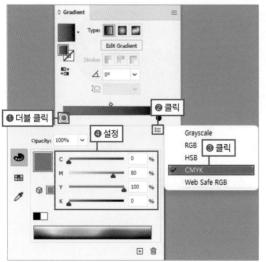
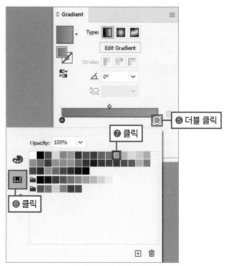

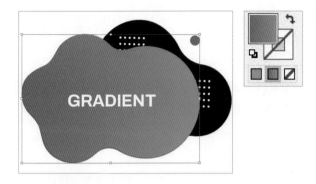

2) 그레이디언트 색 바꾸기 2

선택 툴로 오브젝트를 선택한 후 그레이디언트 툴을 클릭하면 패스 위에 슬라이더 바가 나타납니다. [Gradient] 패널에서 Reverse 아이콘을 클릭하면 그레이디언트를 반전시킬 수 있습니다.

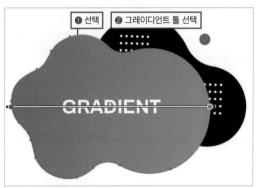

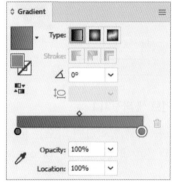

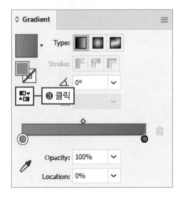

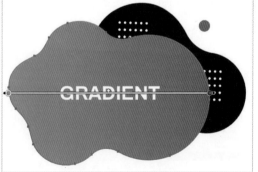

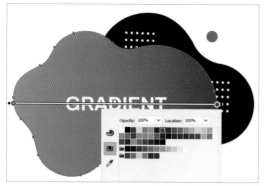
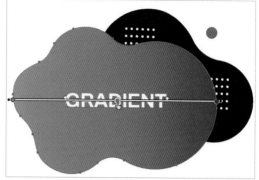

3) 색상점 추가하고 위치 옮기기

추가할 지점에 마우스를 가져가면 ⊞ 아이콘
이 나오는데 그 아이콘을 클릭하여 색상점을
추가합니다. 추가한 색상점을 더블 클릭하여
색상을 변경할 수 있습니다. 색상점을 드래그
하여 위치를 옮깁니다.

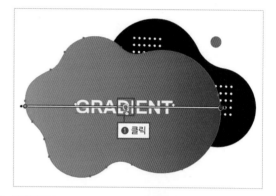

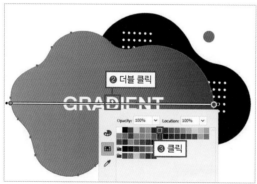

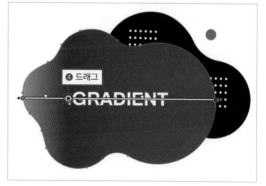

4) 그레이디언트 슬라이더 바 조절하기

오른쪽 점 외곽에 마우스를 가져가면 마우스 포인터가 변하는데 드래그하여 그레이디언트를 회전할 수 있습니다. 오른쪽 점은 그레이디언트의 길이를 조절합니다. 왼쪽 점은 그레이디언트의 위치를 바꿉니다.

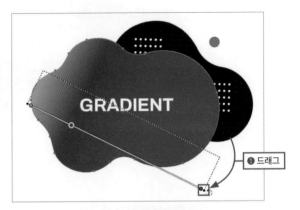

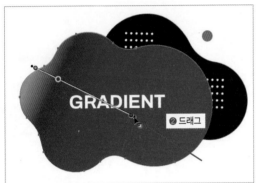

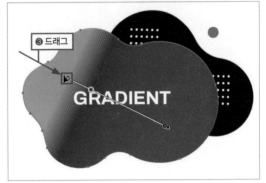

5) 원형 그레이디언트

1. 선형 그레이디언트가 적용된 오브젝트를 선택합니다.

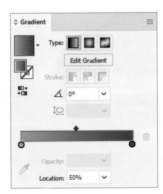

2. [Gradient] 패널에서 원형을 선택하면 그레이디언트가 바뀝니다.

원형 그레이디언트 수정하기

1. 슬라이더 바를 클릭&드래그하여 위치를 옮길 수 있습니다.
2. 오른쪽 점 외곽에 마우스 커서를 드래그하여 그레이디언트를 회전시킵니다.
3. 오른쪽 점을 드래그하여 그레이디언트의 크기를 줄입니다.
4. 슬라이더 바 위의 마름모를 드래그하여 중간색 위치를 조절합니다.

6) 선 그레이디언트

Stroke의 위치 설정에 따라 각기 다른 형태를 나타냅니다.

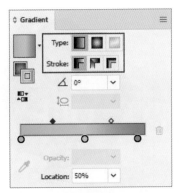
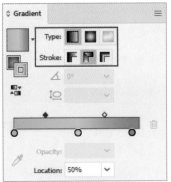
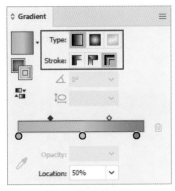

7) 자유형 그레이디언트

사각형 툴로 정사각형을 그립니다. [Gradient] 패
널에서 자유형 그레이디언트를 선택하고 Draw는
'Points'로 합니다.

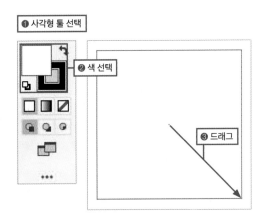

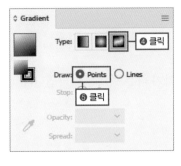

색상 변경

자유형 그레이디언트를 적용하면 색상점이 생깁니다. 이 색상점을 더블 클릭하면 색을 변경할 수 있습니다. 4개의 색을 모두 바꿔봅니다.

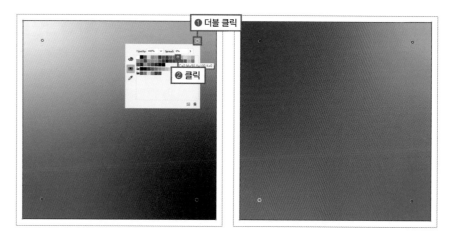

색상점 추가 및 삭제

색상점을 추가하고 싶은 부분을 클릭하면 색상점을 추가할 수 있습니다. 색상점을 삭제하고 싶을 경우에는 바깥쪽으로 드래그하면 됩니다. 자유롭게 여기저기 색을 추가해 봅니다.

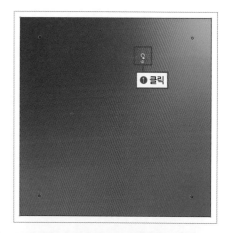

위치 수정 및 범위 조절

각 점마다 드래그하여 위치를 바꾸거나 점선으로 된 원
형 조절점을 드래그하여 범위를 조절할 수 있습니다.

색상 선으로 변경

[Gradient] 패널에서 'Lines'을 선택하고 패스 위를 클릭합니다. 패스 위를 선택하면 색상점이 생기고
다음 점을 클릭하면 선으로 연결됩니다. 선을 다 그렸으면 Esc 를 누르면 됩니다. 마찬가지로 색상 조
절점을 클릭하여 색을 자유롭게 넣고 마무리합니다.

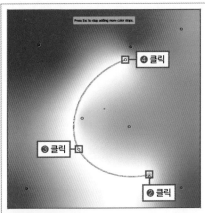

메시

Color 패널에서 색을 선택하고 적용하여 메시로 자연스러운 그레이디언트를 만드는 방법과
메시 메뉴를 살펴보고 메시로 화장품 병을 만드는 방법을 알아봅니다.

LESSON

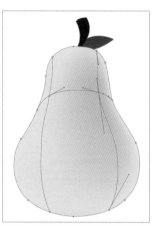

오브젝트를 그물처럼 분할하여 자연
스러운 그레이디언트를 만듭니다.
오브젝트를 클릭하면 클릭한 점을
기준으로 4등분됩니다. 색을 선택하
면 클릭한 지점부터 그레이디언트가
적용됩니다.

1 메시로 자연스러운 그레이디언트 만들기

◎ **준비 파일**: part2/chapter6/Mesh.ai

01 Mesh.ai 파일을 불러오고 메시 툴(▦)을 선택합니다. 왼쪽의 윗부분을 클릭합니다.

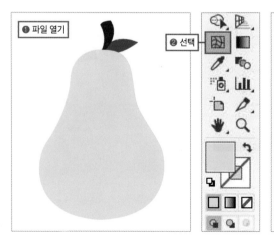

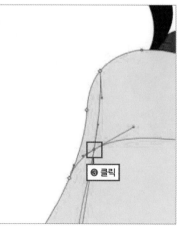

02 [Color] 패널에서 색을 선
택하여 적용합니다.

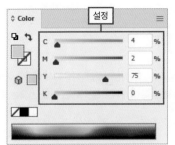

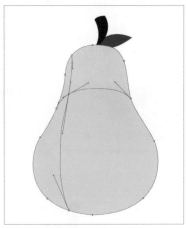

03 오른쪽 상단을 다시 클릭하여 세로선을 추가하고 [Color] 패널에서 색을 변경하여 그레이디언트
를 적용합니다.

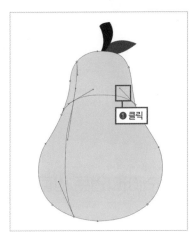

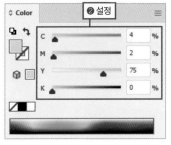

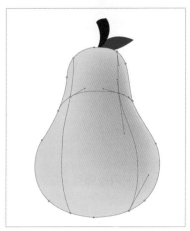

04 오른쪽 하단을 다시 클릭하면 가로선이 추가됩니다.

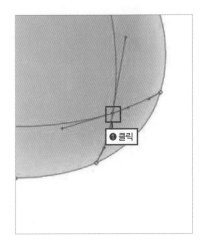

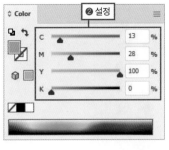

[Color] 패널에서 색을 변경하여 그레이디언트를 적용합니다. 필요하다면 직접 선택 툴()로 기준점을 드래그하거나 방향 선을 조절하여 메시의 형태를 변형할 수 있습니다. 직접 선택 툴()로 메시 위의 기준점을 선택하면 색이 바뀝니다.

● 메시 메뉴 살펴보기

◎ **준비 파일**: part2/chapter6/Bottle.ai

1. Bottle.ai 파일을 불러온 후 메뉴 바에서 [Object]-[Create Gradient Mesh]를 선택합니다. [Create Gradient Mesh] 대화상자에서 행과 열의 개수, 모양, 하이라이트 정도를 설정하면 메시가 적용됩니다.

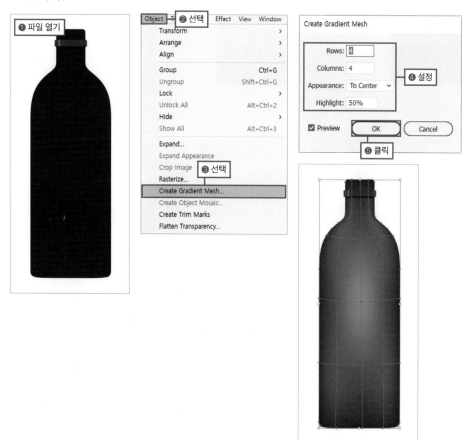

2. 그레이디언트의 모양에 따라 3가지 설정이 가능합니다.

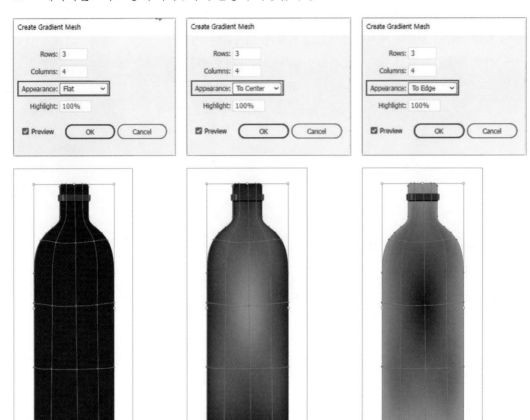

3. 면에 그레이디언트가 적용되어 있는 상태
에서 그레이디언트 메시를 사용하면 흑백
으로 됩니다.

4. 선이 적용된 오브젝트에 그레이디언트 메시를 사용하면 선이 없어집니다.

01 　사각형 툴(▢)을 선택하고 먼저 패키지의 뚜껑 부분이 될 사각형을 그립니다. 선택 툴(▶)을 선택하면 나타나는 위젯을 안쪽으로 살짝 드래그하여 둥근 사각형으로 만듭니다. 그런 다음 사각형을 그려 밑에 병의 목 부분을 만듭니다.

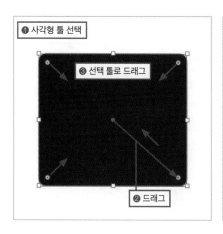

02 원하는 색(#02521)을 선택하고 직사각형을 그립니다. 직접 선택 툴(▷)로 위의 두 개의 모서리에
각각 기준점을 선택하고 위젯을 드래그하여 라운드 형태로 만듭니다. 아래의 두 개의 모서리도 각각 기
준점을 선택하고 살짝만 드래그하여 라운드 형태로 만듭니다.

03 메시 툴(▦)을 선택하고 왼쪽 상단을 클릭합니다. 색을 기존의 색보다 밝은 색으로 변경합니다.
그 옆을 한 번 더 클릭하여 같은 색을 넣습니다. 좀 더 밝은 색으로 변경해도 좋습니다.

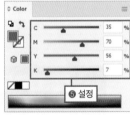

04 이번에는 가운데에서 오른쪽으로 한 번 더 클릭하여 어두운 색을 넣습니다. 그 옆을 한 번 더 클릭하고 자연스럽게 그레이디언트가 적용될 수 있도록 조금 밝게 조절합니다.

05 오른쪽을 한 번 더 클릭하여 같은 색을 적용하거나 살짝 더 어두운 색을 적용합니다. 4~5단계의 색을 설정하여 색을 적용하면 됩니다.

06 같은 방법으로 윗부분과 아랫부분에도 메시를 추가하여 색을 적용합니다.

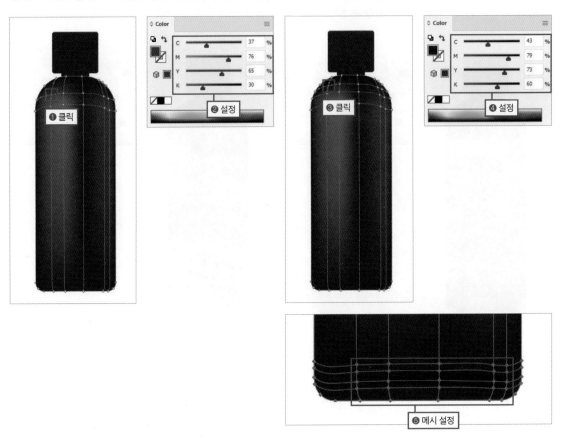

07 뚜껑 부분과 병의 목 부분은 그레이 톤으로 변화를 줘 몸통에 적용한 방식과 마찬가지로 메시를 적용합니다.

08 아랫부분에 그림자를 넣어보겠습니다. 원형 툴(◎)로 타원을 그리고 그레이디언트를 원래의 형태로 검정에서 진한 회색으로 적용합니다. 밖으로 적용되는 회색의 Opacity를 '0%'로 설정합니다.

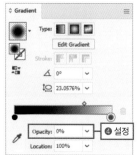

09 자유롭게 문양이나 라벨을 넣어 마무리합니다.

블렌드

스무드 컬러, 스페시파이드 스텝스, 스페시파이드 디스턴스 등의 블렌드 툴에 대해 간단하게 살펴보고 부드러운 블렌드 적용 방법과 단계별 블렌드 적용 방법에 대해 알아봅니다.

LESSON

◎ **준비 파일**: part2/chapter6/Tomato.ai, Orange.ai

블렌드 툴(🖼)은 두 개 이상의 오브젝트의 형태나 색상이 변하는 단계를 자연스럽게 이어주는 툴입니다.

❶ **Smooth Color**: 색의 매끄러운 정도를 자동으로 지정합니다.

❷ **Specified Steps**: 지정한 단계만큼 오브젝트가 만들어집니다.

❸ **Specified Distance**: 지정한 거리마다 오브젝트가 만들어집니다.

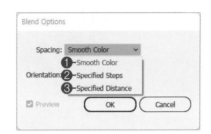

● 부드러운 블렌드 적용하기

1. Tomato.ai 파일을 불러옵니다. 블렌드 툴을 더블 클릭하여 [Blend Options] 대화상자에서 'Smooth Color'를 선택한 후 [OK]를 클릭합니다.

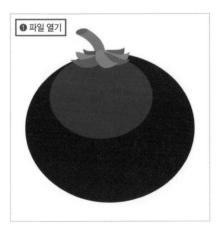

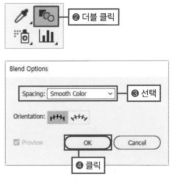

2. 이미지의 두 지점을 순차적으로 클릭하여 부드러운 블렌드를 적용합니다.

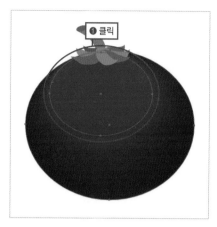

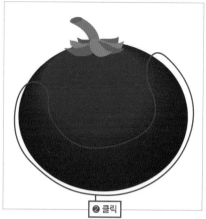

● 단계별 블렌드 적용하기

1. Orange.ai 파일을 불러옵니다. 블렌드 툴을 더블 클릭하여 [Blend Options] 대화상자에서 'Specified Steps'를 2로 선택한 후 [OK]를 클릭합니다.

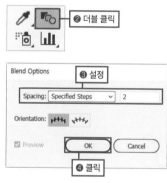

2. 이미지의 두 지점을 순차적으로 클릭하여 부드러운 블렌드를 적용합니다.

패턴

패턴으로 오브젝트를 칠하는 방법, 패턴을 회전시키는 방법, 패턴 스케일을 조절하는 방법, 패턴 위치를 이동시키는 방법, 패턴을 만들고 등록하는 방법, 반복 패턴을 만드는 방법, 반복 패턴을 등록하는 방법 등에 대해 알아봅니다.

L E S S O N

◎ **준비 파일**: part2/chapter6/Box.ai, Pattern2.ai

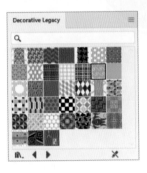

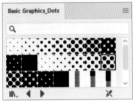

일러스트레이터에서 제공하는 다양한 패턴을 적용하고 수정하는 방법 등에 대해 살펴보겠습니다.

● 패턴으로 칠하기

Box.ai 파일을 불러옵니다. 선택 툴로 박스의 흰 면을 선택하고 면 색을 선택합니다. [Swatches] 패널 하단의 아이콘을 클릭하여 [Patterns]-[Decorative]-[Decorative Legacy] 메뉴를 선택하여 패턴 창을 엽니다.

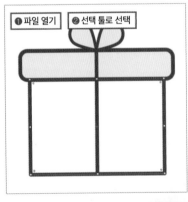

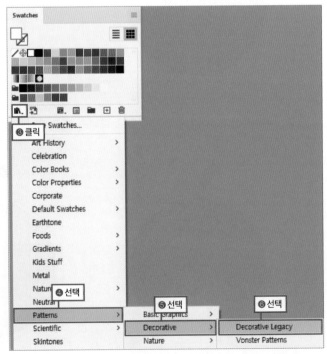

원하는 패턴을 선택하면 박스에 적용됩니다. [Swatches] 패널에 선택한 패턴이 등록된 것을 알 수 있습니다.

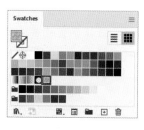

● 패턴 회전하기

패턴을 회전시켜 보겠습니다. 선택 툴로 패턴이 적용된 면을 선택하고 툴 패널의 회전 툴을 더블 클릭합니다. [Rotate] 대화상자가 나타나면 원하는 각도를 입력하고 Transform Pattern에 체크한 후 [OK]를 클릭합니다.

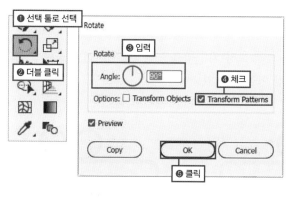

● 패턴 스케일 조절하기

패턴의 크기를 조절해 보겠습니다. 선택 툴로 패턴이 적용된 면을 선택하고 툴 패널의 스케일 툴을
더블 클릭합니다. [Scale] 대화상자가 나타나면 크기를 '200%'로 설정하고 Transform Pattern에 체
크한 후 [OK]를 클릭합니다. 적용된 패턴이 2배가 된 것을 볼 수 있습니다.

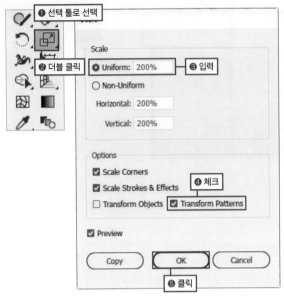

● 패턴 위치 이동하기

패턴의 내부 위치를 이동해 보겠습니다. 물결 모양 키(〜)를 누른 채 직접 선택 툴로 드래그하면
패턴이 적용된 영역 안에서 패턴의 위치를 이동할 수 있습니다.

● 패턴 만들고 등록하기

1. 도형 툴로 간단하게 오브젝트를 만듭니다. [Swatches] 패널로 드래그하여 패턴으로 등록합니다.

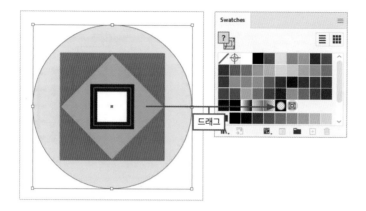

2. 사각형 툴로 면을 그립니다. 패턴을 적용할 면을 선택하고 [Swatches] 패널에 등록한 패턴을 선택하면 패턴이 적용됩니다.

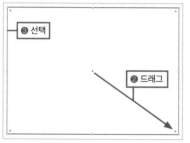
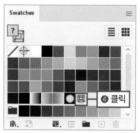
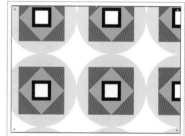

3. 스케일 툴을 선택합니다. ⌐+ Shift +스케일 툴 아이콘을 클릭하여 크기를 줄입니다.

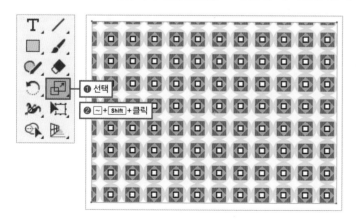

● 반복 패턴 만들기

Pattern2.ai 파일을 불러온 후 [Object]-[Pattern]-[Make] 메뉴를 선택합니다. 팝업 창이 뜨면 'Done'을 클릭합니다.

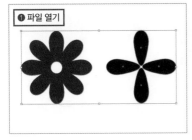

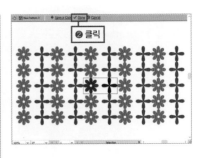

더 알·아·보·기

Pattern Options 패널

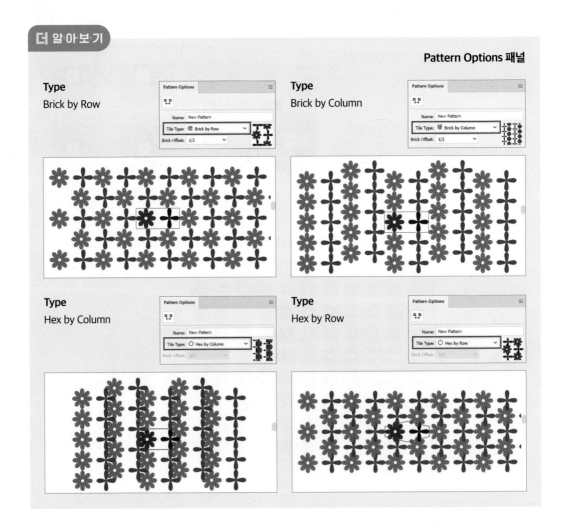

● 반복 패턴 등록하기

선택 툴로 패턴을 선택합니다. 크기를 줄이고 방향을 돌립니다. 'Done'을 클릭하면
[Swatches] 패널에 등록됩니다. 패턴을 적용할 면을 선택하고 [Swatches] 패널에 등
록한 패턴을 선택하면 패턴이 적용됩니다.

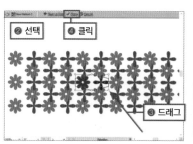

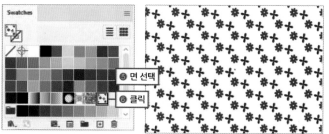

---

01 면 색을 원하는 색으로 설정하고 사각형 툴
(▢)로 20×20cm의 정사각형을 하나 그립니다.

02 선 색을 설정하고 가운데에 정사각형을 하나
그립니다. 선 두께는 10pt로 합니다.

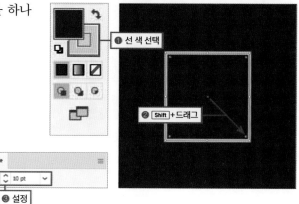

03 [Swatches] 패널 하단의 [Swatch Libraries] 아이콘(▥)을 클릭하고 [Patterns]-[Basic Graphics]-[Basic Graphics_Dots] 메뉴를 선택합니다. 6dpi 50% 패턴을 선택하고 원형 툴(◉)로 원을 그립니다.

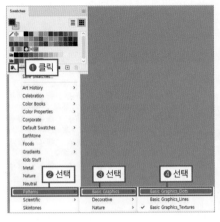

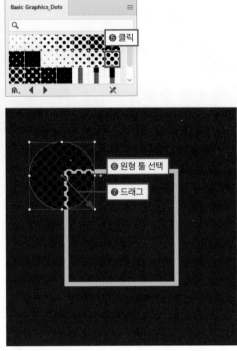

04 패턴 색을 바꿔보겠습니다. [Object]-[Pattern]-[Edit Pattern] 메뉴를 선택합니다. 패턴을 선택한 후 색을 원하는 색으로 변경합니다.

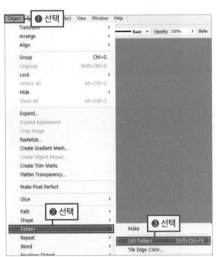

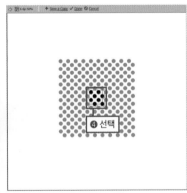

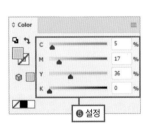

05 왼쪽 상단의 화살표를 클릭하여 이전 화면으로 돌아갑니다. 적용된 패턴 색이 변경된 것을 알 수 있습니다. [Basic Graphics_Dots]의 다른 패턴들을 활용하여 크기와 색을 변경하여 몇 개 더 그려 봅니다.

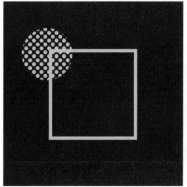
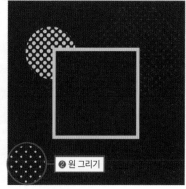

06 이번에는 [Swatches] 패널 하단의 [Swatch Libraries] 아이콘(🔳)을 클릭하고 [Patterns]-[Basic Graphics]-[Basic Graphics_Lines] 메뉴를 선택합니다. 6lpi 40%를 선택하고 원을 그립니다. 마찬가지로 패턴 편집을 사용하여 원하는 색으로 변경합니다.

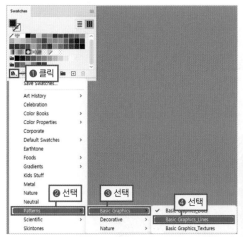
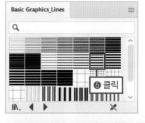
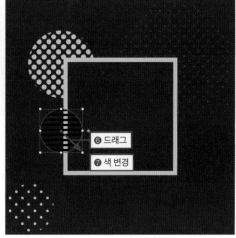

07 적용된 패턴을 회전시켜 보겠습니다. 선택 툴(▶)로 회전할 오브젝트를 선택하고 회전 툴(↻)을 선택한 후 드래그하여 회전시킵니다.

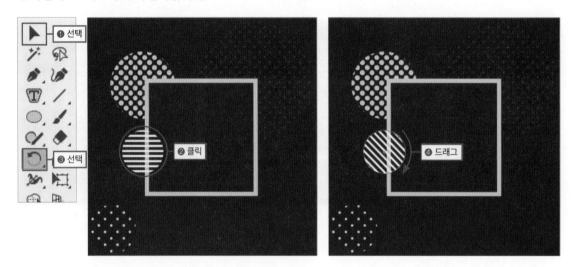

08 다른 패턴들을 사용하여 몇 개 더 그려 넣은 후 도형 툴들로 작은 도형들을 여기저기 넣어봅니다. 가운데에 텍스트를 넣어 마무리합니다.

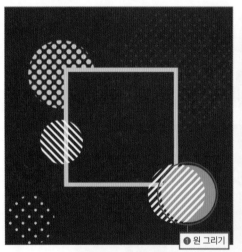

클리핑 마스크와 투명도

마스크 효과를 내는 클리핑 마스크와 레이어 혼합모드, 불투명도를 조절할 수 있는 Transparency 패널에 대해 학습합니다.

◎ **준비 파일**: part2/chapter6/clipping.ai

● 클리핑 마스크

클리핑 마스크는 여러 개의 오브젝트들 중 가장 위에 있는 오브젝트의 영역 안에 있는 것들만 보이게 하는 마스크 효과를 적용하여 다른 오브젝트들의 일부를 가리는 기능입니다.

두 개 이상의 오브젝트를 선택하고 마우스 오른쪽 버튼을 클릭하면 나오는 메뉴에서 [Make Clipping Mask]를 선택합니다. 맨 위에 있는 오브젝트가 마스크 영역이 되고, 그 밑에 있는 오브젝트들은 마스크 영역에만 나타납니다.

[Object]-[Clipping Mask]-[Make] 메뉴를 선택해도 됩니다.

해제는 [Object]-[Clipping Mask]-[Release] 메뉴를 선택하거나 마우스 오른쪽 버튼을 클릭하면 나오는 메뉴에서 [Release Clipping Mask]를 선택해도 됩니다.

◎ **준비 파일**: part2/chapter6/Easter.ai

01 Easter.ai 파일을 불러옵니다. 클리핑 마스크를 적용하기 전에 반드시 마스크를 씌울 오브젝트가 맨 위에 있는지를 확인해야 합니다.

02 전체를 선택하기 위해 오브젝트가 다 보이도록 작업 창을 넓힙니다. 선택 툴로 전체를 드래그하여 선택합니다.

03 마우스 오른쪽 버튼을 클릭하면 나오는 메뉴에서 [Make Clipping Mask]를 선택합니다.

04 맨 위에 있는 오브젝트인 easter의 글씨 영역이 마스크 영역이 되고, 그 밑에 있는 오브젝트들은 마스크 영역에만 나타납니다.

● Transparency 패널

[Transparency] 패널은 포토샵의 레이어 모드에서 적용하는 혼합 모드를 일러스트레이터에서도 적용할 수 있게 합니다. 두 개 이상의 오브젝트를 합성할 수 있고, 마스크 효과도 적용할 수 있습니다.

❶ **혼합 모드**: 혼합 모드를 선택합니다.

   ⓐ Normal: 혼합 모드가 적용되지 않은 기본 상태입니다.

   ⓑ Darken: 어둡게 겹쳐집니다.

   ⓒ Multiply: 기본 색상과 혼합 색상을 곱합니다.

   ⓓ Color Burn: 대비를 증가시켜 기본 색상을 어둡게 하여 혼합 색상을 반영합니다.

   ⓔ Lighten: 겹친 부분이 밝아집니다.

   ⓕ Screen: 밝은 부분이 더 밝아집니다.

   ⓖ Color Dodge: 각 채널의 색상 정보를 보고 대비를 감소시켜 기본 색상을 밝게 하여 혼합 색상을 반영합니다.

   ⓗ Overlay: 밝은 색은 더 밝게, 어두운 색은 더 어둡게 됩니다.

   ⓘ Soft Light: 위쪽에 겹쳐진 오브젝트의 명도가 50% 이상이면 밝게 합성되고, 이하이면 어둡게 합성됩니다.

   ⓙ Hard Light: 혼합 색상에 따라 색상을 곱하거나 스크린합니다.

   ⓚ Difference: 보색으로 겹쳐지며 검은색의 경우는 변화가 없습니다.

   ⓛ Exclusion: Difference 모드와 비슷하지만 대비가 더 낮은 효과를 냅니다.

   ⓜ Hue: 겹친 부분의 색상, 명도, 채도가 중간으로 합성됩니다.

   ⓝ Saturation: 겹친 부분의 채도만 합성됩니다.

   ⓞ Color: 겹친 부분의 색만 합성됩니다.

   ⓟ Luminosity: 겹친 부분의 채도와 명도만 합성됩니다.

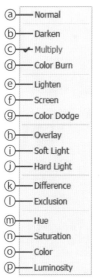

❷ **Opacity**: 불투명도를 조절합니다.

❸ 선택한 오브젝트의 미리보기입니다.

❹ 적용 중인 마스크를 표시합니다.

❺ **Make Mask**: 마스크를 적용합니다.

❻ **Clip**: 체크하면 오브젝트와 마스크가 같이 움직이고, 체크 해제하면 각각 움직일 수 있습니다.

❼ **Invert Mask**: 마스크 적용 영역을 반전시킵니다.

◎ **준비 파일**: part2/chapter6/Running.ai

01 Running.ai 파일을 불러옵니다. 선택 툴(▶)로 두 번째 핑크 여자 실루엣을 선택합니다.

02 [Transparency] 패널에서 Multiply를 클릭하고, Opacity는 90%로 설정합니다.

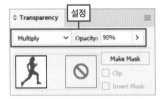

03 세 번째 오렌지색 실루엣을 선택하고 Multiply로 변경합니다.

문자 입력과 편집

단순히 내용을 전달하는 것이 아닌 디자인의 일부이자 전체로서 주요할 역할을 하고 있는 문자 입력과 편집에 필요한 기본 및 핵심 기능들을 다양한 예제를 통해 학습합니다.

문자 입력하고 편집하기

텍스트 툴로 입력하는 방법과 텍스트 툴로 클릭&드래그하여 입력하는 방법에 대해 알아봅니다. 닫힌 패스에 입력하는 방법, 열린 패스에 입력하는 방법, 패스 위 텍스트의 방향을 바꾸는 방법, 한자 및 특수문자를 입력하는 방법 등에 대해 배웁니다.

◎ **준비 파일**: part2/chapter7/Text.ai, Text2.ai, Text3.ai

● **텍스트 툴로 입력하기**

1. 텍스트 툴을 선택하고 아트보드 위를 클릭합니다.

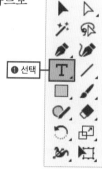

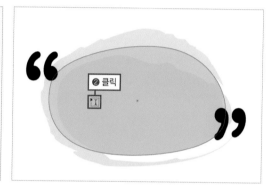

2. 샘플 텍스트가 나타납니다.

3. 텍스트를 입력한 후 끝내려면 Ctrl을 누른 채 아트보드의 빈 곳을 클릭하거나 툴 패널에서 다른 툴을 선택하면 됩니다.

● 텍스트 툴로 클릭&드래그하여 입력하기

1. 텍스트 툴을 선택하고 아트보드 위를 클릭&드래그하여 텍스트 박스를 만듭니다.

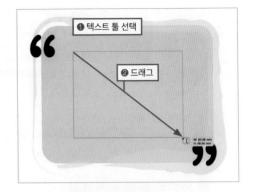

2. 샘플 텍스트가 나타납니다.

3. 텍스트를 입력하면 박스 안으로만 텍스트가 입력됩니다.

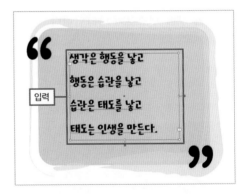

4. 입력한 후 끝내려면 Ctrl을 누른 채 아트보드의 빈 곳을 클릭하거나 툴 패널에서 다른 툴을 선택하면 됩니다.

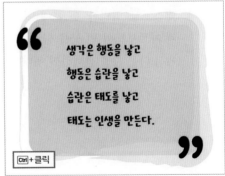

● 닫힌 패스에 입력하기

1. 원형 툴로 타원을 하나 그린 후 영역 텍스트 툴을 선택합니다. 닫힌 패스로 된 오브젝트에 텍스트 툴을 가져가면 커서 모양이 바뀝니다

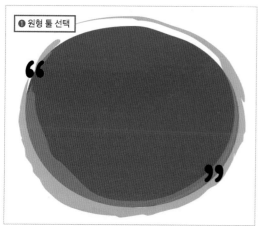

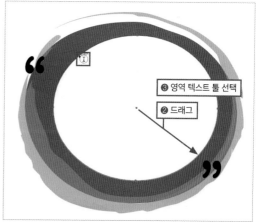

2. 클릭하면 오브젝트가 텍스트 영역의 패스로 바뀝니다. 텍스트를 입력하면 오브젝트 안에만 텍스트가 입력됩니다.

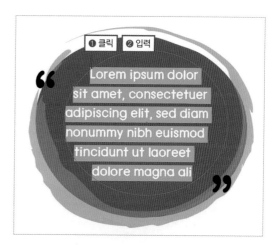

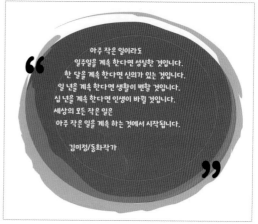

● 열린 패스에 입력하기

1. 펜 툴로 패스를 그립니다. 텍스트 툴을 패스에 가져가면 커서 모양이 바뀌는데 클릭하여 텍스트
를 입력하면 패스 형태를 따라 텍스트가 입력됩니다.

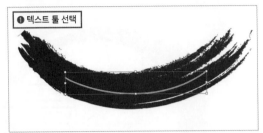

2. 직접 선택 툴을 선택하면 처음, 가운데, 끝 부분에 세로선이 나타납니다. 이것은
텍스트의 시작, 중간, 끝 부분을 나타냅니다. 시작 부분에 마우스를 가져가서 모
양이 바뀌었을 때 오른쪽으로 드래그하면 텍스트가 뒤로 밀립니다.

● 패스 위 텍스트 방향 바꾸기

[Type]-[Type on a Path]-[Type on a Path Options] 메뉴를 선
택하면 옵션 창이 열립니다. 패스를 기준으로 문자의 방향을 바
꿀 수 있습니다.

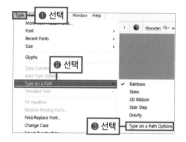

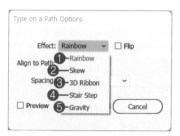

❶ Rainbow

❷ Skew

❸ 3D Ribbon

❹ Stair Step

❺ Gravity

[Type]-[Type on a Path]-[Type on a Path Options] 메뉴의 정렬 옵션에 따른 텍스트의 위치는 다
음과 같습니다.

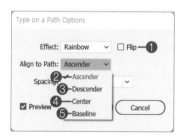

❶ Flip

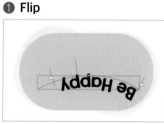

❷ Ascender

❸ Descender

❹ Center

❺ Baseline

● 폰트 및 크기 조절하기, 최근 사용 폰트 선택하기

1. 텍스트 툴로 텍스트 영역을 드래그
하여 블록을 설정한 후 [Character]
패널에서 폰트와 크기를 변경합니
다.

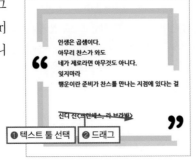

2. 텍스트 블록을 설정한 후 마우스 오른쪽 버튼을 클릭하면
[Recent Fonts]에 최근 사용한 폰트가 나타납니다. 거기서 원
하는 폰트를 선택할 수 있습니다.

3. 텍스트 툴로 더블 클릭하
면 한 어절이 선택되고, 한
번 더 클릭하면 한 줄이 선
택됩니다.

4. 텍스트의 ⊞ 표시는 그 뒤에 가려진 텍스트가 있다는 표시이
므로 박스 크기를 조절하면 됩니다.

● 행간, 자간, 장평 조절하기

[Character] 패널에서 행간, 자간, 장평을 조절할 수 있습니다.

행간 12pt

행간 36pt

글자와 글자 사이 간격: 자간 -100/0/100

한 글자의 가로폭: 장평 90%, 100%, 110%

● 일부 자간 조절하기

1. 자간 중 특정 문자 사이의 자간만 조절하고 싶을 때는 조절하고 싶은 지점을 텍스트 툴로 클릭하여 조절합니다.

텍스트 툴로 클릭

2. [Character] 패널에서 자간을 입력하고 Enter 를 누릅니다.

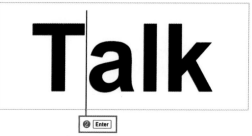

❶ 입력

❷ Enter

● 한자 및 특수문자 입력하기

1. 텍스트를 입력한 후 바로 키보드의 [한자]를 누릅니다. 한자 선택 창이 나타나면 원하는 한자를 클릭하여 한자로 변환합니다.

 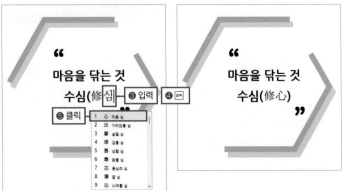

2. 자음 'ㅁ'을 입력하면 특수문자 창이 나타납니다. 원하는 특수문자를 선택합니다

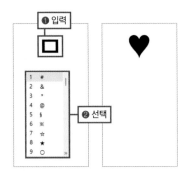

● 터치 타입 툴

[Character] 패널의 오른쪽 상단의 터치 타입 툴을 선택합니다. [Character] 패널에서 아이콘을 클릭하면 커서 모양이 바뀝니다. 텍스트 하나에 클릭하면 그 텍스트에만 테두리 상자가 나타나서 텍스트를 수정할 수 있습니다.

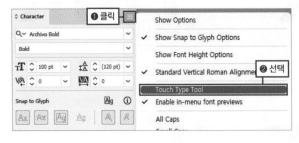 

P만 클릭하면 테두리 상자가 나타납니다.　　스케일을 조절합니다.　　회전을 시킵니다.

● 텍스트를 일반 오브젝트로 만들기-아웃 라인 처리하기

[Type]-[Create Outlines] 메뉴를 선택합니다. Ctrl + Shift + O 를 누르면 텍스트는 텍스트 속성이 아닌 일반 오브젝트가 됩니다. 따라서 텍스트 툴로 편집할 수 없고 패스로 된 일반 오브젝트가 됩니다.

일반 오브젝트입니다.　　오브젝트를 직접 선택 툴로 선택하면 패스　　패스의 일부를 수정할 수 있습니다.
가 나타납니다.

● Character 패널

[Window]-[Type]-[Character] 메뉴를 선택하면 [Character] 패널이 뜹니다.

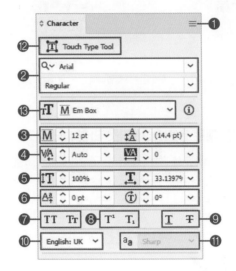

❶ **더 보기**: 클릭하면 더 많은 옵션이 나옵니다.
- **폰트 리스트**: 폰트 목록이 나옵니다.
- 내 컴퓨터에 설치된 폰트입니다.
- 어도비에서 제공하는 폰트입니다.
- 폰트를 종류별로 정렬합니다.
- 즐겨찾기 한 폰트입니다.
- 최근에 추가한 폰트입니다.
- 동기화된 어도비 폰트입니다.
- 폰트를 샘플 텍스트로 미리보기 할 수 있습니다.
- 폰트 목록에 나타난 샘플 텍스트 크기를 조절합니다.
- 클릭하면 비슷한 모양의 폰트가 나타납니다.
- 클릭하면 즐겨찾기로 추가됩니다.

❷ **폰트 스타일**: Normal, Italic, Bold 등

❸ **폰트 크기/행간**

❹ **한 글자 자간/자간**

❺ **높이/너비**

❻ **기준선 옮기기/회전**

❼ **대문자 변환/작은 대소문자 변환**

❽ **위 첨자/아래 첨자**

❾ **밑줄 넣기/가운데 선 긋기**

❿ **언어 선택/외곽선 값**

⓫ **Snap to Glyph**: 안내선의 종류를 선택할 수 있습니다.

⓬ **Touch Type Tool**: 클릭한 글자만 개별 선택하여 수정할 수 있습니다.

⓭ **Show Font Height Options**: 폰트의 높이를 정하는 기준을 선택할 수 있습니다.

◎ **준비 파일**: part2/chapter7/Emblem.ai

01　Emblem.ai 파일을 불러옵니다. 툴 패널에서 면 색과 선 색을 설정하고 Stroke는 10pt로 합니다.

02　별 툴(⭐)을 선택하고 아트보드 위를 클릭하여 창이 뜨면 Radius 1은 40mm, Radius 2는 38mm, Points는 20으로 설정한 후 [OK]를 클릭합니다. 선택 툴(▶)을 선택하고 위젯을 드래그하여 곡선으로 만듭니다.

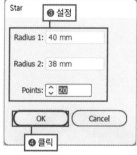

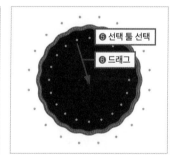

03　원형 툴(◉)을 선택하고 핑크색을 선택하여 원을 그립니다. 그런 다음 그보다 작게 흰 원을 하나 그립니다.

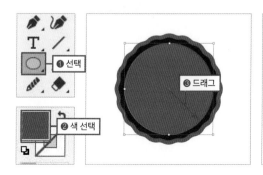

04 지금까지 그린 3개의 오브젝트를 모두 선택한 후 Ctrl + Shift + I 를 눌러 모두 뒤로 보냅니다. 글씨를 쓸 패스를 만들기 위해 원을 하나 그립니다.

05 [Character] 패널에서 폰트를 설정하고 패스 텍스트 툴 ()을 선택합니다. 패스 위에 마우스 커서를 가져가 물결 모양의 커서가 나오면 클릭하여 글씨를 입력합니다.

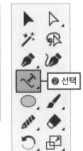

◎ **준비 파일**: part2/chapter7/Santa.ai

01　Santa.ai 파일을 불러옵니다. 텍스트 툴(□)을 선택하고 [Character] 패널에서 폰트를 선택한 후 텍스트를 입력합니다.

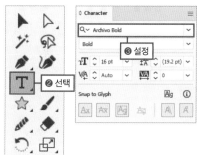

02　[Character] 패널의 목록 아이콘을 클릭하면 나오는 메뉴에서 [Touch Type Tool]을 선택합니다. 오른쪽 상단에 Touch Type Tool이 생기는데 클릭한 후 e를 클릭하면 그 텍스트에만 테두리 상자가 나타나서 텍스트를 수정할 수 있습니다.

03 위쪽에 커서를 놓고 회전시킨 후 박스 안에 커서를 놓고 드래그하면 이동할 수 있습니다. 다른 글자들도 하나씩 크기, 방향, 위치를 수정해 봅니다.

문단 편집과 스타일

문단 편집 기능 중 대소문자를 바꾸는 방법, Tabs 패널로 텍스트를 정리하는 방법, 둘러싸기 텍스트를 만드는 방법, 스레드 만드는 방법, 다단 만드는 방법 등을 배웁니다.

L E S S O N

◎ **준비 파일**: part2/chapter7/Coffee.ai, Text Warp.ai, Text_thred.ai

● 대소문자 바꾸기

선택 툴로 문단을 선택합니다. [Type]-[Change Case] 메뉴를 선택합니다. 메뉴에 따라 대소문자 규칙이 적용됩니다.

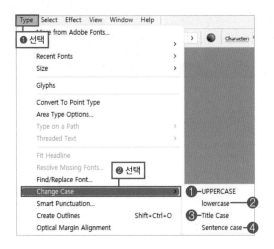

● Tabs 패널로 텍스트 정렬하기

1. Coffee.ai 파일을 불러옵니다. 선택 툴로 텍스트를 선택하고 [Ctrl]+[Shift]+[T]를 눌러 [Tabs] 패널을 엽니다. 줄자에서 10mm, 40mm 지점을 클릭하면 줄자 위에 화살표가 생깁니다. 줄자 부분을 클릭하고 X 항목에 수치를 입력하면 정확한 위치에 Tab을 만들 수 있습니다. 화살표를 밖으로 드래그하면 삭제할 수 있습니다.

2. 텍스트 툴로 COFFEE 앞을 클릭하여 커서를 놓고 Tab 을 누르면 첫 번째 화살표 지점으로 이동합니다.

3. Americano의 5.0 앞을 클릭하여 커서를 놓고 Tab 을 누르면 두 번째 화살표 지점으로 이동합니다. 아래의 다른 항목들도 가격 앞을 클릭하여 커서를 놓고 Tab 을 클릭하여 모두 옮깁니다.

NOTE ▶   Tabs 패널

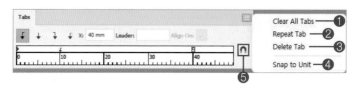

❶ **Clear All Tabs**: 설정한 모든 탭을 삭제합니다.
❷ **Repeat Tab**: 설정한 탭과 같은 간격의 탭을 만듭니다.
❸ **Delete Tab**: 선택한 탭을 삭제합니다.
❹ **Snap to Unit**: 단위에 스냅을 걸어 탭을 이동할 때 편리합니다.
❺ **Position Panel Above Text**: [Tabs] 패널이 텍스트와 떨어져 있을 때 클릭하면 텍스트 위로 맞게 이동됩니다.

● 둘러싸기

선택 툴로 오브젝트를 선택하고 Ctrl + Shift +] 를 눌러 오브젝트를 맨 위로 올립니다. 텍스트와 오브젝트를 모두 선택하고 [Object]-[Text Wrap]-[Make] 메뉴를 선택한 후 [OK]를 클릭하면 텍스트들이 오브젝트 테두리 밖에 놓입니다.

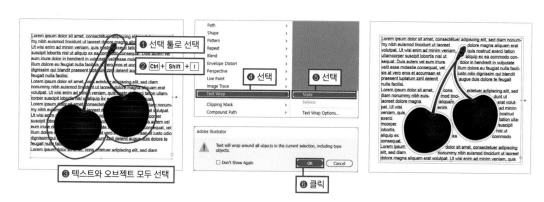

[Text Wrap]의 옵션을 수정하여 오브젝트와 오브젝트를 감싸는 텍스트 간의 거리를 조절할 수 있습니다. [Object]-[Text Wrap]-[Text Wrap Options] 메뉴를 선택합니다. Offset을 20pt로 수정하고 [OK]를 클릭합니다.

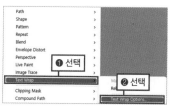

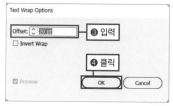

● 텍스트 스레드

선택 툴로 텍스트 영역을 클릭하면 텍스트가 안에 더 있다는 것을 알 수 있습니다. ⊞ 표시를 클릭하고 텍스트 영역의 오른쪽 위를 클릭합니다. 텍스트 영역이 생기고 글이 이어집니다.

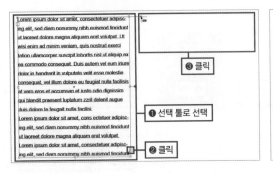
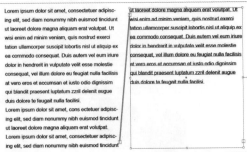

● 다단 만들기

1. 사각형을 그린 후 [Object]-[Path]-[Split into Grid] 메뉴를 선택합니다.

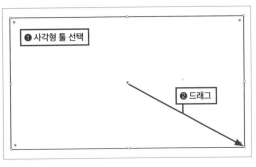

2. 옵션 창이 뜨면 Columns의 Number를 3, Gutter는 10mm로 입력하고 [OK]를 클릭합니다. 사각형이 10mm 간격으로 3개로 나눠집니다.

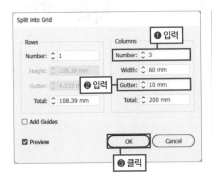
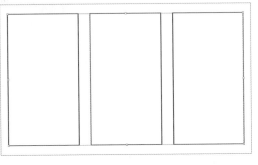

598

3. [Type]-[Threaded Text]-[Create] 메뉴를 선택합니다. .

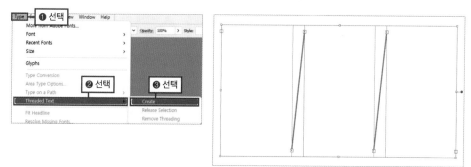

4. 텍스트 툴로 클릭한 후 긴 문장을 입력하면 문장이 연결되면서 배치됩니다.

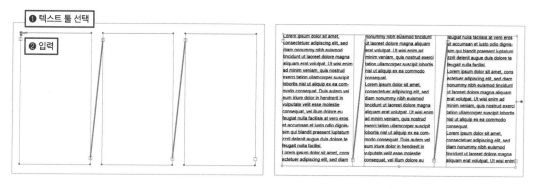

문단 스타일과 단락 스타일

LESSON 03

패널에서 새로운 문자 스타일을 만드는 방법을 알아봅니다. 기존에 만들었던 스타일을 수정하는 방법과 폰트, 속성, 색을 결정할 수 있는 단락 스타일을 설정하는 방법을 알아봅니다.

◎ **준비 파일**: part2/chapter7/Menu.ai

● 문자 스타일

1. Menu.ai 파일을 불러옵니다. [Window]-[Type]-[Character Styles] 메뉴를 선택하고 [Character Styles] 패널에서 田 표시를 클릭하여 새 문자 스타일을 만듭니다.

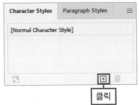

2. 옵션 창이 뜨면 원하는 폰트와 크기를 설정하고 원하는 색을 설정한 후 [OK]를 클릭합니다.

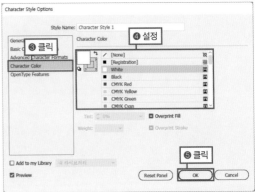

3. 텍스트 툴로 제목을 드래그하여 [Character Styles] 패널에 등록한 스타일을 클릭하면 설정한 스타일이 적용됩니다.

4. 옆에 있는 non coffee도 드래그하여 [Character Styles] 패널에 등록한 스타일을 클릭하면 설정한 스타일이 적용됩니다.

● 스타일 수정하기

설정한 스타일을 수정해 보겠습니다. [Character Styles] 패널에 등록
한 스타일을 더블 클릭하면 옵션 창이 뜹니다. 색을 변경하고 [OK]를
클릭하면 스타일을 적용한 두 개의 타이틀이 모두 바뀐 스타일로 적
용됩니다.

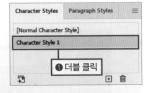

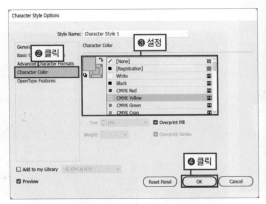

● 단락 스타일

1. [Paragraph Styles] 패널에서 새 단락 스타일 만들기 아이콘(回)을
   클릭합니다. 폰트와 속성과 색을 설정하고 [OK]를 클릭하여 등록
   합니다.

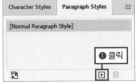

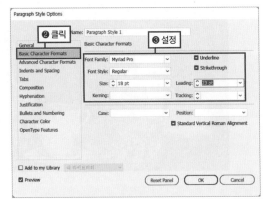

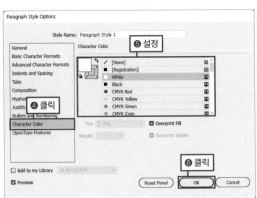

2. 선택 툴로 적용할 부분을 선택하고 [Paragraph Styles] 패널에 등록한 스타일을 클릭하면 설정한 스타일이 모두 적용됩니다.

특수 효과, 3D 효과

오브젝트를 왜곡하는 등의 다양한 특수 효과와 3D 오브젝트를 만드는 방법을 학습합니다. 더불어 투시도법으로 그리는 원근그리드와 아이소매트릭에 대해서도 학습합니다.

왜곡하기

폭 툴, 왜곡 툴, 휘감기 툴, 오목 툴, 볼록 툴, 부채꼴 툴, 크리스털 툴, 주름 툴에 대해 간단하게
살펴보고 오브젝트를 왜곡하는 방법, 변형으로 왜곡하는 방법, 메시로 왜곡하는 방법 등을 알
아봅니다.

◎ **준비 파일**: part2/chapter8/Distort.ai

오브젝트를 왜곡할 수 있는 8개의 툴로 오브젝트를 클릭하거나 드래그하여 다양한 효과를 줄 수
있습니다. 툴을 더블 클릭하면 나타나는 옵션 창에서 왜곡 영역의 크기, 강도 등을 설정할 수 있습
니다.

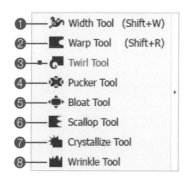

❶ **폭 툴(Shift + W):** 선의 폭을 조절합니다. 폭
의 기준점을 이동, 복제, 삭제할 수 있습니다.

❷ **왜곡 툴(Shift + R):** 드래그하는 방향으로 오
브젝트가 왜곡됩니다. 왜곡 툴을 더블 클릭
하면 나타나는 옵션 창에서 기준점을 조절할
수 있습니다.

❸ **휘감기 툴**: 드래그하는 방향에 따라 소용돌이 형태로 말립니다. 휘감기 툴을 더블 클릭하면 나타나는 옵션 창에서 소용돌이치는 방향을 설정할 수 있습니다.

❹ **오목 툴**: 드래그하는 방향으로 오브젝트가 오그라듭니다.

❺ **볼록 툴**: 드래그하면 오브젝트가 볼록하게 팽창됩니다.

❻ **부채꼴 툴**: 드래그하는 방향에 따라 부채꼴 주름이 생깁니다.

❼ **크리스털 툴**: 드래그하는 방향에 따라 바깥쪽으로 퍼지는 주름이 생깁니다.

❽ **주름 툴**: 드래그하는 방향에 따라 수평 또는 수직 주름이 생깁니다.

◎ **준비 파일**: part2/chapter8/Animal_1.ai

01   Animal_1.ai 파일을 불러옵니다. 선택 툴(▶)로 나비의 오른쪽 날개를 클릭합니다.

02   툴 패널에서 휘감기 툴(▨)을 더블 클릭하여 옵션 창을 엽니다. Width, Height를 70pt, Intensity 는 20%로 하고 [OK]를 클릭합니다. 나비의 날개를 클릭한 채 있으면 소용돌이 형태로 말립니다.

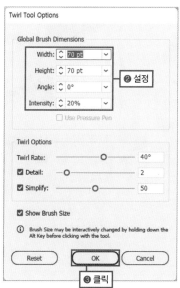

03 Ctrl을 누르는 동안 선택 툴(▶)이 나타나는데 앞날개를 클릭하여 선택합니다. 그런 다음 앞날개의 윗부분을 클릭하여 왜곡합니다.

04 툴 패널에서 크리스털 툴(▓)을 더블 클릭하여 나타나는 옵션 창에서 Width, Height를 80pt로 하고 [OK]를 클릭합니다. Ctrl을 잠깐 눌러 왼쪽 눈 부위를 선택하고 다시 크리스털 툴(▓)로 돌아와 눈을 클릭하면 원의 형태가 변형됩니다.

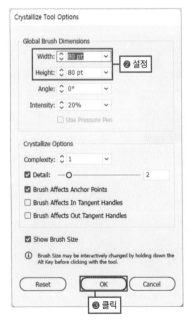

05 **Ctrl**을 눌러 꽃을 선택합니다. 툴 패널에서 오목 툴(■)을 선택한 후 꽃을 클릭하면 꽃이 오그라드는 것을 볼 수 있습니다.

06 아래의 초록색 바를 선택하고 툴 패널에서 주름 툴(■)을 더블 클릭하여 옵션 창을 엽니다. Width, Height를 50pt, Intensity는 100%로 하고 [OK]를 클릭합니다.

07 초록색 바를 위로 드래그
하여 잔디처럼 보이도록 수정합
니다.

드래그

◎ **준비 파일**: part2/chapter8/Heart.ai

01 Heart.ai 파일을 불러옵니다. 선택 툴(▶)로 오브젝트를 선택한 후 [Object]-[Envelope Distort]-
[Make with Warp] 메뉴를 선택합니다.

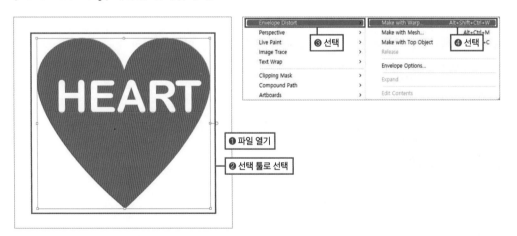

❶ 파일 열기

❷ 선택 툴로 선택

02 [Warp Options] 대화상자에서 스타일을 'Inflate'로 선택하고
[OK]를 클릭합니다.

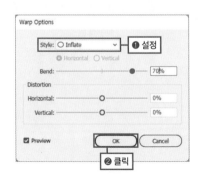

03 직접 선택 툴(△)로 패스를 선택하고 수정하면 그에 따라 텍스트도 같이 왜곡됩니다.

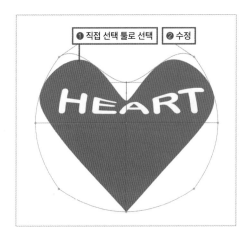 

04 왜곡된 오브젝트를 수정하고 싶을 때는 [Object]-[Envelope Distort]-[Edit Contents] 메뉴를 선택하면 원본 오브젝트의 패스가 선택됩니다.

05 Ctrl+Y를 눌러 원본 형태가 나타나면 텍스트를 수정합니다.

 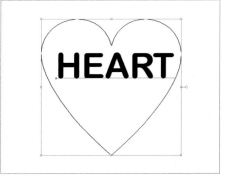

06 [Object]-[Expand] 메뉴를 선택하면 왜곡된 오브젝트가 일반 오브젝트로 바뀝니다.

3 • 기능 예제 • 　　　　　　　　　　　　　　　　　　　　　　**메시로 왜곡하기**

◎ **준비 파일**: part2/chapter8/Can.ai

01　Can.ai 파일을 불러옵니다. 선택 툴(▶)로 오브젝트를 선택한 후 [Object]-[Envelope Distort]-[Make with Mesh] 메뉴를 선택합니다. 옵션 창이 뜨면 Rows를 1, Columns는 2를 입력하고 [OK]를 클릭합니다.

02 직접 선택 툴(▷)로 기준점을 선택하고 캔의 형태에 맞게 수정하면 내부 이미지가 같이 왜곡됩니다.

03 [Object]-[Envelope Distort]-[Release] 메뉴를 선택하면 원본 패스와 왜곡된 오브젝트가 두 개로 나눠지면서 왜곡이 해제됩니다.

⊙ **준비 파일**: part2/chapter8/Tomato_text.ai

01 Tomato_text.ai 파일을 불러옵니다. 선택 툴(▶)로 토마토의 빨간 부분과 TOMATO 텍스트와 네모를 선택합니다. 이때 오브젝트는 맨 위에 있어야 합니다.

02 [Object]-[Envelope Distort]-[Make with Top Object] 메뉴를 선택하면 오브젝트 모양에 맞게 텍스트가 왜곡됩니다.

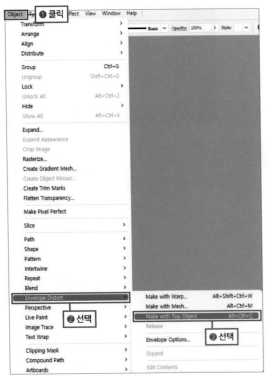

특수 효과

특수 효과에 대해 알아보고 드롭 섀도, 페더, 이너글로, 아우터 글로, 라운드 코너, 스크리블 등
여러 효과에 대해 살펴봅니다.

◎ **준비 파일**: part2/chapter8/Stylize.ai

Stylize.ai 파일을 불러옵니다. 선택 툴로 오브젝트를 클릭한 후 [Effect]-[Stylize] 메뉴를 선택합니다.

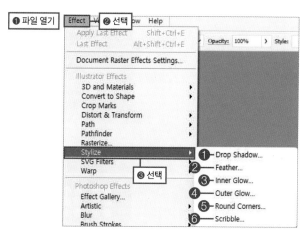

❶ **Drop Shadow**: 그림자 효과
를 줄 수 있습니다.

❷ **Feather**: 오브젝트의 경계
를 부드럽게 해줍니다.

❸ **Inner Glow**: 내부에 광선 효
과를 줄 수 있습니다.

❹ **Outer Glow**: 외부에 광선
효과를 줄 수 있습니다.

❺ **Round Corners**: 모서리를
둥글게 할 수 있습니다.

❻ **Scribble**: 낙서 효과를
줄 수 있습니다.

616

3D 효과 오브젝트 만들기

머티리얼스 메뉴를 통해 오브젝트, 머티리얼, 라이팅 항목에 대해 알아보고 텍스트에 3D 효과를 주는 방법에 대해 배웁니다.

오브젝트를 쉽게 3D로 만들 수 있고 다양한 질감과 조명 효과를 줄 수 있습니다. [Effect]-[3D and Materials] 메뉴를 선택합니다.

- **Object**: 오브젝트를 입체로 만듭니다. 두께, 돌출 등을 설정할 수 있습니다.
- **Materials**: 나무 등의 질감을 선택하여 적용할 수 있습니다.
- **Lighting**: 조명을 세팅하고 강도, 회전, 높이, 부드러움 등을 설정할 수 있습니다.

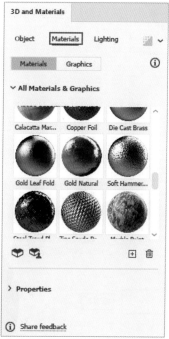

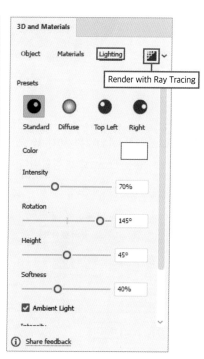

- **Render with Ray Tracing**: 3D 효과를 적용한 후 퀄리티를 선택하여 렌더링할 수 있습니다.

◎ **준비 파일**: part2/chapter8/Apple.ai

01 Apple.ai 파일을 불러옵니다. 사과 전체를 선택하고 `Ctrl`+`G`를 눌러 그룹으로 만듭니다. [Effect]-
[3D and Materials]-[Extrude & Bevel] 메뉴를 선택합니다.

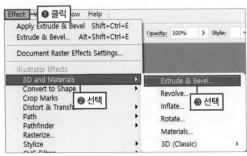

02 3D Type의 Inflate 항목을 선택하고 Depth를 8mm로 설정한 후 스크롤을 내려 Rotation의
Presets을 Front로 변경합니다.

03 Materials의 Roughness를 0으로 변경하여 좀 더 부드럽게 처리합니다.

04 마지막으로 Render with Ray Tracing을 클릭하여 완성합니다.

◎ **준비 파일**: part2/chapter8/3D.ai

01 3D.ai 파일을 불러옵니다. [Character] 패널에서 서체, 크기 등의 속성을 설정한 후 텍스트 툴(☑)
로 2023을 입력합니다.

02 입력한 텍스트를 선택하고 [Effect]-[3D and Materials]-[Extrude & Bevel] 메뉴를 선택합니다. 3D
and Materials 패널이 열리고 효과가 적용됩니다.

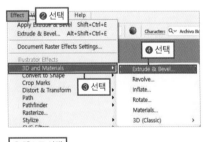

03 옵션 창에서 X는 45도, Y는 45도, Z는 30도를 입력합니다.

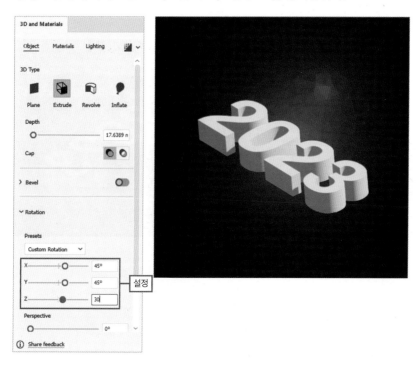

04 이제 Materials를 선택한 후 'Natural Plywood'를 선택합니다.

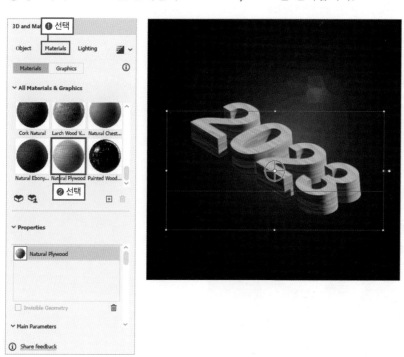

05 Lighting을 선택하고 Intensity는 110%, Rotation은 145도, Height는 75도, Softness는 53%로 조절한 후 렌더링을 걸어 완성합니다.

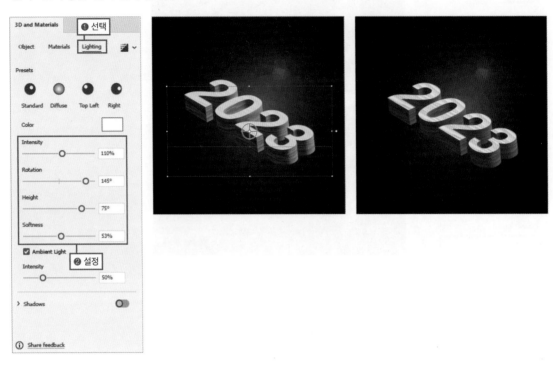

06 위치를 옮긴 후 텍스트들을 넣고 마무리합니다.

원근 그리드 툴

위젯과 수평선, 접지 레벨, 수직 그리드 조절, 오른쪽 그리드 컨트롤, 가로 그리드 컨트롤, 왼쪽 그리드 컨트롤, 왼쪽 그리드 범위, 오른쪽 그리드 범위 등 그리드에 대해 알아보고 그리드 메뉴에 대해 살펴봅니다.

LESSON

원근 그리드 툴을 클릭하면 원근감 그리드가 나타납니다. 투시도처럼 공간감을 줘서 그릴 때 사용합니다. 끝에 있는 원이나 마름모를 드래그하면 그리드를 수정할 수 있습니다.

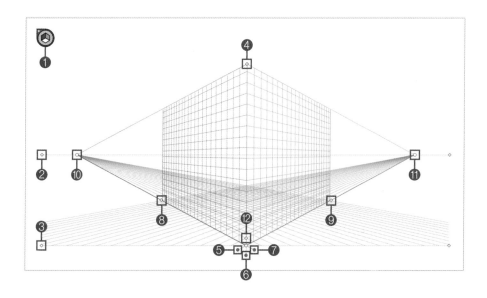

❶ 위젯: 오브젝트를 그릴 면을 선택합니다.

❷ 수평선: 수평선의 위치를 조절합니다.

❸ 접지 레벨: 원근 그리드의 위치를 조절합니다.

❹ 수직 그리드 조절: 그리드의 높이를 조절합니다.

❺ 오른쪽 그리드 컨트롤: 오른쪽 그리드의 영역을 조절합니다.

❻ 가로 그리드 컨트롤: 가로 그리드를 조절하여 원근 그리드의 높이를 조절합니다.

❼ 왼쪽 그리드 컨트롤: 왼쪽 그리드의 영역을 조절합니다.

❽ 왼쪽 그리드 범위: 왼쪽 그리드의 면을 조절합니다.

❾ 오른쪽 그리드 범위: 오른쪽 그리드의 면을 조절합니다.

❿ 왼쪽 소실점: 왼쪽 소실점을 조절하여 그리드의 각도를 조절합니다.

⓫ 오른쪽 소실점: 오른쪽 소실점을 조절하여 그리드의 각도를 조절합니다.

⓬ 그리드 셀 크기: 그리드의 셀 크기를 조절합니다.

● 설정 그리드 메뉴: [View]-[Perspective Grid]-[Define Grid]

❶ Preset: 원근 그리드의 종류를 선택합니다.

❷ Perspective Grid Settings: 그리드 타입, 단위, 크기 비율, 그리드 간격 등을 조절합니다.

❸ Viewing Angle, Viewing Distance, Horizon Height: 보이는 면의 각, 각도와 거리, 전체 그리드의 범위를 조절합니다.

❹ Grid Color & Opacity: 그리드의 색상 및 불투명도를 조절합니다.

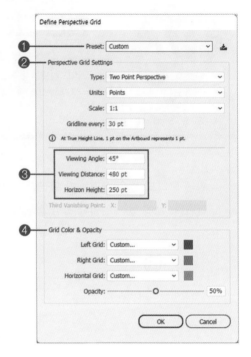

● 원근감 그리드 메뉴: [View]-[Perspective Grid]

❶ Hide Grid: 원근감 그리드를 안보이게 합니다.

❷ Show Rulers: 눈금자를 표시합니다.

❸ Snap to Grid: 패스를 그리거나 이동할 때 그리드에 맞춰집니다.

❹ Lock Grid: 그리드가 움직이지 않게 잠가 놓습니다.

❺ Lock Station Point: 소실점을 옮기면 오브젝트들도 같이 움직입니다.

❻ Define Grid: 옵션 창에서 설정을 조절합니다. 투시를 설정할 수 있고, 그리드의 단위, 크기, 간격 및 그리드, 위젯 색, 불투명도 등을 설정합니다.

❼ One Point Perspective: 1점 투시 그리드입니다.

❽ Two Point Perspective: 2점 투시 그리드입니다.

❾ Three Point Perspective: 3점 투시 그리드입니다.

❿ Save Grid as Preset: 설정한 그리드를 저장합니다.

01　원근 그리드 툴(▣)을 선택하여 원근 그리드를 표시합니다. 면 색을 원하는 색으로 설정한 후 사각형 툴(▢)을 선택합니다. 오른쪽 그리드가 선택되어 있는지 확인하고 드래그하여 오른쪽 벽을 그립니다.

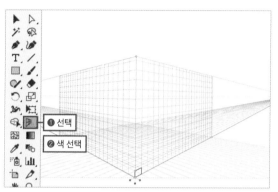
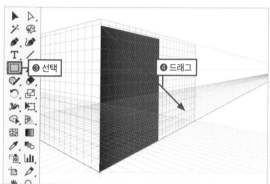

02　면 색과 선 색을 모두 설정하고 사각형 툴(▢)로 네모를 하나 그립니다. 원근 선택 툴(▶)을 선택하고 Alt 를 누른 채 드래그하여 복제합니다. 같은 방법으로 복제하여 창문들을 모두 다 그립니다.

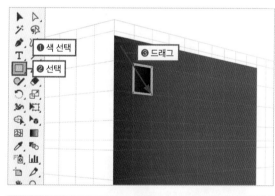
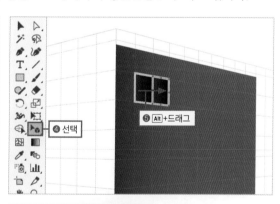
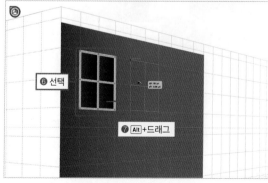

03 사각형 툴(■)로 문과 창문을
마저 그립니다.

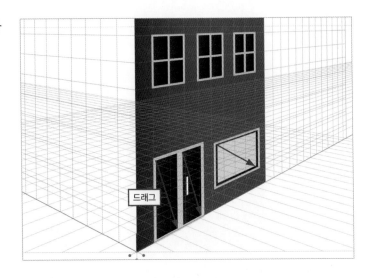

04 왼쪽 면을 그려보겠습니다. 위
젯의 왼쪽 면을 클릭하여 왼쪽 그리
드를 활성화하고 면 색을 설정한 후
사각형 툴(■)로 왼쪽 면을 드래그
하여 그립니다.

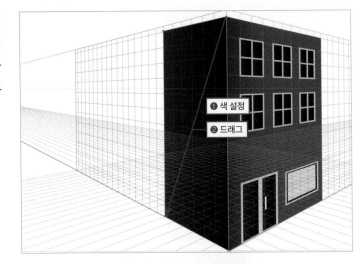

05 사각형 툴(■)로 네모를 하나
그리고 원근 선택 툴(▶)을 선택합니
다. Alt 를 누른 채 드래그하여 여기저
기 복제하여 벽면을 꾸며줍니다.

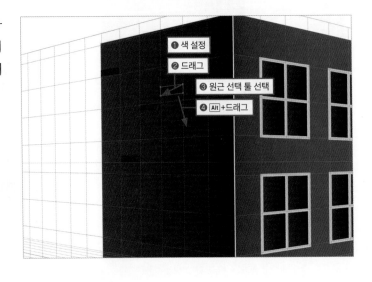

06 위젯의 오른쪽 면을 클릭하여 오른쪽 그리드를 활성화하고 상단의 프레임을 그린 후 왼쪽 면도 그립니다.

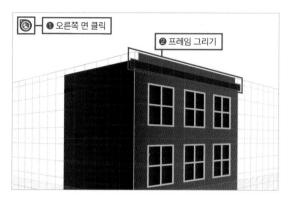 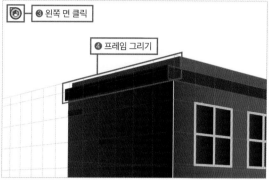

07 문앞에 차양을 만들기 위해 그리드를 따라 면을 만들고 직접 선택 툴(▷)로 부분 수정을 합니다.

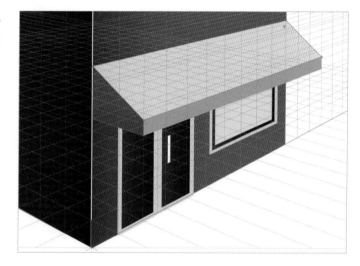

08 텍스트 툴(T)로 오브젝트 바깥에 Coffee Shop을 입력합니다. 원근 선택 툴(▶️)로 텍스트를 드래그하여 차양 위에 올려놓아 마무리합니다.

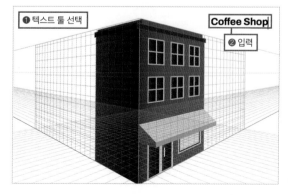 

09 작업이 끝나면 위젯의 버튼을 클릭하여 그리드를 없앱니다.

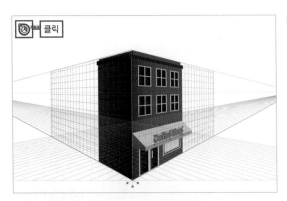

더·알·아·보·기

Graphic Styles 패널과 Appearance 패널

Graphic Styles 패널

❶ **Graphic Styles Libraries**: 다양한 그래픽 스타일 라이브러리를 적용합니다.

❷ **Break Link to Graphic Style**: 그래픽 스타일을 적용한 것을 해제합니다.

❸ **New Graphic Style**: 오브젝트를 그래픽 스타일로 등록합니다.

❹ **Delete Graphic Style**: 그래픽 스타일을 삭제합니다.

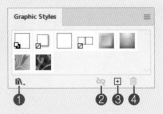

Appearance 패널

오브젝트에 적용된 면 색, 선 색, 불투명도, 스타일 등의 속성을 설정합니다.

❶ **Add New Stroke**: 선의 속성을 추가합니다.

❷ **Add New Fill**: 면의 속성을 추가합니다.

❸ **Add New Effect**: 스타일의 속성을 추가합니다.

❹ **Clear Appearance**: 적용된 속성을 삭제합니다.

❺ **Duplicate Selected Item**: 속성을 복제합니다.

❻ **Delete Selected Item**: 속성을 삭제합니다.

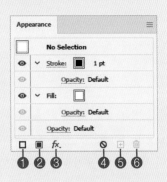

01 펜 툴()로 수직선을 하나 그리고 Shift + Alt 를 누른 채 드래그하여 하나 복제합니다. Ctrl + D 를 반복해서 눌러 그림과 같이 선을 복제합니다.

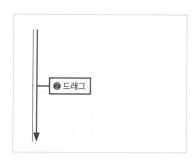
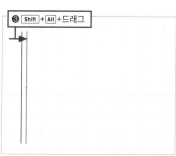
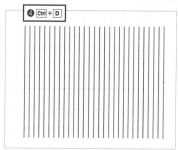

02 선택 툴(▶)로 그린 선들을 모두 선택한 뒤, Ctrl + C 를 눌러 복제하고 Ctrl + F 를 눌러 제자리에 붙입니다. [Transform] 패널에서 60도 회전합니다. 다시 Ctrl + F 를 눌러 복제한 것을 붙여주고 [Transform]패널에서 300도 회전합니다.

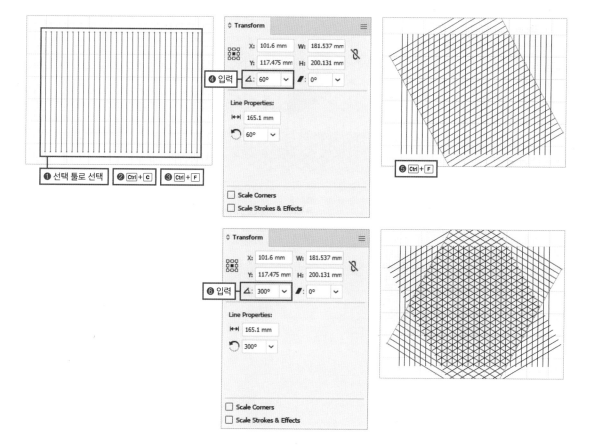

03 선택 툴(▶)로 선들을 모두 선택하고 Live Paint Bucket 툴(▣)을 선택합니다. [Swathes] 패널에서 색을 선택하고 원하는 영역에 클릭하여 칠합니다.

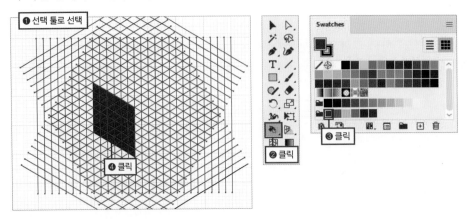

04 다른 면들도 원하는 색을 선택하고 드래그하여 칠합니다. 잘못 칠한 부분이 있다면 다시 원하는 색을 선택하고 칠하면 됩니다. 다 그렸으면 선택 툴(▶)로 전체 선택하고 툴 패널에서 선 색을 없음으로 처리하여 마무리합니다.

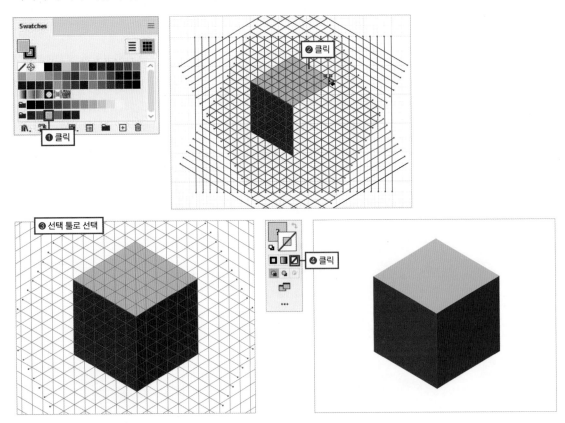